MedR Schriftenreihe Medizinrecht

Jörg Lücke

Aids im amerikanischen und deutschen Recht

Eine kritische Bestandsaufnahme des Rechts der USA und ihre rechtspolitischen Konsequenzen für die Bundesrepublik Deutschland

Springer-Verlag Berlin Heidelberg New York
London Paris Tokyo Hong Kong

Professor Dr. Jörg Lücke, LL.M. (Berkeley)
Seminar für Öffentliches Recht und Staatslehre
Rechtshaus, Schlüterstraße 28, 2000 Hamburg 13

Fortführung der Reihe „RECHT und MEDIZIN“

ISBN-13:978-3-540-51501-2 e-ISBN-13:978-3-642-83881-1
DOI: 10.1007/978-3-642-83881-1

CIP-Titelaufnahme der Deutschen Bibliothek
Lücke, Jörg:
Aids im amerikanischen und deutschen Recht: eine kritische Bestandsaufnahme des Rechts der USA und ihre rechtspolitischen Konsequenzen für die BRD/Jörg Lücke. - Berlin; Heidelberg; New York; London; Paris; Tokyo; Hong Kong: Springer, 1989
(Schriftenreihe Medizinrecht)
ISBN-13:978-3-540-51501-2

2119/3140-543210 – Gedruckt auf säurefreiem Papier

Vorwort

Die Untersuchung geht bezüglich ihrer Abschnitte zum amerikanischen Recht auf einen Forschungsaufenthalt zurück, den ich 1988 an der School of Law (Boalt Hall) der University of California in Berkeley verbrachte. Zu danken habe ich der dortigen Fakultät; das gilt insbesondere ihrem Dekan, Herrn Professor Jesse H. Choper, ferner Herrn Professor Thomas G. Barnes und seiner Sekretärin, Frau Pat Boyd, die mir meine Forschungsarbeit in vielfältiger Weise unbürokratisch erleichterten. Dank schulde ich auch Herrn Thomas Lundmark, Deputy County Counsel und Adjunct Professor of Law an der University of San Diego, der mich stets hilfsbereit bei der Beschaffung des amerikanischen Materials unterstützte. Des weiteren verdient mein Mitarbeiter in Hamburg, Herr Referendar Wolfgang Wiese, erwähnt zu werden, der sich dankenswerterweise der Mühe unterzog, die Korrekturfahnen zu lesen. Außerdem gebührt Dank meiner Sekretärin, Frau Ellen Schlichting, die das Manuskript geschrieben hat, was vor allem wegen seiner zahlreichen Fußnoten mit amerikanischen Titeln kein leichtes Unterfangen war. Schließlich bin ich dem Bundesministerium für Jugend, Familie, Frauen und Gesundheit dankbar, daß es meinen Forschungsaufenthalt in den USA finanziell unterstützt hat.

Hamburg, im Sommer 1989 Jörg Lücke

Inhaltsverzeichnis

Abkürzungsverzeichnis XI

A. Einleitung 1

B. Überblick 10

C. Auswahl 11

D. Einzelheiten 14

I. Forschungsförderung 14
1. Einführung 14
2. Art und Umfang der Förderung 16
3. Bewertung 18
4. Konsequenzen 21

II. Aufklärung 23
1. Einführung 23
2. Aufklärung der Öffentlichkeit 24
3. Aufklärung der Schüler und Studenten 28
4. Aufklärung der Lehrer und anderer öffentlich Bediensteter 31
5. Aufklärung der Ärzte und anderer Personen des Gesundheitswesens 32
6. Aufklärung der Arbeitgeber 33
7. Aufklärung der Gefangenen 33
8. Aufklärung der Heiratswilligen 34
9. Bewertung 34
10. Konsequenzen 37

III. HIV-Test 39
1. Einführung 40
2. Test von Blut-, Samen-, Organ- und anderen Spenden 43
   a. Tatbestände 43
   b. Rechtsfolgen 46

aa. Beseitigungspflicht 46
bb. Meldepflicht gegenüber dem Staat 46
cc. Unterrichtungspflicht gegenüber dem Spender 46
dd. Unterrichtungspflicht gegenüber Dritten . . 47
ee. Schadensersatzpflicht 47
ff. Strafbarkeit 49
c. Bewertung 50
d. Konsequenzen 52
3. Test des Bluts und anderer Körperflüssigkeiten sowie der Organe und des Gewebes zu Forschungszwecken 54
a. Tatbestände 54
b. Rechtsfolgen 55
c. Bewertung 56
d. Konsequenzen 59
4. Test der Immigranten und ausländischen Besucher 61
a. Tatbestände 61
b. Rechtsfolgen 61
c. Bewertung 62
d. Konsequenzen 64
5. Test der Heiratswilligen 66
a. Tatbestände 66
b. Rechtsfolgen 67
c. Bewertung 68
d. Konsequenzen 70
6. Test der Prostituierten 71
a. Tatbestände 71
b. Rechtsfolgen 73
c. Bewertung 74
d. Konsequenzen 78
7. Test der Sexualtäter 81
a. Tatbestände 81
b. Rechtsfolgen 82
c. Bewertung 82
d. Konsequenzen 85
8. Test der Gefangenen 86
a. Tatbestände 86
b. Rechtsfolgen 88
c. Bewertung 90
d. Konsequenzen 93
9. Test der Soldaten 95
a. Tatbestände 95
b. Rechtsfolgen 96
c. Bewertung 97
d. Konsequenzen 102

10. Test der Mitarbeiter des Auswärtigen Dienstes und anderer öffentlich Bediensteter 104
a. Tatbestände 104
b. Rechtsfolgen 105
c. Bewertung 106
d. Konsequenzen 109
11. Test der Krankenhauspatienten 113
a. Tatbestände 113
b. Rechtsfolgen 114
c. Bewertung 114
d. Konsequenzen 117
12. Test der allgemeinen Bevölkerung 118
a. Tatbestände 118
b. Rechtsfolgen 119
c. Bewertung 120
d. Konsequenzen 123

IV. Antidiskriminierung 124
1. Einführung 124
2. Arbeitsrecht 125
3. Schulrecht 130
4. Miet- und Immobilienrecht 135
5. Versicherungsrecht 136
6. Sonstige Rechtsgebiete 138
7. Bewertung 139
8. Konsequenzen 143
a. Arbeitsleben 145
b. Wohnungswesen 152
c. Schulwesen 157
d. Versicherungswesen 161
e. Sonstige Bereiche 163

Anhang: Beispiel für die Aids-Gesetzgebung in den USA 164

Literatur 180

Abkürzungsverzeichnis*

AG	Amtsgericht
Aids	Acquired Immune Deficiency Syndrome
AFG	Arbeitsförderungsgesetz vom 25. Juni 1969 (BGBl. I S. 582), zuletzt geändert durch Gesetz vom 20. Dezember 1988 (BGBl. I S. 2477)
ARC	Aids-Related Complex
AZT	Azidothymidin
AuslG	Ausländergesetz vom 28. April 1965 (BGBl. I S. 353), zuletzt geändert durch Gesetz vom 6. Januar 1987 (BGBl. I S. 89)
AsylVfG	Gesetz über das Asylverfahren (Asylverfahrensgesetz) vom 16. Juli 1982, zuletzt geändert durch Gesetz vom 6. Januar 1987 (BGBl. I S. 89)
BB	Betriebs-Berater
BGB	Bürgerliches Gesetzbuch vom 18. August 1896 (RGBl. S. 195), zuletzt geändert durch Gesetz vom 8. Dezember 1986 (BGBl. I S. 2317)
BGBl. I	Bundesgesetzblatt. Teil I
BGBl. II	Bundesgesetzblatt. Teil II
BGHZ	Entscheidungen des Bundesgerichtshofes in Zivilsachen
BR-Drucks.	Drucksachen des Bundesrates
BT-Drucks.	Drucksachen des Deutschen Bundestages
BSeuchenG	Gesetz zur Verhütung und Bekämpfung übertragbarer Krankheiten beim Menschen (Bundes-Seuchengesetz) in der Fassung vom 18. Dezember 1979 (BGBl. I S. 2262), zuletzt geändert durch Gesetz vom 19. Dezember 1986 (BGBl. I S. 2555)
BSHG	Bundessozialhilfegesetz in der Fassung vom 20. Januar 1987 (BGBl. I S. 401, berichtigt S. 494), zuletzt geändert durch Gesetz vom 20. Dezember 1988 (BGBl. I S. 2477)

* Allgemein gebräuchliche Abkürzungen wie z. B., d. h., usw. werden als bekannt vorausgesetzt und sind in dieses Verzeichnis daher nicht aufgenommen.

BVerfG	Bundesverfassungsgericht
BVerfGE	Entscheidungen des Bundesverfassungsgerichts
DB	Der Betrieb
D.C.	District of Columbia
DÖV	Die Öffentliche Verwaltung
DVBl.	Deutsches Verwaltungsblatt
EG	Europäische Gemeinschaften
ELISA	Enzyme-Linked-Immunosorbent Assay
EuGRZ	Europäische Grundrechte-Zeitschrift
EWG	Europäische Wirtschaftsgemeinschaft
EWGV	Vertrag zur Gründung der Europäischen Wirtschaftsgemeinschaft vom 25. März 1957 (BGBl. II S. 735, 766)
GG	Grundgesetz für die Bundesrepublik Deutschland vom 23. Mai 1949 (BGBl. S. 1), zuletzt geändert durch Gesetz vom 21. Dezember 1983 (BGBl. I S. 1481)
GBl.	Gesetzblatt
GVBl.	Gesetz- und Verordnungsblatt
HBV	Hepatitis B Virus
HIV	Human Immunodeficiency Virus
Hrsg.	Herausgeber
JR	Juristische Rundschau
JWG	Gesetz für Jugendwohlfahrt in der Fassung vom 25. April 1977 (BGBl. I S. 633, berichtigt S. 795), zuletzt geändert durch Gesetz vom 25. Juli 1986 (BGBl. I S. 1142)
JZ	Juristenzeitung
KSchG	Kündigungsschutzgesetz in der Fassung vom 25. August 1969 (BGBl. I S. 1317), zuletzt geändert durch Gesetz vom 26. April 1985 (BGBl. I S. 710)
LAS	Lymphadenopathie-Syndrom
LAV	Lymphadenopathy-Associated Virus
LG	Landgericht
lit.	Buchstabe
MDR	Monatsschrift für Deutsches Recht
MMWR	Morbidity and Mortality Weekly Report
NJW	Neue Juristische Wochenschrift
NZA	Neue Zeitschrift für Arbeits- und Sozialrecht
OLG	Oberlandesgericht
OVG	Oberverwaltungsgericht
PGL	Persistent Generalized Lymphadenopathy
RdA	Recht der Arbeit
Rdnr.	Randnummer
RGBl. I	Reichsgesetzblatt. Teil I

RVO	Reichsversicherungsordnung vom 15. Dezember 1924 (RGBl. I S. 779) in der im Bundesgesetzblatt, Teil III, Gliederungsnummer 820-1, veröffentlichten bereinigten Fassung, zuletzt geändert durch Gesetz vom 20. Dezember 1988 (BGBl. I S. 2477)
SchwbG	Schwerbehindertengesetz in der Fassung vom 26. August 1986 (BGBl. I S. 1421, berichtigt S. 1550), geändert durch Gesetz vom 14. Dezember 1987 (BGBl. I S. 2602)
SECNAV	Secretary of the Navy
SGB I	Sozialgesetzbuch - Erstes Buch (Allgemeiner Teil) vom 11. Dezember 1975 (BGBl. I S. 3015), zuletzt geändert durch Gesetz vom 20. Dezember 1988 (BGBl. I S. 2477)
SGB X	Sozialgesetzbuch - Zehntes Buch (Verwaltungsverfahren) vom 18. August 1980 (BGBl. I S. 1469, berichtigt S. 2218), zuletzt geändert durch Gesetz vom 20. Dezember 1988 (BGBl. I S. 2477)
StGB	Strafgesetzbuch in der Fassung vom 10. März 1987 (BGBl. I S. 945), zuletzt geändert durch Gesetz vom 9. Juni 1989 (BGBl. I S. 1059)
StPO	Strafprozeßordnung in der Fassung vom 7. April 1987 (BGBl. I S. 1074), zuletzt geändert durch Gesetz vom 9. Juni 1989 (BGBl. I S. 1059)
UCLA	University of California Los Angeles
VerwArch	Verwaltungsarchiv
VG	Verwaltungsgericht
VGH	Verwaltungsgerichtshof
VwVfG	Verwaltungsverfahrensgesetz vom 25. Mai 1976 (BGBl. I S. 1253), geändert durch Gesetz vom 2. Juli 1976 (BGBl. I S. 1749)
II. WoBauG	Zweites Wohnungsbaugesetz in der Fassung vom 11. Juli 1985 (BGBl. I S. 1284, berichtigt S. 1661), zuletzt geändert durch Gesetz vom 21. Februar 1989 (BGBl. I S. 242)
WoBindG	Gesetz zur Sicherung von Sozialwohnungen (Wohnungsbindungsgesetz) in der Fassung vom 22. Juli 1982 (BGBl. I S. 972), zuletzt geändert durch Gesetz vom 11. Juli 1985 (BGBl. I S. 1277)
ZPO	Zivilprozeßordnung in der Fassung vom 12. September 1950 (BGBl. S. 533), zuletzt geändert durch Gesetz vom 30. Mai 1988 (BGBl. I S. 662)
ZRP	Zeitschrift für Rechtspolitik

A. Einleitung

Als im Jahre 1981 ein Bericht über eine neuartige Schwäche des menschlichen Immunsystems in dem angesehenen The New England Journal of Medicine erschien,[1] ahnte niemand, daß damit eine Krankheit erstmals[2] beschrieben wurde, die unter dem Namen *Aids* (Acquired Immune Deficiency Syndrome) alsbald weltweit[3] Besorgnis und Ängste hervorrufen sollte. So gaben unlängst 20% der Interviewten einer Umfrage in den Vereinigten Staaten an, „sehr beunruhigt" zu sein, Aids zu erwerben.[4] Übertragen auf die Bevölkerungszahl der USA von 243,4 Millionen[5] hieße dies, daß 48,6 Millionen Amerikaner erheblich besorgt sind, an Aids zu erkranken. Angesichts der im Verhältnis zur Gesamtbevölkerung geringen Zahl der Personen, die seit 1981 an Aids erkrankten, mutet diese weitverbreitete Furcht irrational an. Bislang wurden von den gliedstaatlichen Gesundheitsbehörden, meist aufgrund von Aids-Meldepflichten der Krankenhäuser, Blutbanken, Ärzte usw.,[6] rund 100000 Personen mit Aids erfaßt und der

---

[1] Vgl. *Gottlieb/Schroff* u.a., Pneumocystis Carinii Pneumonia and Mucosal Candidiasis in Previoulsy Healthy Homosexual Men: Evidence of a New Acquired Cellular Immunodeficiency, The New England Journal of Medicine Bd. 305 (1981), 1425ff.; Der Aufsatz berichtet über vier homosexuelle Patienten sowie deren Krankheitsbild (a.a.O., S. 1426-1428) und diskutiert den vermuteten medizinischen Hintergrund dieser bislang unbekannten Erkrankung des menschlichen Immunsystems (a.a.O., S. 1428-1431).

[2] Die Immunschwächekrankheit selbst trat - ohne als solche erkannt zu werden - schon wesentlich früher auf; siehe die Darstellung m. Nachw. bei *Altman,* AIDS in the Mind of America, 1986, S. 30f. und American Council on Science and Health (Hrsg.) Answers about AIDS, 6. Aufl., 1988, S. 24f.

[3] Die Furcht vor Aids ist - wie kürzlich eine in 35 Ländern der Welt durchgeführte Gallup-Umfrage ergab, am größten in den Entwicklungsländern Afrikas, Asiens und Südamerikas, am geringsten in den industrialisierten Staaten Europas; vgl. *G. Gallup/A. Gallup,* What the World Unterstands About AIDS, San Francisco Chronicle vom 13. 6. 1988, S. A5.

[4] Siehe die in Fn. 3 angegebene Gallup-Umfrage. Zu ähnlichen Ergebnissen kam im August 1988 eine Umfrage in Kalifornien: 15% der 1002 befragten Erwachsenen zeigten sich „sehr beunruhigt", 25% „etwas beunruhigt", daß sie oder ihnen Nahestehende an Aids erkranken könnten; vgl. den Bericht „Big Support for 2 State AIDS Measures, San Francisco Chronicle vom 16. 8. 1988, S. A6.

[5] Vgl. US Bureau of Census, Statistical Abstract of the United States 1988, 108. Aufl., Washington D. C. 1987, S. XVII.

[6] Siehe als Beispiel für eine auf *Aids beschränkte Meldepflicht* die Regelung in *Kalifornien:* „Nach Einlieferung soll ein Krankenhaus unverzüglich dem Ministerium (für Gesundheit) ... den Namen, das Geburtsdatum, die Anschrift und die Sozialversicherungsnummer aller bestätigten Aids-Träger ... melden"; so § 1603.1 (d) des Health and Safety Code (Deering 1988). Demgegenüber ist für die in § 199.21 (j) vorgesehene Aids-Meldepflicht der Blutbanken und Plasmazentren ausdrücklich gesagt, daß die Berichte „nicht die Identität der einzelnen Spender oder Merkmale, die eine Identifizierung der einzelnen Spender ermöglichen, enthalten sollen". - Fortsetzung siehe S. 2.

für die Aids-Verhütung zuständigen Bundesbehörde, den Centers for Disease Control in Atlanta,[7] auf freiwilliger Basis[8] mitgeteilt.[9] Das sind innerhalb von annähernd neun Jahren lediglich 0,041% aller Amerikaner. Die Tatsache, daß jedes Jahr fast eine Million Amerikaner (0,41% der Gesamtbevölkerung) an Krebs erkranken,[10] hat nicht entfernt jemals zu einer vergleichbaren Reaktion in der Öffentlichkeit geführt. Zu bedenken ist jedoch, daß als Aids-Kranke statistisch allein solche Personen erfaßt werden, die an einer schwerwiegenden, durch sogenannte opportunistische Infektionen (z. B. Lungenentzündung, Tuberkulose), Tumore (z. B. Kaposi-Sarkom)[11] u. ä. gekennzeichneten, alsbald tödlich verlaufenden[12] Beeinträchtigung des menschlichen Immunsystems leiden.[13]

---

[6] (Fortsetzung) Vgl. exemplarisch für eine über *Aids hinausgehende Meldepflicht* die Regelung in *Indiana:* „Jeder approbierte Arzt ..., jedes zugelassene Krankenhaus ... und medizinische Laboratorium soll der staatlichen (Gesundheits-)Behörde jeden Fall einer HIV-Infektion einschließlich jedes bestätigten Aids-Falles melden"; so Sektion 16-1-9.5-2 (b) des Indiana Code (West 1988). Bezieht sich die Meldung auf Personen, die z. B. in einer besonderen Testeinrichtung anonym untersucht wurden oder die an einem Forschungsprojekt mitwirken, dann „darf (die Meldung) nicht den Namen oder andere Identifizierungsmerkmale" dieser Personen enthalten; so Sektion 16-1-9.5-2 (c) des Indiana Code, a. a. O. – Zu weiteren, auch für Aids geltenden Meldepflichten siehe den Text nachstehend bei Fn. 20 und Fn. 27 m. Nachw. dortselbst.

[7] Vgl. zur Organisation und den Aufgaben dieser zum Bundesgesundheitsministerium ressortierenden Behörde näher den *„Report of the Presidential Commission on the Human Immunodeficiency Virus Epidemic"*, Juni 1988, S. 65–67. – Siehe speziell zu dem Verfahren, wie diese Behörde bei der Sammlung der Aids-Daten verfährt, den Bericht von *Morgan/Curran,* Acquired Immunodeficiency Syndrome: Currant and Future Trends, Public Health Reports Bd. 101 (1986), 459f.

[8] Siehe hierzu *Dondero/Pappaioanou/Curran,* Monitoring the Levels and Trends of HIV Infection: the Public Health Service's HIV Surveillance Program, Public Health Reports Bd. 103 (1988), 213, 214.

[9] Der „HIV/Aids Surveillance Report" der Centers for Disease Control vom Juli 1989 beziffert die Zahl der an Aids erkrankten Menschen in den USA auf 97258 (a. a. O., S. 5). Hinzu kommen noch 2678 Personen mit Aids in überseeischen Gebieten wie Guam (a. a. O.). Zusammen ergibt dies 99936 Aids-Erkrankte. – In Europa waren bis zum Dezember 1988 insgesamt 19058 Menschen an Aids erkrankt, davon 2779 in der Bundesrepublik Deutschland; vgl. den Bericht „ Aids in Europa – Vierteljahresbericht der WHO", Bundesgesundheitsblatt 1989, S. 246, 248.

[10] 1986 waren es 930000 Amerikaner, bei denen Krebs diagnostiziert wurde; siehe U. S. Bureau of Census, a. a. O. (Fn. 5), S. 110.

[11] Bei dem Kaposi-Sarkom handelt es sich um eine in der Allgemeinbevölkerung äußerst seltene Form des Hautkrebses. Teilweise findet sich auch die Ansicht, beim Kaposi-Sarkom handele es sich nicht um einen echten Tumor.

[12] Von den erwähnten (Fn. 9) 99936 Personen mit Aids sind inzwischen 58014 Personen verstorben, was einer Sterberate von 58% entspricht. Beschränkt man sich auf die Personen, deren Aids-Diagnose schon länger zurückliegt, dann ist die Todesrate erheblich höher. Sie beträgt für die 1981 bis 1983 erfaßten Personen ca. 90% (und diese Zahl dürfte wegen unvollständiger Informationen in Wirklichkeit noch höher sein). Vgl. zum Ganzen den in Fn. 9 genannten Report der Centers for Disease Control vom Juli 1989, S. 12. Vergleichsweise ist die Sterblichkeitsrate bei Krebserkrankungen fünf Jahre nach der Diagnose erheblich niedriger, nämlich 51%; siehe erneut U. S. Bureau of Census, a. a. O. (Fn. 5), S. 110.

[13] Nach der Terminologie der Centers for Disease Control ist Aids als „Krankheit" definiert, „die durch eine oder mehrere ‚Indikator'-Leiden charakterisiert ist" wie z. B. das erwähnte (Fn. 11) Kaposi-Sarkom; siehe des näheren die „1987 Revision of Case Definition for AIDS for Surveillance Purposes" vom 14. 8. 1987, abgedruckt in: AIDS Recommendations and Guidelines der Centers for Disease Control 1988, S. 20–25. – Fortsetzung siehe S. 3.

Eine Gefahr, angesteckt zu werden, geht aber nicht nur von diesen wenigen Menschen aus.[14] Infektionsträger sind vielmehr auch alle diejenigen, die an *ARC* (Aids-Related Complex) erkrankt sind.[15] Darunter wird ein im Vergleich zu Aids weniger ernsthafter Schwächezustand des menschlichen Immunsystems verstanden.[16] Er ist durch klinische Symptome wie größeren Gewichtsverlust, wiederholtes Fieber und langanhaltende Durchfälle charakterisiert, der nach längerer, ungewisser Zeit in Aids übergehen kann (allerdings nicht muß) und dann ebenfalls zum Tode führt.[17] Die Zahl der an ARC erkrankten Personen wird statistisch von den Centers for Disease Control nicht erfaßt. Das wird als ein Mangel empfunden.[18] Er ist teilweise auf den Umstand zurückzuführen, daß die Gliedstaaten anfänglich (und vereinzelt noch jetzt)[19] die von ihnen statuierten Meldepflichten auf „Aids-Fälle" beschränkten und erst in jüngerer Zeit auf „ARC-Fälle" erweiterten.[20] Diese Ausdehnung ist zur Erlangung umfangreicher epidemiologischer Daten von Vorteil, für die an ARC erkrankten Personen hin-

---

13 (Fortsetzung) Nach einer anderen, an dem Fortschreiten der Krankheit orientierten, aus vier Gruppen bestehenden Klassifizierung der Centers for Disease Control werden Aids-Kranke entsprechend dem vorgerückten Stadium ihrer Erkrankung der Gruppe IV und hier den Untergruppen B bis E (B: neurologische Symptome, C: opportunistische Infektionen, D: Malignome, E: andere Symptome) zugeordnet; siehe hierzu den *Report of the Presidential HIV-Commission* (Fn. 7), S. 7f.

14 Personen, die Aids entwickelt haben, sollen allerdings – wie jüngst auf der 4. Internationalen Aids-Konferenz in Stockholm von Wissenschaftlern dargelegt wurde – besonders ansteckend sein; vgl. *B. Shilts,* When AIDS Is Most Likely to Be Passed to Others, San Francisco Chronicle vom 14. 6. 1988, S. A1.

15 Von ARC und Aids wird verschiedentlich noch LAS (Lymphadenopathie-Syndrom) oder PGL (Persistent Generalized Lymphadenopathy) unterschieden, bei dem es zum Auftreten einer generalisierten Schwellung der Lymphknoten kommt. LAS/PGL ist wie ARC gewöhnlich ein Vorstadium von Aids. Nach der Klassifizierung der Centers for Disease Control bildet es die Gruppe III; siehe den *Report of the Presidential HIV-Commission,* S. 8.

16 Vgl. *Green,* The Transmission of AIDS, in: Dalton/Burris (Hrsg.), AIDS and the Law, 1987, S. 28, 29f.; *Henry,* AIDS in the Workplace, in: Dornette (Hrsg.), AIDS and the Law, 1987, S. 31, 34; *Macher,* The Medical Background, in: Dornette (Hrsg.), AIDS and the Law, 1987, S. 1, 7f.; *Merritt,* Communicable Disease and Constitutional Law: Controlling AIDS, New York University Law Review Bd. 61 (1986), 739, 743f.; *Sicklick/Rubinstein,* A Medical Review of AIDS, Hofstra Law Review Bd. 14 (1985), 5, 6 m. w. Nachw. des medizinischen Schrifttums.

17 Vgl. nur *Henry,* AIDS, S. 31, 34 und *Rothstein,* Screening Workers for AIDS, in: Dalton/Burris (Hrsg.), AIDS and the Law, 1987, S. 126, 131. – Nach der oben (Fn. 13) erwähnten Klassifizierung der Centers for Disease Control stellt ARC die Untergruppe A der Gruppe IV dar; siehe dazu wiederum den *Report of the Presidential HIV-Commission,* S. 8. Während die in den Untergruppen B bis D erfaßten Fälle als „Aids" angesehen werden, gilt dies für die Untergruppe A der Gruppe IV nicht; vgl. den *Report,* a.a.O., S. 9.

18 Siehe den *Report of the Presidential HIV-Commission,* S. 66 und 67 sowie S. 3 und 4 (unter 1–10).

19 Vgl. die vorstehend in Fn. 6 genannten Meldepflichten in Kalifornien.

20 Siehe als Beispiel die oben in Fn. 6 zitierte Meldepflicht in Indiana, die sich bis zum 30. 6. 1988 nur auf „Aids-Fälle" bezog. Vgl. ferner die Meldepflicht der Ärzte für „diagnostizierte ARC-Fälle" in Florida, Sektion 384.25 (2) Satz 3 der Florida Statutes (West 1988); des weiteren die Meldepflicht der Krankenhäuser, Laboratorien und anderer Einrichtungen in Illinois, wo die „ARC-Fälle" dem Gesundheitsministerium für ein codiertes „AIDS-Register" mitzuteilen sind; § 4 des AIDS-Registry Act = § 7354 Illinois Statutes (West 1988). Siehe außerdem die unten in Fn. 27 angeführten Meldepflichten, die allgemein für HIV-Infektionen gelten.

gegen von Nachteil, als sie – jedenfalls bei nicht anonymisierter Meldepflicht – die an sich gebotene ärztliche Behandlung aus Angst vor dem staatlichen Zugriff auf ihre persönlichen Daten und sich daraus möglicherweise ergebende Konsequenzen vielfach unvertretbar lange aufschieben dürften. Schätzungen beziffern die Personen mit ARC in den USA auf 200000[21] bis 500000.[22]
Nicht zu vergessen sind schließlich diejenigen Personen, die zwar (noch) nicht ARC oder Aids entwickelt haben, wohl aber den Aids hervorrufenden Virus *HIV* (Human Immunodeficiency Virus)[23] in sich tragen, denn selbst in diesem Stadium können sie trotz fehlender Krankheitssymptome andere infizieren.[24] Auch über ihre Zahl haben die Centers for Disease Control mangels einer *HIV-Meldepflicht* in allen Gliedstaaten[25] keine statistischen Angaben. Dies wird erneut als ein Versäumnis begriffen.[26] Ihm kann allerdings nur um den Preis einer Meldepflicht[27] und damit einer Maßnahme abgeholfen werden, die hier noch proble-

---

[21] Vgl. die bei *Closen/Connor/Kaufman/Wojcik,* AIDS: Testing Democracy - Irrational Responses to the Public Health Crisis and the Need for Privacy in Serologic Testing, The John Marshall Law Review Bd. 19 (1986), 835, 850 wiedergegebenen Angaben der Centers for Disease Control und *Koop,* Surgeon General's Report on Acquired Deficiency Syndrome, 1986, S. 12.

[22] Von dieser Zahl ging 1986 der kalifornische Gesetzgeber als Höchstwert aus; siehe § 199.46 (f) Abs. 1 des Health and Safety Code (Fn. 6).

[23] Die Isolierung des Virus geht auf französische Forscher zurück, die ihn LAV (Lymphadenopathy-Associated-Virus) nannten, und auf amerikanische Wissenschaftler, die ihn HTLV-III (Human T-Lymphotropic Virus, Typ III) betitelten. Inzwischen hat sich für das Virus der Name HIV eingebürgert. Als HIV-1 kommt er meistens in den USA und anderen westlichen Staaten vor, als HIV-2 am häufigsten in Afrika. Mittlerweile ist der HIV-2 jedoch auch in Europa und vereinzelt in den USA nachgewiesen worden; vgl. den Bericht „AIDS Due to HIV-2 Infection - New Jersey, in: Centers for Disease Control (Hrsg.), Update: MMWR Articles on AIDS, April 1988, S. 85f. mit medizinischen Nachw. Siehe näher dazu *Closen/Connor/Kaufman/Wojcik,* AIDS, The John Marshall Law Review, Bd. 19 (1986), 835, 855f.

[24] Siehe nur *Henry,* AIDS, S. 31, 35 m. w. Nachw. und *Sicklick/Rubinstein,* Medical Review, Hofstra Law Review Bd. 14 (1985), 5, 10. – Von medizinischer Seite wird zunehmend empfohlen, HIV-Infizierte terminologisch als Kranke einzuordnen. Als Oberbegriff wird die Bezeichnung „HIV-Krankheit“ gewählt. ARC erscheint so gesehen als ein fortgeschrittenes und Aids als das endgültige Stadium der Krankheit; vgl. dazu den Bericht von *Garrison,* Redefining the Scope of AIDS, San Francisco Chronicle vom 24. 7. 1988, S. A1.

[25] *Dondero/Pappaioanou/Curran,* Monitoring, Public Health Reports Bd. 103 (1988), 213, 214 nennen elf Gliedstaaten, die eine solche Berichtspflicht kennen. Inzwischen hat sich die Anzahl der Staaten durch Georgia (Sektion 31-22-9.2. (b) des Code of Georgia, Harrison 1988) und möglicherweise andere Staaten erhöht (z.B. ist in Florida ab 1. 7. 1989 eine derartige Meldepflicht vorgesehen, siehe Sektion 384.25 (2) Satz 4 der Florida Statutes – Fn. 20). – Vgl. zu diesen Meldepflichten nachstehend den Text in Fn. 27 sowie – speziell zur Meldepflicht von Einrichtungen im Zusammenhang mit Blutspenden – die Ausführungen unten sub D.III.2.b) bei Fn. 274 m. Nachw. dortselbst.

[26] Siehe erneut den *Report of the Presidential HIV-Commission,* S. 66 und 67 sowie S. 3 und 4 (unter 1–10).

[27] Vgl. als Beispiel einer die Identität der „HIV-Fälle“ nicht preisgebenden (und daher weniger bedenklichen) Meldepflicht die ab 1. 7. 1989 geltende Regelung in *Florida:* „Das (Gesundheits-)Ministerium kann die Meldung von HIV-Infektionsfällen verlangen, ihm ist es aber untersagt, die Meldung oder Sammlung irgendeiner Information zu fordern, die es gestatten würde, eine Person durch den Namen, die Anschrift, Identifizierungsnummern oder -symbole bzw. andere Identifizierungsmerkmale kenntlich zu machen“; so Sektion 384.25 (2) Satz 4 Florida Statutes (Fn. 20). – Fortsetzung siehe S. 5.

matischer ist als bei „ARC-Fällen".[28] Nach offiziellen Annahmen sind gegenwärtig eine bis 1,5 Millionen Amerikaner HIV-infiziert.[29]
Unter Berücksichtigung dieser Daten erscheint es realistisch, wenn jüngste amtliche Schätzungen von insgesamt 365000 bzw. 450000 Personen sprechen, die 1992 bzw. 1993 an Aids erkrankt sein werden.[30] Nimmt man die Personen hinzu, die sich bis zu dieser Zeit neu mit dem HIV infiziert haben werden, dann gewinnt die von allen diesen Virusträgern ausgehende Übertragungsgefahr für die Gesunden eine Dimension, die die erwähnten Ängste in großen Teilen der amerikanischen Bevölkerung eher verständlich erscheinen lassen.[31]
Vor diesem Hintergrund nimmt es nicht wunder, wenn schon 1986 in einem Artikel der New York Times angeregt wurde, „jeden, bei dem Aids entdeckt wurde, zu tätowieren", und zwar „am oberen Unterarm, um die Benutzer gemeinsamer

---

[27] (Fortsetzung) Im Ergebnis ähnlich die gegenwärtig in *Georgia* geltende Regelung: „Jede Person des Gesundheitswesens (Arzt, Psychologe, Labordirektor etc.) oder jede andere Person oder Einrichtung, die für eine Person einen HIV-Test anordnet, soll jeden bestätigten positiven HIV-Test an das (Gesundheits-)Ministerium zusammen mit dem Alter, dem Geschlecht, der Rasse und dem Heimatkreis der getesteten Person, jedoch ohne weitere Identifizierungsmerkmale melden, es sei denn, dies ist durch Gesetz gestattet oder verlangt."; so Sektion 31-22-9.2. (b) Satz 1 Code of Georgia (Fn. 25). Siehe aber auch Sektion 24-9-47. (h) (2) Code of Georgia, wonach „Name und Anschrift jeder als HIV infiziert festgestellten Person" gemeldet werden muß, nachdem das Gesundheitsministerium das „nichtanonyme Melden bestätigter positiver HIV-Tests" für „hinreichend erforderlich" hält und der vom Ministerium festzulegende Zeitpunkt erreicht ist. – Vgl. schließlich noch exemplarisch die nichtanonyme Meldepflicht, wie sie in Wisconsin gilt: „Ist für eine Person der Test auf HIV oder auf HIV-Antikörper nachweislich positiv, dann soll die Person des Gesundheitswesens (Arzt etc.), Blutbank, Blutzentrum oder Plasmazentrum ... an den Staatsepidemiologen die folgenden Informationen melden: 1. ... 3. den Namen, die Anschrift, Telefonnummer, Alter oder Geburtsdatum, Rasse und ethnische Zugehörigkeit, Geschlecht und Heimatkreis des Getesteten, wenn bekannt ..."; so Sektion 146.025 (7) (b) Wisconsin Statutes (1988). Ergänzend heißt es, daß die Meldung nichts über die sexuelle Orientierung des Getesteten oder die Identität möglicher Sexualpartner enthalten dürfe; siehe Sektion 146.025 (7) (c).

[28] Siehe dazu schon im Zusammenhang mit der Meldepflicht für „ARC-Fälle" den Text bei Fn. 20; vgl. außerdem – zu verfassungsrechtlichen Einwänden – *Costa,* Reportability of Exposure to the AIDS Virus: An Equal Protection Analysis, Cardozo Law Review Bd. 7 (1986), 1103, 1115ff. – Die HIV-Kommission des amerikanischen Präsidenten empfiehlt den Gliedstaaten, eine Meldepflicht für HIV-Infektionen vorzusehen: „Diese Information sollte den Centers for Disease Control in geeigneter Weise für statistische Analysen ohne Identifizierungsmerkmale gegeben werden." So der *Report of the Presidential HIV-Commission,* S. 3 unter 1-3, auch S. 4.

[29] Vgl. die entsprechenden Angaben u.a. im sogenannten *Charlottesville Report* aus dem Jahre 1988, Public Health Reports Bd. 103 (1988), Supplement (Beilage) Nr. 1, S. 11 und 19, im *Report of the Presidential HIV-Commission,* S. 3 und im Quarterly Report to the Domestic Policy Councils on the Prevalance and Rate of Spread of HIV and AIDS in the United States, Morbidity and Mortality Weekly Report Bd. 37 (1988), S. 223, 224f.; siehe auch schon den sogenannten *Coolfont Report* aus dem Jahre 1986, Public Health Reports Bd. 101 (1986), 341, 342f.

[30] Siehe den *Charlottesville Report* (Fn. 29), S. 10 und 18, ferner *Windom* (Assistant Secretary for Health), AIDS Facts, Juni 1988, S. 1 und die Angaben von *Curran* (Direktor der Centers for Disease Control), wiedergegeben im San Francisco Chronicle vom 14. 6. 1988, S. A6, Spalte 4; vgl. schließlich den Bericht von Associated Press aus Washington, betitelt „Feds predict 450000 AIDS cases by 1993", San Francisco Examiner vom 5. 6. 1988, S. A20.

[31] Vgl. auch den Bericht „Mortality Due to AIDS", in: Wisconsin AIDS Update vom Januar 1988, S. 7, wonach in der Stadt New York Aids unter Männern zwischen 25 und 44 Jahren sowie Frauen zwischen 25 und 34 Jahren die Haupttodesursache ist.

Spritzen zu schützen, und auf dem Gesäß, um andere Homosexuelle vor Schaden zu bewahren".[32] Anläßlich einer im gleichen Zeitraum durchgeführten Umfrage sprachen sich immerhin 15% für eine Tätowierung und sogar 48% für einen Ausweis derjenigen aus, die HIV-infiziert sind.[33]
So extrem wie diese Maßnahmen auch anmuten, so deutlich macht ihre Erwägung doch, wie sehr sich die amerikanische Bevölkerung in ihrer Gesundheit durch die HIV-Infizierten bedroht fühlt. Eine solche Einstellung beeinflußt naturgemäß das *Zusammenleben von Gesunden und HIV-Infizierten.* Die Gesunden versuchen sich der Angesteckten zu entledigen. Folglich ereignen sich in den USA zunehmend[34] Fälle, in denen Personen wegen ihrer HIV-Infizierung ärztliche Hilfe verweigert, das Arbeits- oder Mietverhältnis gekündigt und der Zutritt zu Restaurants oder Schulen verwehrt wird.[35] Auch der Ruf nach einer Quarantäne der HIV-Infizierten[36] oder sogar derjenigen Personen, die einer „Risikogruppe" angehören,[37] wird laut. So sprachen sich schon Ende 1985 51% von 2308 interviewten erwachsenen Amerikanern im Rahmen einer landesweit durchgeführten Umfrage für eine Quarantäne der Aids-Patienten aus.[38] Neben den HIV-Infizierten laufen auch alle diejenigen Gefahr, gesellschaftlich ausgegliedert zu werden, die lediglich einer sogenannten Risikogruppe zugerechnet werden, ohne selbst HIV-infiziert zu sein. Beispielsweise erklärten vor kurzen 32% der Befragten in den USA, sie würden angesichts von Aids den Umgang mit Homosexuellen und solchen, die sie dafür hielten, meiden.[39] Aus alledem wird erkennbar, welche großen *soziologischen Auswirkungen* Aids schon heute hat.[40] Es

---

[32] *Buckley,* Identify All the Carriers, New York Times vom 18. 3. 1986, S. 27.

[33] Vgl. *Phair,* The Antidote for AIDS Hysteria, Chicago Tribune vom 2. 4. 1986, S. 13.

[34] So sind von der Commission on Human Rights der Stadt New York 1983 mehr als 300, 1987 schon annähernd 600 Beschwerden über HIV-bezogene Diskriminierungen behandelt worden. Siehe hierzu und zu weiteren Angaben den *Report of the Presidential HIV-Commission,* S. 120.

[35] Vgl. *Altman,* AIDS, S. 60–62, 65 und 70; *Banta,* AIDS in the Workplace, 1988, S. 19 und S. 79; *Green,* The Transmission of AIDS, in: Dalton/Burris (Hrsg.), AIDS and the Law, 1987, S. 28f.; *Hermann/Gorman,* Hospital Liability, University of California Davis Law Review Bd. 20 (1987), 441, 443; *Roden,* Educating Through the Law: The Los Angeles AIDS Discrimination Ordinance, UCLA Law Review Bd. 33 (1986), 1410, 1417f., jeweils m. w. Beispielen und einschlägigen Nachw.

[36] Siehe *Duncan,* Public Policy and the AIDS Epidemic, The Journal of Contemporary Health Law and Policy Bd. 2 (1986), 169, 170. – Vgl. ferner die Nachw. bei *Dolgin,* AIDS: Social Meanings and Legal Ramifications, Hofstra Law Review Bd. 14 (1985), 193, 202f. in Fn. 60.

[37] Vgl. die Nachw. bei *Altman,* AIDS, S. 67; *Roden,* Educating, UCLA Law Review Bd. 33 (1986), 1410, 1420.

[38] Siehe *Merritt,* Communicable Disease, New York University Law Review Bd. 61 (1986), 739, 775. Eine Mitte 1986 durchgeführte Umfrage ergab einen Anteil von 46% Befürwortern; siehe a.a.O., S. 775, Fn. 173.

[39] Vgl. erneut die oben (Fn. 3) zitierte Gallup-Umfrage.

[40] Siehe zu einzelnen soziologischen Aspekten *Brandt,* A Historical Perspective, in: Dalton/Burris (Hrsg.), AIDS and the Law, 1987, S. 37, 41–43: *Dolgin,* AIDS, Hofstra Law Review Bd. 14 (1985), 193, 201f. Aids muß sogar herhalten für rassistische Vorurteile. So äußerte ein (schwarzer) Mitarbeiter des Bürgermeisters von Chicago sich, um die weite Verbreitung von Aids unter Schwarzen zu erklären, öffentlich dahin, daß jüdische Ärzte den Aids-Virus schwarzen Säuglingen übertragen hätten; vgl. *Secter,* New Black Attempt to Link AIDS, Jews, San Francisco Chronicle vom 10. 6. 1988, S. A4.

beginnt sich eine Zweiklassengesellschaft abzuzeichnen, Gesunde einerseits und Infizierte (sowie vermeintlich Infizierte) andererseits.
Diese Entwicklung spiegelt den *scharfen Interessengegensatz* wider, dem sich *Gesunde und Angesteckte* meist gegenübersehen, wenn es um Maßnahmen geht, die die Ausbreitung von Aids verhindern sollen: Die Gesunden erwarten einen vollkommenen Schutz vor der Ansteckung. Eine wie auch immer geartete Isolierung der Infizierten erscheint ihnen dafür das am besten geeignete Mittel zu sein. Eben dieses Mittel läuft aber den Interessen der Angesteckten am ehesten zuwider, beeinträchtigt es doch ihre Freiheits- und Gleichheitsrechte erheblich.[41] *Aufgabe* von Gesetzgebung, Rechtsprechung, Verwaltung und Rechtswissenschaft ist es, diesen Konflikt durch einen angemessenen *Ausgleich der gegensätzlichen Interessen* zu lösen *oder* ihn gar durch geeignete Maßnahmen, die im Interesse beider Gruppen sind (z. B. Förderung der Aids-Forschung, öffentliche Aufklärung über die Krankheit) *zu vermeiden.* In diesem Sinne heißt es in der Präambel des am 1. Juli 1988 in Kraft getretenen Aids-Gesetzes Floridas: „Der Gesetzgeber beabsichtigt, Aids-bezogene Programme und Anforderungen aufzustellen, die sorgfältig die medizinischen Notwendigkeiten, das Recht auf die eigene Privatsphäre und den Schutz der Öffentlichkeit vor Schaden ausgleichen ...".[42] Ob die drei Gewalten in den USA diesem Anspruch genügen, gilt es im weiteren Verlauf zu ergründen.
Soweit dies zu bejahen ist, kann der amerikanische Rechtszustand überdies *Anhaltspunkte* liefern, wie Aids betreffende *rechtspolitische Fragen* in der *Bundesrepublik Deutschland* möglicherweise gelöst werden könnten. Das gilt vor allem für die von der Enquete-Kommission „Gefahren von Aids und wirksame Wege zu ihrer Eindämmung" in ihrem Zwischenbericht vom 16. Juni 1988[43] herausgestellten Probleme und Empfehlungen, z. B.:

- die Aids-Forschung auf den verschiedensten Gebieten (Therapie, Entwicklung besserer HIV-Tests etc.) finanziell oder auf andere Weise (Risikoentlastung des Arzneimittelherstellers u. ä.) zu fördern,[44]
- die nicht ausreichende Aids-Aufklärung der Schüler, Heiratswilligen, Ärzte, öffentlichen Bediensteten,[45]
- die Notwendigkeit, HIV-Tests für Blut-, Organ-, Gewebe- und Samenspenden zwingend vorzuschreiben,[46]
- die Rechtsunsicherheit bezüglich der Entnahme sowie der Untersuchung von Blut,[47]

---

[41] Vgl. allgemein hierzu auch *Mendicino,* Characterization and Disease: Homosexuals and the Threat of AIDS, North Carolina Law Review Bd. 66 (1987), 226, 227; ferner *Mc Guirl/Gee,* AIDS: An Overview of the British, Australian, and American Responses, Hofstra Law Review Bd. 14 (1985), 107, 134f.

[42] Siehe Sektion 381.607 der Florida Statutes (Fn. 20); vgl. auch den *Report of the Presidential HIV-Commission,* S. XVII.

[43] BT-Drucks. 11/2495.

[44] Vgl. BT-Drucks. 11/2495, S. 5f., 7f.

[45] Siehe BT-Drucks. 11/2495, S. 94f. sowie S. 10f.

[46] Vgl. BT-Drucks. 11/2495, S. 86, 88 und S. 11.

[47] Siehe BT-Drucks. 11/2495, S. 86f. sowie S. 11.

- den Vorschlag, für das sogenannte unlinked-testing[48] eine gesetzliche Grundlage zu schaffen,[49]
- das Erfordernis, Benachteiligungen der HIV-Infizierten zu verhindern und die Einführung eines Aids-Antidiskriminierungsgesetzes zu erwägen.[50]

Daneben kann das Aids-Recht der USA Aufschluß geben, ob einzelne in Gesetzesanträgen des Freistaates Bayern[51] vom 16. Juli 1987 enthaltene und beim Bundesrat anhängige Maßnahmen sinnvoll erscheinen, z. B.:

- die Inhalte und Ziele der Aids-Aufklärung (Unterrichtung über die Gefahren der HIV-Infektion, Abbau unbegründeter Ängste gegenüber HIV-Infizierten u. ä.) gesetzlich näher festzulegen,[52]
- die Kosten freiwilliger HIV-Tests nicht den Untersuchten, sondern den Ländern aufzubürden,[53]
- die Gefangenen und die Prostituierten einem HIV-Test zu unterwerfen,[54]
- die Meldung positiver HIV-Untersuchungsbefunde an das Bundesgesundheitsamt (Zentrales Aids Register) in anonymer, codierter Form vorzuschreiben,[55]
- bestimmten EG-Bürgern (Arbeitnehmern, niedergelassenen selbständigen Erwerbstätigen etc.) mit Rücksicht auf ihre HIV-Infektion beispielsweise die Einreise oder die Aufenthaltserlaubnis zu versagen.[56]

Schließlich kann die Rechtslage in den Vereinigten Staaten Hinweise und Kriterien dafür liefern, wie sonstige Aids-Maßnahmen, die gegenwärtig diskutiert werden, zu beurteilen sind, z. B.:

- HIV-Tests bei der Musterung von Wehrpflichtigen,[57]
- HIV-Tests bei Einstellungsuntersuchungen des Auswärtigen Amtes und anderer Bundesbehörden[58] sowie für den Öffentlichen Dienst der Länder,[59]

[48] Unter „unlinked-testing" wird die „Methode (verstanden), bei der ein Rest des zu anderen Zwecken entnommenen Blutes nach Anonymisierung auf Vorliegen epidemiologisch relevanter Merkmale, zum Beispiel von HIV-Antikörpern, untersucht wird". So die Umschreibung durch die Enquete-Kommission in ihrem Zwischenbericht, BT-Drucks. 11/2495, S. 139.

[49] Vgl. BT-Drucks. 11/2495, S. 9.

[50] Siehe BT-Drucks. 11/2495, S. 94.

[51] Vgl. BR-Drucks. 293/87 (Entwurf eines Gesetzes zur Aufklärung, Beratung und Hilfe bei der Bekämpfung der Immunschwächekrankheit Aids - Aids-Gesetz); BR-Drucks. 294/87 (Entwurf eines Gesetzes zur Änderung des Bundes-Seuchengesetzes); BR-Drucks. 295/87 (Entwurf eines Gesetzes zur Änderung des Aufenthaltsgesetzes/EWG).

[52] Siehe § 2 des Entwurfs eines Aids-Gesetzes.

[53] Vgl. § 10 Abs. 2 des Entwurfs eines Aids-Gesetzes.

[54] Siehe Art. 1 Nr. 9 (§ 32 a) und Art. 1 Nr. 11 (§ 35 c Abs. 2 und 3) des Entwurfs eines Gesetzes zur Änderung des Bundes-Seuchengesetzes.

[55] Vgl. Art. 1 Nr. 6 (§ 9 a Abs. 1) des Entwurfs eines Gesetzes zur Änderung des Bundes-Seuchengesetzes. - Siehe zur Meldepflicht bereits den Text bei sowie in Fn. 20, 27 und 28 sowie die dort geäußerten Vorbehalte.

[56] Vgl. Art. 1 (§ 12 Abs. 6 Nr. 1 des Aufenthaltsgesetzes/EWG) des Entwurfs eines Gesetzes zur Änderung des Aufenthaltsgesetzes/EWG.

[57] Siehe die Kleine Anfrage der Fraktion DIE GRÜNEN vom 14. 9. 1987 (BT-Drucks. 11/794) und die Antwort der Bundesregierung vom 7. 10. 1987 (BT-Drucks. 11/909).

[58] Fußnote siehe S. 9.

[59] Fußnote siehe S. 9.

- HIV-Tests bei stationärer und ambulanter ärztlicher Behandlung,[60]
- Versagung der Aufenthaltserlaubnis für HIV-infizierte (Nicht-EG-) Ausländer.[61]

---

[58] Vgl. die Kleine Anfrage der Fraktion DIE GRÜNEN vom 14. 9. 1987 (BT-Drucks. 11/793) und die Antwort der Bundesregierung vom 5. 1. 1988 (BT-Drucks. 11/1588).

[59] Siehe den Maßnahmenkatalog der Bayerischen Staatsregierung vom 25. 2. 1987, abgedruckt in: CSU-Fraktion im Bayerischen Landtag (Hrsg.), AIDS, 1987, S. 293, und Rundschreiben des Bayerischen Staatsministeriums des Innern vom 2. 6. 1987, abgedruckt a.a.O., S. 307.

[60] Vgl. den Antrag der CSU-Landtagsfraktion vom 20. 5. 1987, abgedruckt in der vorstehend (Fn. 59) genannten Veröffentlichung auf S. 296.

[61] Siehe die Bekanntmachung des Bayerischen Staatsministeriums des Innern vom 19. 5. 1987, Ministerialblatt der Bayerischen Inneren Verwaltung 1987, S. 246, 250 unter B. 2.

B. Überblick

Die Abhandlung wird auf folgende *Fragen* näher eingehen:

1) *Forschungsförderung:* In welchem Umfang und in welchen Bereichen wird die Aids-Forschung in den USA vom Bund und den Gliedstaaten finanziell oder auf andere Weise gefördert?
2) *Aufklärung:* Auf welche Weise und hinsichtlich welcher Adressaten betreiben in den USA der Bund und die Gliedstaaten eine Aids-Aufklärung?
3) *HIV-Test:* Welche Gegenstände und welche Personen müssen oder können in den USA nach dem Recht des Bundes oder dem der Gliedstaaten auf eine HIV-Infektion getestet werden und welche Rechtsfolgen hat ein positives Testergebnis?
4) *Antidiskriminierung:* In welchen Bereichen kommen Diskriminierungen von HIV-Infizierten vor und mit welchen rechtlichen Mitteln kann diesen Benachteiligungen begegnet werden?

Die *Antworten* auf diese Fragen zeigen, wie sich eine moderne Gesellschaft einer gegenwärtigen Plage auf vielfältige Weise mit neuen (z. B. der Aufklärung) und mit alten Mitteln (z. B. der Quarantäne) zu erwehren sucht.

Ob eine Maßnahme überliefert ist oder nicht, sagt nichts darüber aus, ob sie sich letztlich als sinnvolles Mittel der Bekämpfung von Aids erweist. Es ist deshalb erforderlich, die in den USA auf Bundesebene und im Bereich der Gliedstaaten anzutreffenden Aids-Maßnahmen auf ihre Berechtigung hin zu untersuchen.

Sofern diese *Bewertung* ein positives Resultat ergibt, liegt es nahe, die Maßnahmen daraufhin zu prüfen, ob sie sich eignen, in die *deutsche Rechtsordnung* übernommen zu werden. Natürlich besteht für die Erwägung derartiger Konsequenzen nur hinsichtlich solcher Aids-Maßnahmen ein Bedürfnis, die in der deutschen Rechtsordnung nicht vorkommen oder in ihr als nicht befriedigend normiert gelten. Beispiele für solche in Betracht zu ziehenden Maßnahmen wurden schon erwähnt.[1]

---

[1] Vgl. oben unter A. nach Fn. 43ff.

C. Auswahl

Das anglo-amerikanische Recht kennt als Rechtsquellen das „Case Law“ (Fallrecht) und das „Statute Law“ (Gesetzesrecht).[1]
Das Aids betreffende Recht der USA findet sich hauptsächlich im *Statute Law* und hier besonders im Gesetzesrecht der Gliedstaaten normiert. Angesichts von *50 Gliedstaaten* kann im Interesse der Übersichtlichkeit neben dem Statute Law des Bundes nicht das Aids regelnde Gesetzesrecht aller dieser Einzelstaaten dargestellt werden. Zwar verfügen mehrere Staaten wie Connecticut, Delaware, Kansas, Minnesota, Nevada und Wyoming über keine spezielle Aids-Gesetzgebung, so daß sie ohnehin hier nicht in Betracht gezogen werden müssen. Gleichwohl ist die Zahl der verbleibenden Staaten immer noch zu groß. Es muß daher eine *Auswahl* getroffen werden.
Aufschlußreich verspricht die Aids-Gesetzgebung besonders in den Staaten zu sein, deren Einwohner am stärksten von der Immunschwächekrankheit betroffen sind. Das gilt zuallererst für den Staat *New York;* in ihm sind seit 1981 insgesamt 23030 Personen an Aids erkrankt, was bei gegenwärtig 99936 in den USA statistisch erfaßten „Aids-Fällen“ einem Anteil von 23% entspricht.[2] Dicht gefolgt wird New York von *Kalifornien* mit 19821 (19,8%) Personen mit Aids.[3] Deutlich geringer ist die Anzahl der Aids-Erkrankten in *Florida;* sie beträgt dort 8019 (8%).[4] Schließlich ist dieser Gruppe noch *New Jersey* mit 6906 (6,9%) und *Texas* mit 6873 (6,8%) „Aids-Fällen“ zuzurechnen.[5] Auf diese fünf Staaten entfallen damit rd. zwei Drittel (64,5%) der Personen mit Aids. Teilweise erklärt sich die Spitzenstellung dieser Staaten zwar aus ihrer im Vergleich zu anderen Staaten größeren Bevölkerungszahl.[6] Zusammen haben sie 81,9 Millionen Einwoh-

---

1 Siehe hierzu nur *Blumenwitz,* Einführung in das anglo-amerikanische Recht, 3. Aufl., 1987, S. 4, 17-21, 41f., 43-46.
2 Vgl. den „HIV/AIDS Surveillance Report“ der Centers for Disease Control vom Juli 1989, S. 5.
3 Siehe den vorstehenden (Fn. 2) Report, a.a.O.
4 Vgl. erneut den oben (Fn. 2) genannten Report, a.a.O.
5 Siehe nochmals den in Fn. 2 erwähnten Report, a.a.O.
6 So liegt der von Aids am härtesten betroffene Staat New York (23% der „Aids-Fälle“) mit 17,825 Millionen Einwohnern an zweiter und das von dieser Immunschwächekrankheit am zweitstärksten heimgesuchte Kalifornien (19,8% der „Aids-Fälle“) mit 27,663 Millionen Einwohnern an erster Stelle der Bevölkerungsskala; Texas (6,8% der „Aids-Fälle“) nimmt mit 16,789 Millionen Einwohnern den dritten Platz, Florida (8% der „Aids-Fälle“) mit 12,023 Millionen Einwohnern den vierten und New Jersey (6,9% der „Aids-Fälle“) mit 7,672 Millionen Einwohnern den neunten Platz in der Bevölkerungsskala ein. Vgl. zu diesen Bevölkerungsangaben U. S. Bureau of Census, Statistical Abstract 1988, S. XVII.

ner.[7] Angesichts von 243,4 Millionen Menschen, die in den USA leben,[8] ergibt dies für die fünf Staaten einen Anteil von rd. einem Drittel an der Gesamtbevölkerung. Der Anteil der Aids-Erkrankten, der auf die fraglichen Staaten entfällt, ist also doppelt so hoch wie der Anteil dieser Staaten an der Gesamtbevölkerung der USA. Die Personen mit Aids sind somit in New York, Kalifornien, Florida, New Jersey und Texas deutlich überrepräsentiert. Die *Aids-Gesetzgebung* dieser Staaten verdient daher *untersucht* zu werden.

Vor diesem Hintergrund überrascht es nicht, daß *Kalifornien,*[9] aber auch *Florida*[10] und *Texas*[11] eine ausgeprägte Aids-Gesetzgebung vorweisen können. Demgegenüber verfügt *New Jersey* augenblicklich über keine und New York nur in organisationsrechtlicher Hinsicht (Errichtung eines „HIV-Instituts")[12] über eine Aids-Gesetzgebung. Allerdings haben in beiden Staaten einzelne Abgeordnete oder Senatoren zahlreiche Gesetzesvorlagen eingebracht. In *New York* sind z. B. Gesetzentwürfe über die Aids-Aufklärung in Grund- und weiterführenden Schulen[13] sowie über eine HIV-Testpflicht für Heiratswillige,[14] für bestimmte Sexualtäter[15] und für HIV-Verdächtige in Untersuchungshaft oder im Strafvollzug[16] anhängig. In New Jersey handelt es sich u. a. um Gesetzentwürfe, die eine Berichtspflicht von „Aids-Fällen" an das Gesundheitsministerium,[17] eine HIV-Testpflicht für Heiratswillige[18] und einen Straftatbestand der wissentlichen Übertragung des HIV[19] zum Gegenstand haben. Zur Zeit ist nicht abzusehen, ob oder wann diese und andere Aids-Vorlagen Gesetz werden. Auf sie wird daher in der nachfolgenden Erörterung nicht eingegangen werden.

Ihre Berücksichtigung ist im übrigen auch deshalb entbehrlich, weil sie allesamt Maßnahmen betreffen, die *andere,* in die Untersuchung einbezogene *Gliedstaaten* zumindest vergleichbar gesetzlich normiert haben. Bei diesen Staaten handelt es sich - ausgewählt nach regionalen und politischen Gesichtspunkten sowie der Aids-Häufigkeit - um *Georgia, Idaho, Illinois, Indiana, Louisiana, Maryland, Michigan, North Carolina, Tennessee* und *Wisconsin.* Auf diese zehn Staa-

---

[7] Siehe erneut S. XVII der Statistical Abstract 1988 (Fn. 6).

[8] Vgl. die vorhergehende (Fn. 7) Fundstelle.

[9] Siehe vor allem die Kapitel 1.10 bis 1.17 (§§ 190 bis 199.81) des Health and Safety Code (Deering 1988).

[10] Vgl. insbesondere die Sektionen 110.1125, 232.246, 233.067, 381.041, 381.608, 381.609, 381.614, 381.6105, 384.24, 627.429, 641.3109, 796.08, 943.172, 945.35 und 951.27 der Florida Statutes (West 1988).

[11] Siehe vornehmlich die Sektionen 9.01 bis 9.06 des Communicable Disease Prevention and Control Act (Vernon Texas Civil Statutes, 1988).

[12] Vgl. § 2775 bis § 2779 Public Health Law (West's Consolidated Laws of New York 1985). Das Institut hat den Namen „Acquired Immune Deficiency Syndromes Institute" (siehe § 2775 (1)). Es soll insbesondere die Aids-Forschung und -Aufklärung fördern (siehe § 2776).

[13] Vgl. Senate Bill Nr. 320-A und Assembly Bill Nr. 2611-A.

[14] Siehe Senate Bill Nr. 3252 und Assembly Bill Nr. 4557.

[15] Vgl. Senate Bill Nr. 4077-A und Assembly Bill Nr. 3175-A.

[16] Siehe Senate Bill Nr. 7598-B und Assembly Bill Nr. 9358-B.

[17] Vgl. Assembly Bill Nr. 2318 und 1464.

[18] Siehe Assembly Bill Nr. 1425.

[19] Vgl. Assembly Bill Nr. 966.

ten entfallen 12067 (12%) Aids-Erkrankte.[20] Zusammen mit Florida, Kalifornien, New Jersey, New York und Texas, aus denen 64,5% der Aids-Erkrankten stammen, sind es somit 15 Staaten, deren Aids-Gesetzgebung für die Untersuchung herangezogen wird. Außerdem berücksichtigt die Arbeit die - bislang kaum vorhandene - *Aids-Gesetzgebung des Bundes* und - zu einem Sonderproblem - die des *District of Columbia.*

Als weitere, für Aids einschlägige Rechtsquelle ist neben dem Statute Law das auf Präjudizien fußende *Case Law* zu beachten. Traditionell steht es sogar im Vordergrund der anglo-amerikanischen Rechtsquellen. Angesichts eines umfangreichen, äußerst detaillierten Statute Law zu Aids spielt das Case Law in diesem Bereich jedoch nicht die maßgebliche Rolle, die ihm noch heute auf anderen Gebieten[21] zukommt. Für gesetzgeberisch nicht geregelte Teilfragen zur Aids-Problematik ist es jedoch bedeutsam. Freilich gilt es, jedenfalls im Grundsatz, nur in dem Jurisdiktionsbereich des Bundes- oder des Gliedstaatengerichts, das die Aids-Entscheidung getroffen hat.[22] Angesichts dieser Beschränkung läge es nahe, allein solche Aids-Entscheidungen zu berücksichtigen, die Bundesgerichte oder Gerichte getroffen haben, deren Jurisdiktionsbereich in einem der Gliedstaaten liegt, deren Gesetzgebung nach den obigen Kriterien herangezogen wird. Da die Zahl der für die Rechtsvergleichung interessanten Aids-Entscheidungen gegenwärtig noch gering ist, hätte ein solches Vorgehen eine recht zufallsbedingte Auswahl zur Folge. Einbezogen wird daher ohne Rücksicht auf seinen Geltungsbereich das gesamte zu Aids feststellbare Case Law, sofern es sich aus rechtsvergleichender Sicht als aufschlußreich erweist.

---

20 Siehe die Angaben für diese Staaten in der letzten Spalte des „HIV/AIDS Surveillance Report“ (Fn. 2), S. 5.

21 Vgl. *Blumenwitz,* Einführung, S. 45.

22 Siehe erneut *Blumenwitz,* Einführung, S. 26.

D. Einzelheiten

I. Forschungsförderung

Nach Einführung in die Problematik (s. unter 1.) werden die Bereiche der Aids-Forschung dargestellt, die in den USA vom Bund und den Gliedstaaten finanziell oder auf andere Weise gefördert werden (s. unter 2.). Es folgt eine Bewertung dieser Maßnahmen (s. unter 3.). Auf ihrer Grundlage werden sodann Konsequenzen für die staatliche Unterstützung der Aids-Forschung in der Bundesrepublik Deutschland gezogen (s. unter 4.).

1. Einführung

Bislang sind alle medizinischen Bemühungen, die weitere Ausbreitung von Aids zu verhindern und die Krankheit erfolgreich zu behandeln, vergeblich gewesen. Die 1988 in Stockholm abgehaltene 4. Aids-Konferenz hat das erneut deutlich gemacht. *Weder* ist in nächster Zeit zu erwarten, daß ein *Impfstoff* entwikkelt[1] *noch* daß eine *Heilung* der Immunschwächekrankheit[2] möglich werden

---

[1] Immerhin wurde in den USA Ende 1987 von einem Impfstoff namens Vax Syn HIV-1 berichtet, der sich bei Tierversuchen als so vielversprechend erwiesen hat, daß er in einer ersten Phase mit kleinen Dosen an 60 gesunden, HIV-negativen Homosexuellen getestet werden soll. Bei Erfolg soll in einer zweiten Phase eine optimale Dosierung an 100 oder 200 weiteren Freiwilligen gefunden werden. Sofern auch diese Versuche erfolgreich verlaufen, ist ab 1990 daran gedacht, in einer dritten Phase eine größere Zahl von Menschen zu impfen; s. dazu *Merz,* HIV Vaccine Approved for Clinical Trials, The Journal of the American Medical Association Bd. 258 (1987) 1433f. – In weiteren 10 Einrichtungen der USA wird an einem AIDS-Impfstoff gearbeitet; in fünf Institutionen sind die Forschungen so weit gediehen, daß Versuche an Menschen durchgeführt werden oder bevorstehen; s. *Perlman,* Major Obstacles to AIDS Vaccine, San Francisco Cronicle vom 15. 8. 1988, S. A 2. Vgl. zur AIDS-Impfstoffforschung auch *Windom,* AIDS Facts, Juni 1988, S. 3 und 4. – Allgemein ist jedoch hinsichtlich der Entwicklung eines Impfstoffes vor zu großen Hoffnungen zu warnen. Sie ist insbesondere dadurch erschwert, daß das HIV fähig ist, in die verschiedensten Formen zu mutieren; s. zu diesem Aspekt mit näheren Angaben *Merritt,* Communicable Disease, New York University Law Review Bd. 61 (1986), 739, 745. – Vgl. zum Ganzen auch den *Charlottesville Report* von 1988, S. 52.

[2] Die in den USA vielfach praktizierte und von der Food and Drug Administration zumindest für Aids bei bestimmten Krankheitsbildern zugelassene Behandlung mit Azidothymidin (AZT) hemmt lediglich die Fähigkeit des Aids-Virus, sich zu reproduzieren. Eine Heilung wird also nicht bewirkt. Außerdem gehen mit der Anwendung dieses Mittels erhebliche Nebenwirkungen einher; s. *Brook,* Approval of Zidovudine (AZT), The Journal of the American Medical Association Bd. 258 (1987), 1517. – Fortsetzung siehe S. 15.

wird.[3] Auch ist nicht damit zu rechnen, daß Sexualpartner und intravenös Drogenabhängige ein von ihnen bislang praktiziertes risikoreiches Verhalten auf einmal und allgemein ablegen werden, um eine HIV-Infektion zu vermeiden.[4]

Eine medizinische, biologische, pharmazeutische, sozialwissenschaftliche und sonstige Forschung, die sich dieser und anderer Bereiche[5] verstärkt annimmt, läßt auf baldige Fortschritte oder gar den entscheidenden Durchbruch bei der Bekämpfung von Aids hoffen. Das *Interesse von Gesunden wie Kranken* muß deshalb dahin gehen, die (vermehrte) finanzielle oder sonstige *Unterstützung der Aids-Forschung* durch den Staat zu verlangen. Diese Interessengleichheit besteht allerdings nur so lange, wie die Förderung allgemein auf die Subventionierung oder anderweitige Erleichterung der Aids-Forschung gerichtet ist. In dem Augenblick, in dem z. B. die staatlichen Gelder vorwiegend nur bestimmten Bereichen wie der Entwicklung eines Impfstoffes zugute kommen sollen, bricht der Interessengegensatz zwischen Gesunden und Kranken wieder auf.

Angesichts dieser Situation verwundert es nicht, wenn von politischer Seite in den USA zwar häufig der Ruf nach einer verstärkten finanziellen Unterstützung der Aids-Forschung durch den Staat zu hören ist, Angaben über die Schwerpunkte der Förderung, ihre Höhe und etwaige für erforderlich gehaltene Umverteilungen[6] aber nur selten gemacht werden. In diesem Sinne hat sich beispielsweise der neue amerikanische Präsident *Bush* ohne nähere Angaben pauschal dafür ausgesprochen, daß die Aids-Forschung erheblich mehr gefördert werden müsse als bisher.[7] Derartige Äußerungen sind weltweit ein probates Mittel für Politiker jeder Richtung, sich gegenüber der Aids-Problematik aufgeschlossen zu zeigen, ohne sich dem angesichts knapper öffentlicher Ressourcen und vielfältiger anderer staatlicher Aufgaben meist unausweichlichen Dilemma zu stellen, wen die Förderung (in erster Linie) begünstigen soll, (mehr) die Gesunden oder (mehr) die Kranken.

Eine löbliche Ausnahme macht insoweit die vom früheren amerikanischen Präsidenten *Reagan* eingesetzte *„Kommission über die Humane Immunschwächevirus-Epidemie“*. Sie gibt in ihrem Bericht detaillierte Empfehlungen, wie von ihr festgestellte Forschungshindernisse des näheren durch finanzielle Unterstützung,

---

2 (Fortsetzung) Neuerdings wird AZT zur Verbesserung seiner Resultate mit einem seit 20 Jahren bekannten Antiblutgerinnungsmittel namens Dextran Sulfate verabreicht; s. *Perlman,* S. F. General's Clinical Study of AIDS Drug to Be Expanded, San Francisco Chronicle vom 26. 7. 1988, S. A 8. – Weitere 17 Arzneimittel, die gegen AIDS wirksam sein sollen, werden gegenwärtig klinisch erprobt; siehe den *Report of the Presidential HIV-Commission,* S. 55 und den *Charlottesville Report,* S. 41.

3 Vgl. *Shilts,* AIDS Conference Ends with Plea to End Bias, San Francisco Chronicle vom 17. 6. 1988, S. A 8. Siehe auch den *Report of the Presidential HIV-Commission,* S. 37 und 47f.

4 Vgl. zu dieser Erkenntnis den *Report of the Presidential HIV-Commission,* S. 59.

5 Zum Beispiel über Kofaktoren wie Ernährung, Streß, andere Infektionen, die das Immunsystem beeinflussen und eine HIV-Infektion erschweren oder begünstigen; siehe dazu den *Report of the Presidential HIV-Commission,* S. 63f.

6 Gerade dieser letzte Gesichtspunkt spielt eine große Rolle. So ging die Intensivierung der Aids-Forschung in den National Institutes of Health des Bundes deutlich zu Lasten der von dieser Einrichtung auch betriebenen Forschung von Krebs- und Herzleiden; vgl. hierzu kritisch den *Report of the Presidential HIV-Commission,* S. 42, ähnlich S. 66.

7 Siehe die Aufstellung unter der Überschrift „AIDS Issues“ im San Francisco Chronicle vom 2. 6. 1988, S. A 8.

aber auch durch organisatorische und gesetzgeberische Maßnahmen behoben oder zumindest gemildert werden können.[8]

2. *Art und Umfang der Förderung*

Im Vordergrund der Aids-Forschungsförderung stehen finanzielle Zuwendungen des Staates an geeignete private oder öffentliche Einrichtungen. Daneben erfolgt die Hilfe aber auch auf andere Weise, z. B. durch Forschungskoordinierung und durch Haftungsprivilegien.

Was zunächst den *Bereich des Bundes* angeht, ist eine ständig zunehmende finanzielle Unterstützung der Aids-Forschung festzustellen. So bewilligte der amerikanische Kongreß für das *Haushaltsjahr 1988* insgesamt 636 Millionen Dollar für die Aids-Forschung.[9] Davon erhielten die National Institutes of Health als die maßgebliche Forschungseinrichtung des Bundes annähernd 468 Millionen Dollar für die Aids-Forschung und damit 80% mehr als 1987 und über 13 000% mehr als 1982.[10] Von diesem Geld sind 407 Millionen Dollar dazu vorgesehen, an Universitäten, medizinische Zentren und andere Forschungseinrichtungen, aber auch einzelne Forscher weitergegeben zu werden.[11] Die restlichen 61 Millionen Dollar sind für die eigene Aids-Forschung der National Institutes of Health, darunter die Entwicklung eines Impfstoffes[12] und das Testen von Arzneimitteln in klinischen Versuchen,[13] bestimmt.[14] Für das *Haushaltsjahr 1989* sollen dieser Institution für ihre Aids-Forschung und die Dritter 587,63 Millionen Dollar zur Verfügung gestellt werden,[15] was gegenüber 1988 einer Steigerung von mehr als 25% entspricht. Auf die Entwicklung und Erprobung von Aids-Impfstoffen entfallen allein 92,611 Millionen Dollar und damit über 30 Millionen Dollar mehr als im Vorjahr.[16]

Der im Repräsentantenhaus eingebrachte Entwurf eines *„AIDS Research Act of 1988“*[17] verdient besonders hervorgehoben zu werden. Zum einen sieht er eine deutliche Personalvermehrung für staatliche Forschungseinrichtungen (z. B. 300 zusätzliche Stellen für die National Institutes of Health) und intensivere finanzielle Unterstützung der Aids-Forschung vor (z. B. Zuschüsse für Forschungen

---

[8] Vgl. den *Report of the Presidential HIV-Commission,* S. 37–64.

[9] Siehe Public Law 100–202 vom 22. 12. 1987.

[10] Vgl. die Angaben im *Report of the Presidential HIV-Commission,* S. 38.

[11] Siehe nochmals den vorstehend (Fn. 10) genannten *Report,* a. a. O.

[12] Vgl. *Perlman,* Major Obstacles to AIDS Vaccine, San Francisco Chronicle vom 15. 8. 1988, S. A 2.

[13] Siehe den *Report of the Presidential HIV-Commission,* S. 55.

[14] Vgl. erneut den in Fn. 13 zitierten *Report,* a. a. O. – Innerhalb der National Institutes of Health ist das National Institute of Allergy and Infectious Diseases mit der Aids-Forschung betraut; siehe dazu und zu dessen Tätigkeit näher wiederum den Report, a. a. O., S. 41–43.

[15] Vgl. den Gesetzentwurf H. R. 4783 (Departments of Labor, Health and Human Services, and Education and Related Agencies Appropriations Act 1989) und den Bericht des Senators *Natcher* (Kentucky) vor dem Senat am 13. 6. 1988, Congressional Record Bd. 134 (1988) S. H 4238 ff., insbesondere S. H 4240.

[16] Siehe die vom Public Health Service im „AIDS Functional History Table“, S. 12 gemachten Angaben.

[17] H. R. 4850 vom 16. 6. 1988.

über die Behandlungsmethoden, aber auch für das Instandsetzen von Räumen, ferner Stipendien).[18] Zum anderen will er die Forschung durch Gründung einer *„Internationalen Aids-Forschungs-Datenbank"*[19] koordinieren, deren Aufgabe es sein soll, Aids-Forschungsergebnisse aus aller Welt zu sammeln und der Allgemeinheit sowie Ärzten und Forschern aus dem In- und Ausland zugänglich zu machen.[20]

Auf der *Ebene der Gliedstaaten* sticht *Kalifornien* durch eine ausgeprägte Forschungsförderung hervor. In zunehmendem Maße stellt dieser Staat Haushaltsmittel für Forschungszwecke zur Verfügung. Im Haushaltsjahr 1987 waren es rund 15 Millionen, im Haushaltsjahr 1988 ca. 21 Millionen Dollar.[21] Die Gelder werden vor allem[22] im Rahmen des „Kalifornischen Aids-Programms"[23] und des „Hilfsprogramms zur Aids-Impfstofforschung und -entwicklung"[24] vergeben.

Das *„Kalifornische Aids-Programm"* dient u.a. der Finanzierung „klinischer Forschung",[25] z.B. durch die University of California.[26] Daneben stellt es auch wissenschaftliche Dienstleistungen zur Verfügung. Das kalifornische Gesundheitsministerium ist nämlich seit 1985 gesetzlich verpflichtet, Zusammenfassungen über Arbeiten zu Aids, die in (natur-)wissenschaftlichen Zeitschriften erschienen sind, in dem „Computerisierten Aids-Informations-Netzwerk (CAIN)" zu speichern und sie für Interessenten abrufbereit zu halten.[27]

Das *„Hilfsprogramm zur Impfstofforschung und -entwicklung"* bezweckt die Herstellung eines Aids-Impfstoffes durch die Gewährung öffentlicher Gelder an solche privaten (kalifornischen) Unternehmen zu fördern, die geeignete Forschungseinrichtungen haben.[28] Die Vergabe erfolgt durch das Gesundheitsministerium. Dieses hat bei seiner Entscheidung die Empfehlungen des „Beratungskommitees für Impfstofforschung und -entwicklung"[29] zu berücksichtigen,[30] eines fünfköpfigen Gremiums, dem u.a. „ein Experte für ansteckende Krankheiten und Impfstoffentwicklung", „der Chefarzt für die Behandlung von Aids-Pa-

---

[18] Siehe Sektion 3 (Titel IX, Sektion 901, 902, 914, 916 (b), 921 Public Health Service Act) des Entwurfs.

[19] „International Acquired Immune Deficiency Syndrome Research Data Bank".

[20] Vgl. Sektion 3 (Titel IX, Sektion 915 Public Health Service Act) des Entwurfs. – Siehe auch Sektion 3 (Titel IX, Sektion 916 (a) Public Health Service Act): Auswertung epidemiologischer Daten durch die Centers for Disease Control.

[21] Siehe *Rowe,* A Comparative Review of State - Only Expenditures for AIDS, 1987, S. 9 (Tabelle 4) und S. 10 (Tabelle 5).

[22] Vgl. außerdem z.B. Assembly Bill No. 1482 (West's California Legislative Service 1987–1988), ein Gesetz, das in Übereinstimmung mit dem Haushaltsgesetz für 1987 200000 Dollar für Forschungen an bestimmten Patienten zur Verfügung stellte, die sich AIDS durch Transfusionen zugezogen haben.

[23] Siehe die Vorschriften des Kapitels 1.16 (§ 199.70 bis § 199.79 des Health and Safety Code (Deering 1988).

[24] Vgl. die Bestimmungen des Kapitels 1.15 (§ 199.55 bis § 199.60) des Health and Safety Code (Fn. 23).

[25] Siehe § 199.70 (e) des Health and Safety Code (Fn. 23).

[26] Vgl. § 199.77 des Health and Safety Code (Fn. 23).

[27] Siehe § 199.71 (a) (7) des Health and Safety Code (Fn. 23).

[28] Vgl. insbesondere § 199.55 (h) und § 199.56 des Health and Safety Code (Fn. 23).

[29] Siehe § 199.57 (a) des Health and Safety Code (Fn. 23).

[30] Vgl. § 199.57 (a) und §159.58 (c) des Health and Safety Code (Fn. 23).

tienten am San Francisco General Hospital" und „ein Experte für Retrovirus/Aids-Virusforschung" angehören.[31] Die im Rahmen dieser Forschungsförderung gewährten Gelder sind im Falle einer erfolgreichen Entwicklung eines Impfstoffes an den kalifornischen Staat zurückzuzahlen.[32] Gleichzeitig wird den Unternehmen aber für ihren Impfstoff eine bestimmte Abnahmegarantie gegeben.[33] Überdies wird ihre Haftung für Impfschäden beschränkt, sofern der Impfstoff zur Zeit seines Vertriebes „unvermeidbar gefährlich" war.[34]
Neben Kalifornien fördern nur noch wenige *andere Staaten* die Aids-Forschung, und zwar New York mit 1,4 Millionen, Massachussetts mit 946000, New Jersey mit 621000, Florida mit 460000 und Arizona mit 25000 Dollar im Haushaltsjahr 1988.[35]
Teilweise erfolgt die Förderung der Aids-Forschung auch auf die Weise, daß *staatliche Stellen selbst* zu entsprechenden Aktivitäten gesetzlich verpflichtet werden. So sind die Gesundheitsministerien Floridas und Wisconsins gehalten, insbesondere Prävalenzstudien über die Verbreitung der HIV-Infektion in ihren Staaten durchzuführen[36] und sich dabei erforderlichenfalls der Hochschulen zu bedienen.[37] Auf diese Weise verfügt z. B. Wisconsin über Erkenntnisse, wie weit die HIV-Infektion unter Strafgefangenen verbreitet ist.[38]

3. Bewertung

Die *staatliche Unterstützung* der Aids-Forschung beruht auf der Vorstellung, daß insbesondere *durch* die *Vergabe öffentlicher Gelder* wissenschaftliche Erfolge in der Bekämpfung der Immunschwächekrankheit beschleunigt erzielt werden können. Sofern die Finanzierung imstande ist, Forschungshemmnisse (vor allem unzureichende personelle und sachliche Ausstattung) zu beseitigen oder zu verringern, trifft diese Annahme sicherlich zu. Beispielsweise können öffentliche Zuschüsse oder Darlehen in der Lage sein, zusätzliche und besonders fähige Forscher für die Aids-Forschung zu gewinnen oder Laboratorien, die bislang nicht oder nicht ausreichend für die Arbeit mit Viren wie das HIV eingerichtet sind, sachgerecht auszustatten.[39] Ob oder in welchem Maße diese möglichen Wirkun-

31 Siehe § 199.57 (b) des Health and Safety Code (Fn. 23).
32 Vgl. § 199.60 des Health and Safety Code (Fn. 23).
33 Siehe § 199.51 des Health and Safety Code (Fn. 23).
34 Vgl. näher § 199.49 des Health and Safety Code (Fn. 23). - Siehe auch § 199.50 des Health and Safety Code, der für durch einen Aids-Impfstoff Geschädigte Zahlungen aus einem staatlichen Ersatzfonds vorsieht.
35 Vgl. *Rowe,* Expenditures for AIDS, S. 10 (Tabelle 5).
36 Siehe Sektion 381.614 (1) und (2) der Florida Statutes (West 1988); Sektion 146.022 (1) (f), auch Sektion 146.025 (2) unter Nr. 2 der Wisconsin Statutes (West 1988).
37 Vgl. Sektion 381.614 (3) der Florida Statutes (Fn. 36).
38 Siehe den Artikel „HIV Seroprevalence in Selected Wisconsin Prison Populations", Wisconsin AIDS Update vom April 1988, S. 9-11. Die 1987 durchgeführte Studie erfaßte die männlichen Strafgefangenen, die vom Januar bis August neu in Vollzugsanstalten eingewiesen wurden. Von diesen 1689 Gefangenen waren 9 (0,53%) HIV-infiziert, vgl. a.a.O., S. 2.
39 Vgl. zu den genannten und anderen in den USA festgestellten Hindernissen für die AIDS-Forschung den *Report of the Presidential HIV-Commission,* S. 40-44 und 47.

gen einer Aids-Forschung aber tatsächlich eintreten, läßt sich nicht genau abschätzen. Jedenfalls dürfte der Einfluß dieser finanziellen Unterstützung durch einen gewissen *„Mitnahmeeffekt"* reduziert sein, wie er mit jeder staatlichen Subventionierung einherzugehen pflegt. Erst wenn dieser „Mitnahmeeffekt" so groß wäre, daß die finanziellen Hilfen des Staates für die Aids-Forschung nahezu oder völlig wirkungslos blieben, wäre es gerechtfertigt, von staatlicher Förderung abzusehen. Das dürfte jedoch schwerlich zutreffen. *Insgesamt* ist daher die verstärkte staatliche Unterstützung der Aids-Forschung, wie sie in den USA zu beobachten ist, als ein *sinnvolles Mittel* im Kampf gegen die Immunschwächekrankheit zu bewerten. Sie kommt, richtig verwandt, Gesunden und Kranken zugute.

Des weiteren ist diese staatliche Förderung, ihren alsbaldigen oder wenigstens späteren Erfolg unterstellt, bedeutend *billiger als* die immensen *Kosten,* die jeder an *Aids oder ARC Erkrankte* für die *Gesellschaft* und für die *öffentlichen Haushalte* verursacht.[40] So schätzt man von offizieller Seite, daß 1988 in den USA 2,2 Milliarden Dollar allein für die Behandlung der Aids-Patienten ausgegeben werden müssen. Für 1991 rechnet man mit einem Anstieg dieser Kosten auf 4,5 Milliarden Dollar;[41] teilweise werden für dieses Jahr sogar 8 bis 10 Milliarden Dollar veranschlagt.[42] Noch viel größer sind die Schäden, die der Volkswirtschaft durch Aids z. B. durch Einkommensverluste und geringeren Verbrauch erwachsen,[43] ganz zu schweigen von den Milliarden Dollar an Haushaltsmitteln, die der Bund und die Gliedstaaten schon für Aids-bezogene Forschungs- und Verhütungsmaßnahmen ausgegeben haben[44] und noch werden.[45] Eine auf die Entwicklung eines Impfstoffes gegen den HIV und die Heilung von Aids zielende

---

[40] Dieser Aspekt wird auch vom kalifornischen Gesetzgeber herausgestellt, wenn er die staatliche Förderung für die Entwicklung eines Aids-Impfstoffes u. a. mit den hohen Kosten für die Behandlung der AIDS- und ARC-Erkrankten in Verbindung bringt; siehe § 199.47 und § 199.55 des Health and Safety Code (Fn. 23). Ferner klingt dieser Gesichtspunkt an bei *Duncan,* Public Policy, The Journal of Contemporary Health Law and Policy Bd. 2 (1986), 169, 170.

[41] Zu diesen Ergebnissen kommt ein Bericht des dem Bundesgesundheitsministerium zugeordneten National Center for Health Services Research and Health Care Technology Assessment, vgl. den Artikel von United Press International, abgedruckt im San Francisco Chronicle vom 26. 5. 1988, S. A 8 unter der Überschrift „Cost of AIDS Treatment Could Double in 2 Years".

[42] Vgl. die Angaben in dem Bericht der Centers for Disease Control über die „Ausbreitung von Aids und Hinweise für Risiken bei Jugendlichen", abgedruckt in Morbidity and Mortality Weekly Report der Centers for Disease Control vom 29. 1. 1988 (Bd. 37), S. 10, 11 und den *Report of the Presidential HIV-Commission,* S. 17, 18 und 142.

[43] Der *Report of the Presidential HIV-Commission* beziffert sie einschließlich der Kosten für die Behandlung der Aids-Erkrankten auf 66,5 Milliarden Dollar im Jahre 1991, a. a.a.O., S. 142.

[44] Von 1982 bis 1988 hat allein der Bund im Rahmen der Gesundheitsverwaltung 1,892 Milliarden Dollar für derlei Maßnahmen verwandt; siehe die Angaben des Public Health Service „AIDS Funding History Table 1982–1989"; darin sind noch nicht die Aids-Ausgaben anderer Verwaltungszweige, z. B. des Verteidigungsministeriums, und vor allem nicht der Anteil des Bundes an Medicaid enthalten, der Einrichtung, die für die Krankheitskosten Hilfsbedürftiger aufkommt.

[45] Für 1989 beabsichtigt der Bund, 1,3 Milliarden Dollar im Bereich der Gesundheitsverwaltung aufzuwenden; vgl. erneut die Angaben des Public Health Service, a. a. O. (Fn. 44).

staatliche Forschungsförderung erfolgt daher nicht nur im Interesse der Gesunden und Kranken, sondern dürfte sich langfristig *auch* als im *finanzpolitischen Interesse des Staates* liegend erweisen.

So begrüßenswert nach den bisherigen Ausführungen die finanzielle Hilfe des Staates für die Aids-Forschung auch ist, so besteht ihr gegenüber jedoch ein gewichtiger - allerdings für jede öffentliche Forschungsförderung geltender - *Einwand.* Staatliche Unterstützung der Aids-Forschung führt, sollen die zu diesem Zweck bereitgestellten Gelder nicht nach dem „Gießkannenprinzip" und damit weitestgehend effektlos vergeben werden, zu einer *Forschungslenkung:* Der Staat muß sich angesichts der Vielzahl denkbarer Forschungsvorhaben und potentieller Empfänger klar werden, welche mit Aids zusammenhängenden Forschungen und welche Forscher/Forschungseinrichtungen er fördern will. Er hat also notgedrungen eine *Auswahl* zu treffen. Da es ihm für diese Entscheidung aber meist an ausreichender Detailkenntnis fehlt, greift er häufig auf den Sachverstand von Personen zurück, die in dem für die staatliche Unterstützung ausersehenen Forschungsbereich selbst tätig sind. Er beruft sie in *Forschungsbeiräte* oder *ähnliche Einrichtungen* und damit in Gremien, die auf die Vergabepraxis unmittelbaren oder wenigstens mittelbaren Einfluß haben. Dies birgt die Gefahr, daß - zumindest vorrangig - nur solche Forscher/Forschungsvorhaben staatlich gefördert werden, die auf Gebieten arbeiten bzw. liegen, die das Interesse der Mitglieder dieser Gremien finden. Naheliegenderweise handelt es sich dabei um Forscher/Forschungsprojekte, von denen sich diese Personen für die von ihnen repräsentierte Fachrichtung oder Forschungsinstitution einen Nutzen versprechen. Das können, müssen aber nicht unmittelbar Forscher/Forschungsvorhaben sein, die aus objektiver Sicht förderungswürdig sind. Umgekehrt können bei diesem Verfahren Forscher/Forschungsprojekte bei der Subventionierung unberücksichtigt bleiben, obwohl ihre Förderung vernünftig und aussichtsreich wäre. Diese Nachteile einer staatlichen Forschungsunterstützung können nur dadurch ausgeschlossen oder wenigstens hinreichend vermindert werden, daß die fraglichen Beiräte etc. personell unter *Vermeidung von Interessenverflechtungen* so zusammengesetzt werden, daß jede fachliche oder sonstige einseitige Ausrichtung unterbleibt.

Ob ein Gremium wie das *kalifornische „Beratungskommitee für Impfstofforschung und -entwicklung"*[46] diesem Anspruch genügt, zeigt sich zum einen an den für die Auswahl seiner Mitglieder festgelegten Kriterien. Durchweg sind diese Merkmale an den Aufgaben des zu besetzenden Gremiums orientiert und damit sachgerecht ausgestaltet. So verdient es natürlich Zustimmung, daß in das erwähnte Beratungskommitee „ein Experte für ansteckende Krankheiten und Impfstoffentwicklung" aufzunehmen ist, und auch die Einbeziehung eines „Experten für Retrovirus/Aids-Virusforschung" ist naheliegend. Zum anderen beurteilt sich die Frage, ob ein Gremium angemessen zusammengesetzt ist, nach den konkreten Personen selbst, die aufgrund der Auswahlkriterien letztlich als Mitglieder berufen werden. Mangels näherer Kenntnis dieser Personen entzieht sich das „Beratungskommitee für Impfstofforschung und -entwicklung" insoweit einer Bewertung.

---

[46] Siehe oben den Text bei Fn. 29.

Abgesehen von der finanziellen Unterstützung der Aids-Forschung kann der Staat diesen Bereich *wirkungsvoll* auch auf andere Weise fördern. *Dienstleistungen* wie sie die vom Bund geplante *„Internationale Aids-Forschungs Datenbank“*[47] bereithalten sollen und wie sie eine vergleichbare, auf Kalifornien beschränkte Einrichtung anbietet,[48] sind gute Belege dafür.
Forschungsförderung kann der Staat außerdem in Gestalt rechtlicher „Forschungshilfen“ leisten. Beispielsweise kann er gesetzlich die *Haftung* für Arbeitsunfälle in Aids-Laboratorien oder für gesundheitliche Schäden, die Aids-Impfstoffe oder -Arzneimittel an Versuchspersonen hervorgerufen haben, *beschränken* und damit ein Hindernis verringern, das in den USA manche von der Aids-Forschung abhält.[49] Für die Ausgestaltung solcher „Forschungshilfen“ wird es darauf ankommen, den Nutzen für die Aids-Forschung abzuwägen mit den Nachteilen, die derlei Maßnahmen für die Geschädigten (Laboranten, Versuchspersonen etc.) haben können. Auch muß erwogen werden, evtl. Nachteile für die Betroffenen durch andere Maßnahmen auszugleichen, z. B. durch Leistungen für diese Personen aus einem von allen Forschungseinrichtungen und dem Staat getragenen Hilfsfonds, wie dies in Kalifornien als Korrektiv der - nicht bei der eigentlichen Forschung, sondern erst bei ihrer wirtschaftlichen Verwertung und damit zu spät[50] ansetzenden - Haftungsbeschränkung[51] für Aids-Impfschäden vorgesehen ist.[52]

4. Konsequenzen

Ebenso wie in den USA wird die *Aids-Forschung* in der Bundesrepublik Deutschland vom Staat erheblich *finanziell gefördert.* Der *dritte Bericht des Bundesministers für Forschung und Technologie*, betitelt „Aids. Eine Herausforderung an die Wissenschaft“,[53] gibt darüber näher Auskunft.[54] Die unterstützten Projekte reichen von „Arbeiten zur Entwicklung einer Vaccine und Immuntherapie gegen Aids“ (Förderungssumme 1 295 350 DM)[55] über die „Behandlung des fortgeschrittenen progredienten epidemischen Kaposi-Sarkoms“ (Förderungssumme 767 595 DM)[56] bis zur „Bedeutung von Adenoviren für das Entstehen von Aids“ (Förderungssumme 18 000 DM).[57] Über die Unterstützung eines bestimmten Vorhabens entscheidet das Bundesgesundheitsamt, das hierbei im Auf-

---

47 Vgl. zu ihr vorstehend bei Fn. 19.
48 Siehe dazu den Text oben bei Fn. 27.
49 Vgl. zu diesem Hindernis die Ausführungen des *Reports of the Presidential HIV-Commission,* S. 39f. und 47f. sowie den *Charlottesville* Report, S. 56.
50 Siehe dazu auch *Perlman,* Major Obstacles to AIDS Vaccine, San Francisco Chronicle vom 15. 5. 1988, S. A 2.
51 Vgl. zu ihr oben den Text unter 2. bei Fn. 34.
52 Siehe zu diesem Fonds, dem „AIDS-Vaccine Victims Compensation Fund“, § 199.50 des Health and Safety Code Kaliforniens (Fn. 23).
53 Bonn 1988.
54 Vgl. a.a.O., S. 113-122.
55 Siehe den Bericht auf S. 113.
56 Vgl. erneut den Bericht auf S. 119.
57 Siehe nochmals den Bericht auf S. 122.

trage des Bundesministeriums für Forschung und Technologie tätig wird.[58] Die Entscheidung trifft es auf der Grundlage von Empfehlungen eines 25köpfigen „Beraterkreises“.[59] Ebenso wie in den USA[60] erfolgt die Vergabe also unter Einschaltung von Gremien. Angesichts ihres Einflusses auf die Förderung gilt auch hier, daß derartige Beiräte personell unter Vermeidung von Interessenverflechtungen so zusammengesetzt werden müssen, daß jede fachliche oder sonstige einseitige Ausrichtung unterbleibt.[61]

Trotz aller Förderung sind noch viele mit Aids zusammenhängende Fragen nicht oder nur unzureichend ergründet. Die Enquete-Kommission „Gefahren von Aids und wirksame Wege ihrer Eindämmung“ des Deutschen Bundestages hat in ihrem Zwischenbericht - ähnlich wie die „Kommission über die HIV-Epidemie“ des amerikanischen Präsidenten[62] - auf den verschiedensten Gebieten einen „Forschungsbedarf“ festgestellt.[63] Das gilt z. B. hinsichtlich „der Therapie (der an Aids Erkrankten) mit AZT ...“,[64] der „Wirkung erfolgversprechender neuer Therapieansätze gegen die HIV-Infektion selbst“[65] und „der Auswirkungen von Aids auf das Sexualverhalten ...“.[66] Wie sich bei der Bewertung der amerikanischen Forschungsförderung ergeben hat, darf bei der Förderung dieser und anderer Vorhaben *nicht nur* an die *finanzielle Unterstützung* von staatlichen und privaten Forschungseinrichtungen und -vorhaben gedacht werden. Auch reicht es nicht aus, die Zulassung von Aids-Impfstoffen und Arzneimitteln und damit die finanzielle Verwertung der Forschungsergebnisse zu erleichtern, wie dies die Enquete-Kommission[67] und die Kommission des amerikanischen Präsidenten[68] befürworten. Vielmehr sollte auch erwogen werden, durch gesetzliche Maßnahmen die *rechtlichen Rahmenbedingungen* für die Aids-Forschung selbst so zu gestalten, daß sie einer sinnvollen und verantwortungsbewußten Forschung nicht im Wege stehen.

In Fortentwicklung des geltenden Rechts[69] könnte es sich daher z. B. empfehlen, *angemessene Haftungsbeschränkungen* nicht nur für Impfschäden vorzusehen, sondern sie überdies für Arbeitsunfälle in Aids-Laboratorien und für Schäden an Versuchspersonen einzuführen. Die Begrenzung der Haftung müßte so bemes-

---

[58] Vgl. die im genannten Bericht abgedruckte „Öffentliche Bekanntmachung zur Erweiterung der Forschungsförderung zum Thema Aids (Dezember 1985)“, S. 127, 129.

[59] Die Mitglieder dieses Beraterkreises sind in dem erwähnten Bericht auf S. 123f. aufgeführt.

[60] Siehe oben unter 2. bei Fn. 29.

[61] Vgl. dazu näher vorstehend sub 3.

[62] Siehe den *Report of the Presidential HIV-Commission,* S. 37-64.

[63] Vgl. BT-Drucks. 11/2495, S. 5f., 7f. und 11f., jeweils unter Nr. 2.

[64] BT-Drucks. 11/2495, S. 6 (Nr. 2. 8). - AZT steht für Azidothymidin. Vgl. zu diesem Mittel bereits die Ausführungen oben in Fn. 2. Das Mittel wird unter dem Handelsnamen Retrovir vertrieben. Seine Anwendung kostet den Patienten oder seine Krankenkasse monatlich ungefähr 800 Dollar; siehe dazu näher den Artikel „AZT Availability“, Wisconsin Update vom April 1987, S. 26.

[65] BT-Drucks. 11/2495, S. 6 (Nr. 2.10).

[66] BT-Drucks. 11/2495, S. 11 (Nr. 2.1).

[67] Vgl. BT-Drucks. 11/2495, S. 5 (besonders unter Nr. 1.10 und Nr. 1.13).

[68] Siehe den *Report of the Presidential HIV-Commission,* S. 50.

[69] Vgl. oben den Text unter 2. bei Fn. 34 und 51 für Kalifornien sowie die §§ 51ff. des Bundes-Seuchengesetzes und die §§ 84ff. des Arzneimittelgesetzes für die Bundesrepublik Deutschland.

sen werden, daß sie zwar einen deutlichen Anreiz für die Durchführung von Aids-Forschungen bildet, das sie aber nicht auf eine Weise von der Haftung freistellt, die zur Inkaufnahme von Risiken für das Forschungspersonal und die Probanden verleitet. Haftungsbeschränkungen sollten daher nicht den Sorgfaltsmaßstab mindern, sondern den *Haftungsumfang summenmäßig limitieren.* Die damit für die Betroffenen bei einem höheren Schaden verbundenen finanziellen Nachteile könnten durch einen *Aids-Forschungsfonds* aufgefangen werden, gegen den weitergehende Schadensersatzansprüche zu richten wären und der von allen Aids-Forschungseinrichtungen und ggf. dem Staat finanziert werden müßte.[70]

Nicht gerechtfertigt wäre es allerdings, derlei rechtliche „Forschungshilfen" für die Aids-Forschung zu normieren, ohne sie nicht gleichzeitig für andere Forschungen, die für die Menschen ebenso bedeutsam sind (z.B. die Krebsforschung), vorzusehen; Aids ist, jedenfalls augenblicklich, unter den das Leben des Menschen bedrohenden Krankheiten nicht so einzigartig, daß allein die ihr geltende Forschung Haftungs- und andere Privilegien verdiente.

II. Aufklärung

Die Darstellung führt zunächst in die Problematik ein (s. unter 1.), um sich sodann eingehend der Aids(HIV)-Aufklärung gegenüber den verschiedensten Adressaten in den USA zuzuwenden, beginnend mit der Öffentlichkeit (s. unter 2.) und endend mit den Heiratswilligen (s. unter 8.). Eine Bewertung dieser Aufklärungsmaßnahmen schließt sich an (s. unter 9.), gefolgt von Ausführungen über die Konsequenzen, die sich für den deutschen Rechtszustand anbieten (s. unter 10.).

1. Einführung

Ähnlich wie mit dem Ruf nach vermehrter finanzieller Unterstützung der Aids-Forschung, in dem sich Gesunde und HIV-Infizierte einig sein können (s. oben I.), verhält es sich mit der Forderung nach verstärkter HIV-Aufklärung: geeignete Informationen über die Infektion können sowohl die *Ausbreitung des HIV vermeiden* als auch der *gesellschaftlichen Ausgrenzung* der HIV-Infizierten *entgegenwirken.* Der für Aids als einem tödlich verlaufenden Infektionsleiden typische Interessengegensatz, der Gesunde und Angesteckte entzweit, kann auf diese Weise überbrückt, jedenfalls aber maßgeblich gemindert werden.

Angesichts dieser Vorzüge wird der HIV-Aufklärung in den USA zu Recht entscheidendes Gewicht beigelegt. Das zeigt sich an den *Geldern,* die in den Haus-

---

[70] In dem Zwischenbericht der Enquete-Kommission „Gefahren von Aids und wirksame Wege zu ihrer Eindämmung" (BT-Drucks. 11/2495) heißt es in diesem Zusammenhang: „...; eventuell ist eine Risikoentlastung des Herstellers durch andere Solidargemeinschaften ins Auge zu fassen.", a.a.O., S. 5 unter Nr. 1.13. – Vgl. auch das Modell eines „Arzneimittel-Entschädigungsfonds" in den – nicht Gesetz gewordenen – §§ 78ff. des Gesetzentwurfs der Bundesregierung zur Neuordnung des Arzneimittelrechts, BT-Drucks 7/3060.

halten der öffentlichen Hand für den genannten Zweck vorgesehen sind. Für die am meisten von Aids betroffenen *Staaten* - New York, Kalifornien, New Jersey, Florida und Texas[71] - waren es im Haushaltsjahr 1988 zusammen rund 23 Millionen Dollar.[72] Im Bereich des *Bundes* sind mit der Aids-Aufklärung maßgeblich die Centers for Disease Control betraut. Für diese Einrichtung wurden im Haushaltsjahr 1988 insgesamt 305 Millionen Dollar für Maßnahmen zur Aids-Verhütung bereitgestellt, davon allein 41 Millionen Dollar für die HIV-Aufklärung im Rahmen des „National AIDS Information and Education Program".[73] Für das Haushaltsjahr 1989 ist eine Steigerung um ein Drittel geplant.[74] Abgesehen hiervon kommt die große Bedeutung, die der Aids-Aufklärung beigemessen wird, in zahlreichen *öffentlichen Stellungnahmen* zum Ausdruck. Außer dem Schrifttum[75] haben sich die HIV-Kommission des amerikanischen Präsidenten,[76] der amerikanische Generalarzt[77] und weitere Stellen[78] dezidiert für eine intensivere Unterrichtung der Öffentlichkeit und bestimmter Zielgruppen über Aids ausgesprochen.

2. *Aufklärung der Öffentlichkeit*

Der *amerikanische Kongreß* ermächtigte 1987 den *Generalarzt* und die *Centers for Disease Control*, die Bevölkerung durch eine *Hauswurfsendung* über Aids zu informieren.[79] Als achtseitige Broschüre gelangte dieses Material im Mai und

[71] Siehe oben unter C., beginnend bei Fn. 2.

[72] Vgl. *Rowe*, Expenditures for AIDS, S. 10 (Tabelle 5).

[73] Siehe den Report of the Presidential HIV-Commission (Fn. 2). S. 66 und 67.

[74] Vgl. Department of Labor, Health and Human Services, and Education, and Related Agencies Appropriations Act, 1989 in der Fassung des Entwurfs H. R. 4783 und den Bericht des Senators Natcher (Kentucky) vor dem amerikanischen Senat am 13. 6. 1988, Congressional Record Bd. 134 (1988), S. H 4238, H 4240.

[75] Siehe besonders nachdrücklich *Aiken*, Education as Prevention, in: Dalton/Burris (Hrsg.), AIDS and the Law, 1987, S. 90-105, vor allem S. 91-95 (Information über AIDS verhindert die Ausbreitung von Aids und die Diskriminierung der von dieser Krankheit Betroffenen). Vgl. ferner etwa *Closen/Connor/Kaufman/Wojcik*, AIDS, The John Marshall Law Review Bd. 19 (1986), 835, 877 („Unterrichtung und Beratung sollte das Hauptziel sein", wenn es gilt, auf AIDS zu reagieren) und *Macher*, Medical Background, S. 1, 13 („Da es eine Heilung nicht gibt, ist es unbedingt erforderlich, die Öffentlichkeit über AIDS und seine Übertragungsarten aufzuklären.")

[76] Vgl. den *Report of the Presidential HIV-Commission*, z.B. S. 23, 24, 26, 29, 33, 65, 111, 114, 119, 120f., 124f., 126, 128, 129f., 134.

[77] Siehe Surgeon General's Report on Acquired Immune Deficiency Syndrome, 1986, S. 5, 28, 29 und 31f.

[78] Vgl. die Nachweise in dem Bericht der Centers for Disease Control in dem von ihnen herausgegebenen Morbidity and Mortality Weekly Report vom 29. 1. 1988 (Bd. 37), S. 11, außerdem den Bericht der Centers for Disease Control, a.a.O., S. 286, 295 sowie als Beispiel die im Fünfjahrplan „Aids in Georgia 1987-1991" (Executive Summary) auf S. 10 enthaltene Feststellung: „Die Hauptstrategie des Gesundheitsministeriums, Aids zu verhüten, besteht in der Aufklärung."

[79] Siehe Public Law 100-202 vom 22. 12. 1987 in Verbindung mit Public Law 100-71 vom 11. 7. 1987.

Juni 1988 an rund 107 Millionen Haushalte zur Verteilung.[80] Unter der Überschrift „*Aids verstehen*" werden beispielsweise folgende Fragen erörtert: „Wie bekommt man Aids?", „Welches Verhalten ist mit einem Risiko behaftet?", „Was ist mit all dem Gerede über Kondome gemeint?", „Sollten Sie sich einem Aids-Test unterziehen?".[81]
Ferner behandelt die Schrift Themen wie „Das Problem der Drogen und Aids" sowie „Aids und Babies".[82] Außerdem fordert sie alle Eltern auf, mit ihren Kindern über Aids zu sprechen und sie u.a. dahin zu belehren, daß sie sich durch alltägliche Kontakte selbst dann nicht anstecken könnten, wenn ein Schulkamerad infiziert sei.[83] Schließlich wirbt die Broschüre dafür, Aids-Erkrankten ohne Furcht vor Ansteckung individuell oder im Rahmen von Unterstützungsgruppen zu helfen.[84]
Weiteres Aufklärungsmaterial des Bundes kann insbesondere von einer in Rockville (Maryland) ansässigen, 1987 eingerichteten *Informationsstelle*, dem *National AIDS Information Clearinghouse*, angefordert werden. Diese den Centers for Disease Control vertraglich unterstellte private Einrichtung[85] versendet wöchentlich mehr als eine Million Broschüren und Faltblätter über Aids.[86] Daneben bestehen andere Einrichtungen wie das National Audivisual Center in Capitol Height (Maryland) und der National Technical Information Service in Springfield (Virginia), die sich ebenfalls der Aids-Aufklärung widmen.
Das von den genannten Stellen verteilte Material umfaßt zum einen Schriften, die sich an die *allgemeine Öffentlichkeit* oder zumindest größere Bevölkerungsgruppen richten. Dazu zählen *Faltblätter und Broschüren* mit Titeln wie „Tatsachen über Aids,[87] „Aids, Sex und Du,[88] für Berufstätige „Aids und dein Beruf"[89] sowie für Eltern „Aids und Kinder".[90] Zum anderen vertreiben diese Stellen *Schriften*, die sich gezielt an die *Hauptbetroffenen* wenden. Mit diesem Personenkreis sind zunächst einmal diejenigen gemeint, deren Verhalten sie einem im Vergleich zur allgemeinen Bevölkerung höheren HIV-Infektionsrisiko aussetzt, also die Homo- und Bisexuellen sowie die intravenös Drogenabhängigen. Ihnen gelten Broschüren wie „Tatsachen über Aids und Drogenmißbrauch"[91] und „Über Aids und das Spritzen von Drogen".[92] Weitere Hauptbetroffene sind die HIV-Infizierten und die ihnen Nahestehenden. Für sie sind Unterlagen mit Ti-

[80] Vgl. dazu auch den Beitrag „National AIDS/HIV Mailing", Wisconsin AIDS Update vom Juli 1988, S. 40f.
[81] Siehe die Broschüre auf S. 2, 3, 4 und 5.
[82] Vgl. S. 6 der Schrift.
[83] Siehe a.a.O. (Fn. 82).
[84] Vgl. S. 7.
[85] Sie wird von der Aspen Systems Corporation betrieben; siehe *Windom*, AIDS, S. 3.
[86] Vgl. den *Report of the Presidential HIV-Commission*, S. 67.
[87] „Facts about AIDS", Frühling 1987.
[88] „AIDS, Sex, and You", Mai 1988.
[89] „AIDS and Your Job", Oktober 1986.
[90] „AIDS and Children", Oktober 1986.
[91] „Facts about AIDS and Drug Abuse", Oktober 1986.
[92] „About AIDS and Shooting Drugs", Ausgabe 1987.

teln wie „Wenn dein Antikörpertest auf den Aids-Virus positiv ist ...“[93] und „Betreuung eines Aids-Patienten zu Hause“[94] erhältlich.
Je nach ihrer personellen Ausrichtung *verfolgen* diese Dokumente *unterschiedliche Zwecke.* Wenden sie sich an die *Öffentlichkeit* oder zumindest größere Bevölkerungsgruppen (Berufstätige, Eltern), dann steht die *allgemeine Information* über Aids, die Übertragungswege des HIV und die Vermittlung von risikoausschließenden oder -mindernden Verhaltensweisen im Vordergrund. Beispielsweise werden der Allgemeinheit in der Schrift „Tatsachen über Aids“ mehrere „Schritte“ empfohlen, wie eine Ansteckung mit dem HIV vermieden oder das Infektionsrisiko vermindert werden kann: (1) Enthaltsamkeit oder monogame Ehe/Lebensgemeinschaft mit einer nicht infizierten Person; (2) kein Sex mit mehreren Partnern oder Personen, die mehrere Partner einschließlich Prostituierte hatten; (3) Vermeidung von Sex mit HIV-Infizierten oder Personen, die zu sogenannten Risikogruppen zählen; (4) Anwendung geeigneter Vorsichtsmaßnahmen (z. B. Benutzung von Kondomen) bei Sex mit Partnern, die für HIV-infiziert gehalten werden; (5) außerdem Verzicht auf die intravenöse Verabreichung von Drogen oder wenigstens kein gemeinsamer Gebrauch von Nadeln und Spritzen.[95] Daneben enthalten diese Materialien teilweise aber auch Verhaltensrichtlinien und weitere Hinweise für die von Aids hauptsächlich Betroffenen. So wird Personen, deren Verhalten sie einem erhöhten HIV-Infektionsrisiko aussetzt, nahegelegt, sich einem Test zu unterziehen und sich bestimmter sexueller Praktiken zu enthalten.[96] HIV-Infizierten wird u. a. geraten, ihre Sexualpartner und Ärzte zu unterrichten; außerdem werden z. B. telefonische Informationen über AZT[97] angeboten.[98]
Richten sich die Aufklärungsschriften allein an die *Hauptbetroffenen,* dann werden neben den eben genannten Empfehlungen und Hinweisen *z. B. detaillierte Angaben über die Symptome* einer HIV-Infektion[99] und die mit Aids im Zusammenhang stehenden Erkrankungen wie das Kaposi Sarkom gemacht.[100] Den HIV-Infizierten wird u. a. bedeutet, daß kein Grund bestehe, Familienangehörige und Freunde nicht zu umarmen und auf die Wangen zu küssen.[101] Auch wird in einem „Schlußwort“ Hoffnung geweckt. Wissenschaftler im ganzen Land würden daran „arbeiten, Wege zu finden, um das Aids-Virus als eine Bedrohung der Gesundheit unschädlich zu machen“.[102] *Familienangehörigen und Freunden,* die einen Aids-Patienten zu Hause aufnehmen, werden „zwei hauptsächliche Ziele“ nahegelegt, und zwar: „es dem Patienten so angenehm wie möglich zu gestalten und den Patienten vor Infektionen zu schützen“.[103] Diesem Anliegen ent-

---

[93] „If Your Test for Antibody to the AIDS Virus is Positive ...“, Oktober 1986.
[94] „Caring for the AIDS Patient at Home“, Oktober 1986.
[95] Vgl. „Facts about AIDS“ (Fn. 87), S. 6.
[96] Siehe erneut „Facts about AIDS“ (Fn. 87), S. 7.
[97] Zur Therapie mit AZT (Azidothymidin) vgl. näher oben den Text in Fn 2 und 64.
[98] Siehe nochmals „Facts about AIDS“ (Fn. 87), S. 8f.
[99] Vgl. z. B. die Schrift „About AIDS and Shooting Drugs“ (Fn. 92), S. 8.
[100] Siehe erneut die in Fn. 99 angegebene Schrift, S. 9.
[101] Vgl. „If Your Test for Antibody to the AIDS Virus is Positive“ ...“ (Fn. 93), S. 4.
[102] Siehe wiederum die in Fn. 101 genannte Schrift, S. 5.
[103] So „Caring for the AIDS Patient at Home“ (Fn. 94), S. 3.

sprechend werden zahlreiche *praktische Ratschläge* gegeben.[104] Außerdem werden ins einzelne gehende Maßnahmen erörtert, wie eine Übertragung des Aids-Virus auf die Pflegepersonen und sonstigen Haushaltsmitglieder vermieden werden kann.[105]

Abgesehen von der Aufklärung durch die vorstehend näher erörterten Schriften betreibt eine private Firma für Öffentlichkeitsarbeit[106] im Auftrage der Centers for Disease Control seit 1987 eine intensive *Informationskampagne* unter dem Namen „Amerikas Antwort auf Aids" *in den Medien.*[107] Zudem finanzieren die Centers for Disease Control seit 1985 einen ebenfalls von privater Hand betriebenen *telefonischen Aids-Informationsdienst.* Er ist gebührenfrei anwählbar und ganztägig besetzt.[108] Monatlich erhält er mehr als 120000 Anrufe.[109]

Vergleichbare Anstrengungen wie auf Bundesebene sind im Bereich der *Gliedstaaten* festzustellen. Beispielsweise hat der *Staat New York* schon 1983 ein dem Gesundheitsministerium angegliedertes „HIV-Institut" geschaffen, das u.a. für die Entwicklung sowie Verteilung von *Aufklärungsmaterial* und die Durchführung von *Aufklärungskampagnen* zuständig ist.[110] Zu den gesetzlichen Pflichten des *kalifornischen Gesundheitsministeriums* gehört es seit 1985, *„Informations- und Erziehungsprogramme* zu fördern, die für die Allgemeinheit bestimmt sind und das Ziel haben, irreführende Nachrichten über Aids richtigzustellen".[111] Dabei ist z.B. an periodische Presseverlautbarungen und Mitteilungen im Rundfunk und im Fernsehen gedacht.[112]

Der *Gesundheitsminister Marylands* ist seit 1986 gesetzlich gehalten, ein „staatsweites öffentliches *Informationsprogramm* über Aids" durchzuführen, das u.a. „versuchen soll, die Personen zu erreichen, die einem Ansteckungsrisiko ausgesetzt sind". Über die Wirksamkeit des Programms hat der Gesundheitsminister dem Gouverneur und dem Parlament jährlich zu berichten.[113]

In *Wisconsin* hat das Gesundheitsministerium seit 1987 eine Aids-„Kampagne" zu veranstalten, die die Öffentlichkeit über das Risiko der Ansteckung und seine Vermeidung unterrichten soll, und zwar durch die Verteilung geeigneter *Informationen an die Medien* sowie an bestimmte *Ärzte und Kliniken.*[114] Eine ähnli-

[104] Vgl. a.a.O. (Fn. 103), S. 4.
[105] Siehe nochmals die in Fn. 103 zitierte Schrift, S. 4-6.
[106] Vgl. dazu mit näheren Angaben den *Report of the Presidential HIV-Commission,* S. 67.
[107] Zu Einzelheiten dieser Kampagne siehe die von den Centers for Disease Control (Office of the Deputy Director, AIDS) für 1988 herausgegebene Schrift „National AIDS Information Campaign", S. 20-22.
[108] Siehe zu Details den *Report of the Presidential HIV-Commission,* S. 68 und 85.
[109] Vgl. des näheren sowie zu weiteren Aktivitäten der Centers for Disease Control (und anderer Einrichtungen) den im März 1987 vom Department of Health an Human Services veröffentlichten „Informations-/Erziehungsplan, um AIDS in den Vereinigten Staaten zu verhindern und zu kontrollieren" (Information/Education Plan to Prevent and Control AIDS in the United States), S. 19 mit S. 4f.; auch S. 28-35 (Aufklärung von Drogenabhängigen, Blutern, Prostituierten etc.). Siehe auch *Windom,* AIDS, S. 3.
[110] Vgl. näher § 2775 und § 2776 Public Health Law (West 1985).
[111] So § 119.71 (a) (9) Satz 1 des Health and Safety Code (Fn. 23).
[112] Vgl. § 199.71 (a) (9) Satz 2 des Health Safety Code (Fn. 23).
[113] Siehe § 18-333 (a) und (e) der Public General Laws Marylands (Mitchie 1987).
[114] Fußnote siehe S. 28.

che Verpflichtung besteht seit 1987 für das Gesundheitsministerium in *Illinois.*[115] Darüber hinaus muß das Ministerium eine *Informationsstelle* einrichten, die u. a. die „allgemeine Öffentlichkeit" durch „periodische Berichte und Nachrichten" über „neue Entwicklungen und Verfahren hinsichtlich der Verhinderung und Behandlung von Aids" unterrichten soll.[116]

Vergleichbare Vorschriften wie in den genannten Staaten existieren seit 1988 in *Indiana,*[117] *Michigan*[118] und - besonders ausgeprägt - in *Florida.*[119] Das Gesundheitsministerium Floridas ist gesetzlich verpflichtet, ein *„Aids-Aufklärungsprogramm"* zu schaffen, welches geeignet ist, alle Teile der Bevölkerung einschließlich von Minderheiten (z. B. des Englischen nicht mächtige Gruppen) zu erreichen. Inhaltlich soll es Kenntnisse vermitteln u. a. über die Übertragungswege und die Vermeidung von Aids, z. B. am Arbeitsplatz.[120]

Vielfach erfolgt eine Aufklärung der Öffentlichkeit auch, ohne daß eine dahingehende gesetzliche Verpflichtung besteht. So sieht der *Fünfjahrplan „AIDS in Georgia 1987-1991"* des dortigen Gesundheitsministeriums z. B. vor, daß für jeden Bürger „genaue Informationen über Aids" zugänglich sein müssen.[121] Ähnliches ergibt sich aus dem *„Aids-Programm"* von 1987 des Gesundheitsministeriums *New Jerseys.*[122]

3. *Aufklärung der Schüler und Studenten*

Die Aufklärung von Schülern, Studenten und anderen jungen Menschen über Aids verspricht ein *besonders wirksames Mittel* in der Auseinandersetzung mit dieser Krankheit zu sein: Diese Personen werden früh sexuell tätig,[123] so daß sie

---

[114] Vgl. näher Sektion 146.022 Abs. (2) (d) der Wisconsin Statutes (West 1988). - Über Einzelheiten berichtet die Januar 1988-Ausgabe von Wisconsin AIDS Update, S. 21, überschrieben „Wisconsin AIDS/HIV Media Campaign" sowie die April 1988-Ausgabe von Wisconsin AIDS Update, S. 22-24, betitelt „The Wisconsin AIDS/HIV Program. Education and Service Initiatives", und S. 28f. sub „AIDS/HIV Media Information Campaign".

[115] Siehe Sektion 55.41 (b) Satz 1 des Civil Administrative Code of Illinois in der Fassung des AIDS Confidentiality Act, Public Act 85-697 (West 1988).

[116] Vgl. Sektion 55.41 (b) Satz 2 des Civil Administrative Code of Illinois (Fn. 115).

[117] Siehe Sektion 35 des Act to Amend the Indiana Code Concerning AIDS, Public Law 123 - 1988 (West 1988).

[118] Vgl. die Sektionen 333.5913, 333.5915 und 333.5921 der Michigan Laws (West 1988); ferner die Sektionen 333.5903 und 333.5905 der Michigan Laws (Schaffung einer „risk reduction and AIDS policy commission", bestehend aus 11 Mitgliedern).

[119] Siehe Sektion 381.608 der Florida Statutes (Fn. 36).

[120] Vgl. Sektion 381.608 (1) der Florida Statutes (Fn. 36).

[121] Seite 3 des Five - Year Plan (Executive Summary) unter „C. AIDS Prevention Education"; vgl. ferner, a. a. O., S. 10.

[122] Vgl. AIDS in New Jersey. A Report from the Department of Health, 1987, S. 7, 10f.

[123] Nach Untersuchungen in den USA haben 24% der Jungen und 6% der Mädchen im Alter von 14 Jahren Geschlechtsverkehr; bei 15-jährigen Jungen beträgt der Anteil bereits 35%, bei gleichaltrigen Mädchen 18%. Außerdem haben 5% der 13 bis 15-jährigen Jungen in diesem Alter wenigstens eine homosexuelle Erfahrung. Vgl. näher den Bericht „The Extent of AIDS and Indicators of Adolescent Risk" der Centers for Disease Control, abgedruckt im Morbidity and Mortality Weekly Report vom 29. 1. 1988 (Bd. 37, Supplement No. S-2), S. 10, 11 m. W. Nachw. auf S. 13.

regelmäßig mehrere Sexualpartner haben, ehe sie eine monogame Ehe oder eheähnliche Lebensgemeinschaft eingehen; außerdem ist unter ihnen der Drogenmißbrauch einschließlich des intravenösen verbreitet.[124] Dadurch sind sie einem erhöhten Ansteckungsrisiko ausgesetzt. Trotzdem sind sie sich dieser Gefahr und der Mittel, wie eine HIV-Infektion vermieden werden kann, nicht ausreichend bewußt.[125] Aufklärung tut daher not. Sie ist aber nicht nur mit Blick auf die Eindämmung der Immunschwächekrankheit erforderlich. Vielmehr müssen Schüler, Studenten und andere junge Menschen daneben zur Solidarität mit den HIV-Infizierten erzogen werden. Das gilt um so mehr, als zunehmend auch ihre Altersgenossen an Aids erkranken.[126]

Dieser Einsicht entspricht es, wenn auf *Bundesebene* die *Centers for Disease Control* seit 1986 in vielfältiger Form die Aufklärung der Schüler in Grund- und weiterführenden Schulen fördern. Das geschieht meist in der Weise, daß sie den zuständigen Behörden der Gliedstaaten (Gesundheits- und Kultusministerien), den örtlichen Schulbehörden und privaten Einrichtungen behilflich sind, *geeignetes Unterrichtsmaterial* über Aids zusammenzustellen und auf dem neuesten Stand zu halten.[127] Auch haben sie 1988 *„Richtlinien für eine wirksame Schulgesundheitserziehung über die Vermeidung der Ausbreitung von Aids“* veröffentlicht.[128] Diese Richtlinien umreißen des näheren - abgestuft nach Grund- und weiterführender Schule - welche Informationen den Schülern über Aids gegeben werden und wie sie sich angesichts der Krankheit verhalten sollten. Beispielsweise wird empfohlen, Gymnasiasten dahin zu erziehen, daß sie „sexuell enthaltsam (leben), bis sie reif sind, im Rahmen einer Ehe eine beiderseits monogame Beziehung einzugehen“ und daß sie „vom Gebrauch oder von der Injizierung verbotener Drogen absehen“.[129] Angesichts der Lebenswirklichkeit soll sich die Aufklärung aber auch darauf erstrecken, Schüler zu risikomindernden

---

[124] Vgl. die im vorstehenden Bericht (Fn. 123) angegebenen Zahlen und Nachweise, a.a.O., S. 12f.

[125] Siehe erneut den oben (Fn. 123) erwähnten Bericht, a.a.O., S. 12 mit Nachweisen auf S. 13.

[126] Von 1981 bis 1988 wurden über 700 Personen mit Aids erfaßt, die zum Zeitpunkt ihrer Diagnose zwischen 13 und 21 Jahren alt waren. Diese Zahl wird sich voraussichtlich jährlich verdoppeln (vgl. den *Report of the Presidential HIV-Commission,* S. 60). Außerdem sind von 1981 bis Juni 1989 über 1600 Kinder im Alter bis zu 13 Jahren als an AIDS erkrankt diagnostiziert worden (siehe den „HIV/AIDS Surveillance Report“ der Centers for Disease Control vom Juli 1989, S. 5). Bei dieser Altersgruppe handelt es sich allerdings meist um Kinder unter 3 Jahren, die sich AIDS im Mutterleib bei der Geburt oder beim Stillen zugezogen haben; vgl. *Rogers/Thomas u.a.,* Acquired Immunodeficiency Syndrome in Children, Pediatrics Bd. 79 (1987), 1008, 1011 und 1012f. Angesichts einer durchschnittlichen Lebenserwartung von weniger als einem Jahr nach ihrer AIDS-Diagnose (s. *Rogers/Thomas,* a.a.O., S. 1012), erreichen diese Kinder daher selten das schulpflichtige Alter (vgl. den *Report of the Presidential HIV-Commission,* S. 12, wonach einige HIV-infizierte Neugeborene bis zu 9 Jahre gelebt haben). Siehe auch die Angaben im „HIV/AIDS Surveillance Report, a.a.O., S. 9 und 12.

[127] Vgl. den Information/Education Plan to Prevent and Control AIDS in the United States (Fn. 109) des amerikanischen Bundesgesundheitsministeriums, S. 23-25 mit S. 4f.

[128] Guidelines for Effective School Health Education to Prevent the Spread of AIDS, abgedruckt in Morbidity and Mortality Weekly Report, Supplement vom 29. 1. 1988 (Bd. 37), S. 1 bis 9.

[129] Vgl. die oben (Fn. 128) erwähnten Richtlinien auf S. 4 mit S. 6.

Verhaltensweisen, z.B. dem Gebrauch von Latex-Kondomen mit einem das HIV-abtötenden Spermizid, anzuhalten.[130]
Was den *Bereich der Gliedstaaten* angeht, so ist das Kultusministerium *Indianas* seit 1987 gesetzlich verpflichtet, die Schüler und die Heranwachsenden mit *Informationsschriften* über die Vermeidung von Aids zu versehen. Die Schriften müssen - entsprechend den Empfehlungen der Centers for Disease Control - insbesondere „herausstellen, daß der beste Wege, Aids zu vermeiden, für junge Leute darin besteht, sexuell enthaltsam so lange zu leben, bis sie als Erwachsene reif sind, im Rahmen einer Ehe eine beiderseits treue Beziehung einzugehen".[131] Überdies hat in Indiana jeder *Schulträger* ein *„Aids-Beratungsgremium"* einzurichten,[132] deren 13 Mitglieder[133] dem Schulträger u.a. geeignetes Unterrichtsmaterial über Aids empfehlen soll.[134] Außerdem muß der *Lehrplan* eine Unterweisung über Aids vorsehen.[135] Ähnliche Vorschriften bestehen seit 1988 für North Carolina und Florida. In *North Carolina* sind die öffentlichen Schulen gehalten, „Unterricht über die Vermeidung einer Aids-Infektion und andere übertragbare Krankheiten anzubieten".[136] In *Florida* soll der Schulunterricht über „die Ursachen, Übertragung und Verhütung der HIV-Infektion, das Aids-Syndrom und andere Geschlechtskrankheiten" instruieren.[137] Ferner wird den *Universitätsorganen* aufgegeben, in Orientierungsprogrammen für Neuimmatrikulierte oder Studienortwechsler auf die „Übertragung und Vermeidung des HIV-Virus" einzugehen und dabei die Notwendigkeit zu betonen, das eigene Verhalten ggf. zu ändern.[138] Außerdem soll jede Universität in dem von ihr herauszugebenden *Vorlesungsverzeichnis* über Aids informieren und den Namen und die Telefonnummer des Aids-Beraters der Universität angeben.[139] Ähnliche Regelungen gelten für Colleges.[140]
Einige Staaten haben die Aids-Aufklärung nicht gesetzlich, sondern auf andere Weise geregelt. So wird im Fünfjahrplan „AIDS in *Georgia* 1987-1991" die Notwendigkeit von entsprechenden Informationen für Kinder und Heranwachsende betont und das Kultusministerium angehalten, „altersgerechte Lehrpläne und andere, für Schulen benötigte Aids-Materialien" unter Beteiligung des Gesundheitsministeriums auszuarbeiten.[141]

---

[130] Siehe die Richtlinien a.a.O. (Fn. 128), S. 4 mit S. 7.
[131] So Sektion 16-1-9.6-1 und Sektion 20-8.-7-21 des Indiana Code (Fn. 117).
[132] Ein solches Gremium hält auch die HIV-Commission des amerikanischen Präsidenten für empfehlenswert, vgl. deren Report (Fn. 2), S. 89.
[133] Drei Mitglieder müssen aus dem Gesundheitswesen kommen, die restlichen Mitglieder verteilen sich auf jeweils zwei Schüler, Lehrer, Eltern, Vertreter des Schulträgers und Einwohner des Schulbezirks; siehe Sektion 20-8.1-11-4 bis 6 des Indiana Code (Fn. 117).
[134] Vgl. näher Sektion 20-8.1-11, insbesondere dort unter 3 sowie 13 des Indiana Code (Fn. 117).
[135] Siehe Sektion 20-10.1-4-10 des Indiana Code (Fn. 117).
[136] § 115c - 81 der General Statutes of North Carolina (Mitchie 1987).
[137] Siehe Sektion 233.067 (4) (c) Nr. 5 und Sektion 233.0672 der Florida Statutes (Fn. 36); ferner Sektion 232.246 (1) (b) Nr. 10 der Florida Statutes.
[138] Vgl. Sektion 240.2097 (2) der Florida Statutes (Fn. 36).
[139] Siehe Sektion 240.2097 (3) und (4) der Florida Statutes (Fn. 36).
[140] Vgl. Sektion 240.3191 und 240.2192 der Florida Statutes (Fn. 36).
[141] Executive Summary, S. 10.

Schließlich besteht in *Illinois*, dem sich *Florida* angeschlossen hat,[142] eine Besonderheit. Sorgeberechtigte können dort ihre Kinder von dem in den Klassen 6 bis 12 abzuhaltenden Unterricht „über die Vermeidung, Übertragung und Ausbreitung von Aids" freistellen.[143]

4. Aufklärung der Lehrer und anderer öffentlich Bediensteter

Eine Unterrichtung der Schüler über Aids ist natürlich nur sinnvoll, wenn die Lehrer ihrerseits über diese Krankheit informiert sind.[144] Dieser Selbstverständlichkeit trägt *Illinois* durch Bestimmungen Rechnung, die verlangen, daß *Lehrer* (und anderes Schulpersonal) in ihrer Ausbildung ein *„Grundwissen"* über Aids erwerben, und zwar u. a. „über die Art der Krankheit, ihre Ursachen und Wirkungen, die Mittel, sie nachzuweisen sowie die Wege, ihre Übertragung zu verhindern".[145] *Andere Staaten* halten es ähnlich, beispielsweise Florida,[146] Indiana,[147] Kalifornien[148] und Wisconsin.[149]
In *Illinois* ist darüber hinaus ein *„Schulungsprogramm* über Aids zugunsten derjenigen öffentlichen Bediensteten des Staates vorgesehen, „für die es erforderlich ist, Aids-Angelegenheiten zu verstehen, um ... die Öffentlichkeit zu beraten. Die Schulung soll unterrichten über die Ursache und die Wirkungen von Aids, ferner über die Mittel, die Krankheit festzustellen und ihre Übertragung zu vermeiden, schließlich über das Vorhandensein spezifischer Beratung sowie über andere geeignete Gegenstände."[150] In *Georgia* erstreckt sich die *Aids-Aufklärung* sogar auf alle *Staatsbediensteten.*[151] Gleiches ist in *Florida* vorgeschrieben;[152] für Straf-

[142] Siehe Sektion 233.067 (4) (c) Nr. 5 Satz 3 der Florida Statutes (Fn. 36).

[143] Sektion 3 des Critical Health Problems and Comprehensive Health Education Act Illinois' in der Fassung des Public Act 85-680 (West 1988). - Vgl. auch für Michigan Sektion 333.5917 und 333.5919 der Michigan Laws (Fn. 118).

[144] Siehe zu diesem Erfordernis und den sich daraus ergebenden Konsequenzen für die Ausbildung der Lehrer auch den *Report of the Presidential HIV-Commission,* S. 88f.

[145] Vgl. die Sektionen 122-10-22.39 und 122-34-18.7 des School Code in der Fassung des AIDS Registry Act - Public Act 85-929 (West 1988).

[146] Siehe Sektion 233.067 (4) (c) Nr. 1 der Florida Statutes (Fn. 36).

[147] Vgl. Sektion 32 (e) bis (h) des Act to Amend the Indiana Code Concerning AIDS (Fn. 117).

[148] Siehe § 199.81 des Health and Safety Code (Fn. 23).

[149] Vgl. den Artikel „School Based AIDS/HIV Education", Wisconsin AIDS Update vom Januar 1988, S. 23 und den Bericht „AIDS/HIV Education Initiative for Wisconsin Schools", Wisconsin AIDS Update vom April 1988, S. 27. Eine unmittelbar einschlägige gesetzliche Verpflichtung besteht für Wisconsin nicht.

[150] Siehe Sektion 55.41 des Civil Administrative Code of Illinois in der Fassung des AIDS-Registry Act (Fn. 145). - Vgl. auch für Wisconsin Sektion 146.022 (2) (e) der Wisconsin Statutes (Fn. 36).

[151] Vgl. den Fünfjahrplan „Aids in Georgia 1987 bis 1991" (Executive Summary) des Gesundheitsministers auf S. 10: „Alle Staatsbediensteten sind über Aids aufzuklären. Aids-Aufklärung ist in Orientierungsprogrammen für neu eingestellte Bedienstete mitaufzunehmen. Den schon geschulten Bediensteten sind periodische, auf den neuesten Stand gebrachte Informationen zur Verfügung zu stellen."

[152] Fußnote siehe S. 32.

vollzugsbedienstete ist die Teilnahme an dem Schulungsprogramm, das jährlich angeboten werden soll, sogar verpflichtend.[153]
Auf *Bundesebene* ist eine vergleichbare Schulung gesetzlich nur für Bedienstete der Veteranenverwaltung vorgesehen.[154] Richtlinien verschiedener Bundesbehörden ordnen eine Aids-Aufklärung jedoch für einen wesentlich größeren Kreis Bediensteter an. So ist nach Richtlinien des Justizministers[155] eine Information über Aids für *Strafvollzugsbedienstete* des Bundes verpflichtend. Für *Vorgesetzte und Behördenleiter* aller Bundeseinrichtungen ist sie vom Office of Personnel Management zumindest empfohlen.[156] Schließlich sehen Richtlinien des Verteidigungsministeriums[157] und - in deren Ausführung - Anordnungen für die Teilstreitkräfte[158] - eine Aufklärung über die HIV-Infektion für *Soldaten* (und deren Angehörige) vor. Sie erfolgt insbesondere durch Filme, Videocassetten, Lichtbildervorträge und Informationsbroschüren.[159]

5. *Aufklärung der Ärzte und anderer Personen des Gesundheitswesens*

Für Ärzte, Arzthelfer, Krankenschwestern und andere Personen des Gesundheitswesens hat der Gesundheitsminister *Marylands* ein *Aids-„Schulungsprogramm“* einzurichten. Es soll darüber informieren, wie Aids diagnostiziert und behandelt sowie mit welchen Methoden die Übertragung des HIV vermieden werden kann.[160]

---

[152] Siehe Sektion 110.1125 der Florida Statutes (Fn. 36): „Jede Behörde soll jeden neu eintretenden Bediensteten und jeden übrigen Bediensteten im jährlichen Abstand eine Informationsbroschüre über die HIV-Infektion und Aids aushändigen. Die Broschüre soll vom Gesundheitsministerium verfaßt und herausgegeben werden und soll Informationen enthalten über die Natur und die Ausbreitung des HIV und von Aids, die Übertragungswege und die Verhütungsmaßnahmen ...“. Vgl. auch Sektion 943.172 der Florida Statutes (Schulung von Strafvollzugsbeamten über die HIV-Infektion und Aids).

[153] Vgl. Sektion 945.35 (2) der Florida Statutes (Fn. 36).

[154] Siehe Sektion 123 des Veteran's Benefits and Services Act of 1988 (Public Law 100-322) vom 20. 5. 1988.

[155] Vgl. Operations Memorandum des U.S. Department of Justice (Federal Bureau of Prisons) vom 24. 5. 1988 (Nr. 57-58 [6100]) unter 23. auf S. 14.

[156] Siehe den Anhang zum Federal Personnel Manual Bulletin 792 - 42 vom 24. 3. 1988, betitelt „Acquired Immunodeficiency Syndrome (AIDS) in the Workplace“, S. 2 und die „Guidelines for AIDS Information and Education and for Personnel Management Issues“ vom März 1988 unter I, abgedruckt im *Report of the Presidential HIV-Commission,* S. 175, 176.

[157] Vgl. das Memorandum des Secretary of Defense vom 20. 4. 1987 über „Policy on Identification, Surveillance, and Administration of Personnel Infected with Human Immunodeficiency Virus (HIV)“ unter B. 2. a und 4.

[158] Siehe vor allem die Army Regulation 600-110 des Department of the Army vom 11. 3. 1988 über „Identification, Surveillance, and Administration of Personnel Infected with Human Immunodeficiency Virus (HIV)“ unter 1-15 (S. 4) und 7 (S. 18f.) und die Instruktion des Secretary of the Navy, SECNAV Instruction 5300.30 A vom 27. 10. 1987 unter 3f. sowie insbesondere 14. Vgl. ferner das Memorandum des Department of the Air Force vom 23. 9. 1987 zum selben Gegenstand unter B. 2. (a).

[159] Vgl. näher dazu die Ausführungen des Acting Deputy Assistant Secretary of Defense, *Mazzuchi,* vor der Presenditial Commission on the HIV Epidemic vom 20. 4. 1988 unter IV. des Manuskripts, außerdem die Instruktion des Secretary of the Navy (Fn. 158) unter 14.

[160] Siehe § 18-333 (b) der Public General Laws Marylands (Fn. 113).

Ähnliche Vorschriften gelten u.a.[161] für *Indiana*. Dort ist der Gesundheitsminister verpflichtet, die Ärzte und Zahnärzte „*halbjährlich* mit aktuellen *Informationen* über die Ätiologie, Verhütung, Übertragung und Behandlung der Aids-Krankheit sowie derjenigen Krankheiten zu versorgen, die beim Menschen im Zusammenhang mit einer HIV-Infektion auftreten".[162] Die Information soll den Ärzten und Zahnärzten auch darüber Auskunft geben, welche Maßnahmen sie zu ergreifen haben, um sich infizierter Materialien in geeigneter Weise zu entledigen, und wie sie ihre Angestellten über allgemeine Vorsichtsmaßnahmen unterrichten können.[163]

6. *Aufklärung der Arbeitgeber*

Bemerkenswert ist eine Pflicht, die in *Indiana* Arbeitgeber trifft, deren Angestellte im Rahmen ihrer Beschäftigung direkt mit Blut- oder anderen Körperflüssigkeiten umzugehen haben. Sie gibt diesen Arbeitgebern auf, ihre *Angestellten* rechtzeitig vor der Übertragung einer derartigen Beschäftigung in Verhaltensweisen *zu schulen*, die geeignet sind, die Übertragung gefährlicher ansteckender Krankheiten einschließlich Aids zu verhindern.[164]

7. *Aufklärung der Gefangenen*

Auf der Ebene des *Bundes* ist die in Richtlinien des Justizministeriums ausgesprochene Pflicht der Gefängnisverwaltung hervorzuheben, für Insassen ein „*HIV-Erziehungsprogramm*" durchzuführen. Es besteht u.a. in der Ausstattung der Gefängnisbücherei mit Aids-Literatur und der Vorführung von Videofilmen, die sich mit Aids auseinandersetzen.[165] Im Bereich der *Gliedstaaten* ist ganz überwiegend ähnliches vorgesehen oder zumindest geplant, z.B. in Florida[166] und in Georgia.[167] Eine Ende 1985 durchgeführte Studie ergab, daß 86% der Strafvollzugsanstalten in den Gliedstaaten eine Aids-Aufklärung für ihre Insassen durchführten oder entwickeln wollten.[168] Ist eine Aids-Aufklärung für

---

[161] Vgl. ferner noch für Illinois Sektion 55.41 (b) des Civil Administrative Code of Illinois (Fn. 115).

[162] Siehe Sektion 33 (c) Satz 1 des Act to Amend the Indiana Code Concerning AIDS (Fn. 117).

[163] Vgl. Sektion 33 (c) Satz 2 des vorstehend (Fn. 162) genannten Gesetzes. – Siehe auch für Wisconsin Sektion 146.022 (2) (e) der Wisconsin Statutes (Fn. 36).

[164] Siehe Sektion 16-10-7.1 bis 4 des Indiana Code in der Fassung des Act to Amend the Indiana Code Concerning AIDS (Fn. 117).

[165] Vgl. das oben (Fn. 155) zitierte Operations Memorandum vom 24. 5. 1988 unter Nr. 23 auf S. 13f.

[166] Siehe Sektion 945.35 (1) der Florida Statutes (Fn. 36).

[167] Vgl. den Fünfjahrplan „AIDS in Georgia 1987 bis 1991" des Gesundheitsministeriums (Executive Summary), S. 15.

[168] Siehe *Vaid*, Prisons, in: Dalton/Burris (Hrsg.), AIDS and the Law, 1987, S. 235, 243 mit S. 237.

Gefängnisinsassen nicht vorgeschrieben - wie noch 1983 im Staat New York - kann sie gerichtlich den Strafvollzugsanstalten aufgegeben werden.[169]

8. Aufklärung der Heiratswilligen

Heiratswillige bedürfen nach dem Recht der amerikanischen Gliedstaaten meist einer *Heiratserlaubnis*, bevor sie eine Ehe eingehen können.[170] Einige Staaten nutzen dieses Verfahren, um den *Heiratswilligen Informationen* über Aids zukommen zu lassen.

So ist in *Indiana* der zuständige Beamte gesetzlich verpflichtet, den um die genannte Erlaubnis nachsuchenden Antragstellern schriftliche oder auf Videoband aufgenommene Informationen über Aids auszuhändigen. Das Material muß u. a. aktuelle Informationen über die HIV-Infektion und über Verhaltensweisen geben, die ein erhebliches Ansteckungsrisiko darstellen.[171] Außerdem ist der Beamte gehalten, die Antragsteller darüber zu unterrichten, daß sie sich „auf freiwilliger Grundlage" auf eine HIV-Infektion bei ihrem Hausarzt oder einer anderen Einrichtung testen lassen können; dabei ist den Antragstellern eine Liste mit den in Frage kommenden Einrichtungen zu übergeben.[172] Jeder Antragsteller hat den Empfang des Materials und der erwähnten Liste schriftlich zu bestätigen.[173]

Ähnlich wie in Indiana verhält es sich in *Kalifornien*. Auch dort muß der zuständige Beamte den um eine Heiratserlaubnis Nachsuchenden u. a. Informationen über Aids und die Möglichkeit eines Tests geben, und zwar in Gestalt einer eigens vom Gesundheitsministerium ausgearbeiteten Broschüre.[174] Ihr Empfang ist von den Heiratswilligen sogar durch eidesstattliche Erklärung zu bestätigen.[175] In vergleichbarer Weise ist neuerdings in *Georgia* zu verfahren.[176]

9. Bewertung

Wie erwähnt, sind in den USA eine bis eineinhalb Millionen Einwohner mit dem HIV infiziert und haben gegenwärtig rund 100000 Personen Aids entwickelt.[177]

---

[169] So in der Entscheidung La Rocca versus Dalsheim, New York Supplement (2. Serie), Bd. 467 (1984), 302, 310, die eine Klage von nicht infizierten Gefängnisinsassen gegen die Gefängnisverwaltung mit dem Begehren betraf, Aids-erkrankte Mitgefangene aus dem Gefängnis zu entfernen und in einem Krankenhaus zu behandeln (vgl. a. a. O., S. 304).

[170] Vgl. als Beispiel die Rechtslage in Kalifornien, und zwar § 4100 und § 4201 des Civil Code (Deering 1988).

[171] Siehe Sektion 31-7-3-3.5 (a) und (c) des Indiana Code (Fn. 117).

[172] Vgl. Sektion 31-7-3-3.5 (e) des Indiana Code (Fn. 117).

[173] Siehe Sektion 31-7-3-3 (a) (8) des Indiana Code (Fn. 117).

[174] Vgl. § 4201.5 des Civil Code (Fn. 170).

[175] Siehe § 4201 Abs. 4 des Civil Code (Fn. 170).

[176] Vgl. Sektion 19-3-35.1 (b) und (c) des Code of Georgia (Harrison 1988): Verteilung einer HIV- und Aids-Informationsbroschüre, deren Empfang von den heiratswilligen Antragstellern auf einem Formblatt zu bestätigen ist.

[177] Siehe oben unter A. die Nachweise in Fn. 9.

Dies ist nur ein Bruchteil der Bevölkerung. Im Mittelpunkt einer Aufklärung über Aids hat deshalb zu stehen, die Gesunden vor einer Ansteckung mit dem HIV zu bewahren. Der *Schutz der Gesunden* und damit die Eindämmung der HIV-Infektion in der Bevölkerung muß daher das zentrale Anliegen öffentlicher Aufklärung sein. Wie die angeführten Beispiele, insbesondere die näher behandelte Hauswurfsendung „Aids verstehen",[178] zeigen, wird die *Aufklärung* in den USA diesem Anspruch *gerecht*. Nachahmenswert ist sie, soweit sie ausdrücklich und gezielt Schüler, Studenten, Lehrer sowie andere öffentlich Bedienstete, Ärzte, Heiratswillige und weitere Personen[179] in die Aids-Aufklärung einbezieht. Inhaltlich hat sich die Aufklärung nicht nur darauf zu erstrecken, den Gesunden medizinisches Grundwissen über Aids nach den neuesten wissenschaftlichen Erkenntnissen zu vemitteln. Vielmehr muß sie auch dafür Sorge tragen, daß sich die *Gesunden nach diesen Erkenntnissen verhalten*. Das gilt auch für diejenigen, die nicht einer sogenannten Risikogruppe angehören. Beispielsweise ergaben Untersuchungen an der Oregon State University, daß die Studenten zwar über Aids und die Übertragungswege des HIV im wesentlichen unterrichtet waren. Gleichwohl hatten sie für ihr eigenes Verhalten daraus weithin keine Konsequenzen gezogen. So waren 81% der Studenten sexuell aktiv, aber nur 20% benutzten dabei ein Kondom. Aids wird mithin als eine Krankheit begriffen, die andere (Homosexuelle etc.) betrifft, nicht hingegen einen selbst gefährdet.[180] Wie diese Untersuchung einerseits und die zunehmende Zahl der an Aids erkrankenden Heterosexuellen[181] andererseits zeigt, bleibt für die Aufklärung insoweit noch viel zu tun. Nachdem in der allgemeinen Bevölkerung ein Problembewußtsein für Aids geweckt worden ist, dürfte erfolgversprechend vor allem eine Aufklärung sein, die sich an sachgerecht zugeschnittene Gruppen der Bevölkerung wendet, d. h. an Personenkreise, die sich durch gemeinsame Merkmale wie sexuelle Ausrichtung, Alter, Lebensumstände und soziale Schicht von anderen unterscheiden. Die Inhalte müssen auf diese Gruppen zugeschnitten sein. Moralisierende oder an der Lebenswirklichkeit vorbeigehende Aussagen, wie sie z. B. in Indiana für Schüler und Heranwachsende betont werden sollen (Enthaltsamkeit bis zur Eheschließung),[182] laufen demgegenüber Gefahr, daß die gesamte Aufklärung von ihren Adressaten nicht ernst genommen wird.

Eine *Aufklärung über Aids* darf sich, will sie das gemeine Wohl und nicht nur die Interessen einer Gruppe verfolgen, nicht damit begnügen, lediglich die Gesunden zu informieren. Vielmehr muß sie sich *auch* an die *Kranken* (einschließlich der noch symptomlos HIV-Infizierten) *wenden* und diese insbesondere über

---

[178] Vgl. vorstehend den Text, beginnend bei Fn. 80.

[179] S. die Ausführungen oben unter 3. bis 8.

[180] Vgl. zum Vorstehenden den Bericht von United Press International, betitelt „Students Know About AIDS, But Don't Feel They're at Risk, San Francisco Chronicle vom 22. 7. 1988, S. B 5.

[181] Bis Juni 1989 waren 4.458 Heterosexuelle (1.858 Männer und 2.602 Frauen) in den USA an Aids erkrankt. Das entspricht zwar nur 2% der Männer, aber 30% der Frauen, die sich Aids zugezogen haben; vgl. den „HIV/AIDS Surveillance Report" der Centers for Disease Control vom Juli 1989, S. 10. – Siehe zu diesem Trend den Bericht der Centers for Disease Control „Update: Acquired Immunodeficiency Syndrome (AIDS) – Worldwide", Morbidity and Mortality Weekly Report vom 13. 5. 1988 (Bd. 37), S. 286, 294.

[182] Vgl. oben den Text bei Fn. 131.

Möglichkeiten unterrichten, karitativ betreut, ärztlich versorgt und finanziell unterstützt zu werden. Diesem Erfordernis genügt die Aufklärung in den USA vor allem durch die erwähnten Broschüren, z. B. „Wenn dein Aids-Test positiv ist ...",[183] sowie durch die Einrichtung eines telefonischen Aids-Informationsdienstes.[184]

Darüber hinaus muß eine verantwortungsvolle *Aufklärung* die *Infizierten* auch *vor* sachlich (medizinisch) *ungerechtfertigter Ausgrenzung* im täglichen Leben als Schüler, Arbeitnehmer, Mieter, Nachbar und selbst als Familienangehöriger *bewahren*. Die Aufklärung hat folglich in den durch die medizinischen Erkenntnisse vorgegebenen Grenzen für das verständnisvolle Zusammenleben von Gesunden mit Angesteckten einzutreten.[185] Diesem Anspruch wird in besonderem Maße die erwähnte[186] Hauswurfsendung „Aids verstehen" des amerikanischen Generalarztes gerecht. Sie fordert zur Solidarität gegenüber den Infizierten auf, ohne deshalb die medizinischen Erfordernisse hintanzustellen, denen Rechnung getragen werden muß, soll die weitere Ausbreitung von Aids vermieden werden.

Anlaß zur *Kritik* könnte allerdings der *späte Zeitpunkt* bieten, zu dem die Hauswurfsendung erfolgte. Das ist um so bedauerlicher, als sich die Broschüre „Aids verstehen" als äußerst wirksam erwiesen hat.

Wie eine im Juli 1988 durchgeführte Gallup-Umfrage ergab, wurde die Schrift von 82% der Empfänger gelesen und ihr Inhalt von 51% mit Familienangehörigen und Freunden diskutiert. 33% der Leser vermittelte die Schrift zu einem großen Teil neue Informationen über Aids; für 18- bis 29jährige lag der Anteil sogar bei 46%.[187]

Der Grund, weshalb eine Hauswurfsendung über Aids nicht schon früher durchgeführt wurde, dürfte weniger darin liegen, daß sich die Verantwortlichen auf Bundesebene nicht rechtzeitig des Wertes einer derartigen Information bewußt gewesen wären. Vielmehr *erklärt* sich diese Zurückhaltung aus der nationalen Kompetenzordnung. Sie erkennt die für Aids in erster Linie einschlägige *„Polizeigewalt"*[188]

---

[183] Siehe oben die Darstellung bei Fn. 93.

[184] Vgl. vorstehend den Text nach Fn. 107.

[185] Diese Problematik wird von den Centers for Disease Control (Office of the Deputy Director, AIDS) für ihre Aufklärungskampagne „Amerikas Antwort auf Aids" erkannt, wenn es in einem Überblick zu diesem Programm unter der Überschrift „Künftige Fragen" heißt: „Da die Zahl derer steigt, die sich freiwillig testen lassen, werden zunehmend mehr amerikanische Bürger von ihrer Infektion erfahren. Die (Aufklärungs-)Kampagne muß besondere Programme entwickeln, die Informationen über die Behandlung (von Infizierten) vermitteln und die die soziale Verantwortung gegenüber denjenigen betonen, die sich als HIV-infiziert erwiesen haben."; a.a.O. S. 23.

[186] Siehe oben den Text, beginnend bei Fn. 80.

[187] Vgl. *Gallup/A. Gallup,* U.S. Pamphlet Helpful to its Readers, San Francisco Chronicle vom 20. 7. 1988, S. A 19.

[188] Unter „Polizeigewalt" wird in den USA traditionell vor allem die Zuständigkeit verstanden, durch legislative und administrative Maßnahmen die „öffentliche Gesundheit" und die „öffentliche Sicherheit" zu schützen. Vgl. die Entscheidung des U. S. Supreme Court Jacobson versus Massachusetts, United States Reports Bd. 197 (1914), 11, 24f. m. w. Nachw.; *Morgenstern,* The Role of the Federal Government in Protecting Citizens from Communicable Diseases, University of Cincinnati Law Review Bd. 47 (1978), 537, 544f.

nicht dem Bund zu,[189] sondern beläßt sie den *Gliedstaaten.*[190] Dem Bund verbleiben auf diesem Gebiet daher nur allgemein gehaltene Kompetenzen wie die, Steuern zu erheben und diese Gelder für die öffentliche Wohlfahrt zu nutzen.[191] Gerade diese generalklauselartige Kompetenz wird der Bund schon wegen seiner gegenüber den Gliedstaaten besseren Finanzausstattung zukünftig verstärkt nutzen müssen, um durch Aufklärung weiterhin das Wissen und das Verhalten von Gesunden und Infizierten in geeigneter Weise zu beeinflussen.

10. Konsequenzen

Die *Enquete-Kommission* „Gefahren von Aids und wirksame Wege ihrer Eindämmung" des Deutschen Bundestages hat in ihrem *Zwischenbericht* als Ziele einer wirksamen Aids-Aufklärung genannt: „1. Eindämmung der weiteren Ausbreitung der Infektion. 2. Schutz und Solidarität für Gefährdete, Infizierte und Erkrankte."[192] Ähnlich umschreibt der *Entwurf eines Aids-Gesetzes,* den der *Freistaat Bayern* beim Bundesrat eingebracht hat,[193] die Inhalte der Aids-Aufklärung.[194] Ob es allerdings hierfür - entsprechend der Praxis in zahlreichen, aber nicht allen[195] Gliedstaaten der USA[196] - einer Festlegung durch ein Gesetz bedarf, muß zumindest so lange bezweifelt werden, als über die vorstehend genannten Ziele der Aids-Aufklärung - wie gegenwärtig[197] - Konsens zu herrschein scheint. Selbst ohne diese Übereinstimmung könnten die genannten Ziele der Aids-Aufklärung auch in anderer Form, z. B. in Regierungsprogrammen oder in Erlassen der betroffenen Verwaltungen, ausreichend festgeschrieben werden.

---

[189] Vgl. zur „Polizeigewalt" im Zusammenhang mit Aids u. a. *Aiken,* Education, S. 90, 102f.; *Closen/Connor/Kaufman/Wojcik,* AIDS, The John Marshall Law Review Bd. 19 (1986) 835, 890; *Dolgin,* AIDS, Hofstra Law Review Bd. 14 (1985), 193, 205f.; *Gostin,* Traditional Public Health Strategies, in: Dalton/Burris (Hrsg.), AIDS and the Law, 1987, S. 47, 48f.; *Orland/Wise,* The AIDS Epidemic: A Constitutional Conundrum, Hofstra Law Review Bd. 14 (1985), 137, 150.

[190] Nach der amerikanischen Verfassung (Amendment X) sind alle Kompetenzen, die sie nicht dem Bund übertragen oder den Gliedstatten verwehrt hat, den Gliedstaaten vorbehalten. Das trifft auf die „Polizeigewalt" zu.

[191] Siehe Art. 1 § 8 Satz 1 der amerikanischen Verfassung sowie dazu *Dolgin,* AIDS, Hofstra Law Review Bd. 14 (1985), 193, 206 und *Morgenstern,* Role of the Federal Government, University of Cincinnati Law Review Bd. 47 (1978) 537, 544f.

[192] Vgl. BT-Drucks 11/2495, S. 78.

[193] Siehe BR-Drucks. 293/87.

[194] Vgl. § 2: „Die Aufklärung über die Gefahren der HIV-Infektion, die Übertragungswege und die Möglichkeiten, sich und andere vor einer Ansteckung zu schützen, ist eine öffentliche Aufgabe. Aufklärung soll auch unbegründete Ängste abbauen und jeder ungerechtfertigten Benachteiligung der HIV-infizierten und Aids-erkrankten Personen entgegenwirken."

[195] Siehe oben z. B. den Text nach Fn. 120 und Fn. 140.

[196] Vgl. oben die Darstellung insbesondere nach Fn. 109, ferner u. a. nach Fn. 130.

[197] Siehe nur die Stellungnahme zum Entwurf eines Aids-Gesetzes in der 580. Sitzung des Bundesrates vom 25. 9. 1987, und zwar insbesondere die des rheinland-pfälzischen Ministers für Umwelt und Gesundheit, *Wilhelm,* Plenarprotokoll 580, S. 301, 302 (D); ferner die des nordrhein-westfälischen Ministers für Arbeit, Gesundheit und Soziales, *Heinemann,* a. a. O., S. 303 (D) und 304 (A) sowie (B); schließlich die des Berliner Senators für Gesundheit und Soziales, *Fink,* a. a. O., S. 304 (C).

Inhaltlich liefert die *Aids-Aufklärung in den USA* mit ihren Broschüren, Faltblättern, Medienkampagnen u. ä. *zahlreiche Anhaltspunkte,* wie den erwähnten Anliegen entsprochen werden kann. „Aids verstehen“,[198] „Wenn dein Antikörpertest auf den Aids-Virus positiv ist ...“,[199] „Betreuung eines Aids-Patienten zu Hause“[200] und andere Schriften[201] sind Beispiele dafür. Soweit sie der Aids-Prävention dienen, sagen sie - wie von der Enquete-Kommission für die Aids-Aufklärung gefordert - „konkret ..., wie das Virus übertragen wird und wie eine Ansteckung vermieden werden kann“.[202]
Was speziell die *Aids-Aufklärung der Schüler* angeht, hat die Enquete-Kommission ein Defizit in der Bundesrepublik Deutschland festgestellt.[203] Diesem Mangel soll durch Schulung der Lehrkräfte und durch Einbeziehung der Aids-Aufklärung in die Lehrpläne abgeholfen werden.[204] Für die rechtliche Umsetzung gibt der *amerikanische Rechtszustand* mancherlei *inhaltliche Hinweise.* Das gilt z. B. für die Bestimmungen in Florida, Illinois, Kalifornien und anderen Staaten, die den Lehrkräften vorschreiben, sich über Aids im Rahmen ihrer Aus- oder Weiterbildung Kenntnisse zu verschaffen.[205] Ferner können die Richtlinien der Centers for Disease Control[206] und die Regelungen über die Aids-Aufklärung der Schüler in Florida, Indiana sowie anderen Staaten[207] Fingerzeige für die deutsche Rechts- und Schulpolitik geben.[208] Zu Recht hebt die Enquete-Kommission im Zusammenhang mit der Aids-Aufklärung der Schüler hervor, daß hierbei die Schulen vertrauensvoll mit den Eltern zusammenarbeiten müßten.[209] Die Einbeziehung der Eltern kann z. B. auf die Weise wie in Indiana erfolgen, wo ein u. a. aus Eltern bestehendes „Aids-Beratungsgremium“ des jeweiligen Schulträgers Empfehlungen für den Aids-Unterricht gibt.[210]
Abgesehen von der Aufklärung in den Schulen, die die Enquete-Kommission eingeführt oder intensiviert sehen will, sollte entsprechend dem amerikanischen Vorbild auch die *Aids-Aufklärung im universitären Bereich* erwogen werden. Die Regelungen in Florida liefern praktische Beispiele (Aids-Informationen im Vorlesungsverzeichnis u. ä.), auf welche Weise eine solche Unterrichtung erfolgen könnte.[211]

---

[198] Vgl. dazu oben den Text, beginnend bei Fn. 79.
[199] Siehe vorstehend die Ausführungen bei Fn. 93.
[200] Vgl. erneut oben bei Fn. 94.
[201] Siehe oben die Darstellung, beginnend bei Fn. 87.
[202] BT-Drucks. 11/2495, S. 92.
[203] Siehe BT-Drucks. 11/2495, S. 10 (Nr. 1.8) sowie S. 94.
[204] Vgl. BT-Drucks. 11/2495, S. 94. Im gleichen Sinne nachdrücklich auch der rheinland-pfälzische Minister für Umwelt und Gesundheit, Wilhelm, in der 580. Sitzung des Bundesrates anläßlich der Beratung des Entwurfs des bayerischen Aids-Gesetzentwurfs (BR-Drucks. 293/87), Plenarprotokoll 580, S. 301 (D).
[205] Siehe dazu näher oben unter 4., beginnend bei Fn. 145.
[206] Vgl. vorstehend sub 3. bei Fn. 128.
[207] Siehe hierzu die Ausführungen oben unter 3., beginnend nach Fn. 130.
[208] Vgl. ergänzend auch die Empfehlungen der HIV-Kommission des amerikanischen Präsidenten, *Report of the Presidential HIV-Commission* (Fn. 2), S. 88f.
[209] Siehe BT-Drucks. 11/2495, S. 94.
[210] Vgl. oben unter 3. bei Fn. 132.
[211] Siehe dazu näher oben den Text sub 3. nach Fn. 137.

Die Aids-Aufklärung soll sich nach den Vorstellungen der Enquete-Kommission auch auf „alle *Beschäftigten des öffentlichen Dienstes*“ erstrecken.[212] In diesem Sinne ist in einigen Staaten der USA u.a. vorgeschrieben, daß die Behörden ihre Bediensteten regelmäßig mit Informationsschriften über Aids versehen.[213] Entsprechend könnte in der Bundesrepublik Deutschland verfahren werden.
Auch hinsichtlich der von der Enquete-Kommission gesehenen Notwendigkeit, die *Ärzte* über Aids zu unterrichten,[214] könnte auf amerikanische Erfahrungen zurückgegriffen und geprüft werden, inwieweit die dort geltenden Vorschriften[215] angesichts deutscher Besonderheiten (Standesorganisationen der Ärzte) übertragen werden können.[216] Die Aufklärung müßte die Ärzte in die Lage versetzen, „in der Praxis sachgerechte Informationen über die Risiken einer HIV-Infektion zu geben“.[217] Daneben müßte sie sich auf die Aids-Diagnostik und -Behandlung erstrecken.[218] Ferner sollte sie auch über den Umgang mit Aids-infizierten Materialien unterrichten.[219]
Was schließlich die Information der *„Frauen und Paare mit Kinderwunsch“* über Aids betrifft, so fordert die Enquete-Kommission „die verbesserte Verbreitung von geeigneten Aufklärungsmaterialien“ vor einer Schwangerschaft.[220] Diesem Anspruch genügt, sofern Kinder nicht außerhalb einer Ehe gezeugt werden, in den USA die Verteilung von Aids-Informationsschriften und -Videobändern, wenn die Heiratswilligen um eine Heiratserlaubnis nachsuchen.[221] In der Bundesrepublik Deutschland könnte das *Aufgebotsverfahren*[222] diese Funktion übernehmen und so ausgestaltet werden, daß die Heiratswilligen bei der Bestellung des Aufgebots[223] vom Standesbeamten geeignetes *Informationsmaterial über Aids* erhalten.

III. HIV-Test

In der Einführung werden die verschiedenen Möglichkeiten, eine HIV-Infektion durch Tests zu ermitteln, dargestellt, und wird auf die Zuverlässigkeit derartiger

---

212 So BT-Drucks. 11/2495, S. 95, ferner S. 11 (unter Nr. 1.12).

213 Vgl. zu diesen und zu anderen Regelungen in Georgia und Florida die vorstehenden Ausführungen unter 4. bei und in Fn. 151 und 152; siehe ferner zu ähnlichen Regelungen in Illinois den Text nach Fn. 149.

214 Siehe BT-Drucks. 11/2495, S. 10 (Nr. 1.10).

215 Vgl. oben unter 5. bei Fn. 160 bis 163.

216 Diese Einschränkung gilt vor allem für das Aids-Schulungsprogramm Marylands, das der Gesundheitsminister u.a. für Ärzte einzurichten hat; siehe zu ihm oben den Text bei Fn. 160.

217 So die Enquete-Kommission hinsichtlich der den Ärzten von ihren Standesorganisationen anzubietenden Fortbildungsveranstaltungen, BT-Drucks. 11/2495, S. 10 (Nr. 1.10).

218 Vgl. zu einem solchen Schulungsprogramm erneut die Regelung in Maryland, a.a.O. bei Fn. 160; siehe ferner die Vorschriften in Indiana oben bei Fn. 162.

219 Siehe zu diesen und anderen Informationsinhalten, die der Gesundheitsminister Indianas den Ärzten vermitteln muß, den Text oben unter 5. bei Fn. 163.

220 Vgl. BT-Drucks. 11/2495, S. 10 (Nr. 1.9).

221 Siehe oben den Text unter 8. nach Fn. 170.

222 Vgl. die §§ 3ff. des Personenstandsgesetzes in der Fassung vom 8. 8. 1957 (BGBl. I S. 1125), zuletzt geändert durch Gesetz vom 25. 7. 1986 (BGBl. I S. 1142).

223 Siehe § 5 des Personenstandsgesetzes (Fn. 222).

Untersuchungen eingegangen (s. unter 1.). Sodann (s. unter 2. bis 12.) wird behandelt, hinsichtlich welcher Gegenstände (z.B. Blut, Samen) und Personen (z.B. Heiratswillige, Prostituierte, Soldaten) sowie mit welchen Rechtsfolgen HIV-Tests angeordnet werden dürfen (s. jeweils unter a und b), wie dieser Testzwang im einzelnen zu bewerten ist (s. jeweils unter c) und welche Konsequenzen auf dieser Grundlage für das Recht der Bundesrepublik Deutschland gezogen werden können (s. jeweils unter d).

1. Einführung

Eine Infektion mit dem HIV kann auf verschiedene Weise ermittelt werden: *Eine Methode* zielt darauf ab, das *HIV unmittelbar nachzuweisen,* und zwar entweder durch eine Isolierung des Virus aus Lebendkulturen oder aus Nukleinsäuren.[224] Diese erst in jüngster Zeit zur Verfügung stehende Methode ist technisch sehr aufwendig und entsprechend teuer;[225] sie wird daher gegenwärtig nur selten und allein in bestimmten Fällen angewandt.[226] *Andere Methoden* können nicht das HIV selbst feststellen, vielmehr sollen sie *HIV-Antigene* oder HIV-Antikörper aufdecken. HIV-Antigene sind artfremde Stoffe, die im Körper die Bildung von Antikörpern verursachen. Sie können daher im Serum aufgetan werden, ehe sich Antikörper bilden. Allerdings sind sie nur für wenige Wochen nach der HIV-Infektion gegenwärtig.[227] Der Einsatz dieser Methode ist deshalb lediglich in beschränktem Maße sinnvoll. Üblich sind in den USA daher *HIV-Antikörpertests.* Nach amtlichen Schätzungen werden allein im Zusammenhang mit Blutspenden 24 Millionen dieser serologischen Tests jährlich durchgeführt.[228] Derartige Tests sind in zwei Formen gebräuchlich, und zwar als sogenannter *ELISA*-(Enzyme-Linked-Immunosorbent Assay)*Test* und *Western Blot-Test.*[229]

---

[224] Vgl. dazu *Ou/Kwok/Mitchell u.a.,* DNA Amplification for Direct Detection of HIV-1 in DNA of Peripheral Blood Mononuclear Cells, Science Bd. 239 (1988), 295–297; ferner Laboratory Diagnostic Tests for Detection of HIV Infection, Wisconsin AIDS Update vom Juli 1988, S. 13f.

[225] Die Kosten pro Test werden mit ca. 145 Dollar beziffert; siehe die entsprechenden Angaben bei *Perlman,* Biotech AIDS Test Gets a Go-Ahead, San Francisco Chronicle vom 7. 7. 1988, S. A 2.

[226] Ein Anwendungsfeld ist das Testen von Neugeborenen, deren Mütter HIV-infiziert oder -verdächtig sind. Kinder verfügen erst nach 12 bis 18 Monaten über ein selbständiges Immunsystem. Der übliche HIV-Antikörpertest (siehe dazu sogleich im Text nach Fn. 228) muß daher versagen. Vgl. erneut *Perlman,* a.a.O. (Fn. 225), S. A 2 und den *Report of the Presidential HIV-Commission* (Fn. 2), S. 12.

[227] Siehe *Goudsmit/de Wolf/Paul u.a.,* Expression of Human Immunodeficiency Virus Antigen (HIV-Ag) in Serum and Cerobrospinal Fluid During Acute and Chronic Infection, Lancet 1986, S. 177–180; ferner Laboratory Diagnostic Tests for Detection of HIV-Infection, Wisconsin AIDS Update vom Juli 1988, S. 13f.

[228] Vgl. die Angaben der Food and Drug Administration im Federal Register vom 5. 1. 1988, Bd. 53, S. 111, 115.

[229] Siehe zu diesen Test näher u.a. *Closen/Connor/Kaufman/Wojcik,* AIDS, The John Marshall Law Review Bd. 19 (1986), 835, 871–875; *Henry,* AIDS, S. 31, 34f.; *Rothstein,* Screening Workers, S. 126, 129–131.

Da beide Tests nur HIV-Antikörper aufspüren können,[230] haben sie entscheidende *Nachteile*. Diese Reaktion auf die HIV-Infektion entwickelt der menschliche Körper gewöhnlich erst nach 6 bis 12 Wochen,[231] in nicht seltenen Fällen sogar noch wesentlich später.[232] Werden derartige Tests in der Zeit zwischen Ansteckung und Bildung der Antikörper vorgenommen, führen sie folglich zu negativen Resultaten, obwohl die untersuchte Person bereits HIV-infiziert ist. Umgekehrt zeitigen diese Tests infolge ihrer Ausrichtung auf Antikörper bei bestimmten Erkrankungen (z.B. Hepatitis oder Malaria) positive Ergebnisse, obgleich eine HIV-Infektion nicht vorliegt.[233]
Abgesehen von diesen und anderen[234] Fehlerquellen sind die Tests, der (teure) Western Blot-Test mehr als der (billige) ELISA-Test, zwar meist zuverlässig, aber *nicht hundertprozentig.*[235] Der ELISA-Test soll nach amtlicher Einschätzung nur zu 1% falschen positiven und zu 1% falschen negativen Resultaten führen.[236]

---

230 Vgl. dazu nur die im Zusammenhang mit dem Testzwang für Blutbanken etc. getroffene Feststellung der Food and Drug Administration, abgedruckt im Federal Register vom 5. 1. 1988, Bd. 53, S. 111, 112.

231 Siehe die „Public Health Service Guidelines for Counseling and Antibody Testing to Prevent HIV-Infection and AIDS" vom 14. 8. 1987 der Centers for Disease Control, abgedruckt in Centers for Disease Control (Hrsg.), AIDS Recommendations and Guidelines, April 1988, S. 13.

232 So ergab eine Studie, die unlängst auf der 4. Internationalen Aids-Konderenz in Stockholm präsentiert wurde, daß von 18 Männern mehrere erst nach über einem Jahr, zwei sogar später als drei Jahre nach ihrer HIV-Infektion Antikörper ausbildeten; vgl. *Shilts,* When AIDS Is most Likely to be Passed to Others, San Francisco Chronicle vom 14. 6. 1988, S. A 1, A 6. Frühere Forschungen haben zu ähnlichen Ergebnissen geführt; siehe *Rothstein,* Screening Workers, S. 126, 131 m. Nachw. in Fn. 13 und den Bericht „Development of HIV-Antibody: How long does it really take?" Wisconsin AIDS Update vom Juli 1988, S. 19–21.

233 Vgl. zum Vorstehenden besonders *Rothstein,* Screening Workers, S. 126, 130f. m. Nachw. aus dem medizinischen Schrifttum; außerdem z.B. *Closen/Connor/Kaufman/Wojcik,* AIDS, The John Marshall Law Review Bd. 19 (1986), 835, 871–875 und *Sicklick/Rubinstein,* Medical Review, Hofstra Law Review Bd. 14 (1985), 5, 9.

234 Beispielsweise führen die Tests bei solchen Personen in die Irre, deren Immunsystem durch das HIV schon so geschädigt ist, daß es überhaupt keine Antikörper mehr bildet; vgl. erneut *Rothstein,* Screening Workers, S. 126, 131 m. Nachw. aus der medizinischen Literatur in Fn. 14; dort auch zu weiteren Fehlerquellen und Nachweisen in Fn. 15.

235 Siehe dazu näher z.B. *Meyer/Pauker,* Screening for HIV: Can We Afford the False Positive Rate? The New England Journal of Medicine Bd. 317 (1987), 238–241 und nochmals *Rothstein,* Screening Workers, S. 126, 131–134 sowie die in Fn. 233 Genannten; vgl. außerdem den Bericht der Centers for Disease Control „Update: Serologic Testing for Antibody to Human Immunodeficiency Virus" vom 8. 1. 1988, abgedruckt in „Update: MMWR Articles on AIDS", April 1988, S. 79–82 und den oben in Fn. 224 genannten Beitrag, Wisconsin AIDS Update vom Juli 1988, S. 13, 14 und insbesondere 15–17.

236 Vgl. erneut die schon oben (Fn. 231) erwähnten Richtlinien (Guidelines) der Centers for Disease Control, a.a.O., S. 13f. – Sofern es um den Nachweis des – in den USA und Europa allerdings (noch) nicht weit verbreiteten (siehe oben unter A. den Text in Fn. 23) – HIV-2 Virus geht, soll der ELISA-Test nach medizinischen Erkenntnissen zwischen 8% bis 58% unfähig sein, dieses Virus zu entdecken; vgl. den Bericht „AIDS Due to HIV-2 Infection – New Jersey", abgedruckt in Centers for Disease Control (Hrsg.), „Update: MMWR Articles on AIDS", April 1988, S. 85, 86. – Siehe allgemein zur Notwendigkeit, das HIV-2 und sein Verhältnis zum HIV-1 näher zu erforschen, den *Report of the Presidential HIV-Commission* (Fn. 2), S. 155.

Diese Bewertung geht allerdings von „optimalen Laborbedingungen“ und von einer Wiederholung des ELISA-Tests aus, wenn der erste positiv verlaufen ist.[237] Die Fehlerquote dürfte daher in der Praxis größer sein. In der Literatur wird denn auch immer wieder die Ungenauigkeit des ELISA-Tests betont.[238] Eine höhere Verläßlichkeit gewährleistet zwar die ergänzende Anwendung des Western Blot-Tests in den Fällen, in denen der ELISA-Test wenigstens einmal positiv verlaufen ist. Ein solches Vorgehen wird deshalb auch empfohlen.[239] Aber selbst unter dieser Voraussetzung können falsche positive und negative Ergebnisse nicht ausgeschlossen werden.[240]

Die Feststellung von HIV-Antikörpern, wie sie gegenwärtig mit Hilfe der üblichen Tests nur nachgewiesen werden können, ist daher trotz weitestgehend richtiger Ergebnisse mit *Unsicherheiten* behaftet. Das ist angesichts der Reichweite der Resultate für den betroffenen einzelnen, aber auch für die Gemeinschaft (z.B. bei der Untersuchung von Blutspenden),[241] *höchst unbefriedigend*. Ändern wird sich dies erst dann, wenn ein Test für die allgemeine Anwendung entwik-

---

[237] Siehe die vorstehend in Fn. 231 genannten Richtlinien, a.a.O., S. 13 und 14.

[238] Vgl. z.B. *Closen/Connor/Kaufman/Wojczik*, AIDS, The John Marshall Law Review Bd. 19 (1986), 835, 872–875; *Dornette*, Blood Products, S. 219, 230; *Merritt*, Communicable Disease, New York University Law Review Bd. 61 (1986), 739, 745f.; *Meyer/Pauker*, Screening for HIV, The New England Journal of Medicine Bd. 317 (1987), 238f.

[239] Siehe nur die oben in Fn. 231 zitierten Richtlinien der Centers for Disease Control vom 14. 8. 1987, a.a.O., S. 13, 14 sowie aus dem Schrifttum *Merritt*, Communicable Disease, New York University Law Review Bd. 61 (1986), 739, 746 m. Nachw. in Fn. 32; ferner die Angaben und Tabellen in dem oben (Fn. 224) genannten Beitrag, abgedruckt in Wisconsin AIDS Update vom Juli 1988, S. 13, 16f.

[240] Vgl. erneut die in Fn. 231 erwähnten Richtlinien der Centers for Disease Control vom 14. 8. 1987, S. 13, 14; außerdem die Feststellungen und Erörterungen der Food and Drug Administration im Zusammenhang mit der Auferlegung eines Testzwangs für Blutbanken etc., Federal Register vom 5. 1. 1988, Bd. 53, S. 111, 113; ferner die im *Report of the Presidential HIV-Commission* (Fn. 2), S. 2 wiedergegebene Annahme von Experten, daß die gebräuchliche Anwendung von mehreren HIV-Antikörpertests (gemeint ist wohl der ELISA- und anschließend der Western Blot-Test) eine Genauigkeit „von mehr als 99,8 Prozent“ aufweise, vorausgesetzt allerdings, daß die Tests „unter gut überwachten Bedingungen in guten Laboratorien ausgeführt“ würden. Genau diese Prämisse ist aber unrealistisch. Die Enquete-Kommission des Deutschen Bundestages „Gefahren von Aids und wirksame Wege zu ihrer Eindämmung“ stellt in ihrem Zwischenbericht (BT-Drucks. 11/2495) denn auch fest: „Die eigentlichen Schwachstellen in der HIV-Diagnostik liegen in subjektiven Fehlern beim Durchführen und Auswerten der Tests im Labor ...“ (a.a.O., S. 44f.). Für die USA gilt dies angesichts von 98000 Laboratorien von Ärzten, die in nur 16 Gliedstaaten reglementiert sind (siehe den eben erwähnten *Report of the Presidential HIV-Commission*, S. 80), ganz besonders. Aber selbst größere Laboratorien lassen hinsichtlich ihrer Zuverlässigkeit zu wünschen übrig. So erwiesen sich 10 von 19 Laboratorien, die sich beim amerikanischen Verteidigungsministerium bewarben, um im Rahmen des Testprogrammes für Soldaten den Western Blot-Test durchzuführen, als nicht ausreichend zuverlässig; vgl. den in Fn. 235 genannten Bericht der Centers for Disease Control, a.a.O., S. 79, 81. – Aus dem Schrifttum siehe ergänzend *Henry*, Aids, S. 31, 35 und *Meyer/Pauker*, Screening for HIV, The New England Journal of Medicine Bd. 317 (1987), 238–240 mit Fußnoten auf 241.

[241] So wird von ungefähr 50000 Blutspendern berichtet, bei denen der ELISA-Test mehrfach positiv verlief, während der Western Blot-Test negative Ergebnisse zeitigte; vgl. *Dornette*, Blood Products, S. 219, 228 Fn. 19.

kelt sein wird, der das HIV selbst nachweisen kann[242] und der überdies genauer ist als der ELISA- oder der Western Blot-Test.[243] Solange dies nicht der Fall ist, muß der Staat dafür Sorge tragen, daß die gegenwärtig nur verfügbaren Tests möglichst zuverlässig durchgeführt werden.[244] Dem entspricht es, daß North Carolina[245] eine staatliche Kommission gesetzlich dazu ermächtigt hat, Qualitätserfordernisse hinsichtlich des Personals und des Verfahrens aufzustellen, denen die Laboratorien genügen müssen, wenn sie „Aids-Tests" durchführen wollen.[246] Selbst unter Beachtung solcher Anforderungen lassen sich - wie gezeigt - *fehlerhafte Testergebnisse* aber *nicht gänzlich vermeiden*. Diese Unzulänglichkeiten sind im Auge zu behalten, wenn es gilt, „Aids-Tests" daraufhin zu bewerten, ob sie ihre vielfältigen Funktionen, zu denen sie eingesetzt werden, erfüllen können. Bei dieser Beurteilung wird man auch berücksichtigen müssen, in wessen Interesse die „Aids-Tests" (vornehmlich) durchgeführt werden, und ob oder welche Rechtsfolgen für den Untersuchten mit einem positiven Ergebnis verbunden sind. Dient der Aids-Test ausschließlich der Eigeninformation des Untersuchten, ohne daß sich an ein positives Ergebnis nachteilige Rechtsfolgen für den Untersuchten knüpfen, dann ist die Unzulänglichkeit des Aids-Tests eher hinzunehmen, als wenn er gegenüber den Untersuchten beschwerende Maßnahmen, z. B. seine Absonderung, ermöglicht.

2. *Test von Blut-, Samen-, Organ- und anderen Spenden*

a. Tatbestände

Das HIV ist in allen Körperflüssigkeiten eines infizierten Menschen, z. B. im Urin, Speichel und Vaginalsekret, nachgewiesen worden.[247] Besonders konzen-

---

[242] Der augenblicklich bekannte Test, der diesem Anspruch genügt, ist wegen seines großen technischen Aufwandes und seiner erheblichen Kosten nur für bestimmte Fälle gedacht; siehe dazu oben den Text, beginnend vor Fn. 224.

[243] Die Test, die das HIV unmittelbar nachweisen können, sind ebenso wie der ELISA- und der Western Blot-Test nicht hundertprozentig; vgl. dazu den in Fn. 224 genannten Beitrag, abgedruckt in Wisconsin AIDS Update vom Juli 1988, S. 13, 14.

[244] So auch von medizinischer Seite die Forderung von *Meyer/Pauker*, Screening for HIV, The New England Journal of Medicine Bd. 317 (1987), 238, 240f. und dezidiert der *Report of the Presidential HIV-Commission*, S. 80f., ferner der *Charlottesville Report*, S. 60.

[245] Vgl. § 130 A-148 (a) der General Statutes of North Carolina (Fn. 136). - Siehe ferner z. B. Sektion 16-8-7-4 (g) des Indiana Code (Fn. 117) sowie auf Bundesebene - im Zusammenhang mit dem Testerfordernis für Blutspenden - § 610.45 (b) des Federal Code of Regulations, Bd. 21 (1988).

[246] Siehe auch das u. a. auf „Verbesserung und Erhaltung der Qualität des HIV-Tests" zielende Programm der Centers for Disease Control, genannt „HIV-Testing Performance Evaluation Program". Die Teilnahme an dem Programm steht allen Herstellern von HIV-Tests und Einrichtungen, die HIV-Tests durchführen, offen; vgl. den Beitrag „Performance Evaluation Program: Testing for Human Immunodeficiency Virus Infection", abgedruckt in „Update: MMWR Articles on AIDS", April 1988, S. 45.

[247] Vgl. statt vieler die „Recommendations for Prevention of HIV Transmission in Health-Care Settings" der Centers for Disease Control vom 21. 8. 1987, abgedruckt in „Update: MMWR Articles on AIDS", April 1988, S. 25; ferner *Henry*, AIDS, S. 31, 35 und *Sicklick/Rubinstein*, Medical Review, Hofstra Law Review Bd. 14 (1985), 5, 7 m. w. Nachw. in Fn. 15.

triert kommt das Virus im Blut und Samen des Menschen vor.[248] Dem entspricht es, daß ein HIV-infizierter Spender von Blut, aber auch von Samen das Virus leicht auf den Empfänger übertragen kann.[249] Eine Infektionsgefahr geht ferner von HIV-positiven Organ- und sonstigen Spendern aus.[250]

Diesen medizinischen Erkenntnissen tragen *manche Gliedstaaten* in den USA dadurch Rechnung, daß sie es ausdrücklich *gesetzlich* zur *Pflicht* machen, neben *Blutspenden* auch *Samen-, Organ- und sonstige Spenden* oder deren *Spender* auf Aids-Erreger *zu untersuchen*. Beispielsweise sind in Illinois alle Spender von Samen, Organen, Knochen, Hornhaut oder anderen menschlichen Geweben rechtzeitig daraufhin zu testen, ob sie „dem HIV oder irgendeinem anderen Aids hervorrufenden Erreger ausgesetzt waren".[251] Entsprechende Untersuchungen hat das Gesundheitsministerium Illinois aufgrund gesetzlicher Ermächtigungen für Blut vorzuschreiben.[252] Die Tests sind hinsichtlich aller dieser Spenden bzw. Spender nur dann nicht erforderlich, wenn für den Empfänger Lebensgefahr besteht und überprüfte Spenden nicht oder nicht rechtzeitig verfügbar sind.[253] Vergleichbare Normen wie in Illinois existieren in Florida,[254] Georgia,[255] Louisiana,[256] North Carolina,[257] Texas[258] und Winconsin.[259]

---

[248] Siehe *Hermann/Gorman*, Hospital Liability and AIDS Treatment: The Need for a National Standard of Care, University of California Davis Law Review Bd. 20 (1987), 441, 447 m. Nachw. aus dem medizinischen Schrifttum; ferner die „Joint Advisory Notice" des Department of Labor und des Department of Health and Human Services vom 19. 10. 1987 über „Protection Against Occupatinal Exposure to Hepatitis B Virus (HBV) and Human Immunodeficiency Virus (HIV)", S. 5 und 6.

[249] Vgl. dazu u. a. *Dornette*, Blood Products and Tissue Transplants, in: Dornette (Hrsg.), AIDS and the Law, 1987, S. 219ff., insbesondere S. 223f. (für Blutspenden) und S. 240 (für Samenspenden) m. Nachw. aus dem medizinischen Schrifttum; siehe für Samenspenden auch die Empfehlungen der Centers for Disease Control „Semen Banking, Organ and Tissue Transplantation and HIV-Antibody Testing" vom 5. 2. 1988, abgedruckt in „Update, MMWR Articles on AIDS", April 1988, S. 103.

[250] Siehe den Bericht vom 29. 5. 1987 über den Fall eines HIV-infizierten Organspenders, der zwei Empfänger ansteckte, abgedruckt in: „AIDS Recommendations and Guidelines" der Centers for Disease Control, 1988, S. 11f.; siehe ferner den Hinweis in den oben (Fn. 249) erwähnten Empfehlungen der Centers for Disease Control auf einen Fall, in dem das HIV durch eine Hauttransplantation übertragen wurde, a. a. O., S. 103. Vgl. schließlich noch *Dornette*, Blood Products, S. 219, 239f.

[251] Vgl. Sektion 55.45 (b) des Civil Administrative Code of Illinois in der Fassung des Public Act 85-934 (West 1988).

[252] Siehe Sektion 3.1 (a) des Illinois Blood Labeling Act und Sektion 4-101 (g) des Illinois Blood Bank Act in der Fassung des Public Act 85-679 (West 1988).

[253] Vgl. Sektion 55.45 (b) des Civil Administrative Code of Illinois (Fn. 251) und Sektion 3.1 (c) des Illinois Blood Bank Act (Fn. 252).

[254] Siehe Sektion 381.6105 (1) und (3) der Florida Statutes (Fn. 36).

[255] Vgl. Sektion 44-5-151 (b) und (d) des Code of Georgia (Fn. 176).

[256] Siehe § 1299.142 A, § 1299.143 und § 1299.144 der Louisiana Statutes (West 1988).

[257] Vgl. § 130 A-148 (c) und (d) der General Statutes of North Carolina (Fn. 136).

[258] Siehe Sektion 9.02 (a) (2) des Communicable Disease Prevention and Control Act (Texas Civil Statutes Article 4419 b-1; Vernon 1988).

[259] Vgl. Sektion 146.023 (1 m) und (3) der Wisconsin Statutes (Fn. 36) für Blutspender und Sektion 146.025 (2) (a) für Körperteile, menschliche Gewebe und Samen.

Andere Gliedstaaten begnügen sich damit, einen *HIV-Test* gesetzlich ***nur*** für ***Blutspenden*** vorzusehen. Das trifft z. B. auf Indiana,[260] Kalifornien,[261] Tennessee[262] und Texas[263] zu. Da auch der ***Bund*** einen HIV-Test zwingend nur für Blutspenden angeordnet hat[264] und sich hinsichtlich der Untersuchung anderer Spenden auf Empfehlungen beschränkt,[265] erweckt dies den Eindruck, als ob in den fraglichen Staaten die Empfänger von Organspenden geringer geschützt seien als in den Staaten mit weitergehenden gesetzlichen Vorschriften.

In der Praxis dürfte das jedoch nicht zutreffen. Abgesehen davon, daß in den Staaten ohne umfassende Testpflichten untergesetzliche Bestimmungen existieren mögen, die auch Organspenden etc. einbeziehen, wird ein *ausreichender Schutz durch* die einschlägigen *Empfehlungen der Centers for Disease Control* erreicht. Seit 1985 befürworten sie nicht nur die Untersuchung von Blutspenden auf das HIV, sondern auch des „Bluts oder Serums von Organ-, Gewebe- oder Samenspendern".[266] So wird für Organe und Gewebe, die von einem Spender stammen, dessen HIV-Test positiv verlaufen ist, empfohlen, von einer Transplantation abzusehen. Eine Ausnahme wird nur dann anerkannt, wenn es sich um ein notwendiges Organ handelt und die Verpflanzung unerläßlich ist, um das Leben des Empfängers zu retten.[267] Für Samen, der für eine künstliche Befruchtung verwendet werden soll, wird nahegelegt, ihn mindestens sechs Monate einzufrieren und ihn erst dann zu benutzen, wenn der HIV-Test für den Spender sowohl zum Zeitpunkt der Spende als auch nach Ablauf der Wartefrist negativ verlaufen ist.[268] Diese Empfehlungen der Centers for Disease Control werden *als Maßstab für die Haftung* von Krankenhäusern etc. herangezogen, wenn sich ein Patient mit dem HIV infiziert hat.[269] Auch unabhängig davon wird ihnen – wie Erhebungen gezeigt haben[270] – allgemein nachgekommen.

---

260 Siehe Sektion 16-8-7-2 (c) und 16-8-7-4 (a) des Indiana Code (Fn. 117).

261 Vgl. § 1603.1 (a) und (b) des Health and Safety Code (Fn. 23).

262 Siehe Sektion 68-32-102 (a), (b) und (d) des Tennessee Code (West 1987).

263 Vgl. Artikel 4419 b-1.5 Sektion 2 der Texas Civil Statutes (Fn. 258).

264 Siehe § 610.45 des Code of Federal Regulations (Bd. 21, 1988), ferner § 640.5, § 640.14, § 640.23, § 640.33, § 640.53, § 640.67 des Code of Federal Regulations, a. a. O. – Vgl. ferner zu der (offengelassenen) Frage, inwieweit die Regelungen eines HIV-Testzwanges für Blutspenden durch den Bund entsprechende Vorschriften auf der Ebene der Gliedstaaten ausschließen, die Erörterung der Food and Drug Administration, abgedruckt im Federal Register vom 5. 1. 1988, Bd. 53, S. 11 f.

265 Vgl. den unmittelbar nachfolgenden Text bei Fn. 266 bis 268 m. Nachw. dortselbst.

266 So die Empfehlungen vom 24. 5. 1985, abgedruckt in „Recommendations and Guidelines" der Centers for Disease Control, 1986, S. 44; noch dezidierter die Empfehlungen der Centers for Disease Control vom 5. 2. 1988, abgedruckt in „Update: MMWR Articles on AIDS", 1988, S. 103. – Davon abgesehen verlangen die mit Blut- und anderen Spenden befaßten Berufsverbände von ihren Mitgliedern, daß sie Blut, Samen usw. auf das HIV rechtzeitig testen, vgl. *Dornette,* Blood Products, S. 219, 240 f. und die Nachweise in den vorstehend genannten Empfehlungen vom 5. 2. 1988, S. 103.

267 Siehe wiederum die Empfehlungen vom 5. 2. 1988 (Fn. 266), S. 103.

268 Vgl. erneut die Empfehlungen vom 5. 2. 1988 (Fn. 266), S. 103.

269 Siehe *Hermann/Gorman,* Hospital Liability, University of California Davis Law Review Bd. 20 (1987), 441, 444, 464 ff. (besonders 464 f., 468, 476, 478 f.).

270 Vgl. die Angaben in dem oben (Fn. 250) erwähnten Bericht über den Fall eines HIV-infizierten Organspenders, der zwei Empfänger ansteckte, a. a. O., S. 11, 12.

b. Rechtsfolgen

aa. Beseitigungspflicht. Führen die Untersuchungen auch nach wiederholtem Testen zu einem positiven Ergebnis, dann sind die Blutspenden etc. - ausgenommen Eigenspenden[271] - entweder „zuverlässig und sofort" zu beseitigen oder für die medizinische Forschung zur Verfügung zu stellen.[272] Eine auch nur fahrlässige Verwendung der Spenden für ihren ursprünglich vorgesehenen Zweck ist strafbar.[273]

bb. Meldepflicht gegenüber dem Staat. In einigen Gliedstaaten sind die Blutzentren und ähnliche Einrichtungen bei positivem Ausgang des Tests gesetzlich verpflichtet, den zuständigen Gesundheitsbehörden oder ergänzend anderen Behörden, dieses Ergebnis zu melden. Diese Pflicht dient der Erlangung statistischer, epidemiologischer Daten. Teilweise soll diese Information es den staatlichen Stellen auch ermöglichen, die Blutzentren etc. künftig vor Spenden dieser HIV-infizierten Personen zu schützen; in diesen Fällen erstreckt sich die Meldepflicht zusätzlich auf die Mitteilung der Identitätsmerkmale dieser Spender.[274]
Zu letzterem Zweck hat *Kalifornien* eigens ein *Register* geschaffen. In dieses nimmt es alle diejenigen auf, die vom Blutspenden ausgeschlossen sind, sei es, daß sie HIV-infiziert sind oder sei es, daß ein anderer Ausschlußgrund (Hepatitis) vorliegt. In Gestalt einer Liste, die zwar den Namen und weitere Identitätsmerkmale enthält, nicht aber den Ausschlußgrund spezifiziert, wird dieses Register zweimal im Monat vom Gesundheitsministerium an die Blutbanken etc. verteilt.[275]

cc. Unterrichtungspflicht gegenüber dem Spender. Erweist sich eine Blut- oder auch sonstige Spende als HIV-positiv, ist dieses Ergebnis dem Spender mitzuteilen. Über derartige Vorschriften verfügen mehrere Gliedstaaten, die das Spenden von Blut usw. im Zusammenhang mit Aids gesetzlich normiert haben.[276] Vereinzelt wird ausdrücklich bestimmt, daß diese Nachricht „persönlich und

---

[271] Da der Spender von seiner eigenen Spende nicht (nochmals) infiziert werden kann, nehmen die Gesetze mehrerer Staaten diese Fälle ausdrücklich aus; vgl. z.B. § 1603.1 (a) (4) des Health and Safety Code Kaliforniens (Fn. 23), § 1299.147 der Louisiana Statutes (Fn. 256) für Louisiana, Sektion 146.023 (5) der Wisconsin Statutes (Fn. 36) für Wisconsin.

[272] So z.B. Sektion 3.1 (a) des Illinois Blood Labeling Act (Fn. 252) und Sektion 4-101 (g) des Illinois Blood Bank Act (Fn. 252) für Blut sowie Sektion 44-5-151 (b) des Code of Georgia (Fn. 176) für Körperteile; ähnlich Sektion 381.6105 (4) der Florida Statutes (Fn. 36) für Blut, Organe, Haut und anderes menschliche Gewebe; vgl. auch Sektion 16-8-7-4 (d) des Indiana Code (Fn. 117) und Sektion 146.023 (2) der Wisconsin Statutes (Fn. 36) für Blut.

[273] So Sektion 55.45 (c) des Civil Administrative Code of Illinois (Fn. 251) für Samen, Hornhaut, Knochen, Organe und anderes menschlische Gewebe, die infiziert sind; ähnlich Sektion 44-5-151 (e) des Code of Georgia (Fn. 176) für Körperteile.

[274] Vgl. für Illinois § 4 des AIDS Registry Act (Fn. 145), für Indiana Sektion 16-8-7-4 (e) und Sektion 16-8-7-6 (c) des Indiana Code (Fn. 117), für Kalifornien § 199.21 (j) und § 1603.3 (c) (2), ferner § 1603.1 (c) und (d) des Health and Safety Code (Fn. 23), für Louisiana § 1299.142 B (5) der Louisiana Statutes (Fn. 256), für Texas Article 44.19 b-1.5 Sektion 3 (b) und (f) Satz 2 der Texas Civil Statutes (Fn. 258), für Wisconsin Sektion 146.025 (7) (b) der Wisconsin Statutes (Fn. 36).

[275] Siehe § 1603.1 (f), ferner § 1603.3 (d) des Health and Safety Code (Fn. 23).

[276] Fußnote siehe S. 47.

vertraulich“ zu erfolgen hat[277] oder daß sie den Spender über die „Bedeutung des Testergebnisses“ sowie über „Maßnahmen zur Vermeidung einer Übertragung des HIV“ u.ä. informieren soll.[278]

dd. Unterrichtungspflicht gegenüber Dritten. Abgesehen vom Spender sind nach dem Recht einiger Gliedstaaten noch andere Personen und Einrichtungen von einem positiven Testergebnis zu unterrichten. Es sind dies je nach den Gegebenheiten insbesondere der den Spender behandelnde Arzt, der Empfänger des Bluts und das Krankenhaus, welches die Transfusion durchführte, ferner etwa der Leichenbeschauer und das Bestattungsunternehmen.[279]

ee. Schadensersatzpflicht. Gesetze in den Gliedstaaten regeln im Zusammenhang mit Blut-, aber auch anderen Spenden häufig ausdrücklich Fragen einer Schadensersatzpflicht. So sind in North Carolina Einrichtungen, die Blut übertragen, Organe verpflanzen oder ähnliche Tätigkeiten ausüben, *„frei von einer zivilrechtlichen Haftung“,* wenn sie den einschlägigen Vorschriften insbesondere über den durchzuführenden HIV-Test genügt haben.[280] Dem entspricht es, wenn in Tennessee ein Empfänger von Blut, der sich durch die Blutspende Aids zuzieht, den daraus erwachsenden Schaden (einschließlich aller medizinischen Kosten) nur dann beanspruchen kann, wenn das Blut nicht getestet war.[281]
Kalifornien[282] und die meisten anderen Staaten[283] kennen ebenfalls eine Haftung für Schäden, die sich aus Blutspenden ergeben; teilweise erstreckt sie sich auch auf Schäden durch andere Spenden. Allerdings ist die Durchsetzung des Anspruchs erschwert. Für die zivilrechtliche Verantwortlichkeit soll *nicht* die *Produkthaftung* (Produzentenhaftung) maßgeblich sein, die dem Hersteller die Beweislast aufbürdet, daß sein Produkt nicht mit Mängeln behaftet war. Infolgedessen trifft den geschädigten Blutempfänger und nicht die Blutbank oder die sonstigen Blutlieferanten die Beweislast.[284] Die Verfassungsmäßigkeit dieser Regelung wurde, weil sie von der Produkthaftung nachteilig abweicht, mit Blick auf

---

[276] Vgl. für Florida Sektion 381.6105 (6) i.V.m. (5) der Florida Statutes (Fn. 36); für Georgia Sektion 44-5-161 (c) des Code of Georgia (Fn. 176), für Indiana Sektion 16-8-7-4 (f) des Indiana Code (Fn. 117), für Kalifornien § 1603.3 (c) des Health and Safety Code (Fn. 23), für Louisiana § 1299.142 B (1) der Louisiana Statutes (Fn. 256), für North Carolina § 130 A-148 (g) der General Statutes of North Carolina (Fn. 136), für Texas Article 4419 b-1.5 Sektion 3 (c) (3) der Texas Civil Statutes (Fn. 258), für Wisconsin Sektion 146.025 (5) der Wisconsin Statutes (Fn. 36).

[277] So für Georgia Sektion 44-5-151 (c) (1) des Code of Georgia (Fn. 176).

[278] So Sektion 381.6105 (6) (b) in Verbindung mit (5) der Florida Satutes (Fn. 36).

[279] Siehe für Georgia Sektion 44-5-151 (c) (2) des Code of Georgia (Fn. 176), für Louisiana § 1299.142 B (2) bis (4) der Louisiana Statutes (Fn. 256), für Texas Art 4419 b-1.5 Sektion 3 (c), (f) Satz 1 und (h) der Texas Civil Statutes (Fn. 258); vgl. auch für Illinois Sektion 7-102 des Illinois Blood Band Act (Fn. 252).

[280] So § 130 A-148 (e) der General Statutes of North Carolina (Fn. 136).

[281] Vgl. Sektion 68-32-102 (c) des Tennessee Code (Fn. 262).

[282] Siehe § 1606 des Health and Safety Code (Fn. 23). Zu dieser Vorschrift und ihrer Auslegung näher *Westfall,* Hepatitis, AIDS and the Blood Product Exemption from Strict Products Liability in California: A Reassessment, Hastings Law Journal Bd. 37 (1986), 1101ff. Siehe auch a.a.O., S. 1129f. den Vorschlag der Verfasserin zur Änderung der genannten Norm.

[283] Vgl. dazu näher *Dornette,* Blood Products, S. 219, 227, 231f. und Anhang M.

[284] Fußnote siehe S. 48.

den Gleichheitssatz angezweifelt. Das Gericht, welches über diese Frage im Rahmen eines Haftungsprozesses zu entscheiden hatte, erachtete die einschlägige Vorschrift jedoch für verfassungskonform: Die Versorgung mit Blut erfolge im öffentlichen Interesse. Die Regelung solle nach der Absicht des Gesetzgebers die Herstellung und den Gebrauch von Blut für Transfusionen etc. fördern. Der Ausschluß der Produkthaftung diene diesem Ziel und sei daher gerechtfertigt.[285]
Als *Konsequenz* der beschriebenen Haftungsvorschriften muß ein durch HIV-infiziertes Blut geschädigter Spendenempfänger nachweisen, daß die Blutbank etc. entweder das Blut nicht oder nicht sorgfältig genug auf Antikörper dieses Virus untersucht hat.[286] Um diesen Nachweis führen zu können, kann der Empfänger von der Blutbank etc. verlangen, daß diese die Namen der konkreten Spender offenlegt.[287]

Natürlich kommt eine *Haftung für Schäden wegen HIV-infizierter Blutspenden* nur von dem Zeitpunkt an in Betracht, seit dem ein geeigneter Aids-Test allgemein verfügbar ist.[288] Das trifft ab Anfang 1985 zu.[289] Mit derartigen Konstellationen hatten sich die Gerichte bislang nicht zu befassen. Ihre Entscheidungen betreffen vielmehr Situationen aus früherer Zeit, wo Aids als Immunschwächekrankheit zwar erkannt, die Übertragung des HIV durch Blutspenden aber noch nicht wissenschaftlich gesichert und vor allem eine ausreichende Testmethode zu seinem Nachweis nicht entwickelt war. Eine Haftung wurde in diesen Fällen von den Gerichten abgelehnt: Erst drei Jahre nach der Entdeckung von Aids im Jahre 1981 habe für die medizinische Forschung Gewißheit bestanden, daß Aids durch das HIV hervorgerufen und durch Blut übertragen werde und erst seit 1985 sei der ELISA-Test verfügbar gewesen. Schließlich könne auch eine Pflicht,

---

[284] Siehe erneut – für Kalifornien – § 1606 des Health and Safety Code (Fn. 23) sowie die Entscheidung Miles Laboratories, Inc. versus Superior Court, California Reporter Bd. 220 (1986), 590, 592; vgl. auch die Entscheidung Roberts versus Suburban Hospital, Atlantic Reporter (2. Serie) Bd. 532 (1988), 1081, 1085ff.; McKee versus Miles Laboratories, Inc., Federal Supplement Bd. 675 (1988), 1060, 1062 und 1063; Coffee versus Cutter Biological, Federal Reporter (2. Serie), Nd. 809 (1987), 191, 193ff.; Doe versus Miles Laboratories, Cutter Laboratories Division, Federal Supplement Bd. 675 (1988), 1466, 1475f. – Zur Rechtslage in anderen Staaten siehe *Dornette,* Blood Products, a.a.O. (Fn. 248); ferner *Hermann,* AIDS: Malpractice, University of Colorado Law Review Bd. 58 (1986/87), 63, 78–81.

[285] Vgl. Miles Laboratories, Inc. versus Superior Court, California Reporter Bd. 220 (1986), 590, 591, 593f.; siehe ferner McKee versus Miles Laboratories, Inc., Federal Supplement Bd. 675 (1988), 1060, 1062f.

[286] Siehe dazu näher *Hermann,* Aids: Malpractice, University of Colorado Law Review Bd. 58 (1986/87), 63, 81 und *derselbe,* Torts: Private Lawsuits about AIDS, in: Dalton/Burris (Hrsg.), AIDS and the Law, 1987, S. 153, 168f.

[287] So die Entscheidung Gulf Coast Regional Blood Center versus Houston, South Western Reporter (2. Serie) Bd. 745 (1988), 557–561; Verfassungsrecht, insbesondere das Persönlichkeitsrecht der Spender, steht dieser Offenlegung im Ergebnis nicht entgegen, vgl. a.a.O., S. 559f. und 561. Ebenso die Entscheidung Tarrant County Hospital District versus Hughes 678f. – Anderer Meinung die Entscheidung Rasmussen versus South Florida Blood Service, Southern Reporter (2. Serie) Bd. 500 (1987), 533–538 und die Entscheidung in der Vorinstanz, Southern Reporter (2. Serie) Bd. 467 (1985), 798–804; ferner Krygier versus Airweld Inc., New York Supplement (2. Serie) Bd. 520 (1987), 475–477.

[288] Vgl. erneut *Hermann,* a.a.O. (Fn. 286).

[289] Siehe dazu nur die Information der Food and Drug Administration, Federal Register vom 5. 1. 1988, Bd. 53, S. 111.

Blut auf andere Weise, z. B. durch Erhitzung, unschädlich zu machen, für die damalige Zeit nicht bejaht werden.[290]
Abgesehen von der *Haftung* wegen infizierten Blutes lassen sich *manch andere Sachverhalte* denken, die zu einem Schadenersatz wegen unerlaubter Handlung verpflichten können. Beispielsweise haften Blutbanken u. ä. Einrichtungen dem Betroffenen dafür, daß die beim Spenden anfallenden Daten, insbesondere die Ergebnisse des Tests, nicht an unbefugte Dritte gelangen. Auch sind die Blutbanken etc. ersatzpflichtig, wenn sie das Testergebnis eines HIV-infizierten Spenders mit dem eines HIV-freien Spenders verwechseln, das fälschliche Resultat letzterem mitteilen und dieser daraufhin seelischen Schaden erleidet.[291] Diese Haftungsansprüche finden ihre Grundlage im *Case Law* (Fallrecht);[292] sie können auf Institute wie „Breach of Confidence" („Vertrauensbruch") und „Infliction of Emotional Harm" („Zufügung seelischen Schadens") gestützt werden,[293] die sich richterrechtlich entwickelt haben.[294] Vereinzelt sind sie auch in spezieller Weise durch den Gesetzgeber ausgestaltet worden.[295]

ff. Strafbarkeit. Jedermann, der es unterläßt, Blut, Organe usw. auf das HIV zu untersuchen, handelt strafbar[296] oder zumindest ordnungswidrig.[297] Ebenfalls strafbar macht sich derjenige, der unbefugten Dritten vorsätzlich oder fahrlässig das Ergebnis von HIV-Tests in einer Weise mitteilt, die eine Identifizierung des Getesteten ermöglicht, vorausgesetzt, die Offenlegung schädigt den Getesteten wirtschaftlich, körperlich oder seelisch.[298] Strafrechtlich verantwortlich sind schließlich auch alle, die Blut, Organe etc. spenden, obwohl sie von ihrer HIV-Infizierung und der Übertragungsgefahr durch derartige Spenden wissen.[299]

---

[290] Vgl. zu dieser Argumentation insbesondere McKee versus Miles Laboratories, Inc., Federal Supplement Bd. 675 (1988), 1060, 1063f. und Kozup versus Georgetown University, Federal Supplement Bd. 663 (1987), 1048, 1052f., 1055–1058. Siehe ferner *Closen/Connor/Kaufman/Wojcik,* AIDS, The John Marshall Law Review Bd. 19 (1986), 835, 918f. und den dort behandelten Fall.

[291] Siehe *Dornette,* Blood Products, S. 219, 228–230. Zu der Frage, inwieweit Blutbanken etc. gegenüber dem Blutempfänger zur Offenlegung der Namen der Blutspender verpflichtet sind, vgl. oben den Text bei Fn. 287 m. Nachw. dortselbst.

[292] Siehe zu diesem Begriff den Text in Abschnitt C. bei Fn. 1 und Fn. 21.

[293] Vgl. wiederum *Dornette,* Blood Products, S. 219, 228 und 230.

[294] Siehe zu diesen und anderen Haftungsformen *Dornette,* Introduction to the Law, in: Dornette (Hrsg.), AIDS and the Law, 1987, S. 15, 20ff., insbesondere 26–28.

[295] Vgl. Sektion 13 des AIDs Confidentialty Act Illinois' (West 1988); § 199.21 (a) bis (b) und (d) sowie (e) des Health and Safety Code Kaliforniens (Fn. 23); ferner Art. 4419 b-1.5 Sektion 4 der Texas Civil Statutes (Fn. 258).

[296] So Sektion 381.6105 (10) (a) der Florida Statutes (Fn. 36); ähnlich z. B. Sektion 44-5-151 (e) des Code of Georiga (Fn. 176); Sektion 16-8-7-4 (h) und 35-42-1-7 des Indiana Code (Fn. 117); vgl. auch § 130 A-148 (e) der General Statutes of North Carolina (Fn. 136).

[297] So § 1299.145 der Louisiana Statutes (Fn. 256).

[298] So § 199.21 (c) des Health and Safety Code Kaliforniens (Fn. 23) allgemein für Aids-Tests. – Weitergehend die entsprechende Strafbestimmung in Illinois, deren Tatbestand nicht einen Schaden des Getesteten verlangt; vgl. Sektion 12. i.V.m. Sektion 10 und 9 des AIDS Confidentiality Act (Fn. 295).

[299] So Sektion 381.6105 (10) (b) der Florida Statutes (Fn. 36); siehe ferner Sektion 16-5-60 (c) (5) des Code of Georgia (Fn. 176); Sektion 35-42-1-7 des Indiana Code (Fn. 117); vgl. auch Sektion 68-32-104 des Tennessee Code (Fn. 262), der aber eine Ausnahme für Blutspenden vorsieht, die „für die medizinische Forschung als notwendig erachtet" werden.

c. Bewertung

Von dem an Aids leidenden Erwachsenen haben sich in den USA bislang 3% durch HIV-infiziertes Blut (einschließlich Blutprodukten) angesteckt.[300] Für die von Aids betroffenen Kinder[301] liegt der Anteil bei 18%.[302] Insgesamt haben sich seit 1981 bis jetzt 3653 Personen auf diese Weise Aids zugezogen.[303] Diese Erkrankungen gehen wegen der langen Inkubationszeit von fünf oder mehr Jahren[304] durchweg auf HIV-Infektionen zurück, die in die Periode bis Anfang 1985 fallen.[305] Das seit diesem Zeitpunkt eingeführte Testen von Blut auf das HIV – ergänzt durch eine an Homosexuelle und Drogenabhängige als „Risikogruppen" gerichtete Aufklärungskampagne, kein Blut zu spenden[306] – hat dazu geführt, daß die HIV-Verbreitung (Prävalenz) unter Blutspendern lediglich 0,020% beträgt[307] und die Gefahr, durch HIV-infiziertes Blut heute angesteckt zu werden, von medizinischer Seite nur auf eins zu einer Million, allenfalls 25 zu eine Million geschätzt wird.[308] Diese Minimierung des Ansteckungsrisikos macht deutlich, daß ein *Testen* von *Blutspenden* auf das HIV *unerläßlich* ist.

Gleiches gilt für die HIV-Untersuchung von *Samen-, Organ- und anderen Spenden,* da medizinisch gesichert ist, daß sie auf den Empfänger das HIV übertragen können.

Das in den USA gesetzlich oder auf andere Weise sichergestellte Testen von Blut-, Samen-, Organ- und sonstigen Spenden auf das HIV erweist sich daher als insgesamt unverzichtbar.

An dieser Beurteilung *ändert* auch der Umstand *nichts,* daß die für die HIV-Untersuchung gebräuchlichen Antikörpertests in geringem Umfang zu *falschen Resultaten* führen.[309] Sofern es sich dabei um falsche negative Ergebnisse handelt, müssen sie mangels besserer Untersuchungsmethoden hingenommen wer-

---

300 Siehe die Angaben im „HIV/AIDS Surveillance Report" der Centers for Disease Control vom Juli 1989, S. 9. Von 3% entfallen 1% auf Bluter und 2% auf Personen, die sich Aids insbesondere durch eine Transfusion zugezogen haben.

301 Darunter werden Patienten verstanden, die zum Zeitpunkt der Aids-Diagnose nicht älter als 13 Jahre waren; vgl. S. 15 des „HIV/AIDS Surveillance Report" (Fn. 300).

302 Siehe erneut die Angaben in dem in Fn. 300 genannten Report, S. 9.

303 Vgl. wiederum den vorstehend (Fn. 300) erwähnten Report auf S. 9.

304 Siehe den Beitrag „The Blood Supply and HIV", Wisconsin AIDS Update vom April 1988, S. 15, 17.

305 So auch die Beurteilung des vorstehend (Fn. 304) genannten Beitrags, a.a.O.

306 Vgl. nur die vom American Red Cross und vom U.S. Public Health Service herausgegebenen Broschüren „If Your Test for Antibody to the AIDS Virus Is Positive ..." (unter „How Can I Protect Others?") sowie „AIDS and the Safety of the Nation's Blood Supply" (unter „You Should Not Donate Blood If –").

307 Diese Zahl wurde vom Amerikanischen Roten Kreuz aus 12,6 Millionen Blutspenden festgestellt, die vom April 1985 bis zum Mai 1987 getestet wurden. Das Amerikanische Rote Kreuz erfaßt ungefähr die Hälfte der in den USA gegebenen Blutspenden. Vgl. zum Vorstehenden den Artikel „Human Immunodeficiency Virus Infection in the United States" in „Update: MMWR Articles on AIDS" vom April 1988, S. 5, 10f.

308 Siehe *Word/Holmberg/Allen u.a.,* Transmission of Human Immunodeficiency Virus (HIV) by Blood Transfusions Screened as Negative for HIV-Antibody, The New England Journal of Medicine Bd. 318 (1988), 473-478; außerdem den Beitrag (m.w. Nachw. in Fn. 4 und 5) „The Blood Supply and HIV", Wisconsin AIDS Update vom April 1988, S. 15, 17.

309 Vgl. dazu die Darstellung oben unter 1., beginnend bei Fn. 230.

den. Für den *Emfänger* von Blut- oder anderen Spenden kann daher gegenwärtig ein Risiko, mit dem HIV angesteckt zu werden, nicht völlig ausgeschlossen werden.[310] Sofern die Untersuchung falsche positive Ergebnisse zeitigt, berührt dies die Gesundheit der Empfänger nicht, da diese Spenden zu beseitigen sind.[311]

Anders könnten die HIV-Tests angesichts ihrer *Fehlerquote mit Blick auf* die *Spender* zu bewerten sein. Falsche positive Resultate können den Spender, da dieser wegen der ihm gegenüber bestehenden *Unterrichtungspflicht*[312] davon erfährt, wesentlich beeinträchtigen. Er muß sich für HIV-infiziert halten, obwohl er es gar nicht ist. Unbegründete Ängste, Niedergeschlagenheit, Panik, Schlaflosigkeit, Depressionen, Selbstmordgefahr und ähnliches können die Folge sein.[313] Diese Auswirkungen können vermieden werden, wenn man von einem Testen des Bluts auf HIV oder der Information der Spender über das Untersuchungsergebnis absähe. Ein Verzicht auf die Tests kommt ernstlich nicht in Frage, da durch ihn weit mehr Personen (Spendenempfänger) in ihrer Gesundheit für sie unvermeidbar geschädigt werden würden als Personen (Spender mit falschem positivem Testergebnis) in ihrer Gesundheit geschützt werden könnten. Erwägenswert ist daher nur, ob nicht von der Unterrichtung der Spender über ein positives Testresultat abgesehen werden kann. Die Sicherheit der Blut- und anderen Spenden würde durch einen solchen Verzicht nicht Schaden nehmen; sie kann durch die Pflicht der einzelnen Blutbanken etc., dem Staat HIV-positive Spender namentlich zu melden und die vom Staat besorgte allgemeine Verbreitung dieser Information unter allen Blutbanken[314] zuverlässiger und damit besser als durch die Unterrichtungspflicht gegenüber dem Spender (verbunden mit einem Verbot, weiterhin zu spenden) erreicht werden.

Selbst bei einer solchen Ausgestaltung der Rechtslage bliebe den Spendern ihr positives oder vermeintlich positives Untersuchungsergebnis, abgesehen von einmaligen Spenden, aber nicht verborgen. Auch ohne Unterrichtungspflicht würden diese Spender nämlich aufgrund der vom Staat an die Blutbank etc. weitergegebenen Informationen zurückgewiesen werden, was notwendigerweise den Argwohn der so behandelten Personen erwecken müßte. Sollen die Blutbanken etc. daher nicht zu einem „Versteckspiel" verpflichtet werden, d.h. der Entgegennahme der Spende trotz der (tatsächlichen oder vermeintlichen) HIV-Infektion des Spenders, dann erfahren die Spender auf diesem Umweg ohnehin von dem Ergebnis ihrer Untersuchung. Im übrigen wissen die Spender überwiegend, daß sie bei einem positiven Testausgang von diesem Ergebnis unterrichtet werden. Nach dem Recht der meisten Gliedstaaten, die eine Unterrichtungspflicht

310 Siehe hierzu die Angaben im Text oben bei Fn. 308 und ergänzend den *Report of the Presidential HIV-Commission* (Fn. 2), S. 78.

311 Vgl. den Text oben unter b) aa).

312 Siehe dazu oben sub b) cc).

313 Vgl. zu diesen psychologischen Auswirkungen für Personen, bei denen eine HIV-Infektion festgestellt wurde, nur die vom amerikanischen Gesundheitsministerium - National Institute of Mental Health - herausgegebene Schrift „Coping with AIDS", S. 5f., ferner *Closen/Connor/Kaufman/Wojcik,* AIDS, The John Marshall Law Review Bd. 19 (1986), 835, 875-877.

314 Siehe dazu oben unter b) bb).

gegenüber dem Spender vorschreiben, ist dieser nämlich über das Verfahren und damit auch über die Unterrichtungspflicht zu informieren oder muß er diesem Procedere sogar zustimmen.[315] Mit Rücksicht auf alle diese Aspekte erscheint daher auch die Unterrichtungspflicht gegenüber dem Spender als sachlich gerechtfertigt.
Die zahlreichen *weiteren Rechtsfolgen,* die sich ergeben, wenn der HIV-Test von Blut- und anderen Spenden positiv verläuft, brauchen nicht einer Bewertung unterzogen zu werden. Sie sind entweder sehr spezieller Natur (z.B. die Unterrichtungspflicht gegenüber dem Leichenbeschauer) oder sie erweisen sich, wenn nicht auf den ersten Blick (wie die meisten Haftungsregelungen), so doch auf den zweiten als unproblematisch. Das gilt z.B. für die Vorschriften, die es einem HIV-positiven Spender unter Strafe verbieten, in Kenntnis seiner Infektion und der von ihr ausgehenden Übertragungsgefahr Blut etc. zu spenden, da die Unterlassung eines solchen, das Leben Dritter aufs Spiel setzenden Verhaltens eine ethische Selbstverständlichkeit darstellt. Ebenfalls unbedenklich ist die Pflicht der Blutbanken etc., dem Staat die Identitätsmerkmale der HIV-infizierten Spender zu dem Zweck mitzuteilen, diese Information anderen Blutbanken zukommen zu lassen, damit diese solche Spender abweisen können. Diese Bewertung gilt jedenfalls so lange, als der Staat - wie in Kalifornien[316] - diese persönlichen Daten nicht zu repressiven Maßnahmen gegenüber dem Spender nutzt.

d. Konsequenzen

Empfänger von Blut und anderen Spenden können sich vor einer HIV-Infektion - anders als gegenüber sonstigen HIV-Risiken (z.B. Geschlechtsverkehr mit HIV-positiven oder HIV-verdächtigen Partnern) - nicht selbst schützen. Daher kann für die Bundesrepublik Deutschland ebenso wie für die Vereinigten Staaten kein Zweifel bestehen, daß - in den Worten der Aids-Enquete-Kommission des Deutschen Bundestages - zum „Ausschluß der Infektion durch Blut und Blutprodukte, Transfusionen, Transplantationen oder Spermaspenden ... der HIV-Antikörpertest zwingend indiziert" ist.[317] Dieser Erkenntnis trägt das *Bundesgesundheitsamt*[318] - ähnlich wie die Centers for Disease Control[319] durch *Richtlinien* Rechnung. So legte bereits eine Richtlinie aus dem Jahre 1985 fest, daß bei „jeder Blutspende" ein HIV-Antikörpertest durchgeführt werden muß und bei positivem Ergebnis „die Verwendung beim Menschen auszuschließen"

---

[315] Vgl. vor allem § 1603.3 (a) des Health and Safety Code Kaliforniens (Fn. 23), Sektion 16-8-7-6 (d) des Indiana Code (Fn. 117), Sektion 146.023 (1 m) und Sektion 146.025 (2) der Wisconsin Statutes (Fn. 36), ferner Sektion 381.6105 (1) der Florida Statutes (Fn. 36). - Siehe aber Art. 4419 b - 1.5 Sektion 2 Satz 2 der Texas Civil Statutes (Fn. 258), der ausdrücklich bestimmt, daß eine Blutbank nicht verpflichtet ist, vor Durchführung der Tests die Zustimmung der Spender einzuholen.

[316] Siehe oben den Text unter b) bb).

[317] So der Zwischenbericht der Enquete-Kommission „Gefahren von AIDS und wirksame Wege zu ihrer Eindämmung", BT-Drucks. 11/2495, S. 86; vgl. ergänzend auch a.a.O., S. 7 (Nr. 1.3) speziell zur Testnotwendigkeit für Samenspender.

[318] Zusammen mit dem Wissenschaftlichen Beirat der Bundesärztekammer.

[319] Siehe dazu näher oben den Text, beginnend bei Fn. 265.

ist.[320] Entsprechendes bestimmt die Neufassung der Richtlinien zur Blutgruppenbestimmung und Bluttransfusion aus dem Jahre 1987.[321] Danach ist z. B. eine Blut- oder Blutbestandteilkonserve vor ihrer Freigabe „auf HIV-Antikörper zu untersuchen" und muß dieser Test „eindeutig negativ sein".[322]

Der schon erwähnte[323] *Gesetzesantrag des Freistaates Bayern* zur Änderung des Bundes-Seuchengesetzes sieht demgegenüber die *Notwendigkeit einer gesetzlichen Regelung.* Für „Blut, Samenflüssigkeit, Organe oder Gewebe" bzw. für deren Spender soll eine „ausreichende Untersuchung auf HIV" gesetzlich angeordnet werden. Dieser Test muß „nach dem Stand der Wissenschaft" durchgeführt werden, um auf diese Weise „sicherzustellen, daß eine Übertragung von HIV durch die Spende ausgeschlossen ist".[324] Auch die *Aids-Enquete-Kommission* befürwortet in ihrem Zwischenbericht offenbar eine gesetzliche Untersuchungspflicht, wenn sie in dem hier erörterten Zusammenhang verlangt, „ein Test auf HIV-Antikörper (müsse), soweit noch nicht erfolgt, zwingend" vorgeschrieben werden.[325]

Ob es tatsächlich einer gesetzlichen Regelung der HIV-Testpflicht für Blutspenden etc. bedarf, um wirksam eine Übertragung des Aids-Virus auf Dritte auszuschließen, *muß bezweifelt werden.* Die Notwendigkeit solcher Untersuchungen ist, zumal im Kreis der Adressaten einer derartigen gesetzlichen Pflicht, Allgemeingut. Dementsprechend ist es ein klarer Verstoß gegen zivilrechtliche Sorgfaltspflichten und würde zur Haftung führen, wenn z. B. eine Blutbank gespendetes Blut nicht auf das HIV testen würde. Mit Rücksicht hierauf und in Anbetracht der erwähnten Richtlinien des Bundesgesundheitsamtes erscheint eine ausdrückliche Normierung der Pflicht, Blutspenden usw. in der Bundesrepublik Deutschland auf das HIV zu untersuchen, ebenso entbehrlich wie in den USA angesichts der einschlägigen Richtlinien der Centers for Disease Control.[326] Im übrigen wäre es auch inkonsequent, das Testen von Blutspenden etc. auf das HIV gesetzlich vorzuschreiben, die Untersuchung desselben Blutes usw. auf z. B. Lues-Antikörper aber nicht.

Davon abgesehen würde die gesetzliche Festlegung, Blutspenden etc. auf das HIV zu testen, *weitere Normierungen nach sich ziehen.* So wäre es nur folgerichtig, Einzelheiten dieser Untersuchung – wie in den USA – gesetzlich zu regeln. Beispielsweise läge es nahe, bei einem positiven Test die Notwendigkeit eines Bestätigungstests vorzuschreiben[327] und hinsichtlich der Tests bestimmte Qualitäts-

---

[320] Vgl. die im Bundesgesundheitsblatt 1985, 122 abgedruckten Richtlinien; ferner auch die Mitteilung „Sicherheit von Blut und Blutprodukten: Risiko einer HIV-1- oder HIV-2-Infektion", Bundesgesundheitsblatt 1988, 224.

[321] Erschienen im Deutschen Ärzte-Verlag, Köln 1988.

[322] So die Richtlinien unter 3.2.3. Gleiches gilt für die Plasmapherese, d.h. für die Gewinnung von menschlichem Blutplasma (vgl. unter 7.2. der Richtlinien), und für die Hämapherese, d.h. für die Auftrennung von Blut in verschiedene Bestandteile unmittelbar am Spender (siehe unter 8.2. der Richtlinien).

[323] Siehe oben unter A. in Fn. 51.

[324] So Art. 1 Nr. 11 (§ 35a Abs. 2 mit Abs. 1) des Entwurfs, BR-Drucks. 294/87, S. 6f.

[325] BT-Drucks. 11/2495, S. 11 (Nr. 1.14).

[326] Siehe erneut die Darstellung oben, beginnend bei Fn. 265.

[327] Vgl. oben die Darstellung bei Fn. 239.

anforderungen zu stellen.[328] Auch böte sich in diesem Zusammenhang die Statuierung sonstiger Pflichten an. Der bayerische Gesetzesantrag gibt davon - in Übereinstimmung mit dem amerikanischen Rechtszustand[329] - eine Vorstellung, wenn er z. B. eine Pflicht des Arztes normiert wissen will, den Spender von einem bestätigten positiven Untersuchungsbefund zu informieren[330] und er diesen Personen ausdrücklich zu verbieten beabsichtigt, Blut etc. zu spenden.[331] Weitere Pflichten, die ebenfalls ausdrücklich geregelt werden könnten, lassen sich in Anlehnung an die amerikanische Rechtslage denken. Beispielsweise könnte vorgeschrieben werden, wie mit Spenden, die sich als HIV-infiziert erwiesen haben, verfahren werden soll.[332] Insgesamt wäre diese Durchnormierung im Ergebnis zwar nicht schädlich, angesichts der bisherigen erfolgreichen Selbstregulierung und vorhandener allgemeiner Instrumente[333] aber überflüssig. Zwecks *Vermeidung* einer weiteren *Normenflut* ist eine gesetzliche Regulierung dieses Bereichs daher nicht empfehlenswert.

3. Test des Bluts und anderer Körperflüssigkeiten sowie der Organe und des Gewebes zu Forschungszwecken

a. Tatbestände

Die Durchführung von HIV-Tests zu Forschungszwecken kann Aufschluß geben über die Verbreitung der HIV-Infektion in der allgemeinen Bevölkerung oder in bestimmten Gruppen (*Prävalenz*), über die Anzahl der in einem bestimmten Zeitraum neu hinzutretenden Infektionen (*Inzidenz*), die Bedeutung bestimmter Übertragungswege und ähnliches. Im Juni 1987 wies deshalb der damalige Präsident *Reagan* das Gesundheitsministerium an, „ein umfangreiches *Programm* durchzuführen, um landesweit die Verbreitung des HIV-Virus zu ermitteln und dessen künftiges Auftreten vorherzusagen sowie um epidemiologische Studien mit dem Ziel zu initiieren, das Ausmaß *festzustellen,* in dem das HIV-Virus in die verschiedenen Teile unserer Gesellschaft eingedrungen ist".[334]

---

328 Siehe den Text supra bei Fn. 245 und 246.

329 Vgl. oben die Ausführungen unter b), und zwar dort sub cc) zur Unterrichtungspflicht gegenüber dem Spender und sub ff) zum Verbot für HIV-Infizierte, Blut etc. zu spenden.

330 Siehe Art 1. Nr. 11 (§ 35a Abs. 2 Satz 2) des Gesetzentwurfs, BR-Drucks. 294/87, S. 7.

331 Vgl. Art. a Nr. 11 (§ 35a Abs. 1) des Gesetzentwurfs, BR-Drucks. 294/87. S. 6.

332 Siehe zur Beseitigungspflicht in den USA die Darstellung oben unter b) aa) m. Nachw. in Fn. 272.

333 Beispielsweise kann HIV-infizierten Personen nach § 34 BSeuchenG aufgegeben werden, Blut, Organe und Samen nicht zu spenden (vgl. *Eberbach,* Rahmenbedingungen für Aids, Das öffentliche Gesundheitswesen 1988, 456, 459), und folgt aus dem Vertrag zwischen Spender und Blutsammeldienst die Pflicht, krankhafte Befunde, darunter Aids, mitzuteilen (siehe *R. Laufs/A. Laufs,* Aids, NJW 1987, 2257, 2264). - Vgl. allgemein vor allem *Eberbach,* Rechtsprobleme der HTLV-III-Infektion (Aids), 1986, S. 52-61, ferner *Deutsch,* Rechtsprobleme von Aids: HIV-Test-Infektion-Behandlung-Versicherung, Versicherungsrecht 1988, 533, 536-538.

334 Siehe National Plan to Determine Incidence, Prevalence, and Risk Factors for HIV Infection in the U.S., Wisconsin AIDS Update vom Januar 1988, S. 8.

Um derartige Forschungen zu erleichtern und auf eine gesicherte Grundlage zu stellen, haben einzelne *Gliedstaaten* ausdrückliche *gesetzliche Regelungen* getroffen. So ist es in *Wisconsin* verschiedenen Einrichtungen (Gesundheitsministerium, Blutbanken, Blutzentren, Plasmazentren, bestimmten Laboratorien) und Ärzten gestattet, „alle Körperflüssigkeiten oder Gewebe zu Forschungszwecken *ohne* schriftliche *Zustimmung* einem HIV-Test oder einem HIV-Antikörpertest zu unterziehen, sofern das Testen in einer Weise ausgeführt wird, die die Identität der getesteten Person unerkannt läßt und sie durch den Forscher nicht nachträglich ermittelt werden kann".[335] Vergleichbar heißt es z. B.[336] für *North Carolina:* „Proben (von Blut, Samen, Organen, Geweben) dürfen ohne Zustimmung der Person, von der die Probe stammt, zu Forschungs- oder epidemiologischen Zwecken auf eine Infektion mit dem Aids-Virus getestet werden, sofern vorher alle Informationen von der Probe entfernt sind, die eine Identifizierung der Person ermöglichen".[337] Über eine ähnliche Vorschrift verfügt *Illinois;* allerdings setzt dort die Durchführung von HIV-Tests zu Forschungszwecken ohne Zustimmung des Betroffenen nicht nur voraus, daß die Anonymität gewährleistet ist, sondern auch, „daß die Testperson nicht über das Testergebnis unterrichtet wird".[338]

b. Rechtsfolgen

Die vorstehenden Rechtsquellen dürfen nicht dahin mißverstanden werden, als erlaubten sie es, Personen für Zwecke der Aids-Forschung zwangsweise heranzuziehen, um von ihnen Blut etc. für HIV-Untersuchungen zu erhalten. Die Teilnahme von Personen in der Aids-Forschung ist vielmehr von deren Zustimmung und darüber hinaus u. a. davon abhängig, daß sie über ihre Rechte als Forschungssubjekte (z. B. Offenlegung der sie betreffenden Forschungsdaten auf Antrag) und die Pflichten der Forscher unterrichtet werden.[339] Die erörterten Rechtsquellen *gestatten* es daher nur, *überschüssiges Blut* etc. *für Forschungen über Aids zu verwenden,* dessen sich Personen aus anderen Gründen freiwillig entäußert haben oder unfreiwillig, aber rechtmäßig begeben mußten. Bei-

---

[335] Sektion 146.025 (2) Nr. 2 der Wisconsin Statutes (Fn. 36). Siehe auch Sektion 146.022 (2) (f) der Wisconsin Statutes, überschrieben „HIV-Seroprävalenzstudien", die lautet: „Das (Gesundheits-) Ministerium soll HIV-Antikörpertests durchführen ... Die dadurch erlangten Informationen sollen dazu benutzt werden, um auf Aids zielende Verhütungsanstrengungen ... zu entwickeln und Verhütungsstrategien des Staates auszuwerten". Die Ergebnisse dieser Tests „sind vertraulich und dürfen gegenüber der getesteten Person oder mit Zustimmung der getesteten Person gegenüber anderen Personen offengelegt werden".

[336] Vgl. außerdem – jedoch beschränkt auf das Testen von Blut auf Aids im Rahmen einer wissenschaftlichen Untersuchung – § 199.22 (c) des Health and Safety Code Kaliforniens (Fn. 23).

[337] § 130 A-148 der General Statutes of North Carolina (Fn. 136).

[338] Sektion 8 des AIDS Confidentiality Act Illinois' (Fn. 295). – Vgl. auch Art. 4419 b-1.5 Sektion 3 (e) der Texas Civil Statutes (Fn. 258): „Eine Blutbank soll auf Anfrage Blutproben an Krankenhäuser, Laboratorien und andere Blutbanken für zusätzliche, wiederholte oder andere Untersuchungen geben."

[339] So § 199.36 des Health and Safety Code Kaliforniens (Fn. 23). – Zu weiteren Einzelheiten (grundsätzliche Vertraulichkeit der Forschungsdaten, Zustimmung zur Offenlegung, zivil- und strafrechtliche Sanktionen siehe § 199.30 bis § 199.40 des Health and Safety Code Kaliforniens.

spielsweise[340] ist es hiernach zulässig, Blut, das Studenten zur Diagnose anderer Krankheiten als gerade Aids abgenommen wird, in Forschungen einzubeziehen, die Aufschluß über die Prävalenz des HIV in diesem Teil der Bevölkerung geben sollen.[341] Desgleichen ist es möglich, Blut, das bei der zwangsweisen Untersuchung von Strafgefangenen[342] anfällt, neben dem damit unmittelbar verfolgten Zweck (u.a. Schutz der nicht infizierten Mitgefangenen)[343] auch für Studien über die Häufigkeit der HIV-Infektionen unter diesen Personen zu gebrauchen.[344]

c. *Bewertung*

Der behandelten Rechtsquellen bedürfte es nicht, wenn die sie erfassenden Aids-Forschungen, insbesondere die *HIV-Prävalenzstudien,* in genügendem Umfang und mit befriedigender Zuverlässigkeit auf freiwilliger Grundlage durchgeführt werden könnten. Eine ausreichende Bereitwilligkeit der Bevölkerung scheint dafür vorhanden zu sein. Eine 1987 durchgeführte Befragung ergab jedenfalls, daß 71% der Erwachsenen ihr Blut testen lassen würden, wenn die Vertraulichkeit der Testergebnisse gewährleistet ist.[345] Demzufolge ist in den USA 1989 eine Prävalenzstudie über Aids in amerikanischen Haushalten geplant, an der sich 50000 Personen freiwillig beteiligen sollen.[346] Derartige auf *Freiwilligkeit* basierende Aids-Studien bergen jedoch die *Gefahr* in sich, daß an ihnen weitgehend nur Personen teilnehmen, die sich nicht für HIV-infiziert halten mit der Folge, daß die Studien zu falschen Schlüssen (zu geringe HIV-Prävalenz) verleiten.[347] Die erwähnte Erhebung in den amerikanischen Haushalten soll da-

---

340 Vgl. zu den nachstehenden beiden und anderen Studien den Überblick, den *Dondero/Pappaioanou/Curran,* Monitoring, Public Health Reports Bd. 103 (1988), 213, 216 bis 220 geben.

341 Vgl. zu diesem Vorgehen in Kalifornien für eine entsprechende Studie der Centers for Disease Control *Clark,* Cowell to Give Leftover Blood to Federal Student AIDS Study, The Daily Californian vom 10. 5. 1988, S. 1. Siehe zu dieser noch nicht abgeschlossenen Studie auch den Bericht der Centers for Disease Control, „Quarterly Report to the Domestic Policy Council on the Prevalence and Rate of Spread of HIV and AIDS in the United States" unter C. („Status of HIV-1 Antibody Surveys"), Morbidity and Mortality Weekly Report vom 15. 4. 1988, Bd. 37, S. 223, 225.

342 Siehe dazu unten sub 8a).

343 Vgl. zu diesem Zweck in dem genannten Zusammenhang unten sub 8c).

344 Siehe zu derlei Forschungen den oben (Fn. 341) angeführten Bericht der Centers for Disease Control.

345 Vgl. die Angaben in dem oben in Fn. 341 genannten Bericht, S. 223, 226.

346 Siehe erneut den Bericht (Fn. 341), S. 223, 225 und die Darstellung über den „National Plan to Determine Incidence, Prevalence, and Risk Factors for HIV Infection in the U.S." in Wisconsin AIDS Update vom Januar 1988, S. 8.

347 Vgl. die dahingehenden Vorbehalte in der vorstehend (Fn. 346) genannten Publikation, Wisconsin AIDS Update vom Januar 1988, S. 8 und das in dem erwähnten (Fn. 341) Bericht wiedergegebene Ergebnis einer 1988 unter Gebärenden in New York durchgeführten Studie, wonach ein Testen auf freiwilliger Grundlage 86% der HIV-infizierten Gebärenden nicht aufzudecken vermochte. Siehe ferner *Dondero/Pappaioanou/Curran,* Monitoring, Public Health Reports Bd. 103 (1988), 213, 215, die von einer Studie unter Patienten mit Geschlechtskrankheiten berichten: 82% der Patienten unterzogen sich freiwillig einem HIV-Test; die restlichen 18% lehnten eine Teilnahme ab, wurden aber dennoch – anonym – auf HIV untersucht. Fortsetzung siehe S. 57.

her auch nur durchgeführt werden, wenn zuvor zwei Pilotstudien erkennen lassen, daß dieses Vorhaben sinnvoll ist.[348]
Da diese auf dem Prinzip der Freiwilligkeit fußenden Aids-Forschungen nicht aussagekräftig genug erscheinen, bedarf es daneben *Studien* von der erwähnten Art,[349] wie sie hinsichtlich der *HIV-Prävalenz unter Studenten* gegenwärtig ausstehen[350] und wie sie bezüglich derjenigen anderer Gruppen durchgeführt wurden. So ergab eine vom Federal Bureau of Prisons im Jahre 1987 unter 29193 *Gefangenen in Strafanstalten* des Bundes durchgeführte Studie, daß 2,9% (843 Gefangene) HIV-infiziert waren.[351] Demgegenüber beträgt die HIV-Prävalenz unter den seit Anfang 1986 bis zum April 1988 getesteten knapp 1,8 Millionen *Soldaten* nur 0,21% (3783 Soldaten).[352] Ähnlich gering fällt die Rate aus, die bisher unter den ca. 1,5 Millionen ermittelt wurde, die sich seit Oktober 1985 als Rekruten bei den amerikanischen Streitkräften bewarben. Sie belief sich ursprünglich auf 0,15%[353] und ist gegenwärtig auf 0,14% abgesunken.[354] Deutlich höher liegt die HIV-Prävalenz bei *Gebärenden* im Staat New York, wie HIV-Antikörpertests bei 133781 Neugeborenen zeigten, von denen auf den Zustand der Mütter geschlossen werden kann.[355] Sie beträgt 0,67% für den gesamten Staat; für die Stadt New York allein beläuft sich die Rate auf 1,29%.[356]

---

347 (Fortsetzung) Die HIV-Prävalenzrate in der Gruppe der Freiwilligen betrug ⅕ weniger als die in der Gruppe der ohne Einwilligung Getesteten. Unter Einbeziehung der zuletzt genannten Gruppe ergab sich unter den Patienten mit Geschlechtskrankheiten eine HIV-Prävalenz von 1,8%, bei Begrenzung auf die Gruppe der Freiwilligen hingegen nur eine Prävalenzrate von 1%.

348 Siehe wiederum den Bericht, a.a.O. (Fn. 341), S. 223, 225.

349 Vgl. oben unter b).

350 Siehe supra den Text bei Fn. 340 und 341.

351 Vgl. nochmals den Bericht, a.a.O. (Fn. 341), S. 223, 225. - Entsprechende Studien unter 10000 Gefangenen in zehn Strafanstalten von Gliedstaaten sollen ab Juni 1988 beginnen, vgl. a.a.O. - Siehe zu einer derartigen Studie in Wisconsin den Artikel „HIV Seroprevalence in Selected Wisconsin Prison Populations", Wisconsin AIDS Update vom April 1988, S. 9-11; vgl. ferner die Daten in der Tabelle 7 über 1984 bis 1987 bei Gefangenen durchgeführte Prävalenzstudien, abgedruckt in „Update: MMWR Articles on AIDS" vom April 1988, S. 38f. mit S. 13f.

352 Siehe die (zur Zeit unveröffentlichte) Studie „Prevalence of Human Immunodeficiency Virus Infection Among Active Duty Military Personnel - April 1988" des Department of Defense und die Stellungnahme des Acting Deputy Assistant Secretary of Defense, *Mazzuchi*, für die Aids-Kommission des amerikanischen Präsidenten vom 20. 4. 1988, Maschinenschrift, S. 2f.

353 Vgl. den Bericht „Trends in Human Immunodefiency Virus Infection Among Civilian Applications for Military Service - United States, October 1985-December 1986", abgedruckt in den von den Centers for Disease Control herausgegebenen „Reports on AIDS", Bd. 2 (1987), S. 59; außerdem den Bericht „Human Immonodeficiency Virus Infection in the United States, abgedruckt in „Update: MMWR Articles on AIDS" vom April 1988, S. 5, 11.

354 Siehe den (zur Zeit noch unveröffentlichten) Bericht des Department of Defense „Trends in Human Immunodefiency Virus Infection Among Civilian Applicants for Military Service, October 1985 - March 1988", S. 1 mit der Tabelle 1 auf S. 2 der Maschinenschrift. Vgl. auch die oben (Fn. 352) erwähnte Stellungnahme auf S. 1f.

355 Vgl. zu der Tatsache, daß Neugeborene anfänglich über kein eigenes Immunsystem verfügen, weshalb ein positives Testresultat nur den Zustand der Mutter wiederspiegelt, die Ausführungen oben unter III.1. in Fn. 226 m. Nachw.

356 Siehe die (zur Zeit noch unveröffentlichte) HIV-Seroprävalenz-Studie des New York State Department of Health vom 1. Juli 1988, S. 1 der Maschinenschrift mit Tabelle 1.

Natürlich müssen die *Resultate* der genannten Studien in dem jeweiligen Zusammenhang gesehen werden, aus dem sie hervorgegangen sind. Sie bedürfen also der *Interpretation*. Beispielsweise erklärt sich die hohe Prävalenz bei Gefangenen daraus, daß unter ihnen typischerweise intravenös Drogenabhängige, die Nadeln zur Injektion mit anderen teilen, überrepräsentiert sind,[357] wodurch diese Personen einem erhöhten Risiko ausgesetzt sind. Demgegenüber ist die niedrige HIV-Prävalenz unter Bewerbern für die amerikanischen Streitkräfte vermutlich u.a. auf die bei den in Frage kommenden Personen verbreitete Kenntnis zurückzuführen, daß sich die Bewerber einem HIV-Test zu unterziehen haben, was HIV-Infizierte und HIV-Gefährdete meist von einer Bewerbung abhalten dürfte.[358] Ferner wäre es verfehlt, die hohe HIV-Prävalenz unter Gebärenden im Staat New York losgelöst vom örtlichen Hintergrund zu sehen. In ihr spiegelt sich vielmehr deutlich die Spitzenstellung dieses Staates wider, die er bezogen auf die Aids-Erkrankung in den USA einnimmt.[359] Das zeigt eine vergleichbare Studie, die mit 30708 Neugeborenen in Massachussetts, einem Staat mit verhältnismäßig wenig Aids-Erkrankungen,[360] durchgeführt wurde und die eine HIV-Prävalenz von lediglich 0,21% unter den Gebärenden ergab.[361]

Interpretiert man die vorstehenden Studien in der erwähnten Weise und ergänzt oder überprüft sie ggf. durch weitere Studien, dann ergeben sich aus diesen Arbeiten aussagekräftige Daten über die Verbreitung der HIV-Infektion. Mangels verläßlicherer Daten, wie sie nur durch eine HIV-Reihenuntersuchung in größerem Stil erlangt werden könnten, sind die erörterten *Studien* daher *als Entscheidungsgrundlage* für die Gesetzgebung, aber auch für die Verwaltung und die Rechtsprechung *unverzichtbar*.[362] Die behandelten *Gesetze*, die derartige Forschungen ermöglichen,[363] sind deshalb zu *begrüßen*. Überdies zeigen sie, daß der

---

[357] Vgl. zu dieser Annahme wiederum den in Fn. 353 zitierten Bericht, abgedruckt in „Update: MMWR Articles on AIDS" vom April 1988, S. 5, 13f. – Im Staat New York betrug der Anteil der Drogenabhängigen bei einer Prävalenzstudie unter Gefangenen, die in eine Strafanstalt eingewiesen wurden, 44,1%, wovon 54,6% ihre Nadeln mit anderen teilten; vgl. die vorstehend (Fn. 356) erwähnte Studie, S. 3 der Maschinenschrift mit Tabelle 8.

[358] So auch die Deutung in dem in Fn. 353 zitierten Bericht, abgedruckt in dem von den Centers for Disease Control herausgegebenen „Reports on AIDS", Bd. 2 (1987), S. 59f. Vgl. ferner den Bericht „Military Recruit HIV-Antibody Screening Data", Wisconsin AIDS Update vom Juli 1988, S. 7–9 sowie *Rivera*, The Military, in: Dalton/Burris (Hrsg.), AIDS and the Law, 1987, S. 221, 232–234.

[359] Siehe dazu oben den Text und die Zahlenangaben bei Fn. 2 (Abschnitt C): gegenwärtig entfallen 23% der an Aids Erkrankten auf den Staat New York.

[360] Der Anteil Massachussetts unter den seit 1981 in den USA an Aids erkrankten Erwachsenen beträgt zur Zeit 2,1%; siehe die Angaben im „HIV/AIDS Surveillance Report" vom Juli 1989, S. 5.

[361] Vgl. erneut den in Fn. 357 zitierten Bericht, abgedruckt in „Update: MMWR Articles on AIDS" vom April 1988, S. 5, 12f.

[362] Dementsprechend empfahl die HIV-Kommission des amerikanischen Präsidenten in ihrem Bericht auch, daß das staatliche Gesundheitswesen die Zahl der verfügbaren Daten von verschiedenen Bevölkerungsgruppen (z.B. Krankenhauspatienten, Gefängnisinsassen, Oberstufenschülern und Neugeborenen) vergrößern solle, um die Inzidenz- und Prävalenzschätzungen zu verbessern; vgl. den *Report of the Presidential HIV-Commission* (Fn. 2), S. 6.

[363] Siehe oben unter a).

amerikanische Gesetzgeber denkbare (verfassungs-)rechtliche Zweifel gegen die Zulässigkeit solcher Untersuchungen[364] nicht teilt.

d. *Konsequenzen*

Das *deutsche Recht* kennt *keine* den erörterten amerikanischen Normen *vergleichbaren Bestimmungen.*[365] Daher ist vor allem die Zulässigkeit des sogenannten „unlinked-testing", d.h. der Untersuchung eines Restes „des zu anderen Zwecken entnommenen Blutes nach Anonymisierung auf Vorliegen epidemiologisch relevanter Merkmale, zum Beispiel von HIV-Antikörpern",[366] ohne dahingehende konkrete Einwilligung dessen, von dem das Blut stammt, rechtlich zweifelhaft.[367] Die *Enquete-Kommission* „Gefahren von Aids und wirksame Wege zu ihrer Eindämmung" hat deshalb zutreffend ganz allgemein die Frage aufgeworfen, „ob angesichts der Rechtsunsicherheiten bezüglich der Entnahme und Untersuchung von Blut sowie der Verwendung der so gewonnenen Daten gesetzliche Regelungen wegen der Beeinträchtigung des informationellen Selbstbestimmungsrechts geboten erscheinen".[368] Für „die noch nicht angewandte Methode des sogenannten ‚unlinked-testing'" hat sie empfohlen, „eine *gesetzliche Grundlage* zu schaffen".[369]

In der Tat erscheint eine solche Grundlage zur Ausräumung (verfassungs-)rechtlicher Zweifel ebenso *wünschenswert* wie in den USA: Angesichts des *Rechts auf informationelle Selbstbestimmung* (Art. 2 Abs. 1 i.V.m. Art. 1 Abs. 1 GG)[370]

---

[364] Sie können z.B. darauf beruhen, daß das zu Aids-Prävalenzstudien verwertete Blut den Patienten, Spendern oder sonstigen Personen nicht zu Forschungs-, sondern zu anderen Zwekken (Erfüllung von Einstellungsvoraussetzungen, Diagnose von Erkrankungen etc.) abgenommen wurde, eine Einwilligung für die konkrete Verwendung zu Prävalenzstudien also nicht vorliegt (vgl. allgemein zum Erfordernis einer Einwilligung zu HIV-Tests aus verfassungsrechtlichen Gründen *Closen/Connor/Kaufman/Wojcik,* AIDS, The John Marshall Law Review Bd. 19 (1986), 835, 926) und dadurch das Recht auf informationelle Selbstbestimmung („Right of Informational Privacy") berührt wird (siehe zu diesem Recht in bezug auf Aids-Daten *Heaney,* The Constitutional Right of Informational Privacy: Does it Protect Children Suffering from AIDS? Fordham Urban Law Journal Bd. 14 [1986], 927, 929ff., 960ff.; vgl. ferner *Tribe,* American Constitutional Law, 2. Aufl., 1988, S. 1394f.).

[365] Die vom VGH München (NJW 1988, 2318, 2320) vertretene Ansicht, „daß die Ermittlungen nach §§ 31f. BSeuchenG auch dem Zweck dienen, einen Überblick über die Ausbreitung des HIV-Virus in der Bevölkerung allgemein und in bestimmten Gruppen zu gewinnen" und daß sie darauf zielen, die „unsichere (epidemiologische) Datenbasis zu verbreitern", wird zu Recht von *Seewald* (Zu den Voraussetzungen der Seuchenbekämpfung durch Blutuntersuchung und Zwangsinformation, NJW 1988, 2921, 2927) abgelehnt.

[366] So die Umschreibung des „unlinked-testing" durch die Enquete-Kommission „Gefahren von Aids und wirksame Wege zu ihrer Eindämmung" in ihrem Zwischenbericht, BT-Drucks. 11/2495, S. 139.

[367] Vgl. *Eberbach,* Aktuelle Rechtsprobleme der HIV-Infektion, Aids-Forschung 1988, 307, 312f. m. w. Nachw.; ferner *Laufs,* Arztrecht, 4. Aufl., 1988, S. 78f. (Rdnr. 161); *R. Laufs/A. Laufs,* Aids und Arztrecht, NJW 1987, 2257, 2263; siehe auch allgemein zur Rechtslage beim HIV-Antikörpertest (Erfordernis einer gesetzlichen Ermächtigung oder einer Einwilligung) erneut den Zwischenbericht der Enquete-Kommission (Fn. 366) S. 86f.

[368] BT-Drucks. 11/2495, S. 11.

[369] BT-Drucks. 11/2495, S. 9.

[370] Vgl. nur BVerfGE 65, 1, 41ff. und 77, 1, 46f.

könnte sich die Gewinnung epidemiologisch relevanter Daten aus Blut etc., das zu anderen als Forschungszwecken abgenommen wurde, mangels dahingehender Einwilligung der Betroffenen trotz Anonymisierung als Eingriff in dieses Recht darstellen. Ein derartiger Eingriff ist von vornherein nur zulässig, wenn ein Gesetz ihn gestattet. Die vorstehend erörterten[371] und befürworteten[372] amerikanischen Vorschriften geben insoweit Anhaltspunkte, wie eine solche gesetzliche Grundlage ausgestaltet werden könnte.
Des weiteren müßte dieses Gesetz, soll es eine wirksame Rechtsgrundlage für die denkbaren Eingriffe bilden, insbesondere dem Prinzip der Verhältnismäßigkeit Rechnung tragen. Das ist zu bejahen, wenn die Ermöglichung des „unlinked-testing" unter Abwägung mit den Interessen der Betroffenen im *„überwiegenden Allgemeininteresse"* liegt.[373] Da das „unlinked-testing" nicht nur für HIV-Prävalenzstudien als geeignete Methode in Betracht kommt, sondern auch für andere epidemiologische Forschungen, müßte hinsichtlich der denkbaren Gegenstände geprüft werden, ob die genannte Voraussetzung in all diesen Fällen erfüllt wird. Gegebenenfalls ist die Zulässigkeit des „unlinked-testing" auf bestimmte Forschungen zu beschränken, für die ein „überwiegendes Allgemeininteresse" festgestellt werden kann.
Was die HIV-Prävalenzstudien angeht, dürfte diese Voraussetzung *erfüllt* sein. Diese Forschungen schaffen - wie das amerikanische Beispiel zeigt[374] - eine wissenschaftlich gesicherte Entscheidungsgrundlage, auf die mangels verläßlicherer Daten aus anderen Quellen nicht verzichtet werden kann. Will der Staat seine Maßnahmen zur Aids-Bekämpfung nicht auf bloße Mutmaßungen über die Ausbreitung der Immunschwächekrankheit stützten, ist er folglich auf die Erkenntnisse angewiesen, die sich mittels des „unlinked-testing" über die HIV-Prävalenz gewinnen lassen. Nur so kann er also sachgerechte, d.h. der Gefährdung durch Aids angepaßte Entscheidungen treffen. Das kommt nicht zuletzt auch denen zugute, deren Interessen vom „unlinked-testing" betroffen werden. Wenigstens so gesehen haben ihre Interessen geringeres Gewicht als die der Allgemeinheit. Das „unlinked-testing" für Zwecke der Aids-Forschung erweist sich daher auf gesetzlicher Grundlage als ebenso *verfassungsrechtlich zulässig*[375] wie in den USA.[376]

---

[371] Siehe oben sub a).
[372] Vgl. supra unter c).
[373] Siehe erneut BVerfGE 65, 1, 44, ferner BVerfGE 77, 1, 46f.
[374] Vgl. oben unter c).
[375] Siehe auch *Schünemann*, Die Rechtsprobleme der Aids-Eindämmung, in: Schünemann/Pfeiffer (Hrsg.), Die Rechtsprobleme von Aids, 1988, S. 373, 391-402, ferner S. 500–502 und 508f. zur Pflicht des Staates zur kontinuierlichen Erfolgskontrolle seiner Aids-Maßnahmen mittels regelmäßiger HIV-Antikörpertests der gesamten Bevölkerung oder repräsentativer Teilgruppen, siehe ferner noch *Schenke*, Aids, S. 103, 147f. sowie *derselbe*, Rechtsfragen, DVBl. 1988, 165, 174.
[376] Siehe oben unter c) bei Fn. 364.

4. Test der Immigranten und ausländischen Besucher

a. Tatbestände

Alle Immigranten einschließlich sämtlicher Aufnahme suchender Flüchtlinge haben sich nach einer *Verordnung des Bundes* einer medizinischen *Untersuchung* zu stellen, die auch einen Test auf das HIV einschließt.[377] Demgegenüber müssen sich Nichtimmigranten (vor allem Touristen, ferner z. B. Studenten) nach derselben Verordnung dem Test lediglich dann unterziehen, wenn die Behörden ihn nach ihrem Ermessen für erforderlich halten.[378] Ausgenommen sind von der Regelung Ausländer im Alter von 15 Jahren, sofern nicht ein Verdacht auf eine HIV-Infektion besteht.[379] Erweist sich ein erster Test als positiv, muß das Resultat durch einen weiteren Test, entweder den Western-Blot oder einen ebenso verläßlichen Test, bestätigt werden.[380]

b. Rechtsfolgen

Ergibt sich, daß die untersuchte Person HIV-infiziert ist, wird diese Erkenntnis entweder der Immigrations- oder der Konsularbehörde mitgeteilt.[381]
Nach dem Immigration and Nationality Act dürfen „Ausländer, die an irgendeiner gefährlichen, übertragbaren Krankheit leiden" *„kein Visum* erhalten und nicht in die Vereinigten Staaten einreisen".[382] Als derartige Krankheiten führt die schon erwähnte Verordnung u. a. Gonorrhoe, infektiöse Lepra und ausgebrochene Tuberkulose an.[383] Seit Juli 1987 wurde die Liste der „gefährlichen, übertragbaren Krankheiten" um „Aquired immunodeficiency syndrome (AIDS)" ergänzt.[384] Wenig später, im Dezember 1987, trat an die Stelle von Aids die „Human immunodeficiency virus (HIV) infection".[385] Immigranten, bei denen aufgrund ihrer Testpflicht eine HIV-Infektion festgestellt wird, dürfen somit nicht in die USA einreisen. Desgleichen wird Nichtimmigranten (Touristen etc.) die Einreise verweigert, sofern für sie ein HIV-Test angeordnet wurde und dieser positiv verlief.

---

377 Vgl. § 34.4 (a) (1) (i) und (iv) des Code of Federal Regulations, Abschnitt 42 (Public Health) sowie ergänzend zur Entstehungsgeschichte den Bericht des amerikanischen Gesundheitsministeriums, Federal Register vom 28. 8. 1987, Bd. 52, S. 32540–32544.

378 Siehe § 34.4 (a) (1) (ii) und (iii) des Code of Federal Regulations (Fn. 377).

379 Vgl. § 34.4 (a) (2) des Code of Federal Regulations (Fn. 377).

380 Siehe § 34.4 (a) (3) des Code of Federal Regulations (Fn. 377).

381 Vgl. § 34.6 des Code of Federal Regulations (Fn. 377).

382 Siehe § 1182 (a) (6) des United States Code (West 1988), Abschnitt 8 (Aliens and Nationality).

383 Vgl. § 34.2 (b) des Code of Federal Regulations (Fn. 377).

384 Siehe § 34.2 (b) (1) des Code of Federal Regulations in der Fassung der Verordnung vom 8. 6. 1987, Federal Register vom selben Tag, Bd. 52, S. 21532f.

385 Vgl. die am 1. 12. 1987 in Kraft getretene Änderung vom 28. 8. 1987 (Federal Register vom selben Tag, Bd. 52, S. 32540, 32543), die nunmehr als (4) des § 34.2 (b) des Code of Federal Regulations (Fn. 377) "Human immunodeficiency virus (HIV) infection" nennt.

c. Bewertung

Der Zweck der Regelungen über die HIV-Tests für Immigranten und Nichtimmigranten ist ersichtlich, die amerikanische Bevölkerung vor ausländischen HIV-Infektionsträgern zu bewahren.[386]
Was den *Testzwang für Immigranten* betrifft, so erfaßt er unterschiedslos alle Personen ohne Rücksicht darauf, wie verbreitet HIV-Infektionen in ihren Herkunftsländern sind. Stammen die Immigranten aus Ländern mit nur geringer HIV-Prävalenz, dann verspricht der Testzwang folglich in nur geringem Maße effizient zu sein. Gegen die Regelung über die Testpflicht für Immigranten muß deshalb zumindest eingewandt werden, daß sie undifferenziert ist. Auch mag der Testzwang für Immigranten - gemessen an seinem Zweck - übertrieben sein, denn die amerikanische Bevölkerung braucht nur vor solchen Immigranten mit einer HIV-Infektion geschützt zu werden, die sich wahrscheinlich nicht krankheitskonform verhalten, d. h. Dritte gefährden werden. Da eine solche Prognose bei der Einreise aber nicht verläßlich gestellt werden kann, erscheint der HIV-Testzwang insoweit wenigstens *verständlich*. Das gilt um so mehr, als in die Vereinigten Staaten nach wie vor zahlreiche Menschen einwandern. Beispielsweise verzeichnet die Statistik für das Jahr 1986 allein 601700 und für die Zeit von 1981 bis 1985 zusammen 2,864 Millionen Immigranten.[387]
Mit diesen allgemeinen Überlegungen läßt sich der HIV-Testzwang für Immigranten jedoch nicht abschließend beurteilen. Vielmehr muß auch die Regelung der *Rechtsfolgen* - Versagung der Einreise - mit in die *Betrachtung einbezogen* werden. Erst wenn sie sich trotz ihrer nachteiligen Auswirkungen auf die Freizügigkeit als angemessene Reaktion auf positive Untersuchungsergebnisse darstellt, ist der HIV-Testzwang annehmbar. Das könnte nicht bejaht werden, falls die Einreise bei einer HIV-Infektion durchweg allen Immigranten, darunter Flüchtlingen,[388] verweigert werden müßte, obwohl *humanitäre oder andere Gründe* (Lebensgefahr im Heimatland, Familienzusammenführung in den USA etc.) für eine Aufenthaltserlaubnis sprechen.
Der *Immigration and Nationality Act* sieht für diese Konstellationen, anders als z. B. für Immigranten mit Tuberkulose,[389] keine Ausnahmeregelung vor. Sie findet sich jedoch in allgemeiner Form im *Refugee Act* von 1980 und im *Immigration Reform and Control Act* von 1986. Beide Gesetze stellen es in das Ermessen des Justizministers, von den Einreiseerfordernissen für Immigranten *im Einzelfall* aus humanitären Gründen oder aus anderen öffentlichen Interessen *abzusehen.*[390] Diese Regelung über die HIV-Testpflicht von Immigranten erweist sich somit als ausreichend flexibel, um Sondersituationen gerecht werden zu können. Für die Bewertung kommt es daher letztlich darauf an, ob der Justizminister von

[386] In diesem Sinne auch die einschlägige Erörterung über das Für und Wider der Verordnung im Federal Register vom 28. 8. 1987, Bd. 52, S. 32540, 32541.

[387] Vgl. U.S. Bureau of Census (Hrsg.), Statistical Abstract of the United States 1988, 108. Auflage, 1987, S. 10.

[388] 1986 betrug die Zahl der Flüchtlinge 62000; siehe erneut U.S. Bureau of Census, a.a.O. (Fn. 387), S. 11.

[389] Vgl. § 1182 (g) des United States Code (Fn. 382).

[390] Siehe zu diesen Vorschriften näher die Darstellung im Federal Register vom 28. 8. 1987, Bd. 52, S. 32540, 32542.

seinem Ermessen in einer Weise Gebrauch macht, die den individuellen Interessen der jeweils betroffenen Immigranten angemessen gegenüber den öffentlichen Interessen Rechnung trägt. Ob dies bei den wenigen Flüchtlingen, die 1988 als HIV-infiziert ermittelt wurden[391] oder allgemein bei den HIV-positiven Immigranten zutrifft, kann nicht überblickt werden.

Was die *Testregelung für Nichtimmigranten,* darunter vor allem *Touristen,* angeht, so fällt für ihre Beurteilung günstig ins Gewicht, daß sie – anders als der Testzwang für Immigranten – nicht alle Personen dem Test unterwirft. Vielmehr steht die Auferlegung des Tests *im Ermessen* der Behörden. Dies ermöglicht eine sinnvolle Begrenzung der Testpflicht auf Fälle, in denen Nichtimmigranten verdächtig sind, HIV-infiziert zu sein. Ergibt ein Test die HIV-Infektion des Untersuchten, dann kann dem Betreffenden nach dem Ermessen des Justizministers auf Empfehlung des Außenministers oder des Konsularbeamten gleichwohl ein *Visum* zum vorübergehenden Aufenthalt in den USA ausgestellt werden.[392] Diese Regelung ist ähnlich flexibel wie die für Nichtimmigranten. Sie ist z. B. bedeutsam für Aids-erkrankte-Ausländer, die sich in den USA behandeln lassen wollen.[393]

Die sachgerechte Handhabung des Ermessens durch den Justizminister und andere Behörden vorausgesetzt, erscheint somit die Testregelung für Nichtimmigranten und – mit Einschränkungen – der Testzwang für Immigranten als ein *vertretbares Mittel* zur Erreichung des beabsichtigten Zweckes, die amerikanische Bevölkerung vor ausländischen HIV-Infektionsträgern zu bewahren.

Diese Bewertung ist allerdings noch mit einem *Vorbehalt* zu versehen. Der Testpflicht steht nämlich ein allgemeiner Einwand entgegen, der sich aus der *Unvollkommenheit der HIV-Tests* und dem grundsätzlichen Erfordernis ableitet, die Tests im Heimatland durchführen zu lassen.[394] Sind schon die HIV-Tests in den USA als einem hochtechnisierten Land nicht mit völliger Verläßlichkeit durchzuführen,[395] so gilt dies erst recht für *Entwicklungs- und Schwellenländer.* Gerade diese Länder sind es, aus denen zwar nicht die Touristen und anderen Nichtimmigranten,[396] wohl aber Immigranten[397] (einschließlich der Flüchtlin-

---

[391] In den ersten vier Monaten des Jahres 1988 stellten sich lediglich sechs Flüchtlinge als HIV-positiv heraus; vgl. den *Report of the Presidential HIV-Commission,* S. 156.

[392] Siehe zu dieser nicht allein für HIV-Infektionen, sondern auch für andere Ausschlußgründe geltenden Regelung § 1182 (d) (3) des United States Code (Fn. 382).

[393] Vgl. ergänzend hierzu und zu anderen Fällen noch Federal Register vom 28. 8. 1987, Bd. 52, S. 32540, 32542.

[394] Ausnahmen kann der Justizminister im Benehmen mit dem Außenminister und dem Gesundheitsminister zulassen; vgl. § 34.4 (a) (3) (ii) Satz 3 des Code of Federal Regulations (Fn. 377).

[395] Siehe oben unter 1.

[396] Die Nichtimmigranten kommen überwiegend aus Europa, und zwar insbesondere aus Großbritannien (1986: 1,155 Millionen) sowie der Bundesrepublik Deutschland (1986: 659000), ferner aus Japan (1986: 1,683 Millionen). Lediglich aus dem Schwellenland Mexiko reisen – bedingt durch die gemeinsame Grenze mit den USA – eine vergleichbare Anzahl an Nichtimmigranten ein (1986: 822000); vgl. U.S. Bureau of Census, Statistical Abstract 1988, S. 228.

[397] Die Asiaten stellen 1986 mit 268000 ebenso wie in den Vorjahren den größten Anteil der Immigranten. So kamen 1986 52000 Immigranten aus den Philippinen, 35000 aus Korea und 30000 aus Vietnam, aber nur insgesamt 62000 aus ganz Europa; siehe zu diesen Angaben erneut U.S. Bureau of Census, Statistical Abstract 1988, S. 10.

ge)[398] stammen. Falsche Testergebnisse sind deshalb für diesen Personenkreis in erheblich größerem Umfang als in den USA zu erwarten. Für die Immigrationswilligen heißt dies, daß sie der nicht unerheblichen Gefahr ausgesetzt sind, irrigerweise als HIV-positiv abgestempelt zu werden und nicht in die USA einwandern zu dürfen. Angesichts dieser Unzulänglichkeiten verwundert es nicht, wenn die HIV-Kommission des amerikanischen Präsidenten empfohlen hat, den *HIV-Testzwang* wenigstens für *Flüchtlinge* zu *überprüfen.*[399]

d. Konsequenzen

Jährlich ziehen in die ***Bundesrepublik Deutschland*** zahlreiche Ausländer zu, 1986 allein 478348,[400] darunter 99650 Asylbewerber.[401] Noch wesentlich mehr Ausländer reisen - insbesondere als Touristen - für einen kürzeren Aufenthalt in die Bundesrepublik Deutschland ein.[402] Angesichts einer Gesamtbevölkerung von rund 61 Millionen[403] sind das nicht wenige Personen. Was den Schutz der deutschen Bevölkerung vor HIV-infizierten Ausländern angeht, steht die Bundesrepublik Deutschland daher vor *ähnlichen Problemen* wie die Vereinigten Staaten. Es verwundert deshalb nicht und ist nach den prinzipiell für vertretbar gehaltenen amerikanischen Testvorschriften *zu billigen,* daß nach deutschem Recht die Erteilung einer *Aufenthaltserlaubnis* (§ 2 Abs. 1 AuslG) grundsätzlich, weil im Ermessen der Ausländerbehörde stehend,[404] von einem *HIV-Test* abhängig gemacht[405] und bei Vorliegen einer HIV-Infektion versagt werden kann.[406]

---

398 Von den 62250 Flüchtlingen des Jahres 1986 kamen 22450 aus Vietnam, 12900 aus Laos und 10050 aus Kambodscha, siehe nochmals U.S. Bureau of Census, Statistical Abstract 1988, S. 11.

399 Vgl. den *Report of the Presidential HIV-Commission* (Fn. 2), S. 156.

400 Siehe Statistisches Bundesamt (Hrsg.), Statistisches Jahrbuch 1988, 1988, S. 82.

401 Vgl. a.a.O. (Fn. 400), S. 69.

402 Siehe als Indiz hierfür die Zahl der aus dem Ausland kommenden Personen, die in deutschen Beherbergungsstätten im Sommerhalbjahr 1987 übernachteten; sie betrug 18902 Millionen; vgl. Statistisches Bundesamt, a.a.O. (Fn. 400), S. 241.

403 Siehe wiederum Statistisches Bundesamt, a.a.O. (Fn. 400), S. 52.

404 Vgl. zur Aufenthaltserlaubnis als Ermessensentscheidung *Hailbronner,* Ausländerrecht, 2. Aufl., 1989, S. 68f. (Rdnr. 88) und S. 72-75 (Rdnr. 93-97 m. w. Nachw.; etwas anderes soll nach der Rechtsprechung lediglich beim Eingreifen der sogenannten Negativschranke gelten; siehe dazu die Darstellung bei *Hailbronner,* a.a.O., S. 68f. (Rdnr. 88 und 89) und seine berechtigte Kritik auf S. 73 (Rdnr. 96 am Ende).

405 Siehe hierzu näher *Costard,* Öffentlich-rechtliche Probleme beim Auftreten einer neuen übertragbaren Krankheit am Beispiel Aids, Dissertation Hamburg 1988, S. 199f.; *Schenke,* Aids, S. 103, 139f.; *derselbe,* Rechtsfragen, DVBl. 1988, 165, 173; *Zitzelsberger,* Ausländerrechtliche Aspekte der Aids-Problematik, Aids-Forschung 1988, 49, 50f. - Allgemein zur Zulässigkeit einer Koppelung von Ermessensakten mit einer Gegenleistung des Bürgers, wenn diese Umstände beseitigt, die die Verwaltung an einer positiven Entscheidung hindert, vgl. z. B. *Erichsen,* Das Verwaltungshandeln, in: Erichsen/Martens (Hrsg.), Allgemeines Verwaltungsrecht, 8. Aufl., 1988, S. 137, 210f.

406 Vgl. im einzelnen *Costard,* Aids, S. 179f.; *Hailbronner,* Ausländerrecht, S. 90f. (Rdnr. 117); *Schenke,* Aids, S. 103, 140; *derselbe,* Rechtsfragen, DVBl. 1988, 165, 173. - Anderer Meinung *Zitzelsberger,* Ausländerrechtliche Aspekte, Aids-Forschung 1988, 49, 52, der die Erteilung einer Aufenthaltserlaubnis bei einer HIV-Infektion „grundsätzlich schon kraft Gesetzes ... ausgeschlossen" sieht. Fortsetzung siehe S. 65.

Eine *Besonderheit,* der keine Parallele in den USA entspricht, gilt für Ausländer, die *Staatsangehörige* eines Mitgliedstaates der *Europäischen Gemeinschaft* sind und in der Bundesrepublik Deutschland insbesondere als Arbeitnehmer tätig werden wollen. Sie können, weil sie nach dem Aufenthaltsgesetz/EWG[407] für die Einreise keiner Aufenthaltserlaubnis bedürfen[408] und ihnen nach Art. 48 Abs. 3 EWGV (Freizügigkeit der Arbeitnehmer)[409] grundsätzlich ein Aufenthaltsrecht zusteht,[410] einem HIV-Test zu dem Zweck, ihre Freizügigkeit zu beschränken, nicht unterworfen werden.[411] Diese Rechtslage kann angesichts des Art. 48 Abs. 3 EWGV und der hier vor allem einschlägigen Richtlinie Nr. 64/221[412] von der Bundesrepublik Deutschland nicht[413] oder nur für „ansteckende oder übertragbare parasitäre Krankheiten und Leiden" geändert werden, „sofern im Aufnahmeland Vorschriften zum Schutz der Inländer gegen diese Krankheiten und Leiden bestehen".[414] Diese Voraussetzung erfüllt das Bundes-Seuchengesetz (oder ein anderes Gesetz) solange nicht, als es nicht ausdrücklich gegen die HIV-Infektion schützt.[415] Der *bayerische Gesetzesantrag* zur Änderung des Bundes-Seuchengesetzes[416] will das ändern. Da eine solche Aids-spezifische Re-

---

406 (Fortsetzung) Ebenso die Bekanntmachung des Bayerischen Staatsministeriums des Innern vom 19. 5. 1987, Ministerialamtsblatt der Bayerischen Inneren Verwaltung 1987, S. 246, 250 unter B. 2.

407 Gesetze über Einreise und Aufenthalt von Staatsangehörigen der Mitgliedstaaten in der Europäischen Wirtschaftsgemeinschaft in der Fassung vom 31. 1. 1980 (BGBl. I S. 116), geändert durch Gesetz vom 11. 9. 1981 (BGBl. I S. 949).

408 Vgl. des näheren § 2 Abs. 1 i.V.m. § 1 Abs. 1 des Aufenthaltsgesetzes/EWG; siehe auch § 2 Abs. 2 i.V.m. § 1 Abs. 2 des Aufenthaltsgesetzes/EWG.

409 Vertrag zur Gründung der Europäischen Wirtschaftsgemeinschaft vom 25. 3. 1957 (BGBl. II S. 1156).

410 Vgl. dazu näher *Hailbronner,* Erläuterung zum Gesetz über Einreise und Aufenthalt von Staatsangehörigen der Mitgliedstaaten der Europäischen Wirtschaftsgemeinschaft, Stand: März 1984, in: Das Deutsche Bundesrecht, S. 17 (Vorbemerkung vor §§ 3 bis 7); *Randelshofer,* in: Grabitz (Hrsg.), Kommentar zum EWG-Vertrag, Stand: September 1987, Art. 48 Anm. 38ff. - Vgl. außer Art. 48 Abs. 3 EWGV noch Art. 52 und Art. 59 EWGV.

411 Siehe *Costard,* Aids, S. 200f.; *Zitzelberger,* Ausländerrechtliche Aspekte, Aids-Forschung 1988, 49, 52. - Die in § 12 des Aufenthaltsgesetzes/EWG in Übereinstimmung mit den europarechtlichen Vorbehalten normierten Einschränkungen der Freizügigkeit gestatten es nicht, HIV-positiven, unter § 1 Abs. 1 des Aufenthaltsgesetzes/EGW fallenden EG-Bürgern allein wegen dieser Infektion die Einreise oder die Aufenthaltserlaubnis zu versagen oder andere freizügigkeitsbeschränkende Maßnahmen zu treffen; vgl. auch den Gesetzesantrag des Freistaates Bayern, BR-Drucks. 295/87 unter „A. Zielsetzung" (S. 1f.) und *Zitzelberger,* a.a.O.

412 „Richtlinie des Rates zur Koordinierung der Sondervorschriften für die Einreise und den Aufenthalt von Ausländern, soweit sie aus Gründen der öffentlichen Ordnung, Sicherheit oder Gesundheit gerechtfertigt sind" vom 25. 2. 1964, Amtsblatt der Europäischen Gemeinschaften 1964, S. 850.

413 Vgl. Art. 4 Abs. 3 der vorgenannten (Fn. 412) Richtlinie: „Die Mitgliedstaaten dürfen keine neuen Bestimmungen und Maßnahmen einführen, die einschränkender sind als diejenigen, welche bei Bekanntgabe dieser Richtlinie gelten".

414 So unter A. 4. des Anhanges der in Fn. 412 zitierten Richtlinie; auf diesen Anhang verweist Art. 4 Abs. 1 der Richtlinie: „Als Krankheiten oder Gebrechen, die eine Verweigerung der Einreise oder der ersten Aufenthaltserlaubnis rechtfertigen, gelten nur diejenigen, die im Anhang aufgeführt sind."

415 Vgl. *Zitzelsberger,* Ausländerrechtliche Aspekte, Aids-Forschung 1988, 49, 52; ferner *Hailbronner,* Ausländerrecht, S. 710f. (Rdnr. 1077f.).

416 Siehe BR-Drucks. 294/87.

gelung nach den bisherigen Ausführungen nicht angezeigt ist, verdient auch der bayerische Gesetzesantrag zur Novellierung des Aufenthaltsgesetzes/EWG,[417] der das Aufenthaltsrecht für HIV-infizierte EG-Bürger an die für „normale“ Ausländer geltende Rechtslage angleichen will, *keine Billigung*.[418] Hiermit stimmt es überein, wenn der Nationale Aids-Beirat feststellt, „daß durch Anti-HIV-Tests bei allen Ausländern kein wirksamer Beitrag zur Seuchenbekämpfung geleistet werden kann“.[419]

Die Haltung des Beirates dürfte auf der zutreffenden Annahme beruhen, einer HIV-Testpflicht für alle Ausländer *mangele* es an einer hinreichenden *Effizienz*. Diese Einschätzung wird damit letztlich von ähnlichen Erwägungen getragen, die die HIV-Kommission des amerikanischen Präsidenten zu ihrer Empfehlung bewog, den HIV-Testzwang wenigstens für Flüchtlinge zu überprüfen.[420] Dieser Tendenz entspricht es, wenn in der Bundesrepublik Deutschland *Asylbewerbern*, da sie als Asyl*berechtigte* nach § 29 Abs. 1 AsylVfG einen Anspruch auf Erteilung einer Aufenthaltserlaubnis haben,[421] ein HIV-Test nicht in dieser Allgemeinheit abverlangt werden kann wie „normalen“ Ausländern.[422]

5. *Test der Heiratswilligen*

a. *Tatbestände*

Das Eingehen einer Ehe setzt in den USA voraus, daß die Heiratswilligen zuvor um eine „Heiratserlaubnis“ nachsuchen.[423] Im Rahmen dieses Verfahrens müssen die Antragsteller z. B. den ärztlichen Nachweis erbringen, daß sie nicht an Syphilis erkrankt sind.[424] In *Kalifornien* haben die Heiratswilligen ferner eine ärztliche Bescheinigung vorzulegen, aus der sich ergibt, daß ihnen ein *HIV-Test angeboten* wurde.[425] Ähnliches ist für *Indiana* bestimmt. Die Antragsteller sind in diesem Staat davon zu unterrichten, daß sie sich „auf freiwilliger Grundlage“ auf eine HIV-Infektion bei ihrem Hausarzt oder einer anderen Einrichtung testen lassen können.[426]

Eine weitergehende Regelung führte mit Wirkung vom 1. Januar 1988 *Louisiana* ein. Danach müssen die Heiratswilligen eine ärztliche Bescheinigung vorweisen,

---

[417] BR-Drucks. 295/87.

[418] Vgl. auch die Stellungnahme der damaligen Bundesministerin für Jugend, Familie, Frauen und Gesundheit, *Süssmuth*, in der 580. Sitzung des Bundesrates am 25. 9. 1987, Plenarprotokoll 580, S. 305, 307 (B).

[419] So Votum 6 des Nationalen Aids-Beirates, Bundesgesundheitsblatt 1988, S. 358, 359.

[420] Siehe oben unter c) bei Fn. 399.

[421] Vgl. *Costard*, Aids, S. 201 m. w. Nachw.

[422] Siehe näher *Costard*,. Aids, S. 201 f.; *Schenke*, Aids, S. 103, 140 f. und *derselbe*, Rechtsfragen, DVBl. 1988, 165, 173. – A. M. *Zitzelsberger*, Ausländerrechtliche Aspekte, Aids-Forschung 1988, 49, 53; ebenso die Bekanntmachung des Bayerischen Staatsministeriums des Innern vom 19. 5. 1987 (Fn. 406) unter B. 6. auf S. 251.

[423] Siehe als Beispiel die Rechtslage in Kalifornien, und zwar § 4100 und § 4201 des Civil Code (Deering 1988).

[424] Vgl. wiederum stellvertretend § 4300 (a) des Civil Code Kaliforniens (Fn. 423).

[425] Siehe § 4300 (c) des Civil Code Kaliforniens (Fn. 423).

[426] Vgl. Sektion 31-7-3-3.5 (e) des Indiana Code (Fn. 117).

die belegt, daß sie „sich körperlich in einer Weise haben untersuchen lassen, wie sie zur Ermittlung von Aids-Antikörpern für erforderlich gehalten wird".[427] Hintergrund dieser Vorschrift ist eine Norm, die es jedem im Rahmen dieses Verfahrens tätig werdenden, zur Praxisausübung in Louisiana zugelassenen Arzt gestattet, von den Heiratswilligen „solche körperlichen und klinischen Untersuchungen (zu verlangen), wie sie zur Ermittlung von Aids-Antikörpern für erforderlich gehalten werden".[428] Alle diese Bestimmungen sind jedoch wenig später, im Juli 1988, wieder *aufgehoben* worden.[429] Diesen Schritt haben andere Gliedstaaten, die ursprünglich ebenfalls eine Testpflicht für Heiratswillige eingeführt hatten, bereits wesentlich früher vollzogen.[430]

Gegenwärtig verfügt lediglich noch *Illinois* über eine Regelung, die Heiratswillige zur Durchführung eines *HIV-Tests zwingt.* Die für die Ausstellung einer Heiratserlaubnis erforderliche ärztliche Untersuchung erstreckt sich seit 1. Januar 1988 auf „Tests, die feststellen sollen, ob einer der Parteien der beabsichtigten Ehe dem HIV-Virus oder irgendeinem anderen als Aids-Erreger identifizierten Virus ausgesetzt war".[431] Vorgesehen ist zunächst die Durchführung des ELISA- oder eines vergleichbaren Tests,[432] im Falle eines positiven Ergebnisses ergänzt durch die Anwendung des Western Blot- oder eines noch genaueren Tests.[433]

Erwähnenswert ist schließlich die Rechtslage in *Texas.* Dieser Gliedstaat hat im Augenblick zwar keine HIV-Testpflicht für Heiratswillige, wohl aber eine gesetzliche Vorschrift, die das Gesundheitsministerium *ermächtigt,* durch Verordnung „das Testen auf eine HIV-Infektion als Voraussetzung für die Gewährung einer Heiratserlaubnis zwingend vorzusehen", vorausgesetzt „die *Prävalenzrate* der bestätigten positiven HIV-Infektionen übersteigt *0,83 Prozent*" in Texas.[434]

b. Rechtsfolgen

Eine Heiratserlaubnis wird den Antragstellern nur erteilt, wenn sie die erforderlichen ärztlichen Bescheinigungen mit ihren gesetzlich vorgeschriebenen Inhalten einreichen. Beabsichtigen die Heiratswilligen z.B. in *Kalifornien* eine Ehe einzugehen und sagt die ärztliche Bescheinigung nichts darüber aus, daß ihnen ein HIV-Test angeboten wurde, dann ist die Heiratserlaubnis zu versagen.[435] Ähnlich verhielt es sich bis vor kurzem hinsichtlich der Testpflicht für Heiratswillige in *Louisiana:* Erbrachte die Untersuchung des Bluts einer der Heiratswil-

---

[427] Siehe § 231 der Louisiana Statutes (Fn. 256).
[428] Vgl. § 230 B (1) der Louisiana Statutes (Fn. 256).
[429] Siehe Sektion 2 des Act Nr. 345, in Kraft getreten am 7. 7. 1988.
[430] Vgl. dazu *Gostin,* Public Health, S. 47, 56 mit den Nachw. in Fn. 66.
[431] Siehe Sektion 204 (b) Satz 1 des Illinois Marriage and Dissolution of Marriage Act in der Fassung des Public Act 85-935 (West 1988).
[432] Vgl. Sektion 204 (b) Satz 2 des Illinois Marriage and Dissolution of Marriage Act (Fn. 431).
[433] Siehe Sektion 204 (b) Satz 5 des Illinois Marriage and Dissolution of Marriage Act (Fn. 431).
[434] Vgl. Sektion 9.02 (e) des Communicable Disease Prevention and Control Act (Fn. 258).
[435] Siehe § 4300 (c) mit (a) des Civil Code Kaliforniens (Fn. 423).

ligen den Nachweis von Aids-Antikörpern, dann durfte „eine (Heirats-)Erlaubnis so lange nicht erteilt werden, bis die Antragsteller der zur Erteilung der Heiratserlaubnis zuständigen Person eine eidesstattliche Versicherung eines zugelassenen Arztes vorlegen, aus der sich ergibt, daß der Arzt beide Parteien über die Untersuchungsergebnisse informiert und sie über Aids beraten hat".[436] Einer Heirat eines HIV-Infizierten mit einem Nichtinfizierten des anderen Geschlechts stand in Louisiana also letztlich nichts im Wege.[437]
Vergleichbar ist die Rechtslage noch heute in *Illinois*. Die Heiratserlaubnis darf erst dann ausgestellt werden, wenn eine Bescheinigung des mit dem Testen befaßten Arztes vorgelegt wird, „aus der sich ergibt, daß die erforderlichen Tests durchgeführt und die Ergebnisse beiden Parteien mitgeteilt worden sind".[438]

c. *Bewertung*

Die HIV-Testpflicht für Heiratswillige *beabsichtigt* in erster Linie, den einen - nicht infizierten - Partner vor einer HIV-Ansteckung durch den anderen - infizierten - Partner zu bewahren. Darüber hinaus zielt sie darauf ab, Eheleute mit einer HIV-Infektion davon abzuhalten, Kinder zu zeugen, um diese nicht vor oder während der Geburt der Gefahr auszusetzen, mit dem HIV angesteckt zu werden.[439]
Beiden *Zwecken* wird der HIV-Testzwang für Heiratswillige *nicht* oder nur äußerst unzulänglich gerecht.[440] Das erklärt sich aus mehreren, darunter insbesondere den nachstehenden Gründen: Unter Heiratswilligen ist der voreheliche Geschlechtsverkehr weit verbreitet,[441] so daß der HIV-Test für diesen Personenkreis sein Ziel - *Schutz des Intimpartners* - wegen des zu späten Zeitpunktes meist verfehlt. Davon abgesehen sind die zur Zeit gebräuchlichen HIV-Tests, weil sie nur HIV-Antikörper nachweisen und diese sich frühestens nach 6 bis 12

---

[436] Vgl. § 230 B (2) der Louisiana Statutes (Fn. 256).

[437] Siehe zu dieser Rechtslage auch *Spaht*, Revision of the Law of Marriage: One Baby Step Forward, Louisiana Law Review Bd. 48 (1988), 1131, 1141f.

[438] Vgl. Sektion 204 (b) Satz 6 des Illinois Marriage and Dissolution of Marriage Act (Fn. 431).

[439] Nach Studien werden 30 bis 50% der Kinder, deren Mütter zur Zeit der Geburt HIV-infiziert waren, selbst angesteckt; siehe die „HIV-Seroprevalence Study" des New York Department of Health vom 1. 7. 1988, S. 1 der Maschinenschrift und die „Public Health Service Guidelines for Counseling and Antibody Testing to Prevent HIV-Infection and AIDS" der Centers for Disease Control, abgedruckt in „Update: MMWR Articles on AIDS", April 1988, S. 5, 7. Der *Report of the Presidential HIV-Commission* (Fn. 2), S. 12, spricht demgegenüber davon, daß 20 bis 60% der Neugeborenen von ihren HIV-infizierten Müttern angesteckt werden.

[440] Vgl. hierzu *Cleary/Barry* u. a., Compulsory Premarital Screening for the Human Immunodeficiency Virus, The Journal of the American Medical Association, Bd. 258 (1987), 1757ff., insbesondere 1760f. und den Bericht „Premarital HIV Screening in Wisconsin", Wisconsin AIDS Update vom Juli 1988, S. 22-24.

[441] Das läßt sich z. B. ableiten aus Studien in den USA, nach denen 66% der weiblichen Jugendlichen im Alter von 19 Jahren und 78% der männlichen Jugendlichen in demselben Alter bereits Geschlechtsverkehr hatten; vgl. den Bericht „The Extent of AIDS and Indicators of Adolescent Risk" der Centers for Disease Control, Morbidity and Mortality Weekly Report vom 29. 1. 1988, Bd. 37 (Supplement No. S-2), S. 10, 11.

Wochen, teilweise sogar erst nach einem Jahr oder noch später bilden,[442] irreführend; sie signalisieren bei negativem Ausgang eine momentane Infektionsfreiheit, obwohl sie über den augenblicklichen Infektionsstatus nichts aussagen. Im übrigen wäre eine HIV-Testpflicht für Heiratswillige zur Aufdeckung von HIV-Infektionen *kaum effizient:* Die HIV-Prävalenz unter den Heiratswilligen ist, wie sich z. B. aus der für einen Vergleich am ehesten geeigneten Prävalenzrate für Rekrutenbewerber bei den amerikanischen Streitkräften von 0,14%[443] folgern läßt, gering. HIV-Tests aller Heiratswilligen könnten daher nur wenige Infektionen aufdecken. So wird von Illinois berichtet, daß von 160000 Heiratswilligen im Jahre 1988 nur 23 ein positives HIV-Testergebnis hatten.[444] Zu ähnlichen Ergebnissen kommt auch eine Studie für Wisconsin: Falls in diesem Staat ein Testzwang für Heiratswillige eingeführt werden würde, könnten unter den 37643 männlichen Heiratswilligen des Jahres 1987 lediglich 17 sowie unter derselben Zahl weiblicher Heiratswilliger gar nur 8 als HIV-infiziert festgestellt werden.[445] Da nicht angenommen werden könne, daß diese 25 HIV-Infizierten mit ihren Ehepartnern jederzeit, wenn überhaupt „safer sex" praktizierten, geht die Studie davon aus, daß der Testzwang nicht mehr als 12 Ehepartner vor einer HIV-Infektion bewahren werde.[446] Diese weitgehende Ineffizienz werde noch beträchtlich gesteigert durch diejenigen Heiratswilligen, die im Rahmen der Testpflicht irrigerweise als HIV-infiziert ermittelt werden würden; die Studie beziffert sie auf acht.[447]

Auch dem weiteren Zweck des Testzwanges, Eheleute mit einer HIV-Infektion davon abzuhalten, *Kinder* zu zeugen, wird die Maßnahme nicht gerecht. Die Studie kommt für Wisconsin zu dem Ergebnis, daß lediglich die Geburt von acht Kindern mit einer HIV-Infektion vermieden werden könnte.[448] Diese Annahme berücksichtigt noch nicht einmal, daß annähernd 20% der Kinder in Wisconsin außerehelich geboren werden, wodurch sich die genannte Zahl noch verringern würde.[449]

Unter den augenblicklichen Umständen ist somit ein *Testzwang* für Heiratswillige in Illinois *nicht angezeigt.*[450] Allenfalls kann er, ähnlich wie dies in Texas vorgesehen ist,[451] dann sinnvoll werden, wenn die HIV-Prävalenz unter den Heiratswilligen beträchtlich zunimmt. Gegenwärtig verspricht daher die *Aufklärung*

---

442 Vgl. oben unter 1. bei Fn. 231 und 232 mit Nachw. dortselbst.

443 Siehe oben unter 3 c) den Text bei Fn. 354 mit Nachw.

444 Vgl. *James,* Move to Repeal Illinois AIDS Law Signals Less Strict Trend in States, Wall Street Journal vom 9. 1. 1989, ferner *Weisenhaus,* The Shaping of AIDS Law, The National Law Journal vom 1. August 1988, S. 30, 32.

445 Siehe erneut den oben (Fn. 440) erwähnten Bericht, S. 22, 23.

446 Vgl. wiederum den Bericht, a.a.O. (Fn. 440), S. 23.

447 Siehe nochmals den Bericht, a.a.O. (Fn. 440), S. 23.

448 Vgl. wiederum den Bericht, a.a.O. (Fn. 440), S. 23.

449 Siehe letztmalig den Bericht, a.a.O. (Fn. 440), S. 23.

450 Im Ergebnis ebenso *Gostin,* Public Health, S. 47, 56 („ineffizient", Suchen nach einer „Nadel im Heuhaufen"). Trotzdem wird er von vielen Ärzten gefordert. So ergab eine im August 1987 durchgeführte Umfrage unter 572 Ärzten in Wisconsin, daß 48% der Befragten sich zugunsten einer Testpflicht für Heiratswillige aussprachen; vgl. den Artikel „Results of a Physician Questionnaire on AIDS/HIV", Wisconsin AIDS Update vom Januar 1988, S. 15, 17.

451 Vgl. oben den Text unter a) nach Fn. 433.

der Heiratswilligen[452] die beste Effizienz, die HIV-Infektionen unter Eheleuten und deren Kindern zukünftig einzudämmen. Davon gehen auch die einschlägigen Empfehlungen der Centers for Disease Control aus, in denen es diesbezüglich heißt: „Allen Personen, die eine Heirat erwägen, sollten Informationen gegeben werden über Aids, HIV-Infektionen und die Möglichkeit, beraten und auf HIV-Antikörper getestet zu werden.“[453] Nicht zuletzt verbietet es sich aus *verfassungsrechtlichen Gründen* - dem Übermaßverbot -, den Testzwang für Heiratswillige einzuführen, da mildere Maßnahmen - die Aufklärung der Heiratswilligen und das Anbieten freiwilliger Tests - ebenso oder gar besser geeignet sind.[454]

d. Konsequenzen

Eine *HIV-Testpflicht für Heiratswillige* wird vereinzelt auch in der *Bundesrepublik Deutschland,* allerdings nicht von politischer Seite, gefordert.[455] Sie ist - jedenfalls gegenwärtig - aus den gleichen Gründen (mangelnde Effizienz, Übermaßverbot) wie die in den USA bestehende Testpflicht für diesen Personenkreis[456] *zu verwerfen.*[457]

---

452 Siehe dazu oben sub II. 8.

453 Vgl. „Public Health Service Guidelines for Counseling and Antibody Testing to Prevent HIV Infection and AIDS“, abgedruckt in „Update: MMWR Articles on AIDS“, April 1988, S. 5, 8 - Erforderlich wird das Testen nur für „alle Frauen im gebärfähigen Alter“ und „alle schwangeren Frauen“ gehalten, die „Risiken für eine HIV-Infektion erkennen lassen“, z. B. weil sie vor 1985 eine Bluttransfusion erhielten oder der Prostitution nachgingen; siehe erneut die vorstehend genannten „Guidelines“ der Centers for Disease Control, S. 5, 7.

454 Dieser Aspekt klingt an bei *Cleary/Barry u. a.,* Compulsory Premarital Screening, The Journal of the American Medical Association Bd. 258 (1987), 1757, 1761: „Wenn ein Testgesetz das Heiraten erheblich einschränken oder gar verbieten würde, würde es wahrscheinlich nur für verfassungsgemäß gehalten werden, wenn es das mildeste Mittel wäre, um ein zwingendes öffentliches Gesundheitsinteresse zu verwirklichen.“ Als Beispiel für ein Gesetz, das wohl als verfassungswidrig zu erklären sei, erwähnen die Autoren eine Norm in Utah, die zwar nicht ein Testprogramm für Heiratswillige vorsieht, die jedoch alle Ehen unter Personen verbietet, die an Aids erkrankt sind. Für die Verfassungswidrigkeit eines solchen Gesetzes auch *Closen/Connor/Kaufman/Wojcik,* AIDS, The John Marshall Law Review Bd. 19 (1986), 835, 906f. - Vgl. allgemein zur HIV-Aufklärung als verfassungsrechtlich milderes Mittel im Verhältnis zu gesundheitspolitischen Akten wie Quarantäne deutlich *Aiken,* Education, S. 90, 103.

455 Vgl. z. B. den Bericht „Aids-Test für Heiratswillige“, General-Anzeiger vom 27. 8. 1987, S. 21 über einen Aufruf von sechs Klinikdirektoren der Universität Göttingen, die u. a. für alle Heiratswilligen und Schwangeren einen Aids-Test verlangten, ferner die Stellungnahme der Deutschen Gesellschaft für Innere Medizin zu Aids vom 22. 1. 1988, referiert in Aids-Forschung 1988, 556.

456 Siehe oben unter c).

457 Vgl. auch *Tiedemann,* Aids-Familienrechtliche Probleme, NJW 1988, 729f. und *dieselbe,* Familienrechtliche Probleme im Zusammenhang mit Aids, in: Schünemann/Pfeiffer (Hrsg.), die Rechtsprobleme von Aids, 1988, S. 333, 335f., die zwar staatliche Schutzmaßnahmen, etwa „Eheerlaubnisvorbehalte“ in Gestalt von Gesundheitszeugnissen, für verfassungsrechtlich nicht von vornherein unzulässig hält, derlei Maßnahmen aber mangels Effektivität verwirft. - Siehe ferner allgemein zur Erforderlichkeit von HIV-Tests und der Aufklärung als milderes Mittel *Frankenberg,* Aids-Bekämpfung im Rechtsstaat, 1988, S. 105.

Vorzugswürdig erscheint es augenblicklich, den Schutz der Heiratswilligen auf zweierlei Weise sicherzustellen: zum einen durch *Aufklärung,* was am ehesten im Rahmen des Aufgebotsverfahrens erfolgen kann,[458] und zum anderen durch *Empfehlung des HIV-Tests* für solche Heiratswilligen, die nach ihrer Einschätzung HIV-gefährdet sind oder waren. Hiermit stimmt es überein, wenn die Enquete-Kommission „Gefahren von Aids und wirksame Wege zu ihrer Eindämmung" einen HIV-Test nur bestimmten Personen nahelegt, und zwar als „Bilanztest" solchen Menschen, die eine feste Partnerschaft eingegangen sind, nachdem sie früher „im Umkreis eines Risikos gelebt haben",[459] ferner „Frauen mit Kinderwunsch und bestehendem HIV-Risiko"[460] sowie „in der Schwangerschaftsvorsorgeuntersuchung bei einem HIV-Risiko".[461] Diese Empfehlungen entsprechen im wesentlichen den Maßnahmen, die vorstehend[462] bei Bewertung der amerikanischen Rechtslage als sinnvoll erachtet wurden.

6. *Test der Prostituierten*

a. *Tatbestände*

Abgesehen von Nevada ist die Prostitution (von Frauen und Männern) überall in den Vereinigten Staaten verboten.[463] Dies ist der Hintergrund, vor dem einige Gliedstaaten eine *Testpflicht für Prostituierte* normiert haben. Wird z.B. in *Indiana* eine Person wegen Prostitution verurteilt, dann soll das Gericht einen HIV-Test anordnen. Voraussetzung ist allerdings zusätzlich, daß „die Straftat eine epidemiologisch nachgewiesene Gefahr einer HIV-Übertragung verursachte".[464] Bei positivem Ergebnis ist der Test zwecks Bestätigung zu wiederholen.[465] In *Georgia* bedarf es lediglich der Verurteilung wegen Prostitution oder gar nur des Bekenntnisses, sich der Prostitution schuldig gemacht zu haben, um die Person einem HIV-Test zu unterwerfen.[466] Demgegenüber genügt in *Florida* nicht ein Schuldbekenntnis, sondern allein eine Verurteilung wegen Prostitution, um den Täter auf Geschlechtskrankheiten, darunter eine HIV-Infektion,[467] untersuchen zu lassen.[468] Genau diese an eine Verurteilung wegen Prostitution anknüpfende Testpflicht ist es, die der Entwurf des *„AIDS Counseling and Testing Act of 1988"*[469] *des Bundes* in den Gliedstaaten der USA eingeführt wissen will. Sehen

[458] Siehe oben sub II. 10. nach Fn. 219.
[459] BT-Drucks. 11/2495, S. 86 sowie S. 11 (Nr. 1.13).
[460] BT-Drucks. 11/2495, S. 11 (Nr. 1. 13) und S. 86.
[461] BT-Drucks. 11/2495, S. 11 (Nr. 1. 13) und S. 86
[462] Siehe unter c).
[463] Siehe *Decker,* Prostitution as a Public Health Issue, in: Dalton/Burris (Hrsg.), AIDS and the Law, 1987, S. 82, 85 m. Nachw. in Fn. 46. - Vgl. als Beispiel das Verbot der Prostitution in Florida, Sektion 796.07 (2), (3) und (5) der Florida Statutes (Fn. 36).
[464] So Sektion 35-38-1-10.5 (a) (1) mit Sektion 35-38-1-7 (e) des Indiana Code (Fn. 117).
[465] Siehe Sektion 35-38-1-10.5 (b) des Indiana Code (Fn. 117).
[466] Vgl. Sektion 17-10-15 (a) bis (d) mit Sektion 31-22-9.1 (a) (3) (F) des Code of Georgia (Fn. 176).
[467] Siehe Sektion 796.08 (1) (b) der Florida Statutes (Fn. 36).
[468] Vgl. Sektion 796.08 (3) der Florida Statutes (Fn. 36).
[469] H.R. 4757 (Report Nr. 100-783) vom 8. 6. 1988.

die Gliedstaaten nämlich diesen Testzwang nicht alsbald vor, dann können sie keine der Zuweisungen erhalten, die der Bund ab 1989 in Höhe von jährlich insgesamt 200 Millionen Dollar den Gliedstaaten für ihre Aids-Beratung und Testeinrichtungen bereitstellen will.[470]

Anders als in Florida vorgesehen und vom Bund für seine Förderung verlangt, ist die Testpflicht in *Idaho* ausgestaltet. Dort ermächtigt eine allgemein gehaltene Vorschrift Beamte der Gesundheitsverwaltung dazu, „Personen, die in begründetem Verdacht stehen, mit einer Geschlechtskrankheit infiziert zu sein, zu untersuchen oder durch einen geeigneten Arzt untersuchen zu lassen", vorausgesetzt, die Maßnahme ist nach „Einschätzung (der Beamten) zum Schutz der öffentlichen Gesundheit erforderlich".[471] Da „Aids", „ARC" und „andere Erscheinungsformen einer HIV-Infektion" vom Gesetzgeber als Geschlechtskrankheit eingestuft sind,[472] können Prostituierte infolgedessen einem HIV-Test unterworfen werden.[473] Damit verlangt Idaho einerseits weniger (keine Verurteilung wegen Prostitution) und anererseits mehr (begründeter Verdacht, Erforderlichkeit) als vom Bund für seine Zuweisungen an die Gliedstaaten vorausgesetzt wird.

Auch *Georgia* verfügt - abgesehen von seiner speziell auf Prostituierte gemünzten Testpflicht[474] - über ähnlich allgemein gefaßte Testvorschriften wie Idaho. Allerdings sehen die Regelungen in Georgia größere verfahrensrechtliche Sicherungen und zusätzliche tatbestandliche Eingrenzungen vor. Die zuständigen Beamten können, wenn es nach ihrer „Einschätzung zum Schutz der öffentlichen Gesundheit erforderlich ist", einen HIV-Test bei HIV-Infizierten oder HIV-Verdächtigen - und damit gegebenenfalls auch bei Prostituierten - nämlich nur „mit Zustimmung der zu testenden Person" durchführen.[475] Wird die Zustimmung verweigert, kann um eine gerichtliche Anordnung nachgesucht werden, um der Verwaltung dennoch die Durchführung eines HIV-Tests zu ermöglichen.[476] Der Antrag „soll konkret die Grundlage für die Behauptungen anführen, von denen die Behörde annimmt, sie stützten ihre Folgerung, daß die Person HIV-infiziert ist".[477] Des weiteren hat er „den Umfang, die Art und die Bedrohung für die öffentliche Gesundheit sowie die Maßnahmen darzulegen, die zum Schutz der öffentlichen Gesundheit für den Fall getroffen werden sollen, daß das Gericht die Durchführung des HIV-Tests anordnet und die Person sich als HIV-infiziert herausstellt".[478] Das Gericht „verpflichtet die Person, sich einem HIV-Test zu unterziehen, wenn eindeutig und überzeugend der Nachweis erbracht ist, daß die Person höchstwahrscheinlich HIV-infiziert ist und daß eine zwingende Notwendigkeit besteht, die öffentliche Gesundheit zu schützen".[479]

---

[470] Siehe die Sektionen 2.303 (a) und (c), 2306 (a) (1) und (b), 2311, 2312 sowie 2315 des Gesetzentwurfs.

[471] Vgl. Sektion 39-603 des Idaho Code (Michie 1988).

[472] Siehe Sektion 39-601 des Idaho Code (Fn. 471).

[473] Vgl. hierzu auch *Decker*, Prostitution, S. 81, 87.

[474] Siehe oben den Text nach Fn. 465.

[475] Vgl. Sektion 31-17 A-2 Satz 1 des Code of Georgia (Fn. 176).

[476] Siehe Sektion 31-17 A-2 Satz 2 des Code of Georgia (Fn. 176).

[477] So Sektion 31-17 A-3 (a) Satz 2 des Code of Georgia (Fn. 176).

[478] So wiederum Sektion 31-17 A-3 (a) Satz 2 des Code of Georgia (Fn. 176).

[479] So Sektion 31-17 A-3 (c) des Code of Georgia (Fn. 176).

b. Rechtsfolgen

Als Konsequenz eines positiven HIV-Tests müssen sich die Prostituierten *behandeln* und *beraten* lassen.[480] Natürlich ist es ihnen angesichts der in den USA fast ausnahmslos verbotenen Prostitution[481] auch weiterhin untersagt, dieser Tätigkeit nachzugehen. Davon abgesehen ist es - für Prostituierte ebenso wie für andere HIV-Infizierte - *„rechtswidrig* ..., mit irgendeiner anderen Person *geschlechtlich zu verkehren,* es sei denn, diese Person ist über die Geschlechtskrankheit unterrichtet worden und hat in den Geschlechtsverkehr eingewilligt".[482] Üben die HIV-angesteckten Prostituierten ihre Tätigkeit trotz des Prostitutionsverbotes aus und verfahren sie dabei „in einer Weise, die mit Wahrscheinlichkeit das Humane Immunschwäche-Virus überträgt", dann machen sie sich - vorausgesetzt sie wissen von ihrer HIV-Infektion und der durch ihr Tun ausgehenden Übertragungsgefahr - einer *weiteren Straftat* schuldig.[483]

Ferner können HIV-Infizierte und damit auch entsprechend angesteckte Prostituierte *abgesondert* werden. Die Voraussetzungen hierfür sind in den in Betracht kommenden Gliedstaaten sehr *unterschiedlich geregelt.*[484] So läßt der Staat *Idaho,* der Aids, ARC und „andere Erscheinungsformen" der HIV-Infektion als „Geschlechtskrankheiten" klassifiziert,[485] die Absonderung von „Personen, die von einer Geschlechtskrankheit betroffen sind" zu, wenn diese Maßnahme nach „Einschätzung (der zuständigen Beamten) zum Schutz der öffentlichen Gesundheit erforderlich ist".[486] Demgegenüber stellt *Florida* für die Absonderung einer an einer „sexuell übertragbaren Krankheit" leidenden Person, worunter auch HIV-Infizierte fallen können,[487] eine ganze Reihe von Voraussetzungen auf. Die Absonderung kann auf Antrag des Gesundheitsministeriums nur durch ein Gericht angeordnet werden,[488] sofern folgendes nachgewiesen wird:

1) „erhebliche Gefährdung der öffentlichen Gesundheit und Wohlfahrt durch eine Person mit einer sexuell übertragbaren Krankheit",
2) Aufklärung dieser Person „über die erhebliche Bedrohung, die die Krankheit für andere darstellt, und über die Methoden, das Risiko für die Allgemeinheit zu verringern",

---

[480] So für Florida Sektion 796.08 (3) der Florida Statutes (Fn. 36); siehe auch für Indiana Sektion 35-38-1-10.5 (c) des Indiana Code (Fn. 117) und für Idaho Sektion 39-603 des Idaho Code (Fn. 471).

[481] Vgl. oben unter a) mit Nachw. in Fn. 463.

[482] So für Florida Sektion 384.24 der Florida Statutes (Fn. 36); ganz ähnlich für Georgia Sektion 16-5-60 (c) (1) des Code of Georgia (Fn. 176) und für Idaho Sektion 39.601 des Idaho Code (Fn. 471).

[483] So für Florida Sektion 796.08 (5) der Florida Statutes (Fn. 36); vgl. für Georgia Sektion 16-5-60 (c) (3) des Code of Georgia (Fn. 176).

[484] Siehe zusätzlich den Überblick bei *Mendicino,* Characterization and Disease, North Carolina Law Review Bd. 66 (1987), 226, 241-244, der auch über gescheiterte Gesetzesinitiativen und über Regelungen aus Staaten berichtet, die in dieser Abhandlung nicht berücksichtigt werden konnten; siehe oben unter C.

[485] Vgl. Sektion 39-601 des Idaho Code (Fn. 471).

[486] So Sektion 39-603 des Idaho Code (Fn. 471).

[487] Siehe Sektion 384.23 (3) der Florida Statutes (Fn. 36).

[488] Vgl. Sektion 384.28 (1) der Florida Statutes (Fn. 36).

3) trotz dieser Aufklärung „Anzeichen“ bei der Person für ihre „Absicht, die Allgemeinheit der Ansteckung mit der sexuell übertragbaren Krankheit auszusetzen“,
4) „Ausschöpfung aller anderen vernünftigen Mittel, das Problem zu beheben“,
5) „Fehlen einer milderen Alternative“.[489]

Die Absonderung darf vom Gericht nicht unbegrenzt, sondern nur so lange angeordnet werden, bis „die Bedrohung für die öffentliche Gesundheit beseitigt oder in einer Weise vermindert ist, daß eine erhebliche Bedrohung für die öffentliche Gesundheit nicht mehr besteht“.[490] Ähnlich wie in Florida ist die Absonderung in *Illinois* geregelt.[491]

c. Bewertung

Die Prostitution ist in den USA trotz ihres fast völligen Verbots weit verbreitet.[492] So wird die Zahl der weiblichen Prostituierten auf mehr als 200000 und die der männlichen Prostituierten auf 10000–20000 geschätzt.[493] Geht man davon aus, daß diese Personen jährlich über 300 Millionen „Prostitutionsakte“ vollziehen[494] und berücksichtigt man, daß durch solche Akte das HIV übertragen werden kann, dann wird ohne weiteres ersichtlich, welches beträchtliche HIV-Ansteckungsrisiko die Prostituierten für ihre Kunden darstellen. Diese Überlegung ist offenbar der Ansatzpunkt, der Florida und Georgia zu einer Regelung veranlaßte, die eine HIV-Testpflicht für Prostituierte allein an eine Verurteilung (oder gar nur an ein Schuldbekenntnis) wegen Prostitution knüpft. Letztlich beruht der HIV-Testzwang für Prostituierte auf dem bloßen (unsubstantiierten) Verdacht, dieser Personenkreis sei HIV-infiziert und stelle daher eine HIV-Bedrohung für andere dar. Das genügt nicht. *Gerechtfertigt* ist die genannte Testpflicht vielmehr *allenfalls* dann, *wenn* sich gerade die *Prostitution* als eine im Vergleich zu anderen Ursachen *herausragende Quelle* für HIV-Infektionen erwiesen hat.
Was *weibliche Prostituierte* angeht, so ergaben 1987 durchgeführte Studien unter 835 Frauen in sieben ausgewählten Städten (Miami, Las Vegas, Los Angeles, San Franzisko u. a.), daß die HIV-Prävalenz unter den Teilnehmerinnen in etwa der Rate entsprach, wie sie für andere Frauen in diesen Orten festgestellt wurde.[495]

---

489 Sektion 384.28 (2) der Florida Statutes (Fn. 36).
490 So Sektion 384.28 (1) der Florida Statutes (Fn. 36).
491 Vgl. Sektion 7407 (§ 7 des Illinois Sexually Transmissible Disease Control Act) der Illinois Statutes (West 1988).
492 Zu diesem Vollzugsdefizit, das nach Ansicht der HIV-Kommission des amerikanischen Präsidenten abgestellt werden müsse, vgl. deren Report (Fn. 2), S. 130 und 131.
493 Siehe *Decker,* Prostitution, S. 81, 83 und 84.
494 So auch die Annahme von *Decker,* Prostitution, S. 81, 83 hinsichtlich allein der weiblichen Prostituierten.
495 Siehe den Bericht „Antibody to Human Immunodeficiency Virus in Female Prostitute“ der Centers for Disease Control, Report on AIDS, Bd. 2, S. 48 mit Tabelle 1 auf S. 49 sowie ferner den Bericht „Human Immunodeficiency Virus Infection in the United States“, abgedruckt in „Update: MMWR Articles on AIDS“, April 1988, S. 5, 14 mit Tabelle 8 auf S. 40.

Sofern die Rate - wie in Miami[496] - hoch ausfiel, könnte dieses Ergebnis für den Testzwang, wie ihn z. B. Florida kennt und der Bund in den Staaten eingeführt wissen will,[497] sprechen. Zu bedenken ist jedoch, daß sich die Studien nur auf einen kleinen, ausgewählten Kreis von Prostituierten in wenigen Städten bezogen, die Resultate also nicht als repräsentativ gelten können.[498] Die z. B. für Miami gefundenen Ergebnisse dürfen daher nicht auf ganz Florida oder die USA übertragen werden. Statt dessen liegt es angesichts der aus den Studien erkennbaren Parallelität der HIV-Prävalenzen für Prostituierte und für andere Frauen sowie unter Berücksichtigung des Anteils der Frauen von nur ca. 8,7% unter den an Aids erkrankten Erwachsenen[499] nahe, auf eine gegenwärtig geringe HIV-Prävalenz unter Frauen und damit auch unter weiblichen Prostituierten zu schließen. Stellt man überdies noch auf andere Umstände[500] ab, z. B. die von weiblichen Prostituierten ihren Kunden häufig auferlegte Benutzung eines Kondoms,[501] dann erscheint der *Testzwang* für Prostituierte, wie er z. B. in Florida gilt, jedenfalls für weibliche Prostituierte *nicht gerechtfertigt.*[502] Davon abgesehen erscheint es mit Blick auf den allgemeinen Gleichheitssatz verfassungsrechtlich nicht ohne weiteres unbedenklich, Prostituierte einem Testzwang zu unterwerfen, die übrigen Frauen trotz der bei ihnen ähnlichen HIV-Prävalenzrate hingegen nicht.[503]

Anders könnte der HIV-Testzwang zu beurteilen sein, soweit er neben weiblichen auch *männliche Prostituierte* trifft, die wegen ihrer Tätigkeit verurteilt wurden. Diese Personen bieten ihre Dienste ganz überwiegend homo- oder bisexuell veranlagten Männern an und damit der Gruppe, die bei weitem am stärksten von Aids[504] wie überhaupt von HIV-Infektionen[505] betroffen ist. Dadurch ist die Wahrscheinlichkeit groß, daß die männlichen Prostituierten inzwischen selbst in nicht unbedeutendem Maße HIV-infiziert sind und damit eine erhebliche Gefahrenquelle für ihre (noch) nicht mit dem Aids-Virus angesteckten Kunden dar-

---

[496] Vgl. erneut den vorstehend (Fn. 495) genannten Bericht der Centers for Disease Control, a. a. O., S. 49.

[497] Siehe oben den Text unter a) nach Fn. 466.

[498] So hinsichtlich der teilnehmenden Prostituierten auch die Bewertung der Studie in dem oben (Fn. 495) zitierten Bericht der Centers for Disease Control, a. a. O., S. 48.

[499] Siehe die Angaben im HIV/AIDS Surveillance Report der Centers for Disease Control vom Juli 1989, S. 10.

[500] Vgl. hierzu näher *Decker,* Prostitution, S. 81, 84 mit Nachw.

[501] Siehe erneut *Decker,* Prostitution, S. 81, 84 mit Nachw. und die 1987 unter 568 weiblichen Prostituierten u. a. über die Verwendung von Kondomen durchgeführte Umfrage der Centers for Disease Control, über deren Ergebnisse der oben (Fn. 495) zitierte Bericht dieser Einrichtung, a. a. O., S. 48, Auskunft gibt.

[502] Vgl. auch *Decker,* Prostitution, S. 81, 87, der eine Testpflicht, die auf der unbegründeten Annahme beruht, Prostituierte seien wahrscheinlich HIV-infiziert, für sachwidrig hält.

[503] Siehe in diesem Sinne *Decker,* Prostitution, S. 81, 88.

[504] Von den gegenwärtig rund 89000 Männern, die an Aids in den USA erkrankt sind, entfallen ca. 67% auf homo- oder bisexuell veranlagte Männer; vgl. den HIV/AIDS Surveillance Report der Centers for Disease Control vom Juli 1989, S. 10.

[505] So ergaben 50 Studien unter homo-/bisexuellen Männern, die seit 1984 in 22 über 15 Bundesstaaten verteilten Städten durchgeführt wurden, meist Prävalenzraten zwischen 20 und 50%; siehe näher den Bericht „Human Immunodeficiency Virus Infection in the United States" der Centers for Disease Control, in: Update: MMWR Articles on AIDS, April 1988, S. 5, 8 mit Tabelle 1 auf S. 28.

stellen. In Anbetracht dieser Situation spricht für einen auf männliche Prostituierte begrenzten HIV-Testzwang eine gewisse *Plausibilität*. Da es der Testpflicht in Florida an dieser tatbestandlichen Einschränkung aber ebenso mangelt wie der entsprechenden Regelung in Georgia, sind sie insgesamt als unangemessen zu bewerten. Dementsprechend ist es auch als verfehlt anzusehen, daß der Bund Aids-Zuweisungen aus seinem Haushalt an die Staaten davon abhängig macht, daß diese einen Testzwang für Prostituierte wie z. B. in Florida vorsehen.

Abweichend ist der *Testzwang* für - männliche und weibliche - Prostituierte zu beurteilen, wie er sich aus den Regelungen in *Idaho, Indiana* und - teilweise[506] - *Georgia* ergibt. Dort basiert die Testpflicht nicht oder nicht allein auf der Verurteilung wegen Prostitution und damit nicht auf dem - wie sich gezeigt hat - unbegründeten abstrakten Verdacht, ein gewisser Personenkreis stelle aufgrund seiner vermuteten eigenen HIV-Infektion ein Ansteckungsrisiko für andere dar. Vielmehr *setzt* die Testpflicht in diesen Staaten zumindest *voraus*, daß in jedem Einzelfall die Prostituierten *konkret* in dem *Verdacht* stehen müssen, HIV-infiziert zu sein. Der Testzwang erfaßt die Prostituierten somit nicht als eine Gruppe von allgemein Verdächtigten, sondern als Individuen, bei denen Anhaltspunkte für eine HIV-Infektion gegeben sind. Überdies verlangt seine Anordnung, daß von den Prostituierten eine HIV-Gefährdung für Dritte ausgegangen ist oder wenigstens auszugehen droht. Eine so gestaltete Testpflicht bringt die widerstreitenden Interessen einerseits der Allgemeinheit (gesundheitlicher Schutz der Bevölkerung) und andererseits der Prostituierten (Verschonung von staatlichen Eingriffen) angemessen zum Ausgleich. Sie kann deshalb - trotz der nicht vollends zuverlässigen HIV-Tests[507] - als *sachgerecht* angesehen werden. Darüber sollte allerdings nicht vergessen werden, daß eine Testpflicht für Prostituierte nicht andere Maßnahmen entbehrlich macht, die sich als wirksam bei der Aids-Bekämpfung erwiesen haben. Gemeint ist hiermit insbesondere die Aids-Aufklärung. Ihr kommt gerade unter Prostituierten und ihren Kunden erhebliches Gewicht bei der Eindämmung der HIV-Infektionen zu.

Soweit nach den vorstehenden Ausführungen die Testpflicht für Prostituierte berechtigt ist und sich auf ihrer Grundlage eine HIV-Infektion dieser Personen herausstellt, ergeben sich eine Reihe von *Rechtsfolgen*, die im einzelnen hier nicht alle einer Bewertung unterzogen werden können. Das ist um so eher entbehrlich, als es sich bei ihnen um Maßnahmen handelt, die entweder angesichts des einmal erkannten HIV-Status ohnehin naheliegen (Behandlung und Beratung der Prostituierten) oder die sich nur als (kaum kontrollierbare und damit weithin leerlaufende) Verrechtlichung der selbstverständlichen ethischen Pflicht darstellen, andere nicht wissentlich ohne deren Einwilligung einer wahrscheinlichen Leibes- und Lebensgefahr auszusetzen (Rechtswidrigkeit des Geschlechts-

[506] Gemeint sind die Regelungen in Georgia, die eine Testpflicht nicht an eine Verurteilung wegen Prostitution oder ein entsprechendes Schuldbekenntnis knüpfen (siehe oben den Text bei Fn. 466), sondern voraussetzen, daß „eindeutig und überzeugend der Nachweis erbracht ist, daß die Person höchstwahrscheinlich HIV-infiziert ist und daß eine zwingende Notwendigkeit besteht, die öffentliche Gesundheit zu schützen" (vgl. oben den Text, beginnend nach Fn. 474).

[507] Siehe oben den Text unter 1.

verkehrs bei fehlender Aufklärung und Einwilligung des Sexualpartners, Strafbarkeit von „Prostitutionsakten", die mit Wahrscheinlichkeit das HIV übertragen).

Abgesehen von diesen Maßnahmen verdient jedoch ein Mittel wegen seiner besonders umstrittenen gesundheitspolitischen Bedeutung näher erörtert zu werden. Es handelt sich um die *Absonderung*, die als Konsequenz der durch die Testpflicht für Prostituierte ermöglichten HIV-Diagnose gegenüber diesen Personen angeordnet werden kann. Da die Absonderung wegen des nicht behebbaren infektiösen Status der Betroffenen unabsehbar lang währen kann, können einerseits die *Freiheitsinteressen* durch sie besonders stark beeinträchtigt werden,[508] was gegen die Verhängung dieser Maßnahme spricht. Andererseits können von HIV-Infizierten bei nicht krankheitskonformem Verhalten Gefahren für *Leib und Leben* anderer ausgehen, so daß auch besonders gewichtige *Interessen* für eine Absonderung anzuführen sind.[509] Ob eine die Absonderung ermöglichende Regelung sachlich berechtigt ist, hängt daher letztlich von der *angemessenen Harmonisierung* dieser Interessen und damit der gesetzgeberischen Ausgestaltung im einzelnen ab.

Sofern für den Erlaß dieser Maßnahme - wie in *Idaho*[510] - lediglich verlangt wird, daß sie nach „Einschätzung (der zuständigen Beamten) zum Schutz der öffentlichen Gesundheit erforderlich ist", erscheint diese Voraussetzung viel zu unbestimmt und weit gefaßt.[511] Überdies läßt die fragliche Formulierung völlig den verfassungsrechtlichen Grundsatz des milderen Mittels außer acht, der auch in den USA anerkannt ist.[512] Als eine weniger einschneidende, aber dennoch geeignete Maßnahme ist vor allem an die Aufklärung der HIV-positiven Prostituierten zu denken, und zwar über die von ihrer Infektion für ihre Sexualpartner ausgehenden Gefahren und die Methoden, dieses Risiko auszuschalten.[513] Erst wenn die Prostituierten diese Informationen nicht annehmen, sie statt dessen eine verantwortungslose, die Gesundheit und das Leben Dritter aufs Spiel setzende Haltung erwarten lassen und „Ausstiegshilfen" (z. B. die Unterbringung in einem anderen Beruf)[514] oder andere mildere Mittel keinen Erfolg versprechen,

---

[508] Dieser Aspekt wird herausgestellt von *Parmet*, AIDS and Quarantine: The Revival of an Archaic Doctrine, Hofstra Law Review Bd. 14 (1985), 53, 79 und vor allem 82–84.

[509] Vgl. erneut *Parmet*, Quarantine, Hofstra Law Review Bd. 14 (1985), 53, 83.

[510] Siehe oben den Text unter b) bei Fn. 485 mit Nachw. dortselbst.

[511] Vgl. hierzu im Zusammenhang mit der Absonderung von HIV-Infizierten *Merritt*, Communicable Disease, New York University Law Review Bd. 61 (1986), 739, 778f.; *Note*, The Constitutional Rights of AIDS Carriers, Harvard Law Review Bd. 99 (1986), 1274, 1282; *Parmet*, Quarantine, Hofstra Law Review Bd. 14 (1985), 53, 85.

[512] Siehe dazu in bezug auf die Absondererung HIV-Infizierter *Merritt*, Communicable Disease, New York University Law Review Bd. 61 (1986), 739, 779f. und *Parmet*, Quarantine, Hofstra Law Review Bd. 14 (1985), 53, 89.

[513] Vgl. zu diesen Aspekten erneut *Merritt*, Communicable Disease, New York University Law Review Bd. 61 (1986), 739, 779–783 und *Parmet*, Quarantine, Hofstra Law Review Bd. 14 (1985), 53, 86 und 89.

[514] Zu Recht weist *Parmet* (Quarantine, Hofstra Law Review Bd. 14 [1985], 53, 86) auf staatliche Hilfen als milderes Mittel hin, die es Prostituierten ermöglichen, ihre bisherige Tätigkeit aufzugeben.

ist die Absonderung eine angemessene sowie unter diesen Umständen auch notwendige staatliche Maßnahme.[515]
Eben diese Voraussetzungen müssen nach dem Recht *Floridas* erfüllt sein, ehe eine Absonderung von HIV-Infizierten, also auch HIV-positiven Prostituierten, angeordnet werden kann.[516] Zusätzlich ist in Florida die Entscheidung über die Absonderung nicht in die Hände der Gesundheitsbehörde gelegt, die an dem Erlaß der Maßnahme ein starkes fachliches Eigeninteresse hat und daher Gefahr läuft, die tatbestandlichen Voraussetzungen der Absonderung vorschnell anzunehmen. Vielmehr ist von vornherein nur ein Gericht entscheidungsbefugt.[517] Dessen Unabhängigkeit und sachliche Distanz stellt eine weitere begrüßenswerte Sicherung dar. Insgesamt erweist sich deshalb die *Absonderungsregelung* in Florida als ein *gelungener Ausgleich* zwischen dem *Freiheitsinteresse* der mit dem HIV angesteckten Prostituierten einerseits und den *Gesundheitsinteressen* Dritter sowie der Allgemeinheit andererseits.

d. Konsequenzen

Der vom *Freistaat Bayern* dem Bundesrat mit dem Ziel einer Änderung des Bundes-Seuchengesetzes zugeleitete *Gesetzesantrag*[518] enthält in seinem Art. 1 Nr. 11 (§ 35 c) mehrere einschlägige Bestimmungen für Prostituierte. Nach § 35 c Abs. 2 Satz 1 des Entwurfs haben sich „Personen, die die Prostitution ausüben“, künftig „vierteljährlich von einem Arzt auf HIV untersuchen zu lassen“. Gemäß § 35 c Abs. 3 des Entwurfs kann „die zuständige Behörde eine Untersuchung auf eine HIV-Infektion durch das Gesundheitsamt anordnen“, falls „die letzte Untersuchung länger als drei Monate“ zurückliegt. Diese Regelungen gehen erheblich über das geltende Recht (§ 32 Abs. 2 i.V.m. § 31 Abs. 1 BSeuchenG) hinaus, das für die Duldung von Untersuchungen wie den HIV-Test wenigstens die Annahme eines Verdachtes voraussetzt, mit dem Erreger (HIV) einer übertragbaren Krankheit (Aids)[519] angesteckt zu sein.[520] Demgegenüber unterwirft die vom

---

[515] Ähnlich für die Absonderung HIV-Infizierter allgemein auch *Merritt,* Communicable Disease, New York University Law Review Bd. 61 (1986), 739, 779f. Im Ergebnis ebenso, in der Sache aber zu pauschal *Robinson,* Criminal Sanctions and Quarantine, in: *Dornette* (Hrsg.), AIDS and the Law, 1987, S. 165, 174.

[516] Siehe oben unter b) den Text nach Fn. 486.

[517] Vgl. den Nachweis in Fn. 488.

[518] Siehe BT-Drucks. 294/87 vom 16. 7. 1987.

[519] Zur Geltung des Bundes-Seuchengesetzes auch für Aids vgl. nur *Eberbach,* Aktuelle Rechtsprobleme, Aids-Forschung 1988, 307, 313; *Gallwas,* Gesundheitsrechtliche Aspekte der Bekämpfung von Aids, Aids-Forschung 1986, 31 und 33f.; *Schenke,* Rechtsfragen, DVBl. 1988, 165, 167; *derselbe,* Aids, in: Schünemann/Pfeiffer (Hrsg.), Die Rechtsprobleme von Aids, 1988, S. 103, 110f.; *Schumacher/Meyn,* Bundes-Seuchengesetz, 3. Aufl., 1987, Erläuterungen zu § 34 (S. 97). – Aus der Rechtsprechung siehe z.B. VGH München NJW 1988, 2318, 2319; vgl. auch den im Annahmeverfahren ergangenen Beschluß der 2. Kammer des 1. Senats des BVerfG NJW 1987, 2287, 2288.

[520] Die bestehenden Unterschiede werden allerdings eingeebnet, wenn man für die „Annahme des Ansteckungsverdachts“ im Sinne des § 31 Abs. 1 BSeuchenG die Zugehörigkeit zu einer sogenannten Aids-Risikogruppe genügen läßt (so z.B. VG München Aids-Forschung 1988, 694, 695; Fortsetzung siehe S. 79.

Freistaat Bayern vorgeschlagene Bestimmung die Prostituierten, ohne daß sie als Individuum HIV-verdächtig sind, allein aufgrund ihrer Zugehörigkeit zu einer (mißliebigen) Gruppe, die nicht einmal herausragend HIV-infiziert ist,[521] einem HIV-Testzwang. Eine solche *pauschale, differenzierungslose Testpflicht für Prostituierte* entspricht dem HIV-Testzwang, wie er in Georgia[522] und Florida[523] ohne weitere Voraussetzungen für Personen vorgesehen ist, die wegen Prostitution verurteilt sind. Sie muß daher aus den gleichen Gründen *abgelehnt werden* wie der Testzwang in den genannten amerikanischen Gliedstaaten.[524]

Über die HIV-Testpflicht hinaus enthält der bayerische Gesetzentwurf in seinem § 35 c Abs. 1 ein *Tätigkeitsverbot:* „HIV-infizierten Personen ist es verboten, die Prostitution auszuüben". In der Begründung heißt es dazu: „Angesichts des hohen Gefährdungsgrades genügt es nicht, (HIV-infizierten) Prostituierten lediglich Auflagen zur möglichen Verminderung des Infektionsrisikos zu machen, zumal solche Auflagen in der Praxis meist nicht überwacht werden können."[525] Eben diese mangelnde Kontrollmöglichkeit ist es aber auch, die gegen das in § 35 c Abs. 1 normierte Tätigkeitsverbot spricht. Die amerikanische Rechtslage zeigt, daß der Prostitution nicht mit einem solchen Verbot beizukommen ist. In den USA ist die Prostitution fast ausnahmslos und nicht nur beschränkt auf HIV-positive Prostituierte verboten;[526] trotzdem blüht sie.[527] Erfolgversprechender als ein zwingendes, generelles Tätigkeitsverbot erscheint eine Regelung, die den Behörden statt einer Konfrontation die Kooperation mit den HIV-angesteckten Prostituierten erlaubt. Andernfalls müßte die „derzeit geübte Praxis, mit solchen Fällen zunächst den Weg einer freiwilligen Aufgabe der Tätigkeit mit unterstützender Hilfe zu suchen und ein Tätigkeitsverbot nur im Einzelfall zu

---

520 (Fortsetzung) ***Rübsaamen,*** Der Ansteckungsverdacht im Sinne des BSeuchenG insbesondere im Zusammenhang mit Aids, Aids-Forschung 1987, 207, 210–212; ebenso für Prostituierte, ansonsten aber anders *Schenke,* Rechtsfragen, DVBl. 1988, 165, 168), was auch wegen der nur geringen HIV-Prävalenz unter Prostituierten, jedenfalls weiblichen (siehe nachstehend den Text bei und in Fn. 521 sowie für die USA oben unter c), beginnend bei Fn. 495) nicht überzeugt. – Vgl. demgegenüber die Darlegungen zum seuchenrechtlichen Begriff des „Verdachts" bei *B. Breitbach/ M. Breitbach/Rühl,* Aids-Bekämpfung und Bundes-Seuchengesetz, Kritische Justiz 1988, 62, 68, 70; Eberbach, Rahmenbedingungen für Aids, Das öffentliche Gesundheitswesen 1988, 456, 458; *Frankenberg,* Aids-Bekämpfung im Rechtsstaat, 1988, S. 83–85; *Loschelder,* Gesundheitsrechtliche Aspekte des Aids-Problems, NJW 1987, 1467, 1469; *Seewald,* Zur Verantwortlichkeit des Bürgers nach dem Bundes-Seuchengesetz, NJW 1987, 2265, 2271.

521 Vgl. dazu die frühere Bundesministerin für Jugend, Familie, Frauen und Gesundheit, *Süssmuth,* in der 580. Sitzung des Bundesrates am 25. 9. 1987, Plenarprotokoll 580, S. 305, 307 (B) sowie die Angaben bei *Eberbach,* Aids-rechtliche Verantwortung und Vertrauen, ZRP 1987, 395, 396 mit Nachw. in Fn. 12 und 13 (der überdies darauf hinweist, daß nach Angaben von Forschern die Ansteckungswahrscheinlichkeit bei einem nur einmaligen ungeschützten Geschlechtsverkehr mit einem infizierten Partner lediglich 0,5 bis 1% oder noch weniger betrage, vgl. a.a.O., S. 396 mit Fn. 14) sowie die Ausführungen von *Frankenberg,* Aids-Bekämpfung, S. 88–95, besonders S. 89 und 93.

522 Siehe oben den Text unter a) nach Fn. 465.

523 Vgl. vorstehend die Ausführungen sub a) nach Fn. 466.

524 Siehe dazu näher die Überlegungen oben unter c).

525 BR-Drucks. 294/87, S. 29.

526 Vgl. oben den Text unter a) bei Fn. 463.

527 Siehe dazu die Angaben sub c) bei Fn. 492.

verhängen,[528] beendet werden. Dies verbiete sich aber schon mit Rücksicht auf den verfassungsrechtlichen Grundsatz der Erforderlichkeit.[529] Daher ist an *§ 38 BSeuchenG festzuhalten,* wonach Kranken etc. „die Ausübung bestimmter beruflicher Tätigkeiten ganz oder teilweise untersagt werden"[530] „kann", nicht muß.[531]

Demgegenüber empfiehlt sich eine *Änderung des § 37 Abs. 1 BSeuchenG.* Nach Satz 2 dieser Bestimmung ist es möglich, u.a. sonstige Kranke, Krankheitsverdächtige, Ansteckungsverdächtige (§ 2 BSeuchenG) und damit grundsätzlich auch HIV-positive oder im Verdacht einer HIV-Infektion stehende Prostituierte[532] „in einem Krankenhaus oder in sonst geeigneter Weise" abzusondern. Bei der *Absonderung* handelt es sich um eine Freiheitsentziehung im Sinne des Art. 104 Absatz 2 Satz 1 GG;[533] sie bedarf daher der richterlichen Anordnung. Diesem verfassungsrechtlichen Erfordernis trägt § 37 Abs. 2 Satz 3 BSeuchenG lediglich für die Absonderung nach Absatz 2 Rechnung, indem er die Anwendung des Gesetzes über das gerichtliche Verfahren bei Freiheitsentziehungen[534] zur Pflicht macht. Für die Absonderung gemäß Absatz 1 fehlt es an einer entsprechenden ausdrücklichen Regelung. Um keinen Zweifel aufkommen zu lassen und um möglichen verfassungsrechtlichen Einwänden zu begegnen,[535] sollte auch für die Absonderung – ebenso wie es die vergleichbare Norm in Florida

---

[528] So der frühere Minister für Umwelt und Gesundheit des Landes Rheinland-Pfalz, *Wilhelm,* bei der Beratung des Gesetzentwurfs des Freistaates Bayern im Bundesrat am 25. 9. 1987, Plenarprotokoll 580, S. 301, 302 (C). Vgl. ferner die Ausführungen des Berliner Senators für Gesundheit und Soziales, *Fink,* in derselben Sitzung des Bundesrates, a.a.O., S. 304, 305 (B) und der Senatorin der Gesundheitsbehörde Hamburgs, *Maring,* ebenfalls a.a.O., S. 299, 300 (D).

[529] Siehe auch *Frankenberg,* Aids-Bekämpfung, S. 128–130.

[530] Bei der Prostitution handelt es sich um eine „berufliche Tätigkeit" i.S. des § 38 BSeuchenG. Der hiervon abweichende verfassungsrechtliche Berufsbegriff, wie er für Art. 12 Abs. 1 GG meist zugrunde gelegt wird, steht dem nicht entgegen; vgl. hierzu näher Rübsaamen, Ansteckungsverdacht, Aids-Forschung 1987, 276, 279f.; *Schenke,* Aids, S. 103, 124f.; *derselbe,* Rechtsfragen, DVBl. 1988, 165, 170. Eines Rückgriffs auf die Generalklausel des § 34 Abs. 1 Satz 1 BSeuchenG bedarf es daher – entgegen einer abweichenden Meinung (vgl. z.B. *Schumacher/Meyn,* Bundes-Seuchengesetz, Erläuterungen zu § 34, S. 97) – für die Tätigkeitsverbote gegenüber Prostituierten nicht. Davon abgesehen hätte hinsichtlich des § 34 Abs. 1 Satz 1 BSeuchenG insoweit entsprechendes zu gelten wie bezüglich des § 38 BSeuchenG.

[531] Vgl. aber *Costard,* Aids, S. 192–195, der bei HIV-infizierten Prostituierten zu einer Ermessensreduzierung auf Null und infolgedessen zu einer Verpflichtung der Behörde zur Anordnung eines Tätigkeitsverbotes tendiert, was im praktischen Ergebnis auf das Tätigkeitsverbot nach § 35c Abs. 1 des bayerischen Gesetzentwurfs hinausläuft.

[532] Siehe zu Anwendbarkeit des § 37 BSeuchenG auf HIV-Infizierte u.a. *Bachmann,* Seuchenrechtliche Aspekte der HIV-Infektion, Aids-Forschung 1987, 100, 103; *Eberbach,* Aktuelle Rechtsprobleme, Aids-Forschung 1988, 307, 313; *derselbe,* Rahmenbedingungen für Aids, Das öffentliche Gesundheitswesen 1988, 456, 461; *Gauweiler,* „Kasernierung" von Aidskranken Prostituierten?" ZRP 1989, 85, 88f.; *Schenke,* Rechtsfragen, DVBl. 1988, 165, 169f.

[533] Vgl. m. w. Nachw. *Schenke,* Aids, S. 103, 121f., *derselbe,* Rechtsfragen, DVBl. 1988, 165, 169f.

[534] Siehe vor allem § 3 des Gesetzes.

[535] Vgl. *Schenke,* Aids, S. 103, 122f.

vorschreibt[536] - *klargestellt* werden, daß über sie *nur der Richter* entscheiden darf.
Darüber hinaus erscheint (wenigstens) in bezug auf die Absonderung eine *Konkretisierung* vor allem des verfassungsrechtlichen *Grundsatzes der Erforderlichkeit* wünschenswert, da dieses Prinzip in § 37 BSeuchenG nur andeutungsweise und partiell berücksichtigt ist und es in § 34 Abs. 1 Satz 1 BSeuchenG für die Schutzmaßnahmen allgemein lediglich einen sehr vagen Niederschlag gefunden hat.[537] Auch insoweit bietet die eben erwähnte Vorschrift Floridas[538] Anhaltspunkte, wie der Grundsatz der Erforderlichkeit für die Absonderung des näheren ausgeformt werden kann, nämlich durch die Ausschöpfung milderer Mittel, wie sie u.a. die Aufklärung darstellt.[539]

7. Test der Sexualtäter

a. Tatbestände

Einige Gliedstaaten sehen im Zusammenhang mit bestimmten Sexualdelikten eine Testpflicht für die Angeklagten oder die Verurteilten vor. In *Texas* muß sich eine Person, die wegen einfacher oder schwerer sexueller Nötigung[540] angeklagt ist, „auf Anweisung des Gerichts" einem HIV-Test unterziehen, wenn die Person ihn selbst beantragt oder das Opfer der Straftat ihn begehrt.[541] *Georgia* erstreckt die HIV-Testpflicht auf Personen, die u.a. eine Vergewaltigung, Unzucht zwischen Männern, sexuellen Mißbrauch von Kindern oder Beischlaf zwischen Verwandten begangen haben sollen und sich schuldig bekennen oder die wegen einer dieser Straftaten verurteilt wurden. Die Anordnung des Gerichts setzt nicht einen Antrag des Täters oder des Opfers voraus; sie ist ganz in das Ermessen des Gerichts gestellt.[542]
Teilweise anders ist der HIV-Testzwang für Sexualtäter in *Illinois* geregelt. Dort genügt zwar nicht ein Schuldbekenntnis, wohl aber eine Verurteilung wegen eines Sexualdelikts, z.B. wegen sexuellen Mißbrauchs oder sexueller Nötigung,[543] um den Täter einem HIV-Test zu unterwerfen.[544] Ganz ähnlich wie in Illinois

---

[536] Siehe oben den Text unter b) nach Fn. 487.

[537] Vgl. auch *Hofmann*, Verfassungs- und verwaltungsrechtliche Probleme der Virus-Erkrankung Aids unter besonderer Berücksichtigung des bayerischen Maßnahmenkatalogs, NJW 1988, 1486, 1492.

[538] Siehe erneut den Text supra nach Fn. 487.

[539] Vgl. zur Aufklärung und zu anderen milderen Maßnahmen im Verhältnis zur Absonderung vor allem *Frankenberg*, Aids-Bekämpfung, S. 122.

[540] Siehe Sektion 22.011 und 22.021 des Penal Code Texas' (Vernon 1988).

[541] Vgl. Sektion 21.31 (a) Satz 1 bis 3 des Code of Criminal Procedure Texas' (Vernon 1988).

[542] Siehe Sektion 17-10-15 (a) bis (d) mit Sektion 31-22-9.1 (a) (3) des Code of Georgia (Fn. 176). Gleiches gilt bei einer Verurteilung wegen eines der genannten Delikte auch für jugendliche Straftäter; vgl. Sektion 15-11-35.1 (a) bis (c) und Sektion 31-22-9.1 (a) (3) des Code of Georgia (Fn. 176).

[543] Vgl. Sektion 12-13 und Sektion 12-16 des Unified Code of Corrections (Illinois Legislative Service 1988).

[544] Siehe Sektion 5-5-3 (g) Satz 1 des Unified Code of Corrections in der Fassung des Public Act 85-935 (Illinois Legislative Service 1988).

will der *Bund* die HIV-Testpflicht von Sexualtätern durch die Gliedstaaten normiert wissen. Nach dem Entwurf des „AIDS-Counseling and Testing Act of 1988“ können die Gliedstaaten nämlich öffentliche Gelder des Bundes für ihre Aids-Beratung und Testeinrichtungen nur erhalten, wenn sie u. a. einen Testzwang für Straftäter vorsehen, die wegen sexueller Nötigung verurteilt sind.[545] Abweichend von diesen Regelungen ist in *Indiana* die Verurteilung wegen eines Sexualdelikts nicht ausreichend, um gegenüber dem Täter einen HIV-Test anordnen zu können. Hinzukommen muß vielmehr, daß „die Straftat eine epidemiologisch nachgewiesene Gefahr einer HIV-Übertragung verursachte.[546]

b. Rechtsfolgen

Von dem *Ergebnis des HIV-Tests* erfahren je nach Staat außer dem Gericht und dem Täter noch seine Strafanstalt oder verschiedene Gesundheitsbehörden.[547] Das Resultat ist oder kann ferner den Opfern des Sexualdelikts *mitgeteilt* werden, und zwar entweder durch die Gesundheitsbehörde[548] oder durch das Gericht.[549] Demgegenüber verlangt der Bund als Voraussetzung für seine Finanzzuweisungen an die Gliedstaaten lediglich, daß die Opfer von dem Testergebnis informiert werden, wenn sie es beantragen.[550]

c. Bewertung

Der Kreis der vorstehend genannten Adressaten, denen das Resultat des HIV-Tests mitgeteilt wird, läßt *verschiedene Zwecke* erkennen, denen die Testpflicht für Sexualtäter dienen soll.

Ist es der *Täter* selbst, der *unterrichtet* wird, zielt die Testpflicht auf Prävention. Erfährt der Täter nämlich, daß er HIV-positiv ist und beginge er trotzdem erneut ein Sexualdelikt, dann müßte er mit einer Strafverschärfung[551] oder der Verurteilung wegen eines selbständigen Delikts rechnen, das es HIV-infizierten Personen unter Strafe verbietet, sexuell mit anderen zu verkehren, ohne diese über die HIV-Infektion aufzuklären.[552] Werden die *Opfer* von einem positiven Untersuchungsergebnis *informiert*, dann trägt die Testpflicht ihrem regelmäßig starken

---

545 Vgl. näher die Sektionen 2303 (a) und (c), 2306 (a) (1) und (b), 2311, 2312, 2315 des Gesetzentwurfs sowie schon oben den Text unter 6. a) nach Fn. 469.

546 So Sektion 35-38-1-10.5 (a) (1) mit Sektion 35-38-1-7 (e) des Indiana Code (Fn. 117). – Vgl. auch die allgemein und daher grundsätzlich auch auf Sexualtäter anwendbare Regelung in Idaho, Sektion 39-603 mit Sektion 39-601, die schon im Zusammenhang mit der Testpflicht für Prostituierte näher dargestellt wurde; siehe oben den Text unter 6. a) nach Fn. 470.

547 Siehe für Georgia die Sektionen 17-10-15 (e) und 15-1-35.1 (d) des Code of Georgia (Fn. 176); für Illinois Sektion 5-5-3 (g) Satz 3 des Unified Code of Corrections (Fn. 544); für Indiana Sektion 35-38-1-10.5 (c) des Indiana Code (Fn. 117); für Texas Sektion 21.31 (a) Satz 4 des Code of Criminal Procedure (Fn. 541).

548 So für Indiana Sektion 35-38-1-10.6 (a) des Indiana Code (Fn. 117) und für Texas Sektion 21.31 (a) Satz 4 des Code of Criminal Procedure (Fn. 541).

549 So für Illinois Sektion 5-5-3 (g) Satz 4 des Unified Code of Corrections (Fn. 544).

550 So Sektion 2306 (a) (3) des AIDS Counseling and Testing Act of 1988 (Fn. 469).

551 Siehe Sektion 35-38-1-7 (b) (8) des Indiana Code (Fn. 117).

552 Vgl. Sektion 16-5-60 (c) (1) des Code of Georgia (Fn. 176).

persönlichen Interesse Rechnung, über evtl. gesundheitliche Folgen Klarheit zu erhalten. Außerdem besteht der Testzwang im Liquidationsinteresse der Opfer, da er es ihnen ermöglicht, einen Schadensersatzanspruch aus unerlaubter Handlung gegen den Täter geltend zu machen.[553] Wird das positive Testergebnis der *Strafanstalt* zugänglich gemacht, so werden die Vollzugsbeamten in die Lage versetzt, den Täter „getrennt von nicht HIV-infizierten (Insassen) einzusperren".[554] Die HIV-Testpflicht verfolgt mithin die Sicherheit der Mitgefangenen.[555]

Alle vier Zwecke *(Prävention, Informations- und Liquidationsinteresse der Opfer, Sicherheitsinteresse der Mitgefangenen)* sind bedeutsame gerechtfertigte Anliegen der Gemeinschaft oder/und einzelner Betroffener. Da der *HIV-Testzwang* für Sexualtäter diese öffentlichen und privaten Anliegen zu fördern vermag,[556] erscheint seine Normierung *vertretbar* oder sogar angezeigt, *vorausgesetzt,* das dem Testen entgegenstehende *Interesse des Testpflichtigen,* von staatlichen Eingriffen verschont zu bleiben, wird in *ausreichendem Maße gewahrt.*

Das ist z. B. für den *HIV-Testzwang,* wie er für Sexualtäter in *Texas* ausgestaltet ist, zumindest *nicht eindeutig.* Er gestattet dem Gericht, einen HIV-Test auf Antrag eines Opfers gegenüber einer Person schon dann anzuordnen, wenn diese lediglich wegen eines Sexualdelikts angeklagt ist.[557] Die Testpflicht erfaßt also eine Person, von der noch gar nicht zur Überzeugung eines Gerichts feststeht, daß sie die ihr vorgeworfene und den Anlaß des Testens bildende Straftat begangen hat. Ein Testzwang dieser Art vernachlässigt somit deutlich das Interesse des Pflichtigen, nicht mit staatlichen Eingriffen belastet zu werden. Es kommt hinzu, daß ein Testen zu diesem frühen Zeitpunkt weder zur Prävention noch zur Wahrung des Liquidations- und Sicherheitsinteresses erforderlich ist. Vielmehr dient das Testen in diesem Stadium allein dem Informationsinteresse der Opfer. Sie wollen möglichst schnell über die Infektiosität des – vermeintlichen – Täters unterrichtet sein, um von der naheliegenden Sorge, er könne sie mit dem HIV angesteckt haben, befreit zu sein. Ein an ihnen selbst ausgeführter handelsüblicher Test kann ihnen die gewünschte Klarheit, da er nur auf HIV-Antikörper reagiert,

---

[553] Siehe näher zu den durch das Case Law ausgebildeten Ansprüchen wegen unerlaubter Handlung (torts) im Zusammenhang mit einer HIV-Übertragung *Hermann,* AIDS: Malpractice, University of Colorado Law Review Bd. 58 (1986/87), 63, 88–93; *derselbe,* Private Law Suits, S. 153, 158–166 und *Kelly,* Negligence and Intentional Torts, in: Dornette (Hrsg.), AIDS and the Law, 1987, S. 149, 150–159.

[554] So Sektion 17-10-15 (e) (3) des Code of Georgia (Fn. 176); auch Sektion 42-5-52.1 (e) desselben Code.

[555] Vgl. hierzu auch unten sub 8. c) bei Fn. 603 im Zusammenhang mit der Testpflicht für Gefangene.

[556] Siehe auch die HIV-Kommission des amerikanischen Präsidenten, die sich für einen selbständigen Tatbestand ausspricht, der für Personen, die von ihrer HIV-Infektion wissen, ein Verhalten unter Strafe stellt, das nach wissenschaftlichen Erkenntnissen wahrscheinlich zur HIV-Übertragung führt. Die Strafbarkeit soll allerdings dann entfallen, wenn der Täter seinen Sexualpartner über seine HIV-Infektion aufklärt, der Partner der sexuellen Handlung zustimmt und der Täter Vorsichtsmaßnahmen gegen die Übertragung ergreift; siehe den *Report of the Presidential HIV-Commission* (Fn. 2), S. 130. Ebenfalls befürwortet die Kommission, daß sich der HIV-Status des Täters bei späteren Sexualdelikten strafverschärfend niederschlägt, a. a. O., S. 133.

[557] Vgl. zu dieser Vorschrift oben unter a) bei Fn. 540.

erst nach 6–12 Monaten und verläßlich sogar noch wesentlich später verschaffen.[558] Angesichts der oft quälenden Ungewißheit, in der sich die Opfer befinden, wiegt ihr Interesse, den - mutmaßlichen - Täter zu einem Test zu zwingen, schwer. Wenn unter diesen Umständen - wie in Texas - das Interesse des Testpflichtigen (des eines Sexualdelikts lediglich angeklagten) zurücktritt, ist das eine verständliche und daher nicht unangemessene Interessengewichtung. Die frühzeitige Testpflicht, wie sie in Texas gilt, erscheint somit *prinzipiell vertretbar.*[559]

Da diese Wertung auf der Annahme fußt, die Opfer könnten sich durch eigenes Testen nicht selbst rechtzeitig Klarheit über ihren HIV-Status verschaffen, ist die Testpflicht für angeklagte Sexualtäter in Texas aber dann nicht mehr berechtigt, wenn HIV-Tests allgemein verfügbar werden, die nicht erst HIV-Antikörper, sondern das HIV selbst nachweisen können.[560] Überdies dürfte auch schon gegenwärtig eine Testpflicht für angeklagte Sexualtäter nicht mehr angemessen sein, wenn sie erst zu einem so späten Zeitpunkt nach der angeblich von ihnen begangenen Tat gefaßt werden, daß eine Untersuchung der Opfer auf HIV-Antikörper diesen bereits verläßlich über eine HIV-Infektion Auskunft geben könnte. Von diesen *Ausnahmen* abgesehen, ist eine HIV-Testpflicht natürlich nur insoweit sachgerecht, als sie auf angeklagte Täter solcher Sexualdelikte begrenzt ist, die tatbestandlich eine Handlung voraussetzen, die geeignet ist, das HIV auf die Opfer zu übertragen. Für die sexuelle Nötigung, wie sie Texas unter Strafe stellt, trifft das zu.[561]

Zu *keinen Bedenken* Anlaß gibt in *Indiana* der für Sexualtäter vorgesehene *HIV-Testzwang.* Dort hat sich ein Sexualtäter erst dann einem HIV-Test zu unterziehen, wenn er wegen Vergewaltigung u.ä. verurteilt ist *und* „die Straftat eine epidemiologisch nachgewiesene Gefahr einer HIV-Übertragung verursachte".[562] Eine auf diese Weise eingeengte Testpflicht läßt das Interesse des Täters gegenüber den Interessen der Gemeinschaft und der Opfer etc. nur in Fällen zurücktreten, in denen der Täter ein Sexualdelikt nach der Überzeugung des Gerichts begangen hat *und* nicht nur ein Verdacht, sondern konkrete Anhaltspunkte einer HIV-Übertragung durch diese Straftat vorliegen. Unter diesen speziellen Umständen wiegt das Interesse des Täters, von einem HIV-Test verschont zu werden, jedenfalls im Vergleich zu den für eine Untersuchung sprechenden Interessen der Gemeinschaft (Prävention), der Opfer (Informations- und Liquidationsinteresse) und der - künftigen - Mitgefangenen (Sicherheitsinteresse) nicht

---

[558] Siehe zu diesen Angaben und dem gegenwärtig nur verfügbaren HIV-Antikörpertest oben den Text unter 1., insbesondere nach Fn. 228.

[559] Vgl. zu einem solchen Fall die Entscheidung People versus Toure, New York Supplement (2. Serie) Bd. 523 (1988), 746–748. Die HIV-Kommission des amerikanischen Präsidenten spricht sich für eine Testpflicht der Sexualtäter im Strafverfahren so früh wie möglich aus; siehe den *Report of the Presidential HIV-Commission* (Fn. 2), S. 133.

[560] Siehe oben den Text unter 1. bei Fn. 224.

[561] Allerdings gilt dies nicht, wenn das fragliche Sexualdelikt nicht vollendet, sondern nur versucht wurde, es sei denn, der Versuch führt bereits zum Risiko einer HIV-Übertragung auf das Opfer.

[562] Vgl. vorstehend sub a) bei Fn. 546.

schwer. Die HIV-Testpflicht für Sexualtäter, wie sie in Indiana normiert ist, erweist sich daher als *gerechtfertigt*.

d. Konsequenzen

In der *Bundesrepublik Deutschland* wird eine *HIV-Testpflicht* speziell für Sexualtäter nicht erörtert, obwohl sie - wie die vorstehende Bewertung der amerikanischen Rechtslage ergeben hat[563] - bei richtiger Ausgestaltung durchaus *erwägenswert* sein könnte. Eine solche besondere Testvorschrift wäre jedoch von vornherein entbehrlich, wenn eine allgemeine Bestimmung existierte, die die Funktion einer HIV-Testpflicht für Sexualtäter befriedigend erfüllen könnte. Diese Norm könnte *§ 81 a StPO* sein. Nach deren Absatz 1 sind „zur Feststellung von Tatsachen ..., die für das Verfahren von Bedeutung sind", u. a. „Entnahmen von Blutproben ... ohne Einwilligung des Beschuldigten zulässig, wenn kein Nachteil für seine Gesundheit zu befürchten ist". Zu diesen Tatsachen gehören vor allem diejenigen, die zum Beweis der Straftat, der Täterschaft und der Schuld des Beschuldigten dienen oder die Rechtsfolgenentscheidung beeinflussen können.[564] Da der HIV-Status eines Beschuldigten z. B. für die Strafzumessung[565] und für die Frage relevant sein kann, ob eine Vergewaltigung (§ 177 Abs. 3 StGB) oder eine sexuelle Nötigung mit Todesfolge (§ 178 Abs. 3 StGB) begangen worden ist,[566] läßt sich aus § 81 a Abs. 1 StPO durchaus eine *HIV-Testpflicht für Sexualtäter herleiten.*[567]
Dieser Testzwang reicht zwar weiter als der in den USA, da § 81 a Abs. 1 StPO nicht auf Sexualdelikte beschränkt ist, er also auch hinsichtlich anderer Tatbestände, bei denen es auf den HIV-Status des Beschuldigten ankommt, bedeutsam werden kann,[568] z. B. der gefährlichen Körperverletzung (§ 223 a StGB)[569]

---

563 Siehe unter c).

564 So z. B. *Dahs*, in: Löwe/Rosenberg, Die Strafprozeßordnung und das Gerichtsverfassungsgesetz, 24. Aufl., 1988, § 81a Anm. 13 und *Kleinknecht/Meyer*, Strafprozeßordnung, 38. Aufl., 1987, § 81a Anm. 6.

565 Vgl. als Beispiel BGH Strafverteidiger 1987, 345, 346; ferner LG Berlin Strafverteidiger 1988, 23 (Berücksichtigung einer Aids-Erkrankung bei der Strafaussetzung zur Bewährung).

566 Siehe z. B. LG Oldenburg Aids-Forschung 1987, 501 (Verurteilung eines HIV-infizierten Strafgefangenen wegen sexueller Nötigung).

567 Vgl. vor allem *Penning/Spann*, Der „Aids-Test" im Rahmen gerichtlicher Leichenöffnungen und bei körperlichen Untersuchungen nach §§ 81a, 81c StPO, Medizinrecht 1987, 171, 172 und besonders 174; ferner auch *Janker*, Heimliche HIV-Antikörpertests - strafbare Körperverletzung? NJW 1987, 2897, 2901 und 2902.

568 Siehe erneut insbesondere *Penning/Spann*, a. a. O. (Fn. 567).

569 Vgl. BGH MDR 1989, 273-277; ferner u. a. AG München Neue Zeitschrift für Strafrecht 1987, 407 f., LG Hechingen Aids-Forschung 1988, 220, *Eberbach*, Rechtsprobleme, S. 8 f. und S. 10-13 und *Herzberg*, Die Strafdrohung als Waffe im Kampf gegen Aids, NJW 1987, 1461 ff., besonders 1463, 1465 f. - Kritisch zu dieser Rechtsprechung *Bruns*, Ein Rückschlag für die Aids-Prävention, MDR 1989, 199-201; *Schünemann*, Riskanter Geschlechtsverkehr eines HIV-Infizierten als Tötung, Körperverletzung oder Vergiftung, JR 1989, 89-95.

oder dem Totschlag (§ 212 StGB).[570] Im Hinblick auf seine Funktion besteht jedoch weitgehend Übereinstimmung mit der Testpflicht für Sexualtäter, wie sie in den Vereinigten Staaten geregelt ist.[571] So dient die auf § 81 a Abs. 1 StPO zurückführbare HIV-Testpflicht, obwohl sie vordergründig nur auf das anhängige Ermittlungs- oder Strafverfahren zu zielen scheint, wenigstens mittelbar auch der Prävention und dem Sicherheitsinteresse eventueller Mitgefangener. Selbst für das Liquidationsinteresse der Opfer kann § 81 a StPO fruchtbar gemacht werden, denkt man an das - seit seiner Änderung im Jahre 1986 praktikabler gewordene - Adhäsionsverfahren (§§ 403 bis 406 c StPO).
Einem Interesse trägt die aus *§ 81 a StPO* zu entnehmende HIV-Testpflicht für Beschuldigte - im Gegensatz zur amerikanischen Rechtslage - aber nicht oder zumindest *nicht ausreichend* Rechnung. Es ist dies das *Informationsinteresse der Opfer,*[572] die alsbald nach der Tat geklärt wissen wollen, ob der mußmaßliche Beschuldigte sie mit dem HIV infiziert hat. Um diesem Mangel abzuhelfen, könnte erwogen werden, die *Strafprozeßordnung* allgemein[573] dahingehend zu *ändern,* daß eine körperliche Untersuchung des Beschuldigten auf Antrag betroffener Dritter angeordnet werden kann, wenn diese Personen zur Feststellung verfahrensrelevanter Tatsachen - und sei es auch nur für das Adhäsionsverfahren - ein erhebliches berechtigtes Interesse haben. Sofern man eine derartige Testpflicht, weil sie dem Individualinteresse dient, für die Strafprozeßordnung als systemfremd erachtet, könnte *statt dessen* die *Zivilprozeßordnung* als Standort gewählt werden. Eine vergleichbare Norm findet sich bereits in *§ 372 a ZPO.* Nach dieser Vorschrift hat jede Person Untersuchungen, insbesondere die Entnahme von Blutproben zum Zwecke der Blutgruppenuntersuchung, unter bestimmten Voraussetzungen zu dulden, soweit sie zur Feststellung der Abstammung erforderlich sind.

8. Test der Gefangenen

a. Tatbestände

Manche Gliedstaaten schreiben für einige oder alle der ihrer Zuständigkeit unterstehenden Gefangenen einen HIV-Test vor. Das geschieht entweder in Gestalt von Verwaltungsvorschriften, denen hier wegen mangelnder Publizität nicht nachgegangen werden kann,[574] oder es erfolgt auf gesetzlicher Grundlage. So

---

[570] Siehe u. a. LG München I Medizinrecht 1987, 288, *Bottke,* die Immission infektiösen Ejakulats bei ungeschütztem Geschlechtsverkehr zwischen HIV-Infizierten und minderjährigen Jugendlichen, Aids-Forschung 1988, 628, 630-637, *Eberbach,* Rechtsprobleme, S. 9 sowie S. 10-13 und *Herzberg,* Strafdrohung gegen Aids, NJW 1987, 1461ff., besonders 1463, 1465f.

[571] Vgl. zu den Zwecken der Testpflicht für Sexualtäter in den USA die Ausführungen oben unter c) am Anfang.

[572] Siehe dazu aus deutscher Sicht auch *Penning/Spann,* Aids-Test, Medizinrecht 1987, 171, 173.

[573] Also nicht nur zur Feststellung des HIV-Status.

[574] Fußnote siehe S. 87.

hat *Florida* folgendes gesetzlich bestimmt: „Gibt es Anzeichen, daß ein Gefangener während seiner Haft ... ein Verhalten gezeigt hat, welches ein hohes Risiko darstellt, die menschliche Immunschwächekrankheit zu übertragen oder sie sich zuzuziehen", dann kann die zuständige Behörde ein „Testprogramm" durchführen, „das mit den Richtlinien der Centers for Disease Control und den Empfehlungen des Medizinischen Dienstes für den Strafvollzug vereinbar ist".[575] Als mit einem „hohen Risiko" behaftetes Verhalten werden angesehen:

„1) Sexueller Kontakt mit irgendeiner Person,
2) Auseinandersetzung, die einen Beteiligten den Körperflüssigkeiten eines anderen auslieferte,
3) intravenöser Drogengebrauch,
4) Tätowierungen,
5) irgendeine andere Handlung, die medizinisch dafür bekannt ist, das Virus zu übertragen."[576]

Anders als Florida beschränkt *Idaho* den HIV-Testzwang nicht auf diejenigen Gefangenen, die durch ihr risikohaftes Verhalten Anlaß zu einer Untersuchung auf das HIV geben. Vielmehr statuiert dieser Staat eine HIV-Testpflicht für sämtliche Insassen: „Alle Personen, die in einem Staats-, Bezirks- oder Stadtgefängnis ... inhaftiert werden, sollen auf Geschlechtskrankheiten untersucht werden;[577] dazu zählen auch „Aids", „ARC" und „andere Erscheinungsformen einer HIV-Infektion".[578]
Einen ähnlich weitgehenden HIV-Testzwang für Gefangene sieht *Georgia* vor. Neuinhaftierte sollen aufgefordert werden, sich innerhalb von 30 Tagen einem HIV-Test zu unterziehen.[579] Verweigern sie den Test, kann das Gericht angerufen werden, eine Anordnung zu erlassen, „die zu solchen Maßnahmen berechtigt, wie sie vernünftigerweise als notwendig erachtet werden, um die Durchführung eines HIV-Tests zu erzwingen".[580] Vom Testzwang werden nur solche Gefangenen nicht erfaßt, die wegen Vergewaltigung, Unzucht zwischen Männern oder eines ähnlichen Sexualdelikts in Haft sind und die sich aus diesem Grunde bereits einem HIV-Test unterziehen mußten.[581]

---

[574] Vgl. aber den Überblick, den *Vaid*, Prisons, S. 235, 239–241 über den Umfang des HIV-Testens in Gefängnissen, gestützt auf einen Überblick des National Institute of Justice und der American Correctional Association, gibt. Siehe auch *Wagner*, AIDS and the Criminal Justice System, in: Dornette (Hrsg.), AIDS and the Law, 1987, S. 177, 186f.

[575] So Sektion 945.35 (3) Satz 1 der Florida Statutes (Fn. 36).

[576] So Sektion 945.35 (3) Satz 2 der Florida Statutes (Fn. 36). – Siehe auch Sektion 951.27 (1) der Florida Statutes für das Testen von Gefangenen in Strafanstalten der Bezirke und Gemeinden.

[577] So Sektion 39-604 Satz 1 des Idaho Code (Fn. 471).

[578] So Sektion 39-601 des Idaho Code (Fn. 471).

[579] Vgl. Sektion 42-5-52.1 (b) des Code of Georgia (Fn. 176).

[580] So Sektion 42-5-52.1 (d) Satz 1 des Code of Georgia (Fn. 176).

[581] Vgl. Sektion 42-5-52.1 (b) letzter Halbsatz i.V.m. Sektion 17-10-15 (a) bis (d) und Sektion 31-22-9.1 (a) (3) des Code of Georgia (Fn. 176) sowie dazu die Ausführungen oben unter 7. a) nach Fn. 541.

Diese Ausnahme macht deutlich, daß es sich bei dem an früherer Stelle erörterten Testzwang für Prostituierte[582] und Sexualtäter[583] teilweise um eine zeitlich vorgezogene Testpflicht für Gefangene handelt, nämlich insoweit, als er tatbestandlich eine Verurteilung der Prostituierten oder Sexualtäter voraussetzt und diese auf eine Freiheitstrafe lautet.
Über die Testpflicht für Neuinhaftierte hinaus kennt Georgia noch einen HIV-Testzwang für Gefangene, die vorzeitig aus der Haft entlassen werden wollen oder können.[584]
Abgesehen vom HIV-Testzwang für Insassen in Gefängnissen, die der Zuständigkeit der Gliedstaaten unterfallen, besteht ein solcher für Insassen in Gefängnissen des *Bundes*. Anders als bei den behandelten Gliedstaaten ist er nicht gesetzlich, sondern durch *Richtlinien des U. S. Department of Justice*, des Bundesjustizministeriums, geregelt.[585] Im Rahmen von Stichproben werden 10% der Neuinhaftierten nach einem bestimmten Schlüssel zu einem HIV-Test herangezogen. Ist das Ergebnis negativ, müssen sich die Insassen nach drei Monaten, sechs Monaten und dann jedes halbe Jahr während ihrer Freiheitsentziehung testen lassen.[586] Außerdem ist eine HIV-Testpflicht für Gefangene mit Symptomen vorgesehen, die auf eine HIV-Infektion hindeuten,[587] des weiteren für schwangere Insassen und für solche mit gewaltsamem oder geschlechtlich freizügigem Verhalten.[588] Schließlich müssen sich noch Gefangene einem HIV-Test unterziehen, die einen Hafturlaub erhalten oder vorzeitig aus der Haft entlassen werden wollen.[589]

b. Rechtsfolgen

Ein Gefangener, der sich als HIV-infiziert herausstellt, soll nach dem Recht *Georgias* „von nicht HIV-infizierten Gefangenen *getrennt untergebracht* werden". Bedingung hierfür ist aber des weiteren, daß er

„1) voraussichtlich während des Vollzugs der Freiheitsstrafe sexuell aktiv sein wird,
2) ... voraussichtlich während des Vollzugs der Freiheitsstrafe sexuell gewalttätig sein wird bzw. es vorher war oder
3) ... daß andere Umstände vorliegen, die zeigen, daß eine getrennte Unterbringung im besten Interesse der Behörde und der Gefängnisinsassen sein würde".[590]

---

582 Siehe oben unter 6. a).
583 Vgl. vorstehend sub 7. a).
584 Siehe Sektion 42-9-42.1 (b) Satz 1 des Code of Georgia (Fn. 176).
585 Vgl. Operations Memorandum des U.S. Department of Justice - Federal Bureau of Prisons - vom 28. 5. 1988, Nr. 57-88 (6100).
586 Siehe das vorstehend (Fn. 585) zitierte Memorandum auf S. 5f. unter „6. Testing of Inmates".
587 Vgl. erneut das genannte Memorandum (Fn. 585), S. 6 unter „C. Clinically Indicated".
588 Siehe a.a.O. (Fn. 587).
589 Vgl. nochmals das Memorandum (Fn. 585), S. 7 unter „D. Pre-Release/Community Activities".
590 So Sektion 42-5-52.1 (e) des Code of Georiga (Fn. 176).

Im Ergebnis *ähnlich* verhält es sich für HIV-infizierte Gefangene in Justizvollzugsanstalten *Idahos*[591] und des *Bundes*.[592] Demgegenüber müssen die Rechtsfolgen für HIV-positive Gefangene in Vollzugsanstalten *Floridas* hinsichtlich der Unterbringung erst noch vom zuständigen Ministerium „entsprechend den medizinischen Erfordernissen und in Einklang mit dem ordnungsgemäßen Funktionieren" der Anstalt festgelegt werden.[593]
Wird eine getrennte Unterbringung unterlassen oder verweigert, sollen weder der Staat noch seine Bediensteten *zivil- oder strafrechtlich verantwortlich* sein.[594] Damit werden insbesondere auf das Fallrecht (Case Law) gestützte und für denkbar gehaltene Schadensersatzansprüche eines Gefangenen, der behauptet, durch einen Mitgefangenen HIV-infiziert worden zu sein,[595] von vornherein ausgeschlossen. Nicht berührt werden hiervon aber Ansprüche, mit denen umgekehrt ein Gefangener einen Schaden geltend macht, weil er irrigerweise als HIV-infiziert angesehen und daraufhin für längere Zeit getrennt untergebracht wurde.[596]
Außer der getrennten Unterbringung kann der HIV-Status für Gefangene noch *weitere Rechtsfolgen* haben. So soll HIV-positiven Insassen in Gefängnissen des Bundes keine Arbeit zugewiesen werden, die im Zusammenhang mit dem Essen oder dem Anstaltskrankenhaus steht.[597] Zur Begründung wird genannt, daß diese Maßnahme angeordnet worden sei, um die Ordnung in der Anstalt aufrechtzuerhalten. Unter normalen Umständen bestehe keine Übertragungsmöglichkeit des Virus.[598] Für die HIV-infizierten Insassen der Gefängnisse Floridas kann das zuständige Ministerium Regelungen aufgrund einer gesetzlichen Ermächtigung hinsichtlich u.a. des Essens, der Erholung und des Aufenthaltes im Freien treffen.[599] Ferner spielt der Ausgang des HIV-Tests eine – wenngleich nicht ausschlaggebende – Rolle bei der Entscheidung, ob Insassen in Georgias Gefängnissen vorzeitig aus der Haft entlassen werden können.[600] Wird ein Ge-

---

591 Vgl. Sektion 39-604 Satz 2 des Idaho Code (Fn. 471).

592 Siehe Nr. 15 („Housing") des oben (Fn. 585) zitierten Memorandums auf S. 11 i.V.m. dem „Program Statement" des U.S. Department of Justice (Federal Bureau of Prisons) vom 2. 10. 1987, Nr. 5214.3, betreffend das Verfahren, wie mit HIV-infizierten Gefangenen umzugehen ist, die eine Gefahr für andere darstellen.

593 Vgl. Sektion 945.35 (5) der Florida Statutes (Fn. 36).

594 So für Georgia Sektion 42-5-52.1 (e) letzter Satzteil des Code of Georgia (Fn. 176).

595 Vgl. zu diesen Haftungsfragen näher *Vaid*, Prisons, S. 235, 245f. und *Wagner*, Aids, S. 177, 188f.; siehe auch den Hinweis in der Entscheidung Judd versus Packard, Federal Supplement Bd. 689 (1988), 741, 743.

596 Siehe zu einer solchen Konstellation McDuffie versus Rikers Island Medical Department, Federal Supplement Bd. 668 (1988), 328–330. Die Klage wurde im konkreten Fall insbesondere deshalb abgewiesen, weil der Kläger einen Schaden nicht hatte darlegen können.

597 Vgl. Nr. 16 („Work Assignments") des vorstehend (Fn. 585) angeführten Memorandums auf S. 11.

598 Siehe erneut das eben (Fn. 597) genannte Memorandum, a.a.O.

599 Vgl. Sektion 945.35 (5) der Florida Statutes (Fn. 36).

600 Siehe Sektion 42-9-42.1 (b) Satz 1 des Code of Georgia (Fn. 176). – Demgegenüber sollen Insassen in Gefängnissen des Bundes, die sich nicht testen lassen, erst gar nicht für eine Strafaussetzung oder einen Hafturlaub berücksichtigt werden; siehe das wiederholt erwähnte Memorandum (Fn. 585), S. 7. – Vgl. auch die Entscheidung State of New Jersey versus Wright, Atlantic Reporter (2. Serie) Bd. 534 A.2d (1988), 31–35, die einen Fall betraf, in dem ein Gefängnisinsasse mit Rücksicht auf seine Aids-Erkrankung und gestützt auf eine allgemeine Vorschrift zwei bis drei Monate früher entlassen werden wollte als nach den Bestimmungen über die vorzeitige Haftentlassung möglich. Fortsetzung siehe S. 90.

fangener trotz seiner HIV-Infektion vorzeitig entlassen, dann können ihm „Weisungen“ gegeben werden, die dazu „bestimmt sind, die Verbreitung des HIV durch diese Person zu verhindern“.[601] Darüber hinaus muß ein in Idaho entlassener Gefangener damit rechnen, abgesondert zu werden.[602]

c. *Bewertung*

Der HIV-Testzwang für Gefangene dient *vornehmlich zwei Funktionen.*[603] Erstens soll er die Gefängnisverwaltung in die Lage versetzen, die *Gesundheit* der nicht HIV-angesteckten *Insassen* (und der *Vollzugsbediensteten*) sowie auch der allgemeinen Bevölkerung zu erhalten. Das zeigen diejenigen Rechtsfolgen, die es gestatten, HIV-infizierte Gefangene getrennt unterzubringen oder ihnen bei ihrer Haftentlassung Weisungen zu geben. Zweitens und ganz allgemein soll die Testpflicht es der Gefängnisverwaltung ermöglichen, die *Ordnung in der Anstalt* aufrechtzuerhalten, wie sie z. B. gestört sein kann, wenn Gefangene seitens ihrer Mitgefangenen verdächtigt werden, HIV-infiziert zu sein. Dieser Gesichtspunkt kommt etwa in Rechtsfolgen zum Ausdruck, die es der Gefängnisverwaltung erlauben, HIV-positive Insassen mit bestimmten Arbeiten in „sensiblen“ Bereichen (Essenszubereitung, Anstaltskrankenhaus) nicht zu betrauen. Davon abgesehen kann die Testpflicht das Ziel verfolgen, die *Gesundheit der Getesteten* zu schützen. Dies gilt für den Testzwang insoweit, als er Gefangene teilweise erst dann erfaßt, wenn bei ihnen wahrnehmbare Symptome auf eine HIV-Infektion hindeuten.

Sofern die Testpflicht *alle diese Zwecke,* also auch den individuellen Gesundheitsschutz des Gefangenen, umfaßt, ist sie prinzipiell als *unbedenklich* zu bewerten, weil insoweit der sonst beim Testzwang übliche Gegensatz zwischen öffentlichen Interessen und privaten Belangen des Getesteten zumindest in den Hintergrund tritt.

In den *sonstigen Fällen* ist die Beurteilung des Testzwangs davon abhängig, ob er in einer Weise ausgestaltet ist, die sicherstellt, daß die *öffentlichen Interessen* (Schutz der Mitgefangenen, Vollzugsbediensteten und Allgemeinheit) und das *Interesse des Getesteten* (Freiheit vor staatlichen Eingriffen) *angemessen* berücksichtigt sind.[604] Diesen Anforderungen wird ein Testzwang nicht gerecht, der

---

600 (Fortsetzung) Da der Gefangene sich weder in unmittelbarer Todesgefahr befinde noch seine weitere Inhaftierung bis zum vorgesehenen Zeitpunkt seiner vorzeitigen Haftentlassung den Fortgang der Krankheit beschleunige (a.a.O., S. 34), gab das Gericht der Klage nicht statt.

601 So Sektion 42-9-42.1 (b) Satz 3 des Code of Georgia (Fn. 176).

602 Vgl. Sektion 39-604 Satz 2 und Sektion 39-603 des Idaho Code (Fn. 471); siehe zu letzterer Vorschrift schon oben den Text unter 6. b) nach Fn. 484.

603 Siehe ergänzend *Vaid,* Prisons, S. 235, 239 und die Entscheidung People versus Toure, New York Supplement (2. Serie) Bd. 523 (1988), 746, 747.

604 Vgl. auch *Wagner,* Aids, S. 177, 192; ferner *Vaid,* Prisons, S. 235, 250. – Zu einseitig demgegenüber *Orland/Wise,* Aids Epidemic, Hofstra Law Review Bd. 14 (1985), 137, 158, die den Staat für verfassungsrechtlich verpflichtet halten, Gefangene zum Schutz der Mitgefangenen auf Aids zu testen, ohne gleichzeitig Rechte der zu Testenden aus der Verfassung ins Spiel zu bringen, die die Freiheit dieser Personen vor einem solchen staatlichen Eingriff schützen.

sich - wie in *Georgia und Idaho*[605] - differenzierungslos auf alle Gefangenen erstreckt oder der - wie teilweise im Bereich des *Bundes*[606] - einen bestimmten Anteil der Gefangenen erfaßt und diesen nach dem Prinzip des Zufalls auswählt. In beiden Fällen werden zum Testen Personen herangezogen, die weder ein risikoreiches, HIV-infektionsträchtiges Verhalten haben erkennbar werden lassen noch auch nur im konkreten Verdacht stehen, HIV-positiv zu sein. Die Testpflicht erstreckt sich somit auf Personen, die zu ihrer Untersuchung keinen Anlaß gegeben haben. Ein solchermaßen ausgestalteter Testzwang vernachlässigt erkennbar das Interesse der ihm unterworfenen Personen, von staatlichen Eingriffen verschont zu bleiben. Er ist daher *abzulehnen.*[607]

An dieser Beurteilung ändert die Tatsache nichts, daß die HIV-Prävalenz in Gefängnissen hoch ist,[608] denn auch hier gilt, daß das HIV nur durch bestimmte, zudem verbotene und daher von der Gefängnisverwaltung zu unterbindende[609] Verhaltensweisen (z. B. Geschlechtsverkehr unter Insassen) übertragen werden kann. Zwar sind diese Verhaltensweisen in Gefängnissen nicht unüblich.[610] Das rechtfertigt aber nicht die Heranziehung unverdächtiger Gefangener gewissermaßen im Wege einer Sippenhaft.[611]

Unbedenklich ist ein *HIV-Testzwang* in Anbetracht der hohen HIV-Prävalenz in Gefängnissen über die berechtigten Fälle einer Testpflicht für verurteilte Sexualtäter hinaus[612] nur, wenn er sich auf Insassen beschränkt, die *konkret* in dem *Verdacht* stehen, durch risikoträchtige Handlungen sich oder andere der Gefahr einer HIV-Infektion auszusetzen. Die in *Florida*[613] vorgesehene Testpflicht für Gefangene ist ein gutes Beispiel dafür, wie eine solche Norm tatbestandlich gefaßt werden kann. Derartige Testvorschriften verdienen daher Zustimmung.

Ebenso verhält es sich mit den *meisten Rechtsfolgen,* die sich für die Gefangenen ergeben, wenn ihr HIV-Test positiv ist. Beispielsweise sind *getrennte Unterbringung für Insassen* und *Weisungen für Haftentlassene* sachgerecht, da diese Maß-

---

[605] Siehe oben sub a) nach Fn. 576.

[606] Vgl. supra unter a) nach Fn. 584.

[607] Siehe auch die Entscheidung Jarrett versus Faulkner, Federal Supplement Bd. 662 (1987), 928f., wo das Gericht die auf das HIV-Testen aller Gefangenen gerichtete Klage von drei Mitgefangenen mit der Begründung ablehnte, die Gefahr, mit dem Aids-Virus im Gefängnis infiziert zu werden, sei hierfür nicht groß genug.

[608] So ergab eine 1987 unter 29.193 Gefangenen vom Federal Bureau of Prisons in Strafanstalten des Bundes durchgeführte Studie, daß 843 (2,9%) Personen HIV-infiziert waren; vgl. zu dieser Studie und zu weiteren Arbeiten schon oben den Text unter 3. c) bei und in Fn. 351 mit Nachw. dortselbst; siehe ergänzend auch den *Report of the Presidential HIV-Commission* (Fn. 2), S. 134.

[609] Vgl. hierzu auch *Wagner,* Aids, S. 177, 186.

[610] Siehe *Vaid,* Prisons, S. 235, 238f. m. w. Nachw.

[611] Im Ergebnis ebenso *Vaid,* Prisons, S. 235, 240f.; kritisch gegenüber einem allgemeinen Testzwang für Gefangene ferner *Closen/Connor/Kaufman/Wojcik,* AIDS, The John Marshall Law Review Bd. 19 (1986), 835, 914f. und *Willens,* Structure, Content and the Exigencies of War: American Prison Law after Twenty-Five Years 1962-1987, The American University Law Review Bd. 37 (1987), 41, 151.

[612] Insoweit befürwortet auch die HIV-Kommission des amerikanischen Präsidenten einen Testzwang für Gefangene; vgl. deren Report (Fn. 2), S. 135.

[613] Siehe oben den Text unter a) nach Fn. 574.

nahmen angesichts der tatbestandlich eben befürworteten Eingrenzung des Testzwanges nur Personen treffen können, von denen wegen ihres Verhaltens angenommen werden muß, daß sie bei gemeinsamer Unterbringung oder in Freiheit ein HIV-Übertragungsrisiko für andere darstellen.[614] Mit Rücksicht hierauf begegnet die Verhängung dieser Rechtsfolgen auch keinen verfassungsrechtlichen Bedenken.[615] Im übrigen liegt eine Rechtsfolge wie die getrennte Unterbringung nicht selten im Interesse der HIV-infizierten Gefangenen selbst,[616] was zusätzlich für ihre *Unbedenklichkeit* in den vorstehend genauer eingegrenzten Fällen einer HIV-Testpflicht spricht.

Demgegenüber sind *andere Rechtsfolgen* wie der *Ausschluß von bestimmten Arbeiten*[617] oder von *Gemeinschaftsveranstaltungen* im Gefängnis vor diesem Hintergrund *lediglich* in *Sonderfällen angebracht.*[618] Davon abgesehen muß dem Insassen, werden solche Maßnahmen gegenüber ihm verhängt, Gelegenheit gegeben werden, daß er seinen sozialen, religiösen und sonstigen Bedürfnissen auf andere Weise nachkommen kann, z. B. indem er zusammen mit anderen HIV-infizierten Gefangenen Sport treiben oder allein die Anstaltskapelle aufsuchen darf.[619] Ferner darf einem HIV-positiven Insassen nicht versagt werden, in dem gleichen Umfang von Verwandten und Freunden *Besuch* zu *erhalten* wie andere nicht-infizierte auch.

---

[614] Ähnlich restriktiv hinsichtlich der getrennten Unterbringung von Gefangenen *Vaid,* Prisons, S. 235, 241 f.; siehe auch *Wagner,* Aids, S. 177, 186.

[615] Siehe hierzu auch, u. a. bezogen auf den allgemeinen Gleichheitssatz, die Entscheidung Powell versus Department of Corrections (State of Oklahoma), Federal Supplement Bd. 647 (1987), 968–972, besonderes 971, und die Entscheidung Cordero versus Coughlin, Federal Supplement Bd. 607 (1985), 9–11, besonders 10. – Verfassungsgemäß ist unter den erörterten tatbestandlichen Voraussetzungen eine getrennte Unterbringung auch für die Zeit, in der ein HIV-Test vorgenommen und ausgewertet wird; vgl. die Entscheidung Judd versus Packard, Federal Supplement Bd. 669 (1988), 741–743.

[616] Das gilt z. B. für die HIV-positiven Insassen, die von ihren nicht infizierten Mitgefangenen bedroht oder zumindest belästigt werden; siehe hierzu *Vaid,* Prisons, S. 235, 242 und *Wagner,* Aids, S. 177, 1983. Vgl. auch den Sachverhalt der Entscheidung Powell versus Department of Corrections (State of Oklahoma), Federal Supplement Bd. 647 (1987), 968, 970, wo ein Gefangener, der sich als HIV-infiziert herausstellte, auch zum Schutz vor Angriffen durch Mitgefangene isoliert wurde; ebenso der Sachverhalt in der Entscheidung Cordero versus Coughlin, Federal Supplement Bd. 607 (1985), 9, 10.

[617] Siehe auch die Entscheidung Williams versus Sumner, Federal Supplement Bd. 648 (1987), 510–513, die einen Gefangenen betraf, der – nachdem seine HIV-Infektion festgestellt wurde – von seiner bisherigen Arbeit freigestellt wurde. Nach einiger Zeit ergab sich jedoch, daß diese Diagnose falsch war. Der Gefangene klagte daraufhin wegen seines finanziellen Verlustes. Die Klage wurde u. a. mit der Begründung abgewiesen, daß ein Gefangener kein verfassungsrechtlich gewährleistetes Recht auf Arbeit habe (a. a. O., S. 512).

[618] Vgl. auch *Vaid,* Prisons, S. 235, 242 f., ferner die Entscheidung Feigley versus Jeffes, Atlantic Reporter (2. Serie), Bd. 522 (1987), 179–182 (das Gericht wies die Klage eines Gefangenen, die Anstaltsverwaltung solle die mit der Essensausgabe etc. betrauten Gefangenen einem HIV-Test unterziehen, mangels einer dahingehenden ausdrücklichen Vorschrift ab).

[619] Siehe in diesem Zusammenhang die Entscheidung Powell versus Department of Corrections (State of Oklahoma), Federal Supplement Bd. 647 (1987), 968–972, in der das Gericht die Absonderung eines HIV-infizierten Gefangenen mit Blick darauf für verfassungsgemäß hielt, weil ihm u. a. gestattet war, Sport zu treiben, in die Anstaltskapelle zu gehen und Besuch zu empfangen; vgl. ferner die Entscheidung Cordero versus Coughlin, Federal Supplement Bd. 607 (1985), 9–11.

Fraglich ist, ob dieser Maßstab für HIV-infizierte Gefangene auch hinsichtlich von Besuchen des Ehepartners im Rahmen eines der Resozialisierung dienenden *„Familienprogramms"* gelten kann, das es den Insassen gestattet, einige Tage mit dem *Ehepartner* in einem Wohnwagen auf dem Gelände der Anstalt zu *verbringen*. Ein New Yorker Gericht, das über die Versagung eines solchen Besuches zu entscheiden hatte, verneinte dies unter Hinweis auf die HIV-Infektion des Gefangenen und die Gefahr einer Ansteckung seiner Ehefrau, obwohl diese über die Krankheit ihres Ehemannes und die sich daraus für sie ergebenden Gefahren unterrichtet war. Auch das Anerbieten des Gefangenen *und* seiner Frau, während des Besuches „safer sex" zu praktizieren oder sich sexuell zu enthalten, ließ das Gericht nicht an der Rechtmäßigkeit der Versagung zweifeln.[620] Selbst wenn man dieses Anerbieten als nicht ernst gemeint verwirft, hätte der Besuch der Ehefrau zugelassen werden müssen.[621] Die vom Gericht getroffene Entscheidung läuft nämlich darauf hinaus, Eheleuten, von denen ein Partner HIV-infiziert ist, trotz Aufklärung und Zustimmung des anderen das Recht abzusprechen, geschlechtlich miteinander zu verkehren. Damit aber wird ein Verbot ausgesprochen, das im Recht der USA unbekannt ist.[622] Mit dem Resozialisierungsgedanken, unter dem dieses „Familienprogramm" steht, ist ein solches Verbot nicht zu vereinbaren.

d. Konsequenzen

Der schon mehrfach erwähnte, in den Bundesrat eingebrachte *Gesetzentwurf* des *Freistaates Bayern* zur Änderung des Bundes-Seuchengesetzes[623] enthält in seinem Art. 1 Nr. 9 (§ 32 a) eine HIV-Testpflicht für Gefangene. Absatz 1 des § 32 a lautet: „Personen, gegen die eine richterlich angeordnete Freiheitsentziehung in einer Justizvollzugsanstalt vollzogen wird, sind verpflichtet, Blutentnahmen zur Feststellung einer HIV-Infektion zu dulden." Diese Vorschrift soll es nach der ihr beigegebenen Begründung ermöglichen, daß „alle Gefangenen auch ohne Vorliegen eines konkreten Infektionsverdachtes jederzeit ... auf HIV untersucht werden können".[624] Der *Verzicht* auf das Erfordernis eines *konkreten Infektionsverdachtes* wird damit gerechtfertigt, daß „die Angehörigen von Risikogruppen unter den Gefangenen", die - wie zutreffend festgestellt wird - in Justizvollzugsanstalten überrepräsentiert sind, „nicht immer eindeutig feststellbar" seien.[625]

---

620 Vgl. die Entscheidung Doe versus Coughlin, North Eastern Reporter (2. Serie) Bd. 518 (1988), 536-544, besonders 542 und die Entscheidung in der Vorinstanz, New York Supplement (2. Serie) Bd. 505 (1987), 534-538, besonders 536f.

621 So auch die abweichende Meinung des Richters *Alexander* zu der vorgenannten (Fn. 620) Entscheidung, a.a.O., S. 546-554, besonders 550-552.

622 Vgl. z.B. Sektion 384.24 der Florida Statutes (Fn. 36), die es HIV-Infizierten, die von ihrer Ansteckung und der Übertragbarkeit des Virus durch Geschlecktsakt wissen, nur dann verbietet, sexuell mit einer anderen Person zu verkehren, wenn diese nicht über die Erkrankung unterrichtet ist und nicht dem Koitus zugestimmt hat.

623 BR-Drucks. 294/87 vom 16. 7. 1987.

624 BR-Drucks. 294/87, S. 24.

625 BR-Drucks. 294/87, S. 24.

Das ist jedoch keine Besonderheit des Strafvollzugs. Vielmehr sind die fraglichen Personen (intravenös Drogenabhängige, Homosexuelle) nicht nur in Gefangenschaft, sondern auch in Freiheit nicht ohne weiteres erkennbar. So gesehen müßte es in letzter Konsequenz gerechtfertigt sein, alle Personen, von denen angenommen werden kann, sie gehörten einer sogenannten Risikogruppe an, ohne konkreten Infektionsverdacht einem HIV-Testzwang zu unterwerfen.

Einer derart weitgehenden Testpflicht will der bayerische Gesetzentwurf zwar wohl nicht das Wort reden, denn einleitend heißt es in der Begründung zu der erörterten Vorschrift: „§ 32 a bezieht sich auf die spezifische Gefährdungssituation in Justizvollzugsanstalten."[626] Mit dieser Ausrichtung verträgt es sich aber nicht, wenn die fragliche Bestimmung laut ihrer Begründung nicht nur „die notwendigen seuchenrechtlichen Maßnahmen während der Haft", sondern auch „für die Zeit nach der Entlassung" ermöglichen soll. Folglich ist es widersprüchlich, wenn § 32 a nach seiner Begründung einerseits der „spezifischen Gefährdungssituation in Justizvollzugsanstalten" Rechnung tragen will, er andererseits aber die HIV-Testpflicht nicht entsprechend tatbestandlich begrenzt, so daß „alle Gefangenen" zwar „bei Beginn des Freiheitsentzuges", aber nicht mehr „insbesondere ... vor der Entlassung auf HIV untersucht werden können".[627]

Dies alles zeigt, daß § 32 a des Entwurfs *ähnlich voraussetzungslos und pauschal* alle Gefangenen einem HIV-Testzwang unterwirft, *wie* dies die Gesetzgeber in *Idaho*[628] und - allerdings im wesentlichen beschränkt auf Neuinhaftierte - in *Georgia*[629] normiert haben. § 32 a zieht, ebenso wie die Bestimmungen in den genannten beiden amerikanischen Staaten, Personen zum HIV-Test heran, die weder ein risikoreiches, HIV-infektionsträchtiges Verhalten haben erkennbar werden lassen noch auch nur im konkreten Verdacht stehen, HIV-positiv zu sein. Dadurch vernachlässigt die Vorschrift offenkundig das berechtigte Interesse der Gefangenen, von solchen staatlichen Eingriffen verschont zu bleiben, zu denen sie keinen Anlaß gegeben haben. § 32 a ist daher aus den gleichen Gründen wie die Testvorschriften für Gefangene in Idaho und Georgia *abzulehnen.*[630]

Wenn es angesichts des *§ 101 Abs. 1 des Strafvollzugsgesetzes*[631] und weiterer Vorschriften[632] überhaupt einer besonderen Norm für den HIV-Testzwang von

---

[626] BR-Drucks. 294/87, S. 24.

[627] So die Begründung, BR-Drucks. 294/87, S. 24.

[628] Siehe oben den Text unter a) nach Fn. 576.

[629] Vgl. vorstehend die Ausführungen sub a), beginnend nach Fn. 578.

[630] Siehe zu dieser Bewertung die Darstellung oben sub c), beginnend nach Fn. 604.

[631] Vgl. zu dieser Vorschrift und ihrer Bedeutung für das Testen der Gefangenen und - i. V. m. § 178 Abs. 1 des Strafvollzugsgesetzes - der Untersuchungshäftlinge insbesondere *Eberbach*, AIDS, S. 249, 250-253 m. w. Nachw. Siehe auch - weitergehend - *Bottke*, Strafrechtliche Probleme von AIDS und der AIDS-Bekämpfung, in: Schünemann/Pfeiffer (Hrsg.), Die Rechtsprobleme von AIDS, 1988, S. 171, 233f. (für Gefangene), ferner S. 231f. (für Untersuchungshäftlinge) und - restriktiv - *Loschelder*, Gesundheitsrechtliche Aspekte, NJW 1987, 1467, 1469 sowie - ablehnend - *Bruns*, Aids und Strafvollzug, Strafverteidiger 1987, 504, 506.

[632] Siehe den schon oben sub 7. d) näher behandelten § 81 a StPO, der für „Beschuldige" gilt, worunter auch rechtskräftig Verurteilte begriffen werden; vgl. z. B. *Dahs*, Strafprozeßordnung, § 81 a Anm. 6 und *Pelchen*, in: Pfeiffer (Hrsg.) Karlsruher Kommentar zur Strafprozeßordnung, 2. Aufl., 1987, § 81 a Anm. 2 m. w. Nachw. Fortsetzung siehe S. 95.

Gefangenen bedarf, dann sollten seine Tatbestandsmerkmale *ähnlich wie* die gefaßt sein, die der Staat *Florida* in seiner Testbestimmung für Gefangene aufgestellt hat.[633] Dort setzt die Testpflicht ein während der Haft erkennbar gewordenes risikoträchtiges Verhalten des Gefangenen (z. B. sexueller Kontakt mit einer anderen Person, intravenöser Drogengebrauch) voraus, das geeignet ist, sich oder Dritte mit dem HIV zu infizieren. Ein solchermaßen eingegrenzter Tatbestand verdient - wie sich bei der Bewertung dieser Testvorschrift ergeben hat[634] - Zustimmung. Im Ergebnis würde eine solche Bestimmung für die HIV-Untersuchung jedoch nicht mehr, aber auch nicht weniger verlangen, als heute schon § 101 Abs. 1 des Strafvollzugsgesetzes für die Anordnung eines HIV-Tests erfordert, nämlich eine konkrete Gefahr, die von einem Gefangenen für die Gesundheit anderer ausgeht.[635]

9. *Test der Soldaten*

a. *Tatbestände*

Richtlinien des Verteidigungsministeriums,[636] ergänzt durch *Anordnungen* für die *Teilstreitkräfte,*[637] sehen vor, daß sämtliche *aktive Soldaten,* aber auch alle *Reservisten* auf eine HIV-Infektion zu untersuchen sind. Die Überprüfung erfolgt zunächst durch den ELISA-Test und - falls positiv - anschließend durch den Western Blot-Test.[638] Die Untersuchung auf eine HIV-Infektion ist *periodisch zu wiederholen.* Der Zeitabstand hierfür ist vom Verteidigungsministerium nicht festgelegt. In Gestalt von fünf näher umrissenen Gruppen von Soldaten ist jedoch zumindest eine Reihenfolge aufgestellt, in der die erneuten Tests durchzuführen sind. Danach haben in erster Linie Soldaten, die „in Gebieten der Welt mit großer Gefahr einer Endemie oder mit geringen medizinischen Möglichkeiten eingesetzt sind", die HIV-Untersuchung zu wiederholen, gefolgt von Solda-

---

632 (Fortsetzung) So verstanden ermöglicht § 81 a StPO z. B. die Anordnung eines HIV-Tests gegenüber einem Strafgefangenen, um nach § 57 Abs. 1 StGB entscheiden zu können, ob „die Vollstreckung des Restes einer zeitigen Freiheitsstrafe zur Bewährung „ausgesetzt" werden kann. - Ferner ist auf § 56 c i.V.m. § 56 e StGB hinzuweisen, nach denen das Gericht dem Verurteilten für die Dauer der Bewährungszeit auch nachträglich Weisungen erteilen kann.

633 Vgl. oben unter a) nach Fn. 574.

634 Siehe vorstehend sub c) nach Fn. 612.

635 Vgl. *Eberbach,* AIDS, S. 249, 251 m. w. Nachw. in Fn. 1.

636 Siehe das Memorandum des Secretary of Defense vom 20. 4. 1987 betreffend „Policy on Identification, Surveillance, and Administration of Personnel Infected With Human Immunodeficiency Virus (HIV)".

637 Vgl. für das Heer die Army Regulation 600-110 des Department of the Army vom 11. 3. 1988; für die Luftwaffe das Memorandum des Department of the Air Force vom 23. 9. 1987 betreffend „Policy on Identification, Surveillance, and Administration of Personnel Infected With Human Immunodeficiency Virus (HIV)"; für die Marine die Instruktion des Secretary of the Navy, SECNAV Instruction 5300.30 A vom 27. 10. 1987.

638 Siehe das Memorandum des Secretary of Defense (Fn. 636) unter B. 1.; vgl. ferner für die Teilstreitkräfte z. B. die Army Regulation 600-110 (Fn. 637) unter 1-14. b, 2-2. h, 2-6. a, 2-7. und 2-8. für das Heer und die Instruktion des Secretary of the Navy (Fn. 637) sub 4. a. für die Marine.

ten, die anderswo in Übersee auf ständigen Stützpunkten ihren Dienst leisten.[639] Für die Teilstreitkräfte bestehen hingegen konkretere Regelungen. Beispielsweise ist für das Heer bestimmt, daß sämtliche aktive Soldaten wenigstens alle zwei Jahre auf HIV-Antikörper zu testen sind.[640] Sofern sich dies aus „Geldzwängen" als nicht durchführbar erweist, ist für diese Teilstreitkraft eine den Richtlinien des Verteidigungsministeriums ähnliche Reihenfolge aufgestellt, in der sich die aktiven Soldaten des Heeres erneut untersuchen lassen müssen.[641] Für Reservisten des Heeres gelten besondere Regelungen hinsichtlich des Zeitpunktes, zu dem sie sich einem HIV-Test zu stellen haben.[642] Ergänzend ist für das Heer noch eine HIV-Untersuchung aus *speziellen Anlässen* vorgesehen, *z.B.* wenn die Soldaten *Symptome* einer HIV-Infektion aufweisen, sie *Blut spenden* oder sie in ein *Armeekrankenhaus* aufgenommen werden.[643] Für die Luftwaffe und die Marine gelten ähnliche Anordnungen.[644]
Abgesehen von der HIV-Testpflicht für Soldaten und Reservisten, die bereits im Dienst der Streitkräfte stehen, sind auch Personen, die sich für eine solche Stellung *bewerben,* auf eine HIV-Infektion zu untersuchen.[645] Entsprechend verhält es sich mit Offiziersanwärtern.[646]

b. Rechtsfolgen

Ergibt die Untersuchung auf das HIV bei *Personen,* die sich als Soldaten oder Reservisten für die Streitkräfte *bewerben,* einen positiven Befund, dann werden sie *nicht berufen.*[647] Handelt es sich um Offiziersanwärter, so werden sie je nach ihrem Status entweder vom Aufstieg in die Offizierslaufbahn ausgeschlossen oder *entlassen.*[648]
Andere Rechtsfolgen treten ein für Personen, die als *Soldaten und Reservisten* bereits in einem festen Dienstverhältnis zu den Streitkräften stehen. Verläuft der

---

[639] Vgl. erneut das erwähnte Memorandum des Secretary of Defense (Fn. 636) unter B. 1. a.

[640] Siehe die Army Regulation 600-110 (Fn. 637) unter 2-2. h Satz 1 und 2-7. a. - Vgl. auch für die Nationalgarde die Army Regulation 600–110, a.a.O., sub 5-4.

[641] Vgl. die Army Regulation 600-110 (Fn. 637) unter 2-2. h Satz 2. - Vgl. ferner für die Nationalgarde die Army Regulation 600-110, a.a.O. sub 5-5. b.

[642] Siehe näher die Army Regulation 600-110 (Fn. 637) sub 2-8. und 5-12.

[643] Vgl. näher die Army Regulation 600-110 (Fn. 637) unter 2-2. a bis f und j sowie sub 5-2. a.

[644] Siehe das Memorandum des Department of the Air Force (Fn. 637) unter B. 1. (b) und die Instruktion des Secretary of the Navy (Fn. 637) sub 7. c.

[645] Vgl. näher das Memorandum des Secretary of Defense (Fn. 636) unter A. 1. a sowie A. 2.; für die Teilstreitkräfte vgl. insbesondere die Army Regulation 600-110 (Fn. 637) sub 3-3. a und h.

[646] Siehe im einzelnen das Memorandum des Secretary of Defense (Fn. 636) unter A. 1. b; für die Teilstreitkräfte vgl. vor allem erneut die Army Regulation 600-110 (Fn. 637) sub 3-3. a und h.

[647] Vgl. das Memorandum des Secretary of Defense (Fn. 636) unter A. 1. und 2., ferner z.B. die Army Regulation 600-110 (Fn. 637) sub 1-14. a und 3. 3. c und die Instruktion des Secretary of the Navy (Fn. 637) unter 3. a und 5. a.

[648] Siehe das Memorandum des Secretary of Defense (Fn. 636) unter A. 1. b, ferner u.a. die Army Regulation 600-110 (Fn. 637) sub 3-3. h und die Instruktion des Secretary of the Navy (Fn. 637) unter 5. c.

Test für aktive Soldaten positiv, dann wird ihnen die Beachtung zahlreicher *Verhaltensregeln* zum Schutz Dritter auferlegt.[649]. Beispielsweise sollen sie ihre Sexualpartner über ihre Infektion unterrichten[650] und kein Blut spenden.[651] Ferner müssen sie sich auf ihre weitere Verwendungsfähigkeit ärztlich untersuchen lassen.[652] In jedem Falle werden sie *nur* noch in den *Vereinigten* Staaten eingesetzt,[653] und zwar selbst bei einem „nationalen Notstand und/oder einer Mobilmachung".[654] Sofern sie es wünschen, können sie um ihren Abschied nachsuchen.[655] Erweisen sie sich als dienstunfähig, werden sie in den *Ruhestand versetzt.*[656] Verstoßen sie gegen eine der Auflagen, wie sie sich angesichts ihrer HIV-Infektion verhalten sollen, spenden sie z. B. Blut, dann können sie *entlassen* werden.[657]

Für *Reservisten* ergeben sich, falls sie als HIV-positiv ermittelt werden, entsprechend ihrem Status angepaßte Rechtsfolgen.[658]

c. Bewertung

Die Untersuchung der aktiven Soldaten und der Reservisten auf eine HIV-Infektion verfolgt *mehrere Ziele.* Sie dient dazu, die „ständige Einsatzbereitschaft" der

---

[649] Vgl. näher das Memorandum des Secretary of Defense (Fn. 636) unter B. 5.; für die Teilstreitkräfte siehe z. B. die Regelung für das Heer, die Army Regulation 600-110 (Fn. 637) sub 2-16. und 2-17. a bis c und für die Marine, die Instruktion des Secretary of the Navy (Fn. 637) unter 13. b (1) (a).

[650] So die Army Regulation 600-110 (Fn. 637) unter 2-16. b (8).

[651] So das Memorandum des Secretary of Defense (Fn. 636) unter B. 5. a (1) am Ende; ebenso z. B. die Army Regulation 600-110 (Fn. 637) unter 1-14. 1. und 2-16. b (12).

[652] Siehe das Memorandum des Secretary of Defense (Fn. 636) unter C. 1.; speziell für das Heer vgl. die Army Regulation 600-110 (Fn. 637) sub 2-1. c und 4-12. b sowie für die Marine die Instruktion des Secretary of the Navy (Fn. 637) unter 9. a.

[653] Vgl. allgemein für die Streitkräfte das Memorandum des Secretary of Defense (Fn. 636) unter B. 7.; siehe speziell für die Teilstreitkräfte z. B. die Army Regulation 600-110 (Fn. 637) unter 1-14. e, 4-2. sowie 4-6., ferner - zu Besonderheiten für Alaska und Hawaii - sub 4-6. a für das Heer und die Instruktion des Secretary of the Navy (Fn. 637) unter 3. b (2) und 10. b für die Marine.

[654] So für das Heer die Army Regulation 600-110 (Fn. 637) unter 1-14. f.

[655] So z. B. für das Heer die Army Regulation 600-110 (Fn. 637) unter 4-10. und 4-11. sowie für die Marine die Instruktion des Secretary of the Navy (Fn. 637) unter 11. c. - Vgl. allgemein für die Streitkräfte auch das Memorandum des Secretary of Defense (Fn. 636) unter D. 3.

[656] So für die Luftwaffe das Memorandum des Department of the Air Force (Fn. 637) unter D. 1., ähnlich für das Heer die Army Regulation 600-110 (Fn. 637) sub 4-12. a und für die Marine die Instruktion des Secretary of the Navy (Fn. 637) unter 3. b. (3) sowie 11. a.; siehe auch das Memorandum des Secretary of Defense (Fn. 636) unter D. 1.

[657] Vgl. allgemein für die Streitkräfte das Memorandum des Secretary of Defense (Fn. 636) unter D. 2. Als Beispiel für die Regelungen bei den Teilstreitkräften siehe die Army Regulation 600-110 (Fn. 637) sub 4-10. e und 4-11 c sowie die Instruktion des Secretary of the Navy (Fn. 637) unter 11. b.

[658] Siehe näher für die Streitkräfte das Memorandum des Secretary of Defense (Fn. 636) unter C. 2.; ferner z. B. die Regelungen für die Luftwaffe das Memorandum des Department of the Air Force (Fn. 637) unter C. 2. und für die Marine die Instruktion des Secretary of the Navy (Fn. 637) unter 3. C. sowie unter 12.

Streitkräfte „sicherzustellen",[659] „die Übertragung des HIV zu überwachen"[660] und Daten für HIV-Langzeitstudien zu erhalten.[661] Außerdem bezweckt das HIV-Testprogramm, „die Gesundheit derjenigen, die sich infiziert haben, durch eine frühzeitige Erkennung zu schützen".[662]

Dies erhellt, daß die Testpflicht für die aktiven Soldaten und Reservisten außer im *öffentlichen Interesse* auch im *Interesse der Untersuchten* selbst liegen soll. Deutlich wird dies besonders aus der Rechtsfolge, wonach ein positives Testergebnis für die Betroffenen dazu führt, daß sie nur noch in den Vereinigten Staaten eingesetzt werden.[663] Diese Rechtsfolge geht von der zutreffenden Annahme aus, daß die Gesundheit eines HIV-infizierten Militärangehörigen in Übersee - abgesehen von wenigen Ländern - größeren Risiken (schlechtere ärztliche Versorgung, geringere Hygiene, zahlreichere Krankheiten) ausgesetzt ist als in den USA. Wäre der Testzwang für Soldaten und Reservisten lediglich auf diese regelmäßig vorteilhafte Rechtsfolge beschränkt, gäbe er zu Bedenken höchstens aus anderen Gründen Anlaß.[664]

Wie erörtert, kann die Testpflicht für die Untersuchten jedoch auch *nachteilige Rechtsfolgen* haben. Beispielsweise wird von den als HIV-infiziert ermittelten Personen die Beachtung bestimmter Verhaltensregeln (u. a. Unterrichtung der Sexualpartner, kein Spenden von Blut) erwartet.[665] Die Auferlegung dieser Rechtsfolgen könnte den Testzwang in einem anderen Lichte erscheinen lassen. Zu bedenken ist aber, daß es sich bei den genannten Verhaltensregeln im Kern um ethische Selbstverständlichkeiten für einen HIV-Infizierten handelt. Ihre Negierung würde nämlich Dritte bewußt der erheblichen Gefahr aussetzen, mit einer lebensbedrohenden Krankheit angesteckt zu werden. Mit Rücksicht hierauf wiegen diese Verhaltenspflichten nicht schwer. Angesichts des auf dem Spiel stehenden Lebens Dritter schlägt auch die mögliche Sanktion für eine Mißachtung der Verhaltensregeln - die Entlassung[666] - *nicht groß zu Buche*. Der HIV-Testzwang für Soldaten und Reservisten scheint somit ein vertretbarer staatlicher Eingriff zu sein.

Eine Bewertung hat außer den Rechtsfolgen jedoch auch *tatsächliche Auswirkungen des Testzwanges* in die Beurteilung einzubeziehen, wenn sie - wie hier - das Bild ändern könnten. Vor diesem Hintergrund wird bedeutsam, daß HIV-Infi-

---

659 So für das Heer die Army Regulation 600-110 (Fn. 637) unter 2-1. a (1), auch (3) und (4); ähnlich für die Marine die Instruktion des Secretary of the Navy (Fn. 637) sub 6.

660 So allgemein für die Streitkräfte das Memorandum des Secretary of Defense (Fn. 636) unter B.

661 Vgl. für das Heer die Army Regulation 600-110 (Fn. 637) unter 2-1. a (6), ferner (7); ähnlich auch für die Marine die Instruktion des Secretary of the Navy (Fn. 637) unter 6. sowie unter 12. c Satz 1.

662 So für die Luftwaffe das Memorandum des Department of the Air Force (Fn. 637) unter B. Ganz ähnlich („Verhütung von Schäden für das Personal mit serologischem Nachweis einer HIV-Infektion") das Memorandum des Secretary of Defense (Fn. 636) sub B. für die Streitkräfte allgemein.

663 Siehe oben unter B. bei Fn. 653.

664 Vgl. nachstehend den Text, beginnend bei Fn. 667.

665 Siehe oben sub B., beginnend bei Fn. 649.

666 Vgl. supra unter a) nach Fn. 657.

zierte erheblichen *seelischen Belastungen*[667] und nicht selten vielfältigen *Diskriminierungen*[668] ausgesetzt sind. Diese nachteiligen Folgen müssen daher auch bei der auf die Ermittlung einer HIV-Infektion zielenden Testpflicht für Soldaten und Reservisten in Rechnung gestellt werden.[669]

Betrachtet man unter diesem Vorzeichen zunächst die Testpflicht, deren Tatbestand voraussetzt, daß die Soldaten Symptome einer HIV-Infektion aufweisen,[670] dann vermag selbst die Berücksichtigung möglicher seelischer Belastungen und denkbarer Diskriminierungen die Gewichte nicht derart zu verschieben, daß der Testzwang nunmehr als bedenklich erscheint. Knüpft die Testpflicht nämlich an das Vorliegen von Symptomen für eine HIV-Infektion an, muß von einer schon fortgeschrittenen Erkrankung des Immunsystems und daher einer entsprechend größeren Gesundheitsgefahr, in der sich die Getesteten im Vergleich zu anderen befinden, ausgegangen werden. Diese Umstände sind so bedeutsam, daß sie es zumindest rechtfertigen, mögliche faktische Nachteile, die der Testzwang bei positivem Untersuchungsergebnis für die Soldaten haben kann, in Kauf zu nehmen. Das gilt um so mehr, als bei diesen Gegebenheiten die HIV-Infektion auch ohne Test nicht mehr lange verborgen bliebe und sich die eventuellen nachteiligen Auswirkungen daher selbst bei völliger Testfreiheit nicht vermeiden ließen. Die *Testpflicht* für Soldaten *mit HIV-Symptomen* erweist sich somit als *sachgerecht.*

Anders könnten die *übrigen Tatbestände* des HIV-Testzwanges zu bewerten sein, wenn man die genannten faktischen Folgen einbezieht. Am ehesten könnte dies für den *Testzwang* gelten, der von den Soldaten verlangt, sich in *periodischen Abständen* auf das HIV untersuchen zu lassen.[671] Kennzeichnend für diese Testpflicht ist, daß sie allgemein der Einsatzbereitschaft der Streitkräfte und der Gesundheitsfürsorge für die ihr Angehörenden dienen soll. Die Soldaten haben zu dem HIV-Test also weder durch ihr Verhalten und ihren Zustand noch sonstwie konkret Anlaß gegeben. Vor diesem Hintergrund wiegen die tatsächlichen Auswirkungen des Testzwanges (seelische Belastungen und Diskriminierungsgefahr), die er für die als HIV-positiv ermittelten Soldaten haben kann, so schwer, daß sie den mit der Testpflicht verbundenen staatlichen Eingriff zumindest als *problematisch* erscheinen lassen.

Unbedenklich ist der Testzwang in diesen Fällen erst dann, wenn es den Streitkräften gelingt, diese der Zulässigkeit entgegenstehenden *faktischen Nachteile* für die Getesteten auf ein Minimum zu *beschränken* oder gar zu neutralisieren. Was die *seelischen Belastungen* angeht, hängt dies davon ab, ob sich die an das Testen bei den Streitkräften anschließende Beratung durch Psychologen und Seelsor-

---

[667] Siehe vorstehend sub 2. c) bei Fn. 313.

[668] Vgl. oben unter A., beginnend bei Fn. 34.

[669] Siehe auch die Instruktion des Secretary of the Navy (Fn. 637), die das Problem „der Diskriminierung im Beruf, bei der Kranken- und Lebensversicherung, beim Schulbesuch etc." ausdrücklich anspricht, das entsteht, wenn die HIV-Positivität einer Person offengelegt wird, a.a.O. unter 15.

[670] Vgl. oben den Text sub a) nach Fn. 642.

[671] Siehe hierzu supra den Text unter a) nach Fn. 638.

ger[672] als erfolgreich erweist, Depressionen, Niedergeschlagenheit, Ängste und ähnliches bei den Soldaten mit positivem Testergebnis aufzufangen. Das dürfte zumindest ebenso schwer und damit *kaum erreichbar* sein wie bei HIV-Infizierten außerhalb der Streitkräfte. Was die *Diskriminierungsgefahr* betrifft, kann ihr am besten durch strikte Vertraulichkeit der HIV-Untersuchungen und ihrer Resultate sowie durch Unvoreingenommenheit der Vorgesetzten und anderer notwendiger Mitwisser begegnet werden. Zur Wahrung der Vertraulichkeit sind die Streitkräfte weitestgehend verpflichtet.[673] Auch haben sie zahlreiche Verwertungsverbote für die Testergebnisse angeordnet.[674] Ferner sollen HIV-Infizierte in den Streitkräften „mit Würde und Verständnis behandelt werden".[675] Schließlich ist den Vorgesetzten aufgegeben, diskriminierendes Verhalten zu unterlassen.[676] Diese Rechtspflichten sagen allerdings wenig darüber aus, ob und inwieweit sie geeignet sind, die in den Streitkräften anzutreffenden Diskriminierungen HIV-Infizierter zu *unterbinden* oder wenigstens in engen Grenzen zu halten. Die publik gewordenen Fälle[677] lassen daran *zweifeln*. Auch die große Zahl derjenigen, die die Streitkräfte alsbald verließen, nachdem sie sich als HIV-positiv herausstellten - von 3783 immerhin 1551 (41%) Personen[678] - kann als Reaktion auf eine zumindest erwartete Diskriminierung gedeutet werden. Solange nicht wenigstens eine vorurteilslose Behandlung der HIV-infizierten Soldaten in den Streitkräften als gewährleistet angesehen werden kann, erweist sich daher eine Pflicht, die periodisch die Soldaten ohne konkreten Anlaß einem HIV-Test unterwirft, als *nicht unbedenklich*.

Für die noch nicht behandelten Testpflichten, deren Tatbestand z. B. an das Spenden von Blut oder die Aufnahme in ein Armeekrankenhaus anknüpft,[679] gilt dies nicht oder nicht in gleichem Maße, weil bei ihnen das Testen einen konkreten Hintergrund hat. Auf Einzelheiten kann hier nicht eingegangen werden. Die *Testpflicht für Blutspenden* wurde bereits eingehend behandelt und für unerläßlich befunden.[680] Für Blutspenden von Soldaten ergeben sich keine Besonderheiten. Was speziell die Testpflicht bei *Einlieferung in ein Armeekrankenhaus* angeht, so handelt es sich um einen Ausschnitt aus dem allgemeinen Problem, ob sich Krankenhauspatienten auf das HIV testen lassen müssen. Darauf

---

[672] Vgl. hierzu besonders die Army Regulation 600-110 (Fn. 637) unter 2-17. e für das Heer. - Siehe allgemein zur Praxis der Streitkräfte auch die Stellungnahme des Acting Deputy Assistant Secretary of Defense, *Mazzuchi*, vor der Presidential Commission on the HIV Epidemic am 20. 4. 1988 unter II. am Ende des Manuskriptes.

[673] Siehe die Army Regulation 600-110 (Fn. 637) unter 4-1. c und besonders deutlich die Instruktion des Secretary of the Navy (Fn. 637) unter 3. e, 13. c sowie nachdrücklich unter 15., ferner die Darstellung von *Rivera*, Military, S. 221, 230-232.

[674] Vgl. vor allem die Instruktion des Secretary of the Navy (Fn. 637) unter 16., ferner das Memorandum des Secretary of Defense (Fn. 636) und das Memorandum des Department of the Air Force (Fn. 637), jeweils unter F.

[675] So die Army Regulation 600-110 (Fn. 637) unter 4-1. b Satz 1.

[676] Vgl. die Army Regulation 600-110 (Fn. 637) sub 4-1. b Satz 2.

[677] Siehe zu ihnen *Rivera*, Military, S. 221, 224-226 und 231.

[678] Vgl. die Studie des Department of Defense über „Prevalance of Human Immodeficiency Virus Infection Among Active Duty Military Personnel - April 1988" auf S. 1.

[679] Siehe oben unter b) den Text nach Fn. 642.

[680] Vgl. oben sub 2.

wird an späterer Stelle näher einzugehen sein.[681] Auf diese Ausführungen kann daher verwiesen werden.

Nachdem die HIV-Testpflicht für aktive Soldaten und Reservisten einer Bewertung unterzogen wurde, ist nunmehr der *HIV-Testzwang* für Offiziersanwärter und für diejenigen Personen zu beurteilen, die sich erstmalig für eine Stellung in den Streitkräften bewerben.[682]

Soweit es sich um *Offiziersanwärter* handelt, also Personen, die bereits in den Streitkräften seit längerem ihren Dienst tun oder ihn wenigstens begonnen haben, ist diese Testpflicht zunächst einmal den gleichen Bedenken ausgesetzt, denen die in periodischen Abständen durchzuführende allgemeine HIV-Untersuchung vom Soldaten und Reservisten begegnet. Erschwerend kommt hinzu, daß Offiziersanwärter bei positivem Testresultat vom Aufstieg in die gewünschte Laufbahn ausgeschlossen oder entlassen werden.[683] Mit Rücksicht hierauf erscheint die HIV-Testpflicht zumindest für Offiziersanwärter, die schon geraume Zeit in einem Dienstverhältnis zu den Streitkräften stehen, als *nicht vertretbar.*

Anders könnte ein *HIV-Testzwang* zu beurteilen sein, wenn er Personen betrifft, die mit den Streitkräften noch nicht in irgendeiner Weise verbunden sind. Eine solche Testpflicht besteht *für* diejenigen *Personen,* die sich erstmalig um eine Stellung in den Streitkräften *bewerben.* Erweisen sie sich als HIV-positiv, werden sie nicht berufen.[684] Als Begründung für diesen Testzwang und seine Rechtsfolge wird insbesondere angeführt: „Der (HIV-)Zustand existierte schon vor der Berufung in das Dienstverhältnis; das Ministerium vermeidet denkbare medizinische Kosten und schließt die Möglichkeit aus, daß der einzelne seine dienstlichen Verpflichtungen nicht voll erfüllen wird; klinische Beweise zeigen, daß HIV-infizierte Personen auf einige Impfungen mit lebenden Viren, die während der Grundausbildung vorgenommen werden, nachteilige und potentiell lebensbedrohende Reaktionen erleiden".[685] Die Testpflicht für Bewerber in den Streitkräften liegt demnach außer im öffentlichen Interesse zugleich im Interesse der zu Untersuchenden selbst, was für ihre *Unbedenklichkeit spricht.*

Abweichend könnte der Testzwang zu beurteilen sein, wenn man seine bei festgestellter HIV-Infektion eintretende *Rechtsfolge,* die *Nichtberufung* in das Dienstverhältnis, *mitberücksichtigt.* Sie ist für die Bewerber - im Gegensatz zu einem Wehrpflichtigen - nachteilig, da er in die Streitkräfte eintreten will und daran gehindert wird. Dieser Umstand mag rechtlich nicht schwer wiegen, da die Bewerber noch in keinerlei Beziehung zu den Streitkräften stehen, ein irgendwie gearteter „Vertrauensschutz" also von vornherein ausscheidet, so daß der Testzwang unter Zugrundelegung der für ihn genannten Begründung vertretbar, wenn nicht gar angezeigt erscheint. Anders liegen die Dinge indes, bedenkt man die *gesellschaftlichen Konsequenzen* einer derartigen Testpflicht. Der HIV-Testzwang für Personen, die sich in den Streitkräften bewerben, könnte in anderen

---

[681] Siehe nachfolgend unter 11.

[682] Vgl. oben den Text unter a) nach Fn. 644.

[683] Siehe oben sub b) bei Fn. 648.

[684] Vgl. vorstehend unter b) bei Fn. 647.

[685] So das Memorandum des Secretary of Defense (Fn. 636) unter A. 1., ebenso das Memorandum des Department of the Air Force (Fn. 637) sub A. 1. und die Instruktion des Secretary of the Navy (Fn. 637) unter 5. a. Vgl. auch die Army Regulation 600-110 sub 2-1a (5).

Bereichen Schule machen. Die Testpflicht für Mitarbeiter des Auswärtigen Dienstes und für andere öffentliche Bedienstete, auf die anschließend einzugehen sein wird,[686] ist ein Beispiel dafür. Zu Ende gedacht gäbe es alsbald keinen Arbeitgeber mehr, der nicht einen HIV-Test von den Bewerbern verlangte. HIV-Infizierte würden dadurch ausgegrenzt und das vielfach in einem Augenblick, in dem sie noch längere Zeit unauffällig genauso arbeitsfähig wären wie Nichtinfizierte.[687] So gesehen schlagen die von den Streitkräften für eine Testpflicht der Bewerber ins Feld geführten *fiskalischen Erwägungen* (Vermeidung von medizinischen Kosten, Gefahr nicht vollständiger Diensterfüllung) *nicht* mehr groß *zu Buche*. Einzig die als Begründung für den Testzwang angeführte, für HIV-Infizierte von Impfungen angeblich ausgehende *Gesundheitsgefahr* spricht unter diesen Umständen noch maßgeblich zugunsten der Testpflicht für Bewerber. Selbst insoweit ist allerdings zu fragen, ob dieser Gesundheitsgefahr nicht dadurch ausreichend begegnet werden kann, daß *Bewerber* über die bekannten HIV-Ansteckungswege und die Gefahren unterrichtet werden, die Impfungen für HIV-Infizierte haben können. Auf diese Weise wäre jeder Bewerber selbst in der Lage, sein *HIV-Infektionsrisiko abzuschätzen,* so daß er zur Vermeidung des Impfrisikos jedenfalls einen HIV-Test von dritter Seite durchführen lassen könnte, der ihm noch rechtzeitig vor der Impfung Klarheit verschaffen würde.

Die *Testpflicht* für Bewerber, die in die Streitkräfte einzutreten wünschen, sollte daher *überdacht* werden. Im Ergebnis ist deshalb mehreren Autoren zuzustimmen, wenn sie feststellen: „Weder Personen mit Aids noch Personen mit HIV-positiven Testresultaten sollte automatisch die Möglichkeit versagt werden, in den Streitkräften zu dienen. Solange sie ihre Pflichten erfüllen können, stellen solche Individuen weder eine Bedrohung für die nationale Sicherheit (Einsatzbereitschaft) noch für ihre Kameraden dar.“[688]

d. *Konsequenzen*

Eine allgemeine HIV-Testpflicht für Soldaten, wie sie in den USA existiert, besteht in der *Bundesrepublik Deutschland* nicht. Ihre Einführung ist, obwohl von medizinischer Seite verschiedentlich gefordert,[689] auch nicht beabsichtigt.[690]

---

[686] Siehe nachstehend unter 10.

[687] Davon geht offenbar auch die Marine aus: In der Instruktion des Secretary of the Navy (Fn. 637) werden Richtlinien für die Entscheidung aufgestellt, ob dem Antrag eines HIV-positiven Marineangehörigen, seinen Abschied nehmen zu wollen, entsprochen werden kann (a.a.O. unter 11. c). Abgelehnt werden soll der Antrag „normalerweise“, wenn der Marineangehörige in einem Bereich arbeitet, in dem ein „erheblicher Personalmangel“ herrscht (a.a.O. sub 11. c [2] [a]). Vgl. ferner die Möglichkeit der Marine, den Abschied bis zu 180 Tage hinauszuschieben, a.a.O. unter 11. c (1).

[688] So *Closen/Connor/Kaufman/Wojcik,* AIDS, The John Marshall Law Review Bd. 19 (1986), 835, 910.

[689] So für Rekruten von dem Vorsitzenden der AIDS-Kommission der Deutschen Gesellschaft für Innere Medizin, Prof. *Zöllner* (vgl. „AIDS-Experte für strengere Maßnahmen“, General-Anzeiger vom 31. 10. 1988, S. 27) und von sechs Klinikdirektoren der Universität Göttingen (siehe „Aids-Test für Heiratswillige“, General-Anzeiger vom 27. 8. 1987, S. 21).

[690] Vgl. die Antwort der Bundesregierung auf die Fragen 1–3 der Kleinen Anfrage der Fraktion DIE GRÜNEN vom 5. 10. 1987, BT-Drucks. 11/909.

Durch den die „Untersuchung von Soldaten der Bundeswehr auf HIV-Antikörper" betreffenden *Erlaß* vom 19. April 1988[691] hat der ***Bundesminister der Verteidigung*** vielmehr festgestellt: „Auftretende Fragen in dienstrechtlicher, fürsorglicher und ärztlicher Hinsicht im Zusammenhang mit der HIV-Infektion und daraus folgender Erkrankungen können in der Bundeswehr, bei entsprechender Auslegung der gültigen Vorschriften und Verfahren, bewältigt werden."[692] Damit dürfte vor allem *§ 17 des Wehrpflichtgesetzes*[693] gemeint sein, dessen Absatz 4 für das Musterungsverfahren bestimmt: „Die Wehrpflichtigen sind vor ihrem Erscheinen vor dem Musterungsausschuß auf ihre ... körperliche Tauglichkeit eingehend zu untersuchen. Dabei sind solche Untersuchungen vorzunehmen, die nach dem Stand der ärztlichen Wissenschaft für die Beurteilung der Tauglichkeit des Wehrpflichtigen für den Wehrdienst notwendig und im Rahmen einer Reihenuntersuchung durchführbar sind." Geht man von dem Votum des Nationalen Aids-Beirates zum „Wehrdienst und (zur) HIV-Infektion" aus, dann liegen „wissenschaftlich ... gegenwärtig keine ausreichenden Daten dafür vor, daß eine HIV-Infektion ohne Krankheitserscheinungen die Leistung eines Infizierten beeinflußt".[694] § 17 Abs. 4 des Wehrpflichtgesetzes bietet somit zwar keine *Rechtsgrundlage* für HIV-Tests aller *Wehrpflichtigen,* wohl aber für eine Untersuchung solcher Personen, die *bereits Symptome* einer HIV-Infektion aufweisen,[695] z. B. Lymphknotenschwellung[696] oder wiederholtes Fieber,[697] und damit Anzeichen, die auf ein fortgeschrittenes, die Tauglichkeit des Wehrpflichtigen minderndes Stadium der HIV-Infektion hindeuten.

Daher ist es zutreffend, wenn der erwähnte *Erlaß*[698] hervorhebt, daß „HIV-Infizierte *ohne* Krankheitszeichen ... nach bisheriger Erkenntnislage grundsätzlich wehrdienstfähig" sind, und er daraus die Konsequenz zieht, daß ein „HIV-Test ... grundsätzlich nur mit ausdrücklichem Einverständnis des Betroffenen durchgeführt werden" darf, d. h. *prinzipiell lediglich* auf *freiwilliger Basis* zulässig ist.[699] Diese Praxis stimmt im wesentlichen mit der Bewertung überein, die sich vorstehend[700] für die Testpflicht der amerikanischen Soldaten ergeben hatte. Dort hatte sich gezeigt, daß letztlich nur die Testpflicht für Soldaten mit Symptomen einer HIV-Infektion unbedenklich ist.[701]

---

691 InSan I 1-Az 42-13-00.

692 Siehe die Einleitung des Erlasses, a. a. O. (Fn. 691), S. 1.

693 in der Fassung vom 13. 6. 1986 (BGBl. I S. 879); vgl. für Berufssoldaten und Soldaten auf Zeit § 37 Abs. 1 Nr. 3 des Soldatengesetzes in der Fassung vom 19. 8. 1975 (BGBl. I S. 2273), zuletzt geändert durch Gesetz vom 13. 6. 1986 (BGBl. I S. 873).

694 So Votum 5 des Nationalen AIDS-Beirates, Bundesgesundheitsblatt 1988, 358.

695 Weitergehend *Henschel,* Bundeswehr und AIDS, Neue Zeitschrift für Wehrrecht 1987, 194, 198–200.

696 Siehe oben sub A. in Fn. 15.

697 Vgl. supra unter A. nach Fn. 16.

698 Siehe a. a. O. (Fn. 691), S. 1.

699 Vgl. zur Durchführung dieser Tests näher den oben (Fn. 691) zitierten Erlaß des Bundesministers der Verteidigung auf S. 2–7.

700 Siehe unter c).

701 Vgl. oben den Text sub c), insbesondere nach Fn. 669.

10. *Test der Mitarbeiter des Auswärtigen Dienstes und anderer öffentlich Bediensteter*

a. *Tatbestände*

Das *Department of State* (Auswärtige Amt) verfügt über ein *„Medizinisches Gesundheitsprogramm"*, das seine Mitarbeiter und deren Angehörige (Ehepartner, unverheiratete Kinder unter 18 Jahre), aber auch Bewerber für den Auswärtigen Dienst erfaßt.[702] Dieses Programm schließt ärztliche Untersuchungen des genannten Personenkreises ein, darunter seit November 1986 auch einen *HIV-Antikörpertest.* Die Rechtsgrundlage des Programms findet sich im *Foreign Service Act:*[703] Nach dessen § 4084 (a) soll der Außenminister ein „Gesundheitsprogramm aufstellen, um die körperliche und geistige Gesundheit" der Mitarbeiter des Auswärtigen Dienstes und ihrer Angehörigen „zu fördern und zu erhalten". Gemäß § 4084 (b) darf dieses Programm „ärztliche Untersuchungen" der Bewerber und Mitarbeiter des Auswärtigen Dienstes sowie ihrer Angehörigen einschließen. Für die Mitarbeiter und ihre Angehörigen werden die erwähnten Untersuchungen einschließlich des HIV-Tests jeweils nach Ablauf von zwei Jahren wiederholt.[704]

Wesentlich begrenzter ist eine HIV-Testpflicht, die ein *Erlaß für Lehrer* und anderes Personal an Schulen in *Georgia* seit Juli 1987 vorsieht:[705] Danach kann der Schulleiter oder der Schulamtsleiter einen Bediensteten um den „Nachweis eines negativen HIV-Antikörpertestergebnisses ersuchen", wenn ein „vernünftiger Grund zu der Annahme" besteht, daß der Bedienstete „infiziert" ist.[706] Als „infiziert" begreift der Erlaß „jede Person, die Aids oder ARC hat".[707] Dementsprechend wird ein „vernünftiger Grund zu der Annahme" einer Infektion lediglich bejaht, „wenn die Person Aids- oder ARC-Symptome zeigt".[708]

Einen ebenfalls nur beschränkten HIV-Testzwang hat das *Bundesjustizministerium* für im *Strafvollzug tätige Bedienstete* festgelegt:[709] „Glauben Mitarbeiter, daß sie während ihres Dienstes gefährlichem Blut oder[710] (sonstigen) gefährlichen Körperflüssigkeiten ausgesetzt waren, dann sollen sie dies ihrem Vorgesetzten und der medizinischen Abteilung melden."[711] Wird vom Anstaltsarzt eine

---

[702] Siehe näher zu diesem „Foreign Service employee medical fitness program" Bd., 3, Sektion 680 des Foreign Affairs Manual.

[703] Vgl. § 4084 (a) und (b), ferner § 3941 (b) des United States Code (1988), Abschnitt 22 (Foreign Relations).

[704] Siehe die (nicht veröffentlichten) Richtlinien des Auswärtigen Amtes betreffend die „Department of State Policy - Human Immunodeficiency Virus Infection in the Workplace" unter 3. („Testing").

[705] Vgl. den Erlaß „Communicable Diseases" (Code: JGCC) des Georgia Board of Education.

[706] So unter V. A. des Erlasses (Fn. 705).

[707] So sub I. C.

[708] So der Erlaß (Fn. 705) unter V. B.

[709] Vgl. Operations Memorandum des U. S. Department of Justice (Federal Bureau of Prisons) vom 24. 5. 1988 - Nr. 57-88 (6100).

[710] Im Original heißt es an dieser Stelle „und", was nicht gemeint sein dürfte.

[711] Siehe das vorstehend (Fn. 709) genannte Memorandum unter 7.

Übertragung für möglich gehalten, „soll der Mitarbeiter auf Anordnung des Arztes (auf HIV-Antikörper) getestet werden".[712]

b. *Rechtsfolgen*

Die Rechtsfolgen sind je nach den Umständen verschieden. Ergibt sich für *Bewerber* des *Auswärtigen Dienstes* aufgrund der ärztlichen Untersuchung, daß sie HIV-infiziert sind, dann werden sie wegen „medizinischer Untauglichkeit" *nicht eingestellt.*[713] Erweisen sich *Mitarbeiter* des Auswärtigen Dienstes als HIV-infiziert, werden sie entweder - bei ernstem Gesundheitszustand - lediglich in den *Vereinigten Staaten eingesetzt* oder - bei fehlenden Symptomen für ARC oder Aids - außer in den USA nur noch auf 47 Posten in *19 Staaten verwendet,* in denen eine angemessene medizinische Versorgung als gesichert gilt.[714] In jedem Falle dürfen HIV-infizierte Mitarbeiter ihre Tätigkeit „so lange fortsetzen, wie sie fähig sind, eine akzeptable Arbeitsleistung zu erbringen, und sie nicht ein Gesundheits- oder Sicherheitsrisiko für sich oder andere Mitarbeiter darstellen".[715] Eine Entlassung ist nicht möglich; höchstens kommt eine Versetzung in den Ruhestand wegen Dienstunfähigkeit in Betracht, dies jedoch nur auf Betreiben des Mitarbeiters.[716]

Teilweise einschneidendere Konsequenzen sind für *Lehrer* und anderes Personal an Schulen in Georgia vorgesehen, wenn sich ihre HIV-Infektion herausstellt: Das Dienstverhältnis dieser Mitarbeiter kann notfalls *beendet* werden.[717] Das gilt jedoch nicht, solange der Bedienstete fähig ist, die „wesentlichen Aufgaben seines Berufes zu erfüllen"; dann ändert sich für ihn nichts.[718] Selbst wenn sich der Zustand des Bediensteten verschlechtert, er aber für *andere Aufgaben verwendet* werden kann, scheidet eine Entlassung aus.[719]

Was schließlich die HIV-Testpflicht für im *Strafvollzug tätige Bedienstete* angeht, so werden in der einschlägigen Rechtsquelle zwar keine Konsequenzen genannt, die ein positiver Befund hat.[720] Offenbar bezweckt die Untersuchung aber die Klärung, ob die Bediensteten in Erfüllung ihrer Pflichten gesundheitlichen Schaden erlitten haben, der sie zu Unfallfürsorgeleistungen berechtigt.

---

[712] Vgl. nochmals das Memorandum (Fn. 709) sub. 7.

[713] Siehe Bd. 22 Sektion 11.1 (e), insbesondere Absatz (5) des Code of Federal Regulations (1988) und die Darstellung der Praxis des Department of the State in der Entscheidung Local 1812, American Federation of Government Employees versus United States Department of State, Federal Supplement Bd. 662 (1987), 50, 52

[714] Vgl. zu dieser Praxis des Auswärtigen Amtes erneut die vorstehend (Fn. 713) zitierte Entscheidung, a.a.O., sowie die oben (Fn. 704) erwähnten Richtlinien unter 3.

[715] So die Richtlinien des Auswärtigen Amtes (Fn. 704) unter 1. („General Policy").

[716] Vgl. die erwähnten (Fn. 704) Richtlinien des Auswärtigen Amtes unter 6. („Employee Benefits").

[717] Siehe den Erlaß des Georgia Board of Education (Fn. 705) unter III. B. 4. - Diese Rechtsfolge tritt auch ein, wenn der Bedienstete es ablehnt, sich testen zu lassen; so der Erlaß sub V. B.

[718] Vgl. den erwähnten (Fn. 717) Erlaß unter III. B. 1.

[719] Siehe wiederum den vorstehend (Fn. 717) genannten Erlaß sub III. B. 3.

[720] Vgl. das Operations Memorandum des U.S. Department of Justice (Fn. 709).

c. Bewertung

Die Tätigkeit im *Auswärtigen Dienst* ist ihrer Natur nach auf einen weltweiten Einsatz und damit auf eine Verwendung der Mitarbeiter auch in Ländern angelegt, die wegen ihrer klimatischen, hygienischen und/oder sonstigen Bedingungen (schlechte medizinische Versorgung) ein – verglichen mit den USA – *größeres Gesundheitsrisiko* für die Betroffenen darstellen können. Vor diesem Hintergrund leuchtet es ein, wenn die Richtlinien des Department of State zur Rechtfertigung des HIV-Testzwanges für Bedienstete (und deren Angehörige) auf folgendes verweisen: „Das Testen auf das HIV wurde durch die Einsicht veranlaßt, daß unsere überseeischen Gesundheitseinrichtungen nicht in der Lage sind, die Infizierten angemessen zu versorgen, und daß der Verlauf der Krankheit durch Infektionen und Impfungen beschleunigt werden kann. Da diese Gegebenheiten auf das Inland regelmäßig nicht zutreffen, wird ein HIV-Testprogramm (allgemein) für Mitarbeiter des öffentlichen Dienstes nicht für notwendig gehalten“.[721]

Geht man hiervon aus, dann besteht die *HIV-Testpflicht für Mitarbeiter* des Auswärtigen Dienstes in deren *eigenem (Gesundheits-)Interesse.* Diese Einschätzung wird durch die Rechtsfolgen (Verwendung einzig in Staaten mit angemessener medizinischer Versorgung oder nur in den USA)[722] bestätigt, die sich für die als HIV-positiv ermittelten Personen ergeben. Da diese *Konsequenzen* für die Betroffenen im allgemeinen *nicht nachteilig* sind und sie überdies ihre Tätigkeit so lange fortsetzen dürfen, „wie sie fähig sind, eine akzeptable Arbeitsleistung zu erbringen, und sie nicht ein Gesundheits- oder Sicherheitsrisiko für sich oder andere Mitarbeiter darstellen“,[723] erscheint der fragliche *HIV-Testzwang* als *sachgerecht.*

Natürlich ändert an dieser Bewertung auch der Umstand nichts, daß die Untersuchung auf das HIV nicht nur aus Fürsorge für den in Rede stehenden Personenkreis verpflichtend ist, sondern (unausgesprochen) zugleich (oder vornehmlich) dem öffentlichen Interesse zu dienen bestimmt ist, die Funktionsfähigkeit der amerikanischen Auslandsvertretungen, insbesondere der kleineren, von vornherein sicherzustellen. Die Verfolgung dieses Zweckes soll überdies geeignet sein, Bedenken, die sich auf den *4. Zusatzartikel* der *amerikanischen Verfassung* stützen, zu entkräften. Nach dieser Norm wird der einzelne vor *„übermäßigen Ausforschungen“* durch den Staat geschützt. Da der HIV-Test für Mitarbeiter des Auswärtigen Dienstes in den Worten der einschlägigen Entscheidung des Bezirksgerichts für den District of Columbia „streng auf die (Feststellung der) Dienstfähigkeit bezogen“ sei und auch sonst „vernünftig erscheine“, schließe dies eine Verletzung des 4. Zusatzartikels aus.[724]

Problematisch ist der Testzwang für Mitarbeiter des Auswärtigen Dienstes aber wegen der *tatsächlichen Auswirkungen,* die er für diejenigen hat, die als HIV-

[721] Siehe die oben (Fn. 704) zitierten Richtlinien unter 3.
[722] Vgl. näher vorstehend sub b) nach Fn. 713.
[723] Siehe oben den Text unter b) nach Fn. 714.
[724] So Local 1812, American Federation of Goverment Employees versus United States Department of State, Federal Supplement. Bd. 662 (1987), 50, 53.

positiv ermittelt werden. Insoweit ist an die *seelischen Belastungen*[725], die mit der Unterrichtung der Betroffenen über ihre HIV-Infektion verbunden zu sein pflegen, und die Diskriminierungsgefahr[726] zu erinnern, die sich nicht vermeiden läßt, wie die Erfahrung mit der HIV-Testpflicht in den Streitkräften zeigt.[727] Angeblich soll das Department of State jedoch angemessene Vorkehrungen getroffen haben, um die Vertraulichkeit der Testergebnisse[728] zu gewährleisten.[729] Ob diese - anders als bei den Streitkräften - ausreichen, die Diskriminierungsgefahr zu *bannen* und damit einen Einwand gegen den HIV-Testzwang zu beseitigen, kann nicht beurteilt werden. Immerhin sind im Auswärtigen Dienst die *Voraussetzungen* dafür *günstiger* als in den Streitkräften. Erweisen sich nämlich Angehörige der Streitkräfte als HIV-infiziert, werden sie nur noch in den Vereinigten Staaten eingesetzt,[730] was bei Dritten trotz Wahrung äußerster Vertraulichkeit den Argwohn nähren muß, die Betroffenen seien HIV-positiv. Demgegenüber kann bei HIV-positiven Mitarbeitern des Auswärtigen Dienstes ein solcher Verdacht nicht so leicht aufkommen, weil sie in ihrer Verwendung erst dann auf die USA beschränkt werden, wenn sie Symptome für ARC oder Aids zeigen, sie ansonsten aber - außer in ihrer Heimat - noch auf 47 Posten in 19 Staaten eingesetzt werden können.[731]

Anders könnte die *HIV-Testpflicht* zu beurteilen sein, sofern sie sich auf *Bewerber* für den Auswärtigen Dienst bezieht. Die ärztliche Untersuchung der Kandidaten - und als Teil dessen der Test auf das HIV - soll klären, ob diese Personen „weltweit verwendungsfähig" sein werden.[732] Angesichts der naturgemäß internationalen Aufgaben des Auswärtigen Dienstes ist eine derartige Eignung erforderlich. Da eine HIV-Infektion diese globale Verwendungsfähigkeit beträchtlich einschränkt, *erscheint* der Testzwang für Bewerber und seine Rechtsfolge, die Nichteinstellung in den Auswärtigen Dienst,[733] *berechtigt*.

Ähnlich wie bei der Testpflicht für die Freiwilligen, die sich in den Streitkräften verdingen wollen,[734] erheben sich gegen die hier zu untersuchende Testpflicht aber *gesellschaftspolitische Einwände*. Der Testzwang für Bewerber des Auswärtigen Dienstes birgt nämlich die Gefahr, daß dieses Beispiel Schule macht. Auf diese Weise würde in absehbarer Zeit kein Arbeitgeber mehr auf einen HIV-Test verzichten und bereit sein, das Risiko einzugehen, unter Umständen einen HIV-Infizierten einzustellen. Das müßte unweigerlich zur *Ausgrenzung* dieser Personen führen. Zwar betrifft die vom Department of State eingeführte HIV-Testpflicht für Bewerber nur eine wesentlich kleinere Zahl von Personen als der

---

[725] Siehe oben den Text sub 2. c) bei Fn. 313.
[726] Vgl. vorstehend die Darstellung unter A., beginnend bei Fn. 34.
[727] Vgl. supra die Ausführungen unter 9. c), insbesondere den Text beginnend bei Fn. 672.
[728] Siehe dazu die Richtlinie des Department of State (Fn. 704) sub 5.
[729] So die Einschätzung durch das Gericht in der Entscheidung Local 1812, American Federation of Government Employees versus United States Department of State, Federal Supplement Bd. 662 (1987), 50, 53
[730] Vgl. oben unter 9. b) bei Fn. 653.
[731] Siehe vorstehend sub b) bei Fn. 714.
[732] So die Sektion 11.1 (e) (2) der für die medizinische Untersuchung der Bewerber einschlägigen Verordnung, Bd. 22 Code of Regulations (1988).
[733] Siehe oben unter b) bei Fn. 713.
[734] Vgl. vorstehend sub 9. c), beginnend bei Fn. 684.

Testzwang für Freiwillige in den Streitkräften. Auch bestehen für den Auswärtigen Dienst wegen seiner internationalen Aufgabe im Vergleich zum sonstigen öffentlichen Dienst Besonderheiten,[735] die den HIV-Testzwang gerade für diesen Bereich rechtfertigen mögen. Diese Unterschiede springen jedoch nicht so ins Auge, daß sie in der öffentlichen Diskussion geeignet wären, die Testpflicht für Bewerber des Auswärtigen Dienstes als einen nicht verallgemeinerungsfähigen Sonderfall erscheinen zu lassen. Da den gesundheitlichen Interessen dieser Personen, die zugunsten der Testpflicht sprechen, möglicherweise auf ähnliche Art ausreichend Rechnung getragen werden kann, wie dies für die Streitkräfte vorstellbar erscheint,[736] sollte der *Testzwang für Bewerber* des Auswärtigen Dienstes *überdacht* werden.

Als *weitgehend unproblematisch* ist die *HIV-Testpflicht für Lehrer* und anderes Personal an Schulen in Georgia zu bewerten, weil sie weder die Bewerber noch alle in der Schule Tätigen erfaßt. Vielmehr beschränkt sie sich auf diejenigen, die wegen erkennbarer Symptome in dem begründeten Verdacht stehen, nicht bloß HIV-infiziert zu sein, sondern Aids oder ARC entwickelt zu haben.[737] Da diese Personen unter den fraglichen Umständen in der Erfüllung ihrer Dienstpflichten erheblich beeinträchtigt sein können, kann das Testen nicht als ein dem Staat verwehrtes „übermäßiges Ausforschen" im Sinne des 4. Zusatzartikels der amerikanischen Verfassung angesehen werden.[738]

Ferner spricht für die Sachgerechtigkeit des HIV-Testzwanges, daß ein positives Untersuchungsergebnis erst dann rechtliche *Konsequenzen* hat, wenn der Betreffende nicht mehr fähig ist, die „wesentlichen Aufgaben seines Berufes zu erfüllen".[739] Tritt dies ein, so ist die zunächst in Betracht kommende Rechtsfolge (*Verwendung für andere Aufgaben*[740]) maßvoll und *angemessen*. *Bedenklich* stimmt lediglich die als ultima ratio vorgesehene *Entlassung* des Lehrers oder des sonstigen Bediensteten.[741] Diese Maßnahme dient allein fiskalischen Interessen. Sie fällt in die Schlußphase der Erkrankung. Da dieser Zeitabschnitt bis zum Tod erfahrungsgemäß nur kurz dauert, wiegen die für eine Entlassung sprechenden fiskalischen Gründe nicht schwer. Das gilt um so mehr, wenn man berücksichtigt, daß die Entlassung den Betroffenen meist in einer Situation düste-

---

735 Darauf weist das Department of State in seinen Richtlinien (Fn. 704) unter 3. hin; vgl. auch den Text oben vor Fn. 721.

736 Siehe oben näher den Text sub 9. c) nach Fn. 687.

737 Vgl. dazu vorstehend unter a) nach Fn. 705.

738 Demgegenüber bejahte ein Gericht – der United States District Court for the District of Nebraska – in seiner Entscheidung Patricia A. Glovers u.a. versus Eastern Nebraska Human Services Agency u.a., Federal Supplement Bd. 686 (1988), 243ff. eine „übermäßige Ausforschung" im Sinne des 4. Zusatzartikels hinsichtlich einer allgemeinen, nicht in der vorstehenden Weise begrenzten HIV-Testpflicht für öffentlich Bedienstete, die für rund 600 geistig Behinderte zu sorgen hatten, weil diese Berufstätigen selbst bei einer HIV-Infektion nahezu keine Übertragungsgefahr für die ihnen anvertrauten Personen darstellten, und zwar selbst dann nicht, wenn man berücksichtige, daß die Behinderten häufig ihre Betreuer bissen, kratzten, schlügen usw. Ob angesichts dieser Verhaltensweisen der Behinderten die Annahme des Gerichts zutreffend ist, es bestehe nahezu keine Übertragungsgefahr erscheint fraglich.

739 Siehe oben sub b) nach Fn. 717.

740 Vgl. vorstehend unter b) nach Fn. 718.

741 Siehe oben sub b) bei Fn. 717.

rer gesundheitlicher Aussichten und erhöhter finanzieller Abhängigkeit (Arzneimittel-, Pflege-, Arztkosten) trifft. Angesichts dieser Interessenlage erscheint die Entlassung zwar finanzpolitisch und dienstrechtlich verständlich, gesundheits- und sozialpolitisch aber verfehlt.
Keine Bedenken wirft schließlich die *HIV-Testpflicht* für im *Strafvollzug* tätige *Bedienstete* auf, die eintritt, wenn diese Personen „glauben ... während ihres Dienstes gefährlichen ... Körperflüssigkeiten ausgesetzt" gewesen zu sein.[742] Dieser Testzwang besteht im Interesse der Untersuchten, da er die Feststellung ermöglicht, ob sich der Bedienstete infolge eines Dienstunfalles HIV-infiziert hat und ihm Unfallfürsorge zu gewähren ist.

d. Konsequenzen

Das *Auswärtige Amt* hat im Herbst 1986 - zeitgleich mit dem Beginn der HIV-Tests durch das Department of State[743] - *Attachés* im Rahmen der Tropentauglichkeitsuntersuchungen auf das HIV kontrolliert, ohne daß die Betroffenen darüber in Kenntnis gesetzt wurden oder gar eingewilligt hatten.[744] Seit August 1987 sind „Aids-Tests als Bestandteil von Tropentauglichkeitsuntersuchungen (auf Weisung des Bundesministers des Auswärtigen) bis zur Klärung aller rechtlichen und medizinischen Fragen ausgesetzt".[745] HIV-Tests werden in der Bundesrepublik Deutschland gegenwärtig nur in *Bayern* „bei jeder Einstellungsuntersuchung (durchgeführt), die erforderlich ist, wenn sich jemand um die *Berufung in das Beamtenverhältnis*, in das Richterverhältnis oder in den Anwärterdienst als Notarassessor bewirbt".[746]
Hintergrund dieser Praxis sind dienstrechtliche Vorschriften, insbesondere *§ 8 Abs. 1 des Bundesbeamtengesetzes*[747] und Art. 12 Abs. 2 des Bayerischen Beamtengesetzes,[748] die - ebenso wie Bestimmungen in anderen Ländern[749] - vorschreiben, daß die Auslese der Bewerber u. a. nach der „Eignung" vorzunehmen

[742] Vgl. vorstehend unter a) nach Fn. 709.
[743] Siehe oben den Text unter a) nach Fn. 702.
[744] Vgl. die Antwort der Bundesregierung auf eine Kleine Anfrage der Fraktion DIE GRÜNEN über „AIDS-Tests bei Einstellungsuntersuchungen des Auswärtigen Amtes" vom 5. 1. 1988, BT-Drucks. 11/1588, S. 1.
[745] So die vorstehend (Fn. 744) erwähnte Antwort der Bundesregierung, a. a. O., S. 1f.
[746] Siehe das Rundschreiben des Bayerischen Staatsministeriums des Innern vom 2. 6. 1987 unter 1., abgedruckt in: CSU-Fraktion im Bayerischen Landtag (Hrsg.) AIDS, Schriftenreihe der Fraktion, Bd. XXI, 1987, S. 307.
[747] In der Fassung vom 27. 2. 1985 (BGBl. I, S. 479), zuletzt geändert durch Gesetz vom 20. 12. 1985 (BGBl. I S. 2466).
[748] In der Fassung vom 11. 5. 1987 (GVBl. S. 149, berichtigt S. 303), geändert durch Gesetz vom 19. 2. 1988 (GVBl. S. 21). Siehe zu diesen bayerischen Regelungen in bezug auf den HIV-Test bei Einstellungsuntersuchungen auch die Entscheidung des VG Ansbach NJW 1988, 1540, 1541 sowie *Seume*, Der HIV-Antikörpertest bei Einstellungsuntersuchungen von Beamtenbewerbern, AIDS-Forschung 1987, 703, 704.
[749] Vgl. z. B. § 8 Abs. 1 Satz 1 Hessisches Beamtengesetz in der Fassung vom 14. 12. 1976 (GVBl. 1977, S. 42), zuletzt geändert durch Gesetz vom 24. 3. 1986 (GVBl. S. 101); § 7 Abs. 1 Niedersächsisches Beamtengesetz in der Fassung vom 11. 12. 1985 (GVBl. S. 493), geändert durch Gesetz vom 14. 5. 1986 (GVBl. S. 139); § 7 Abs. 1 des Beamtengesetzes für das Land Nordrhein-Westfalen in der Fassung vom 1. 5. 1981 (GVBl. S. 234), zuletzt geändert durch Gesetz vom 20. 10. 1987 (GVBl. S. 366).

ist, worunter auch die *gesundheitliche Eignung* fällt.[750] Entsprechend wird Art. 33 Abs. 2 GG interpretiert, der festlegt, daß jeder Deutsche u.a. „nach seiner Eignung" gleichen Zugang zu jedem öffentlichen Amte hat.[751] Die gesundheitliche Eignung wird nicht nur für den Augenblick der Einstellung verlangt. Vielmehr muß sie nach fast einhelliger Ansicht[752] bei denjenigen, die - unmittelbar oder nach einer Probezeit - als Beamte auf Lebenszeit berufen werden sollen,[753] voraussichtlich *bis zum Erreichen der Altersgrenze* währen. Für diese Auffassung sprechen fiskalische Überlegungen,[754] aber auch das Interesse an einer möglichst uneingeschränkten, dauerhaften Funktionsfähigkeit des öffentlichen Dienstes.[755] So gesehen ist es berechtigt, daß der Staat Bewerber, die um ihren *positiven HIV-Status* wissen und ihn *offenlegen,*[756] selbst dann nicht als Beamte

---

750 Siehe zu dieser Auslegung z.B. *Plog/Wiedow,* Kommentar zum Bundesbeamtengesetz, Stand: Oktober 1988, § 8 Anm. 8; *Schütz,* Beamtenrecht des Bundes und der Länder, 5. Auflage, Stand: November 1988, Anm. 4 zu § 7 des Beamtengesetzes für das Land Nordrhein-Westfalen; BVerwGE 11, 139, 141; VG Ansbach NJW 1988, 1540, 1541. - § 6 Abs. 1 Nr. 5 des Hamburgischen Beamtengesetzes in der Fassung vom 29. 11. 1977 (GVBl. S. 367), zuletzt geändert durch Gesetz vom 1. 7. 1986 (GVBl. S. 174) spricht sogar ausdrücklich von „körperlicher Eignung".

751 Vgl. *Klein,* in: Schmidt-Bleibtreu/Klein, Kommentar zum Grundgesetz für die Bundesrepublik Deutschland, 6. Aufl., 1983, Art. 33 Anm. 6; *Matthey,* in: von Münch, Grundgesetz-Kommentar, 2. Aufl., 1983, Art. 33 Anm. 13; *Seifert,* in: Seifert/Hömig (Hrsg.), Grundgesetz, 2. Aufl., 1985, Art. 33 Anm. 4; BVerwGE 11, 139, 141.

752 Siehe BVerwG ZBR 1963, 215 am Ende, OVG Lüneburg ZBR 1975, 91, 92 m.w.Nachw.; VGH München NJW 1989, 790; *Costard,* AIDS, S. 220f.; *Schenke,* AIDS, S. 103, 132f., *derselbe,* Rechtsfragen, DVBl. 1988, 165, 171; *Seume,* HIV-Antikörpertest bei Beamtenbewerbern, AIDS-Forschung 1987, 703, 705f.; *Thiel,* HIV-Test bei der Einstellung in den öffentlichen Dienst, Zeitschrift für Tarifrecht 1987, 264. - Anderer Meinung *Bruns,* AIDS, MDR 1987, 353, 358; ebenso die Empfehlung der Enquete-Kommission „Chancen und Risiken der Gentechnologie" in ihrem Bericht, BT-Drucks. 10/6775, S. 170 unter 3.: „Gegenstand zulässiger Eignungsuntersuchungen darf nur die gegenwärtige gesundheitliche Eignung des Arbeitnehmerns sein". Unter „Arbeitnehmern" versteht die Kommission außer Arbeitern und Angestellten auch Beamte, vgl. a.a.O., S. 162, mit Fn. 55.; ferner *Haesen,* Zur Aids-Problematik im Arbeitsrecht und öffentlichen Dienstrecht, RdA 1988, 158, 162 und - rechtspolitisch - *derselbe,* HIV-Test bei Beamtenbewerbern? ZRP 1989, 15f.

753 Anderes gilt aus unterschiedlichen Gründen (geringere Bindung, kürzere Laufzeit, andere Rechtsnatur) für Personen, die auf Widerruf oder auf Zeit in das Beamtenverhältnis berufen oder als Arbeitnehmer in den öffentlichen Dienst eingestellt werden sollen. Darauf kann hier nicht eingegangen werden. Vgl. zu diesem Kreis näher *Schenke,* AIDS, S. 134f. und *Thiel,* HIV-Test, Zeitschrift für Tarifrecht 1987, 264, 267-269.

754 Vgl. *Costard,* AIDS, S. 220f., *Frankenberg,* AIDS-Bekämpfung, S. 142, 144, auch 149; *Loschelder,* Die Bekämpfung von AIDS als gesundheitsrechtliches Problem, in: Schünemann/Pfeiffer (Hrsg.), Die Rechtsprobleme von AIDS, 1988, S. 153, 167f.; *Seume,* HIV-Antikörpertest bei Beamtenbewerbern, AIDS-Forschung 1987, 703, 704; *Thiel,* HIV-Test, Zeitschrift für Tarifrecht 1987, 264 und 265.

755 Siehe *Schenke,* AIDS, S. 103, 133; *Seume,* HIV-Antikörpertest bei Beamtenbewerbern, AIDS-Forschung 1987, 703, 705; *Thiel,* HIV-Test, Zeitschrift für Tarifrecht 1987, 264 und 265.

756 Ob eine Pflicht zur Offenlegung besteht, sei dahingestellt; vgl. bejahend *Schenke,* AIDS, S. 103, 138 und *derselbe,* Rechtsfragen, DVBl. 1988, 165, 172; verneinend *Bruns,* AIDS, MDR 1987, 353, 357f., der allerdings - jedenfalls vornehmlich - nicht den öffentlichen Dienst im Auge hat und daher auch nicht die vorstehend geschilderte Meinung berücksichtigt, die eine voraussichtliche gesundheitliche Eignung des Beamtenbewerbers bis zum Erreichen der Altersgrenze verlangt.

auf Lebenszeit berufen darf, wenn diese Personen gegenwärtig keine Symptome von ARC oder Aids zeigen und sie daher augenblicklich in aller Regel dienstfähig sind.[757] Es besteht mithin für den Staat bei (zulässig erlangter) Kenntnis über die HIV-Infektion des Bewerbers *kein Verbot,* dieses Wissen bei der Einstellungsentscheidung *zu verwerten.*
Eine ganz *andere Frage* ist es, ob der Staat sich, wenn ihm der HIV-Status des Bewerbers unbekannt ist, die fehlende Kenntnis durch das *Verlangen eines HIV-Tests* verschaffen darf. Dies setzt voraus, daß es sich bei dem Test um ein zulässiges Beweismittel handelt, denn nur dann darf sich die Einstellungsbehörde oder die von ihr um Amtshilfe ersuchte Behörde seiner bedienen.[758] Unzulässig ist das Verlangen eines HIV-Testes, wenn er den Bewerber in einem seiner *Grundrechte* verletzt, wie dies z. B. angenommen werden müßte, falls ein Kandidat unter Verwendung eines Lügendetektors auf eine HIV-Infektion hin befragt werden würde.[759] Wegen der gesundheitlichen Auswirkungen, die mit der Kenntniserlangung einer HIV-Infektion für den Betroffenen verbunden sind,[760] kann der Test eine Verletzung des Rechts auf Gesundheit (Art. 2 Abs. 2 Satz 1 GG) darstellen.[761] Ferner kann er sich wegen seines Zweckes (Ergründung und Verwertung persönlicher Daten) als ein Verstoß gegen das Recht auf informationelle Selbstbestimmung (Art. 2 Abs. 1 i.V.m. Art. 1 Abs. 1 GG[762]) erweisen, welches hier vor allem im Sinne einer Freiheit vor „übermäßigen Ausforschungen" und damit eines Rechtes einschlägig ist, das in den USA für die Bewertung der HIV-Testpflichten für den öffentlichen Dienst herangezogen und teilweise für verletzt erachtet wird.[763]

---

[757] Vgl. dazu näher insbesondere *Schenke,* AIDS, S. 103, 132f., ferner *Thiel,* HIV-Test, Zeitschrift für Tarifrecht 1987, 264, 265.

[758] Siehe zu dieser Problematik allgemein § 24 Abs. 1 (Untersuchungsgrundsatz), § 26 (Beweismittel) und § 5 (Voraussetzungen und Grenzen der Amtshilfe) des Verwaltungsverfahrensgesetzes des Bundes sowie die entsprechenden Vorschriften der Verwaltungsverfahrensgesetze der Länder und die einschlägigen Aussagen z.B. in der Kommentierung von *Kopp,* Verwaltungsverfahrensgesetz, 3. Aufl., 1983, § 26 Anm. 5, § 5 Anm. 16, auch § 24 Anm. 11, jeweils m.w.Nachw. aus der Rechtsprechung und dem Schrifttum.

[759] So BVerfG (Vorprüfungsausschuß) NJW 1982, 375; ferner z.B. *Dürig* in: Maunz/Dürig/Herzog/Scholz, Grundgesetz, 1987, Art. 2 Abs. 1 Anm. 35 m.w.Nachw.; differenzierend *Schwabe,* Der „Lügendetektor" vor dem Bundesverfassungsgericht, NJW 1982, 367f. m.w.Nachw.

[760] Siehe oben den Text sub 2. c) bei Fn. 313.

[761] Vgl. dazu in diesem Zusammenhang auch die Hinweise von *Schenke,* AIDS, S. 103, 136 sowie von *demselben,* Rechtsfragen, DVBl. 1988, 165, 172.

[762] Siehe zu ihm nur BVerfGE 65, 1, 41-43 und 71, 1, 46f. - Vgl. speziell in bezug auf die Verwendung von HIV-Tests gegenüber Bewerbern, die als Beamte auf Probe oder auf Lebenszeit eingestellt werden sollen, *Schenke,* AIDS, S. 103, 135f. und *derselbe,* Rechtsfragen, DVBl. 1988, 165, 171f. - Ähnliche Probleme wie hier die HIV-Tests werfen genetische Tests bei Einstellungsuntersuchungen auf, besonders wenn sie zur Erkennung spät ausbrechender Krankheiten verwendet werden. Vgl. hierzu näher die Feststellungen und Empfehlungen der Enquete-Kommission „Chancen und Risiken der Gentechnologie", BT-Drucks. 10/6775, S. 162-173, besonders S. 166-170, z.B. 168: „Aber auch hier (im öffentlichen Dienst) muß man sich fragen lassen, ob die Entlastung der öffentlichen Kassen von den Kosten für die Versorgung von Beamten und Angestellten, die irgendwann einmal krank werden, die ‚genetische Ausleuchtung' der Bewerber bei der Einstellung rechtfertigen kann."

[763] Vgl. oben den Fn. 723 nachfolgenden Absatz sowie die Ausführungen in Fn. 738.

Ob ein Verstoß gegen diese Grundrechte letztlich bejaht werden kann, hängt maßgeblich von der *Wahrung des Übermaßverbotes* und damit von konkreten Umständen ab, die (mehr) für oder (mehr) gegen die *HIV-Testpflicht* sprechen. Daher ist es *grundsätzlich* zutreffend, daß *Schenke*[764] einen HIV-Testzwang für Personen, die als Beamte auf Probe oder Lebenszeit ernannt werden wollen, für *verfassungswidrig* hält, „wenn bei den Bewerbern keine Anzeichen für eine HIV-Infektion vorliegen und die Wahrscheinlichkeit einer solchen Infektion statistisch sehr niedrig anzusiedeln ist". Unter dieser Prämisse wiegt das staatliche Interesse an der Durchführung von HIV-Tests im Vergleich zu den grundrechtlich geschützten Interessen der Bewerber deutlich geringer, weil die Funktionsfähigkeit des öffentlichen Dienstes und der Fiskus nicht wesentlich betroffen werden würden, wenn diese Tests unterblieben.

Diese Gewichtung verschiebt sich aber trotz ansonsten unveränderter Gegebenheit sogleich zugunsten der *Zulässigkeit von HIV-Tests,* sofern Umstände hinzutreten, die es angesichts von *Besonderheiten* der später vom Bewerber zu erfüllenden *Aufgaben* wahrscheinlich machen, daß er seine Gesundheit oder die Dritter unvermeidbar gefährdet, falls er HIV-infiziert ist. Für welche Personen diese Voraussetzungen zutreffen, hängt weitgehend von medizinischen Erkenntnissen ab. In Betracht kommen *z. B.* die Bewerber für den *Auswärtigen Dienst.* Bejaht man - wie in den USA[765] -, daß sich die Mitarbeiter des Auswärtigen Dienstes wegen ihrer weltweiten Verwendung bei einer HIV-Infektion aus verschiedenen Gründen[766] einer Gesundheitsgefahr aussetzen[767] und können die Mitarbeiter ihr nicht anderweitig begegnen,[768] dann ist ein HIV-Test verhältnismäßig; er ist unter diesen Gegegenheiten mithin ein zulässiges Beweismittel, um eine HIV-Infektion zu ermitteln mit der Folge, daß der Bewerber bei positivem Befund nicht einzustellen ist.[769]

Vergleichbare Überlegungen müßten bezüglich *weiterer Beamtengruppen* angestellt werden,[770] z. B. für Betreuer von geistig Behinderten, hinsichtlich derer ein HIV-Testzwang in den Vereinigten Staaten zwar angeordnet, durch ein Gericht aber trotz der zu Gewalttätigkeiten neigenden Behinderten als verfassungswidrig abgelehnt wurde, weil angeblich nahezu keine Übertragungsgefahr bestehe.[771]

---

[764] AIDS, S. 103, 136, ebenso *derselbe,* Rechtsfragen, DVBl. 1988, 165, 172.

[765] Siehe oben die Darlegungen unter c) am Anfang.

[766] schlechte hygienische Bedingungen, unzureichende ärztliche Versorgung, unberechenbare Reaktionen auf notwendige Impfungen.

[767] Eine Gesundheitsgefahr wird vom Nationalen AIDS-Beirat z. B. verneint, wenn ein asymptomatischer HIV-Infizierter gegen Gelbfieber geimpft wird; vgl. Votum 10 unter Nr. 1, Bundesgesundheitsblatt 1988, 358, 359.

[768] Vgl. dazu oben den Text bei Fn. 736 mit Rückverweisung auf das gleichgelagerte Problem bei der Testpflicht für Soldaten.

[769] Der Nationale AIDS-Beirat meint, ein HIV-Test sei im Rahmen der Tropentauglichkeitsuntersuchungen nicht zwingend erforderlich. „Er solle empfohlen, aber ausschließlich auf freiwilliger und auf Wunsch auch anonymer Basis ... angeboten werden"; vgl. Votum 10 unter Nr. 1, Bundesgesundheitsblatt 1988, 358, 359. - Vgl. zu diesem Komplex auch *Thiel,* HIV-Test, Zeitschrift für Tarifrecht 1987, 264, 267.

[770] Siehe näher *Thiel,* HIV-Test, Zeitschrift für Tarifrecht 1987, 264, 266f.

[771] Vgl. oben den Text unter c) in Fn. 738.

Wie diese Ausführungen deutlich machen, kann die Zulässigkeit einer HIV-Testpflicht für öffentlich Bedienstete unter den gegenwärtigen Umständen weder allgemein verneint[772] noch generell bejaht werden.[773] Vielmehr ist diese Frage unter Berücksichtigung der medizinischen Erkenntnisse je nach den konkreten Aufgaben, die der Bewerber typischerweise als Beamter auf Probe oder Lebenszeit zu erfüllen haben wird, ***differenzierend zu beantworten.*** Dem kann hier nicht weiter nachgegangen werden.[774] Es bleibt abzuwarten, welche Regelungen die durch Beschluß des Bundeskabinetts[775] eingesetzte Kommission vorschlagen wird, die sich mit der durch Aids bei der Einstellung in den öffentlichen Dienst aufgeworfenen Problematik befassen soll: Selbst wenn sich eine HIV-Testpflicht für Bewerber des öffentlichen Dienstes als verfassungsrechtlich zulässig erweisen sollte, ist aber immer noch zu erwägen, ob auf sie nicht mit Rücksicht auf *gesellschaftspolitische Einwände* verzichtet werden sollte, wie dies für den Testzwang zu bedenken gegeben wurde, dem Bewerber für den Auswärtigen Dienst in den USA unterliegen.

11. Test der Krankenhauspatienten

a. Tatbestände

Unter den Gliedstaaten verpflichtet nur *Texas* die Krankenhauspatienten, sich auf „Aids oder eine HIV-Infektion, HIV-Antikörper oder auf eine Infektion mit irgendeinem anderen denkbaren Aids-Erreger“ testen zu lassen.[776] Voraussetzung für den Testzwang ist zweierlei: zum einen, daß „der Patient einer

---

[772] So aber *Frankenberg*, AIDS-Bekämpfung, S. 142–149 trotz der auch von ihm gesehenen Differenzierungsmöglichkeit (vgl. a.a.O., S. 148, auch S. 143), was dadurch bedingt sein dürfte, daß er die in Bayern angeordnete HIV-Testpflicht für Beamtenbewerber (siehe oben den Text nach Fn. 745) untersucht, die sich pauschal auf alle fraglichen Personen erstreckt; desgleichen *Bruns*, AIDS, MDR 1987, 353, 358; vgl. auch *Schünemann*, AIDS-Eindämmung, S. 373, 439f.

[773] So aber die Praxis in Bayern aufgrund des Rundschreibens des Bayerischen Staatsministeriums des Innern vom 2. 6. 1987 (Fn. 746) und *Seume*, HIV-Antikörpertests bei Beamtenbewerbern, AIDS-Forschung 1987, 703–707 sowie *derselbe*, Anmerkung zum Beschluß des Bayerischen Verwaltungsgerichts Ansbach vom 21. 1. 1988 (NJW 1988, 1540), AIDS-Forschung 1988, 358, 359f.; wohl auch *Loschelder*, AIDS, S. 153, 168f.; siehe ferner VGH München NJW 1989, 790, der zur Zulässigkeit derartiger Tests neigt, der aber auch andere Mittel wie z.B. die Frage nach der Zugehörigkeit zu den Risikogruppen als geeignet ansieht, a.a.O., S. 792.

[774] Vgl. zu anderen Konstellationen und wie sie differenzierend gelöst werden könnten, *Schenke*, AIDS, S. 103, 137f. und *derselbe*, Rechtsfragen, DVBl. 1988, 165, 172. – Siehe zu der vergleichbaren Problematik (vgl. dazu schon oben den Text in Fn. 762) und ihrer differenzierenden Lösung bei genetischen Tests die Stellungnahme und die Empfehlungen der Enquete-Kommission „Chancen und Risiken der Gentechnologie“, BT-Drucks. 10/6775, S. 169 und 170.

[775] Der Beschluß datiert vom 20. 5. 1987. Er ist abgedruckt in der Zeitschrift für Tarifrecht 1987, 142.

[776] Siehe Sektion 9.02 (g) des Communicable Disease Prevention and Control Act (Fn. 258).

medizinischen Behandlung unterzogen werden soll, die das Krankenhauspersonal Aids oder einer HIV-Infektion aussetzen könnte"; zum anderen, daß „genügend Zeit vorhanden ist, um das Testergebnis zu erhalten, ehe die Behandlung ausgeführt wird".[777]
Abgesehen hiervon ist ein HIV-Testzwang für Krankenhauspatienten noch für *Angehörige des Heeres* vorgesehen.[778] Das gilt insbesondere für „alle Personen, die in ein Armeekrankenhaus aufgenommen werden, außer denjenigen, die in den vergangenen 12 Monaten getestet worden sind oder die von dem behandelnden Arzt wegen geringen Risikos beim Patienten ausgenommen werden".[779] Ferner umfaß die HIV-Testpflicht u. a. „alle Patienten, die sich in Kliniken für Geschlechtskrankheiten vorstellen"[780] und „alle Patienten, die in Notaufnahmestationen mit Anzeichen für ein Trauma eingeliefert werden".[781]

b. *Rechtsfolgen*

Erweist sich der HIV-Test als positiv, muß[782] bzw. kann[783] dem Patienten dieses Ergebnis mitgeteilt werden. Demgegenüber schweigen sich die Rechtsquellen aus, ob das positive Testergebnis Auswirkungen hat für den Patienten und das Krankenhauspersonal. Ebenfalls nicht geregelt ist, was geschieht, wenn der Patient es ablehnt, getestet zu werden.

c. *Bewertung*

Krankenhäuser[784] und ihr Personal[785] sind vielfach, allemal in Notfällen, zur Aufnahme und Behandlung jeder Person verpflichtet. Auch HIV-verdächtige Personen können sie daher nicht oder nicht ohne weiteres abweisen, ganz davon abgesehen, daß Menschen normalerweise[786] eine HIV-Infektion nicht anzumerken ist. Vor diesem Hintergrund wird der *Zweck* deutlich, dem eine Testpflicht für Patienten dient, wie sie für Krankenhäuser in Texas und für solche des Heeres gilt. Er besteht darin, namentlich das *Krankenhauspersonal* vor einer HIV-

---

[777] Vgl. erneut Sektion 9.02 (g), a. a. O. (Fn. 776).
[778] Siehe die Army Regulation 600-110 (Fn. 637) unter 2-2. j.
[779] So die Army Regulation 600-110 (Fn. 637) sub 2-2. j. (1) Satz 1.
[780] So die Army Regulation 600-110 (Fn. 637) unter 2-2. j. (2).
[781] So die Army Regulation 600-110 (Fn. 637) unter 2-2. j. (7). Als Beispiel für ein Trauma zählt die Regelung u. a. Schießereien, Messerstechereien und Vergewaltigung auf.
[782] So allgemein für HIV-Tests die Army Regulation 600–110 (Fn. 637) unter 2-15. für das Heer.
[783] So allgemein für HIV-Tests Sektion 9.03 (b) des Communicable Disease Prevention and Control Act (Fn. 258).
[784] Zur Pflicht privater und öffentlicher Krankenhäuser, Patienten aufzunehmen und zu behandeln vgl. *Banks,* The Right to Medical Treatment, in: Dalton/Burris (Hrsg.), AIDS and the Law, 1987, S. 175, 180f.; ferner *Kelly,* Overview of Health Care Issues, in: Dornette (Hrsg.), AIDS and the Law, 1987, S. 243, 244.
[785] Zur Pflicht des Krankenhauspersonals, aufgenommene Patienten zu pflegen und zu behandeln, siehe *Banks,* a. a. O. (Fn. 784), S. 179.
[786] Ausnahmen gelten für Personen mit AIDS-Symptomen; vgl. zu diesen Krankheitsmerkmalen den Text oben unter A. bei Fn. 11.

Ansteckung zu *schützen* und damit zugleich die Krankenhäuser vor denkbaren Haftungsansprüchen zu bewahren.[787]
Dieser Aufgabe kann ein HIV-Testzwang für Krankenhauspatienten, jedenfalls gegenwärtig, nur sehr *unvollkommen* gerecht werden. Das hängt mit den Unzulänglichkeiten der zur Zeit gebräuchlichen HIV-Tests zusammen.[788] Sowohl der ELISA- als auch der Western Blot-Test zielen auf den Nachweis von HIV-Antikörpern, nicht das HIV selbst. Abgesehen von anderen Mängeln versagen sie daher in der Serokonversionszeit, die regelmäßig 6 bis 12 Wochen beträgt, teilweise aber auch wesentlich länger dauern kann.[789] Eine HIV-Testpflicht für Krankenhauspatienten kann dem Personal also *nicht* die *Sicherheit geben,* daß ein Getesteter bei negativem Ergebnis tatsächlich HIV-negativ und damit nicht ansteckend ist. Trotzdem verleitet das Testen von Krankenhauspatienten zu eben dieser Annahme.[790] Es *verführt* daher leicht *zur Nachlässigkeit* bei der Beachtung und Anwendung der einschlägigen Empfehlungen der Centers for Disease Control, die sie zur Verhütung von HIV-Infektionen im Gesundheitswesen erlassen haben.[791] Angeratene Vorsichtsmaßnahmen, etwa bei gewissen Verrichtungen Schutzhandschuhe oder -masken zu tragen,[792] laufen dadurch Gefahr ebensowenig befolgt zu werden wie der nahegelegte vorsichtige Umgang mit Injektionsnadeln und Skalpellen bei oder nach ihrer Verwendung.[793]
Die *Einhaltung* dieser *Empfehlungen* wird wegen der dargelegten Mängel der gebräuchlichen HIV-Antikörpertests aber *nicht entbehrlich.* Vielmehr müssen die Empfehlungen auch bei einer Testpflicht unterschiedslos gegenüber allen Patienten und in allen Fällen strikt befolgt werden. Andernfalls würden leicht vermeidbare Ansteckungsgefahren durch Patienten, deren HIV-Infektion unerkannt blieb, fahrlässig in Kauf genommen. Auf 100000 Patienten soll zwar, wie Modellrechnungen ergeben haben, nur ein Patient wegen der Mängel der HIV-Antikörpertests unentdeckt bleiben.[794] Zugrunde gelegt wurden für diese Kalkulation aber unrealistische Werte, nämlich eine HIV-Prävalenz in der Bevölkerung von 0,1%, eine jährliche Inzidenz von 0,01%, eine Genauigkeit der Tests von 99% und eine Serokonversionszeit von 6 Wochen.[795] Angesichts von schätzungsweise einer Million bis 1,5 Millionen HIV-infizierten Amerikanern[796] und einer Bevöl-

787 Zur eventuellen Haftung der Krankenhäuser gegenüber ihrem Personal wegen berufsbedingter HIV-Infektion siehe *Hermann,* AIDS: Malpractice, University of Colorado Law Review Bd. 58 (1986/87), 63, 75f.; *Kelly,* Overview, S. 243, 245.

788 Siehe allgemein hierzu die Ausführungen oben unter III. 1.

789 Vgl. die Nachweise oben in Fn. 231 und 232.

790 So auch die „Joint Advisory Notice“ des Department of Labor und des Department of Health and Human Services über „Protection against Occupational Exposure to Hepatitis B Virus (HBV) and Human Immunodeficiency Virus (HIV) vom 19. 10. 1987, abgedruckt im Federal Register Bd. 52 (1988), S. 4188 unter II. am Ende.

791 Vgl. die „Recommendations for Prevention of HIV Transmission in Health Care Settings“ vom 21. 8. 1987, abgedruckt in Centers for Disease Control (Hrsg.), Update: MMWR Articles on AIDS, April 1988, S. 25–40, besonders S. 27–31; außerdem die vorstehend (Fn. 790) erwähnte „Joint Advisory Notice“ unter IV.

792 Siehe die eben (Fn. 791) genannten „Recommendations“, z. B. auf S. 28 und 29.

793 Vgl. erneut die oben (Fn. 791) angeführten „Recommendations“, u. a. auf S. 28 und 29.

794 Siehe die „Recommendations“ vom 21. 8. 1987 (Fn. 791), S. 35.

795 Vgl. a. a. O. (Fn. 794).

796 Siehe zu diesen – von amtlicher Seite geteilten – Zahlen die Nachweise in Fn. 29 unter A.

kerung von 243 Millionen[797] ist es wirklichkeitsnäher, von einer HIV-Prävalenz zwischen 0,41 und 0,62% sowie einer entsprechend höheren jährlichen Inzidenz auszugehen; ferner dürfte die Genauigkeit der HIV-Tests wegen nicht überall und ständig zu gewährleistender optimaler Laborbedingungen weniger als 99% betragen[798] und schließlich liegt die Serokonversionszeit im allgemeinen zwischen 6 und 12 Wochen[799] und ist damit oft doppelt so lang, wie von der Studie angenommen. In der Praxis dürften daher trotz einer HIV-Testpflicht erheblich mehr HIV-infizierte Patienten pro 100000 unerkannt bleiben als gerade eine Person. Jeder dieser vermeintlich HIV-negativen Patienten könnte unschwer mehrere Personen, die - auf die Tests vertrauend - mit deren Blut etc. bei verschiedenster Gelegenheit ungeschützt in Berührung kommen, anstecken.
Ist somit die Beachtung und Anwendung der einschlägigen Empfehlungen der Centers for Disease Control selbst bei einer HIV-Untersuchung aller Krankenhauspatienten weiterhin erforderlich, dann fragt sich, ob die Einführung einer dahingehenden *Testpflicht* überhaupt *sinnvoll* ist. Das wird von maßgeblicher Seite zu Recht *verneint.*[800] Zum einen fördert der Testzwang - wie dargelegt - die Sorglosigkeit des Krankenhauspersonals und ist damit sogar kontraproduktiv.[801] Zum anderen sind bereits die erwähnten Empfehlungen der Centers for Disease Control als milderes Mittel imstande, einen nahezu vollständigen Gesundheitsschutz zu garantieren. Das gilt selbst dann, wenn man in Rechnung stellt, daß die Empfehlungen auch ohne Testpflicht infolge Nachlässigkeit nicht immer eingehalten werden (z.B. keine Verwendung von Schutzhandschuhen) oder sie wegen Unachtsamkeit des Krankenhauspersonals leerlaufen (z.B. Verletzungen mit einer Injektionsnadel). So ergaben insgesamt vier Studien, die an zusammen 9119 in Krankenhäusern tätigen Personen durchgeführt wurden, daß sich nur drei Personen[802] mit dem HIV ansteckten, obwohl sie perkutan oder auf andere Weise (offene Wunde etc.) dem Blut oder sonstigen Körperflüssigkeiten eines HIV-infizierten Patienten ausgesetzt waren.[803]
Abgesehen von der *geringen Effizienz*[804] sprechen gegen einen HIV-Testzwang für alle Krankenhauspatienten auch der große organisatorische Aufwand und die beträchtlichen Kosten, die er verursacht.[805] Darüber hinaus ist er aufgrund

---

[797] Vgl. den Nachweis in Fn. 5 sub A.
[798] Siehe dazu oben den Text unter III. 1., insbesondere bei Fn. 236.
[799] Vgl. erneut die Nachweise in Fn. 231 und 232.
[800] So die „Joint Advisory Notice" (Fn. 790) des Department of Labor und des Department of Health and Human Services vom 19. 10. 1987, S. 4.
[801] Vgl. die „Joint Advisory Notice", a.a.O. (Fn. 800).
[802] Für eine vierte Person konnte nicht ausgeschlossen werden, daß sie auf anderem Wege mit dem HIV infiziert wurde.
[803] Siehe die „Recommendations" vom 21. 8. 1987 (Fn. 791), S. 35f. Vgl. auch die Einschätzung der HIV-Kommission des amerikanischen Präsidenten in ihrem Report (Fn. 2), S. 31, die das berufsbedingte Risiko von Personen des Gesundheitswesens, einer HIV-Ansteckung ausgesetzt zu werden, mit weniger als 1% beziffert.
[804] Von der mangelnden Effizienz einer HIV-Testpflicht für alle Patienten geht auch die HIV-Kommission des amerikanischen Präsidenten aus; vgl. deren Report (Fn. 2), S. 32.
[805] Bezeichnend ist es daher, wenn das Heer eine HIV-Testpflicht für Patienten, die ambulant operiert werden sollen, vom Vorhandensein ausreichender Geldmittel abhängig macht; siehe die Army Regulation 600-110 (Fn. 637) unter 2-2. j. (6).

seines Zwangcharakters ein*Fremdkörper,* da das Verhältnis des Patienten zum Krankenhaus und seinem Personal auf individueller Einwilligung beruht.
Angesichts dieser vielfältigen Einwände erscheint eine *HIV-Testpflicht lediglich* insoweit *gerechtfertigt,* als sie auf Anlässe begrenzt wird, die ein erhebliches HIV-Infektionsrisiko für das Krankenhauspersonal in sich bergen, das dieses selbst unter Beachtung der gebotenen Schutzmaßnahmen erfahrungsgemäß nicht immer hinreichend ausschließen kann. Konkret handelt es sich dabei um *„gefahrengeneigte" Tätigkeiten,* z. B. Operationen, bei denen sich wegen ihrer Art und/oder ihrer Dauer ein relevantes HIV-Ansteckungsrisiko für das sie ausführende Personal trotz geeigneter Vorkehrungen und Beachtung der erforderlichen Sorgfalt nicht durchweg ausreichend vermeiden läßt. Ein für diese Risikosituationen vorbehaltener zwangsweiser HIV-Test der Krankenhauspatienten vermag das Krankenhauspersonal bei positivem Ergebnis zu äußerster Vorsicht anzuhalten, ohne wegen seines Ausnahmecharakters bei negativem Resultat zur Sorglosigkeit zu verführen.
Zu weitgehend ist daher die *HIV-Testpflicht,* wie sie das *Heer* grundsätzlich für „alle Personen (vorsieht), die in ein Armeekrankenhaus aufgenommen werden"[806] oder „die sich in Kliniken für Geschlechtskrankheiten vorstellen".[807] Auch der Testzwang für „alle Patienten, die in Notaufnahmestationen mit Anzeichen für ein Trauma eingeliefert werden",[808] läßt eine sachgerechte Begrenzung auf das notwendige Maß vermissen. Demgegenüber deutet die einschlägige Vorschrift in *Texas* die *zutreffende Einschränkung* an, wenn sie nicht für alle, sondern nur für solche Patienten eine HIV-Testpflicht statuiert, die „einer medizinischen Behandlung unterzogen werden soll(en), die das Krankenhauspersonal Aids oder einer HIV-Infektion aussetzen könnte".[809]

d. Konsequenzen

Eine HIV-Testpflicht für Krankenhauspatienten besteht in der *Bundesrepublik Deutschland* nicht.[810] Zwar haben sich Mediziner verschiedentlich für sie ausge-

806 Siehe oben sub a) bei Fn. 778 und 779.

807 Vgl. supra unter a) bei Fn. 780.

808 Siehe nochmals sub a) bei Fn. 781.

809 Vgl. zu dieser Regelung oben den Text unter a) nach Fn. 776.

810 Siehe aber *Hirsch,* AIDS-Test bei Krankenhauspatienten, AIDS-Forschung 1988, 157, 158, 160f., der zwar grundsätzlich die Einwilligung des Krankenhauspatienten in die Blutentnahme verlangt, eine Aufklärung des Betroffenen, daß (auch) ein HIV-Test beabsichtigt ist, aber dann nicht für erforderlich hält, wenn er zum Schutz des Krankenhauspersonals im konkreten Fall angezeigt ist; ähnlich *Löwisch,* Arbeitsrechtliche und persönlichkeitsrechtliche Probleme von AIDS, in: Schünemann/Pfeiffer (Hrsg.), Die Rechtsprobleme von AIDS, 1988, S. 307, 316, 328 und 330; vgl. auch *Deutsch,* Rechtsprobleme, Versicherungsrecht 1988, 533, 536. - Im Ergebnis anderer Meinung *Bruns,* AIDS, MDR 1987, 353, 355. Siehe auch den Zwischenbericht der Enquete-Kommission „Gefahren von AIDS und wirksame Wege zu ihrer Eindämmung", BT-Drucks. 11/2495, S. 96 unter 5.4.2.4.2 am Ende sowie schließlich den Erlaß des Bundesministers der Verteidigung - InSan I 1 Az 42-13-00 - vom 19. 4. 1988, S. 3 unter Nr. 1.3 („Eine HIV-Testung aller Neuaufnahmen in Krankenhäusern der Bundeswehr ist nicht statthaft. Auch eine routinemäßige Einverständniserklärung, z. B. als Anlage zur Hausordnung, ist unzulässig.").

sprochen.[811] Weder die Enquete-Kommission „Gefahren von Aids und wirksame Wege zu ihrer Eindämmung“[812] noch der Nationale Aids-Beirat[813] sind dem aber gefolgt. Maßgebend für diese Haltung dürfte - ebenso wie in den USA - zweierlei sein: erstens die Erkenntnis, daß das HIV-Infektionsrisiko für das Krankenhauspersonal gering ist,[814] und zweitens die Einschätzung, daß die bestehenden Hygieneregeln für Krankenhäuser,[815] jedenfalls sofern sie beachtet werden, eine HIV-Infektionsgefahr nahezu ausschließen.[816]
Entsprechend dem amerikanischen Rechtszustand, der sich im wesentlichen mit Empfehlungen der Centers for Disease Control zur Verhütung von HIV-Infektionen begnügt,[817] wird man diese *Rechtslage* in der Bundesrepublik Deutschland für *ausreichend* halten können. *Lediglich* wenn *„gefahrengeneigte“ Tätigkeiten* an einem Krankenhauspatienten vorzunehmen sind, wie sie oben[818] näher umschrieben wurden, empfiehlt sich - in tendenzieller Übereinstimmung mit der Regelung in Texas[819] - eine auf derartige Anlässe begrenzte HIV-Testpflicht für Patienten einzuführen.

12. Test der allgemeinen Bevölkerung

a. Tatbestände

Eine Untersuchung auf das HIV ist für die allgemeine Bevölkerung in den USA gegenwärtig nirgends zur Pflicht gemacht. Immerhin kann in *Texas* ein notfalls

---

811 So der Münchner Chirurg Professor *Klinner* vor Operationen (vgl. „AIDS-Tests für alle Patienten?“, Frankfurter Allgemeine Zeitung vom 8. 8. 1987, S. 7), ferner sechs Klinikdirektoren der Universität Göttingen für Krankenhauspatienten in Gebieten, die mehr als 1% HIV-Infizierte haben (siehe „AIDS-Test für Heiratswillige“, General-Anzeiger vom 27. 8. 1987, S. 21) und ohne Einschränkungen der Vorsitzende der AIDS-Kommission der Deutschen Gesellschaft für Innere Medizin, Professor *Zöllner* (vgl. „AIDS-Experte für strengere Maßnahmen“, General-Anzeiger vom 31. 10. 1988, S. 27).

812 Siehe deren Zwischenbericht, BT-Drucks. 11/2495, S. 59 und 82f.

813 Vgl. dessen im Bundesgesundheitsblatt 1988, 358–360 abgedruckte Voten.

814 Siehe erneut den oben (Fn. 812) zitierten Zwischenbericht der Enquete-Kommission, S. 59f. und S. 82, ferner die Anlage zu Ziffer 5.1 der „Richtlinie für die Erkennung, Verhütung und Bekämpfung von Krankenhausinfektionen“, betreffend „Hygienische Maßnahmen zur Verhütung der Übertragung von HIV im Krankenhaus“, der Kommission des Bundesgesundheitsamtes „Erkennung, Verhütung und Bekämpfung von Krankenhausinfektionen“, Bundesgesundheitsblatt 1988, 97 unter 1. und 2.

815 Vgl. die vorstehend (Fn. 814) genannte Anlage zu Ziffer 5.1 der „Richtlinie für die Erkennung, Verhütung und Bekämpfung von Krankenhausinfektionen“, Bundesgesundheitsblatt 1988, 97–99.

816 Siehe nochmals den Zwischenbericht der Enquete-Kommission (Fn. 812), S. 83. - Ebenso im rechtswissenschaftlichen Schrifttum *Frankenberg,* AIDS-Bekämpfung, S. 116; auch *Bruns,* AIDS, MDR 1988, 353, 355. - Vgl. ferner den Erlaß des Bundesministers der Verteidigung - InSan I 1 Az 42-13-00 vom 19. 4. 1988, S. 3 unter Nr. 1.3: „Wenn im Krankenhaus die allgemeinen Hygieneregeln beachtet werden, ist nach derzeitigem Kenntnisstand für Krankenhauspersonal und auch für Patienten die HIV-Infektionsgefahr nicht erhöht.“

817 Vgl. sub c) bei Fn. 791.

818 Siehe supra unter c) den Fn. 805 nachfolgenden Absatz.

819 Vgl. dazu oben sub a) bei Fn. 776.

große Teile der Bevölkerung erfassender Testzwang aufgrund einer gesetzlichen Ermächtigung durch eine Verordnung eingeführt werden. Dies setzt voraus, daß der „Beauftragte für das Gesundheitswesen“ gegenüber der für den Erlaß der Verordnung zuständigen Behörde einen - gestützt auf „wissenschaftliche Erkenntnisse“ - „plötzliche sowie unmittelbar bevorstehende Gefahr für die öffentliche Gesundheit“ festgestellt und der Behörde die „Notwendigkeit“ der HIV-Tests „bescheinigt“.[820] Allerdings ist der Testzwang in der Verordnung auf das für den Schutz der öffentlichen Gesundheit unbedingt notwendige Maß zu beschränken.[821] Selbst unter den genannten Umständen dürfte eine Testpflicht daher nicht für die allgemeine Bevölkerung, sondern bestenfalls für Jugendliche und Heranwachsende sowie für Erwachsene jüngeren und mittleren Alters in Betracht kommen.
Andere Gliedstaaten sehen die Durchführung von HIV-Untersuchungen der allgemeinen Bevölkerung lediglich auf *freiwilliger Basis* vor. Diesem Zweck dienen vor allem die sogenannten „Alternativen Teststellen“ in *Kalifornien*,[822] aber auch vergleichbare Einrichtungen in *anderen Staaten*.[823]

b. Rechtsfolgen

Die HIV-Untersuchungen sind *kostenlos*.[824] Teilweise ist ausdrücklich bestimmt, daß sie anonym durchzuführen sind.[825] Jedenfalls ist über das Testen und sein Ergebnis *Vertraulichkeit* zu wahren.[826] Auch sind die Untersuchungen mit einer *Beratung* zu verbinden.[827]

---

820 Sektion 9.02 (5) (c) Satz 1 des Communicable Disease Prevention and Control Act Texas' (Fn. 258).

821 Siehe Sektion 9.02 (5) (c) Satz 2 (1) des Communicable Disease Prevention and Control Act Texas' (Fn. 258).

822 Vgl. §§ 1630 bis 1632 des Health and Safety Code (Fn. 23). Die „Alternativen Teststellen“ in Kalifornien führten vom März 1987 bis zum Februar 1988 insgesamt 113034 HIV-Tests (monatlich 9419) durch; vgl. die entsprechenden Angaben in „Alternative Test Site Report“ des kalifornischen Office of AIDS vom Februar 1988.

823 Siehe als Beispiel Sektion 55.41 (d) des Civil Administrative Code of Illinois (Fn. 251), die das Gesundheitsministerium Illinois' ermächtigt, einen „alternativen (HIV-)Bluttest-Service“ zu etablieren. Vgl. ferner Sektion 381.609 (3) (c) der Florida Statutes (Fn. 36) und Sektion 333.5923 (1) der Michigan Laws (Fn. 118). - Siehe zu diesen Einrichtungen auch *Matthews/Neslund*, The Initial Impact of AIDS on Public Health Law in the United States - 1986, The Journal of the American Medical Association, Bd. 257 (1987), 344.

824 Vgl. § 1632 (a) Abs. 1 Satz 1 des Health and Safety Code (Fn. 23) für Kalifornien und Sektion 333.5923 (1) Satz 1 der Michigan Laws (Fn. 118) für Michigan.

825 Siehe § 1632 (a) Abs. 1 Satz 4 des Health and Safety Code (Fn. 23) für Kalifornien: „Weder der Bezirk noch irgendjemand anders, der den Test durchführt ..., soll nach den Namen, der Sozialversicherungsnummer oder irgendeiner anderen Information fragen, die die Identität des Getesteten offenlegen könnte.“ Vgl. auch § 1632 (a) Satz 1 des Health and Safety Code: Durchführung der Tests „durch den Gebrauch eines Codesystems“. Siehe ferner z. B. Sektion 6 des AIDS Confidentiality Act (Fn. 295) für Illinois.

826 Vgl. § 1632 (a) Abs. 1 Satz 1 des Health and Safety Code (Fn. 23) für Kalifornien; Sektion 9 und 10 des AIDS Confidentiality Act (Fn. 295) für Illinois; Sektion 9.02 (c) Satz 2 (2) und (4) des Communicable Disease Prevention and Control Act (Fn. 258) für Texas.

827 Siehe § 1632 (a) Abs. 3 des Health and Safety Code (Fn. 23) für Kalifornien; Sektion 333.5923 (2) der Michigan Laws (Fn. 118) für Michigan; Sektion 9.02 (c) Satz 2 (3) des Communicable Disease Prevention and Control Act (Fn. 258) für Texas.

c. Bewertung

In Übereinstimmung mit der vorstehenden Rechtslage finden sich im juristischen Schrifttum - von einer Ausnahme abgesehen[828] - *keine Befürworter* eines HIV-Testzwanges der allgemeinen Bevölkerung.[829] Auch die HIV-Kommission des amerikanischen Präsidenten hat sich in ihren Empfehlungen lediglich dafür ausgesprochen, der Staat solle die Bevölkerung ermutigen, sich freiwillig auf das HIV testen zu lassen.[830]

Gegen eine *Testpflicht* der allgemeinen Bevölkerung werden zahlreiche *Argumente* angeführt:[831]

So wird auf die *Ungenauigkeit der Tests* mit der Folge nicht unerheblicher falscher positiver und falscher negativer Ergebnisse hingewiesen.[832] Dieser Einwand gilt in besonderem Maße, wenn die HIV-Tests große Personengruppen mit nur geringer HIV-Prävalenz erfassen,[833] wie dies auf die allgemeine Bevölkerung zutrifft.[834] Es verwundert deshalb nicht, daß auch von medizinischer Seite HIV-Reihenuntersuchungen teilweise vehement abgelehnt werden.[835]

Des weiteren wird auf die *nachteiligen gesundheitlichen Konsequenzen* aufmerksam gemacht, die ein positives Testresultat für die Untersuchten hat (Ängste, Depressionen, Schlaflosigkeit etc.[836]). Dieser Gesichtspunkt wiegt besonders schwer gegenüber den Personen, die fälschlicherweise als HIV-positiv ermittelt werden. Er hat aber auch gegenüber den Personen Gewicht, die zutreffend als HIV-positiv festgestellt werden. Das gilt jedenfalls, soweit es sich - wie in aller Regel - um symptomlos HIV-Infizierte handelt, da es zur Zeit[837] keine erfolgversprechende Behandlungsmöglichkeit gibt.

Ferner wird gegen den Testzwang der allgemeinen Bevölkerung geltend gemacht, er führe zu einer *Diskriminierung* der Personen mit HIV-positivem Befund und als Folge dessen zu einer Zweiklassengesellschaft mit den HIV-Infizierten auf der einen und den Nichtinfizierten auf der anderen Seite. Diese Befürchtungen sind nicht von der Hand zu weisen. Zwar können sie durch verfahrensrechtliche Pflichten der zwangsläufigen Mitwisser (Wahrung der Vertraulichkeit des Testergebnisses) und Rechte der Untersuchten (Auskunftsverweigerung) gemildert werden. Völlig vermeiden lassen sie sich aber, wie die Erfahrung

---

[828] Vgl. *Duncan*, Public Policy, The Journal of Contemporary Health Law and Policy Bd. 2 (1986), 169, 170f.

[829] Demgegenüber sprachen sich bei einer Umfrage 52% der Interviewten für eine jedermann treffende Testpflicht aus; vgl. *Banta*, AIDS, S. 97.

[830] *Report of the Presidential HIV-Commission* (Fn. 2), S. 75.

[831] Vgl. die Zusammenstellung der Argumente bei *Banta*, AIDS, S. 104f. und *Gostin*, Public Health, S. 47, 54–56.

[832] Siehe dazu allgemein auch schon oben näher die Ausführungen unter 1., insbesondere den Text nach Fn. 228.

[833] Vgl. nur *Meyer/Pauker*, Screening for HIV, The New England Journal of Medicine Bd. 317 (1987), 238, 239f. und *Rothstein*, Screening Workers, S. 126, 133f.

[834] Vgl. den Text unter 11. c) bei Fn. 797. Ferner kann dieser Schluß aus HIV-Prävalenzstudien über Gruppen gezogen werden, in denen Hauptbetroffene entweder über- oder unterrepräsentiert sind; siehe dazu oben den Text sub 3. c) nach Fn. 348.

[835] So von *Meyer/Pauker*, a.a.O. (Fn. 833), besonders S. 238 und 240f.

[836] Siehe dazu schon oben den Text bei Fn. 313 m. Nachw. dortselbst.

[837] Vgl. dazu vorstehend den Text bei und in Fn. 2.

zeigt,[838] selbst dann nicht. Das gilt erst recht, wenn es mit dem Testen und der Unterrichtung des Getesteten über das Ergebnis nicht sein Bewenden haben soll, sondern sich an ein positives Untersuchungsresultat Pflichten knüpfen (z.B. Pflicht zur Aufklärung der Lehrer, des Arbeitgebers, der behandelnden Ärzte), deren Befolgung zu einer Offenbarung des HIV-Status gegenüber einem in seinen Verästelungen nicht mehr kontrollierbaren Personenkreis führt.

Außerdem wird argumentiert, die Testpflicht der allgemeinen Bevölkerung *verletze* deren Recht auf *informationelle Selbstbestimmung* und die Freiheit vor „übermäßigen Ausforschungen" (4. Zusatzartikel der amerikanischen Verfassung). Für die Verletzung des Rechts auf informationelle Selbstbestimmung spricht, daß - wie vorstehend gezeigt - die Vertraulichkeit trotz dahingehender Pflichten[839] offenbar nicht ausreichend geschützt werden kann. Für die *Verletzung* der *Freiheit vor „übermäßigen Ausforschungen"* kann angeführt werden, daß mit einem generellen Testzwang für viele Millionen Bürger ein staatlicher Eingriff verbunden wäre, obwohl die Verbreitung des Aids-Virus in der amerikanischen Bevölkerung gegenwärtig nur gering ist. Es kommt hinzu, daß es mit der einmaligen Untersuchung der Bevölkerung auf das HIV nicht getan wäre. Vielmehr müßte das Testen - wie das Beispiel der HIV-Reihenuntersuchung in den amerikanischen Streitkräften zeigt[840] - in (nicht zu lang bemessenen) Abständen wiederholt werden. Dies würde nicht nur die staatlichen Eingriffe gegenüber den Bürgern intensivieren, sondern überdies den organisatorischen und finanziellen Aufwand so groß werden lassen, daß andere Staatsaufgaben, auch solche gleichen Gewichts, darunter leiden müßten.

Schließlich muß angesichts der geringen HIV-Prävalenz in der amerikanischen Bevölkerung davon ausgegangen werden, daß sich Reihenuntersuchungen zur Aufdeckung von HIV-Infektionen als ähnlich *ineffizient* erweisen würden, wie sich dies hinsichtlich der Testpflicht für Heiratswillige herausgestellt hat.[841]

Nimmt man alle diese Nachteile des HIV-Testzwanges der Bevölkerung zusammen (Ungenauigkeit der Tests, Gesundheits- und Diskriminierungsgefahr für die Getesteten, erheblicher organisatorischer und finanzieller Aufwand, Ineffizienz), dann *erscheint* die *Ablehnung* einer allgemeinen Testpflicht in den USA *berechtigt*.

Die bisherige Betrachtung hat allerdings die *Vorteile* außer acht gelassen, die ein genereller *Testzwang* hat oder haben könnte. Erst wenn diese einbezogen werden, kann die HIV-Testpflicht der Bevölkerung endgültig beurteilt werden.

Der Nutzen der fraglichen Reihenuntersuchungen wird vor allem[842] darin er-

---

[838] Siehe die Darstellung oben sub A. nach Fn. 33; ferner als Beispiel für Diskriminierungen - trotz der Pflicht zur Vertraulichkeit - die Lage bei den amerikanischen Streitkräften, oben unter 9. c) bei Fn. 673.

[839] Vgl. ergänzend zum Verhältnis des Rechts auf informationelle Selbstbestimmung und der Wahrung der Vertraulichkeit in bezug auf Aids auch *Tribe,* Constitutional Law, S. 1394f.

[840] Siehe vorstehend unter 9. a) nach Fn. 638.

[841] Vgl. näher die Darstellung supra unter 5. c) nach Fn. 442.

[842] Ferner werden Reihenuntersuchungen für bedeutsam erachtet, verläßliche epidemiologische Daten zu erhalten. Diese können jedoch auch auf andere Weise gewonnen werden (siehe dazu oben unter 3. c), notfalls durch erzwingbare HIV-Untersuchungen eines repräsentativen Bevölkerungsquerschnitts.

blickt, daß durch die Testpflicht die *Gesunden* vor den Infizierten *geschützt* werden könnten.[843] Bei Lichte besehen tritt diese Wirkung jedoch nicht schon aufgrund des Testens (und der Unterrichtung der Getesteten über ihren positiven HIV-Status) ein. Vielmehr bedarf es hierfür der Bereitschaft aller Infizierten, die Übertragung des Virus auf Dritte – je nach den Gegebenheiten – durch Enthaltsamkeit, Absehen von Blut- und anderen Spenden, Verwendung von Einwegspritzen usw. auszuschließen oder die Infektionsgefahr für Dritte durch geeignete Vorkehrungen (z.B. Benutzung von Kondomen) und durch andere Maßnahmen (Unterrichtung der Sexualpartner, der behandelnden Ärzte etc.) auf ein möglichst kleines Maß zu verringern. Sofern ein derartiges Verhalten von den Betroffenen nicht schon ohnehin an den Tag gelegt wurde, bedeutet seine nunmehrige Praktizierung, sich als HIV-infiziert offenbaren zu müssen. Im Hinblick auf die verbreiteten Diskriminierungen[844] und die möglichen sonstigen persönlichen Nachteile (Aufkündigung von Freundschaften etc.), die HIV-Positive selbst von ihnen Nahestehenden erfahren, muß davon ausgegangen werden, daß viele der durch eine Reihenuntersuchung ermittelten HIV-Infizierten bestrebt sein werden, ihren positiven Befund für sich zu behalten. Soll kein Verdacht aufkommen, ist ihnen das nur möglich, wenn sie ihr *bisheriges,* eine HIV-Übertragungsgefahr nicht vermeidendes oder nicht reduzierendes *Verhalten fortsetzen.*

Will der *Staat* daran etwas *ändern,* stünden ihm *zwei Wege* zur Verfügung: Zum einen könnte er durch *Aufklärung*[845] und andere Maßnahmen[846] versuchen, Diskriminierungen und sonstige Nachteile für HIV-Infizierte vollständig abzubauen. Das wird indes kaum gelingen, weil Aids mit irrationalen (Todes-)Ängsten und sozialen Vorurteilen gegenüber den meisten sogenannten Risikogruppen verbunden ist, die ein Umdenken erschweren, wenn nicht nahezu unmöglich machen. Zum anderen könnte der Staat das von HIV-Infizierten erwartete Verhalten (Enthaltsamkeit, Benutzung von Kondomen etc.) zur rechtlichen *Pflicht machen* und die Nichtbeachtung mit *Sanktionen belegen.* Die Befolgung könnte er aber nicht bzw. nur oberflächlich – und das allein um den Preis des Eindringens in die Privatsphäre unzähliger Personen – kontrollieren. Angesichts dieser Unzulänglichkeiten könnte die allgemeine Testpflicht den Nichtinfizierten daher selbst in Verbindung mit anderen, weitergehenden Pflichten keinen zuverlässigen Schutz vor HIV-Infektionen bieten, auf den sie vertrauen könnten. Eigene Vorkehrungen würden durch derartige staatliche Maßnahmen also nicht entbehrlich. Dennoch würde diese staatliche Vorsorge zu der Annahme verleiten, sie gewährleiste einen umfassenden Schutz vor einer HIV-Infektion. Sie würde mithin eine Haltung in der Bevölkerung begünstigen, der einzelne brauche sich nicht selbst vor einer Ansteckung zu schützen, vielmehr habe der Staat ihm diese Sorge abgenommen. Der Gewinn, den ein periodischer HIV-Testzwang der Be-

---

843 Vgl. *Duncan,* Public Policy, The Journal of Contemporary Health Law and Policy Bd. 2 (1986), 169, 170f. und die Zusammenstellung der Argumente zugunsten eines Testzwanges der Allgemeinheit bei *Banta,* AIDS, S. 102f.

844 Siehe oben den Text unter A. beginnend bei Fn. 34.

845 Vgl. zur Aufklärung oben sub II., S. 23ff.

846 Gedacht ist an Vorschriften zur Nichtdiskriminierung HIV-Infizierter; siehe dazu nachstehend unter IV., S. 124ff.

völkerung für den Schutz der öffentlichen Gesundheit hätte, wäre folglich nicht groß.

Wägt man den augenblicklich *geringen Nutzen* einer allgemeinen HIV-Testpflicht *mit* seinen gegenwärtig *deutlichen Nachteilen ab*, dann spricht derzeit alles *gegen* die Einführung eines solchen *Testzwanges* und damit für den amerikanischen Rechtzustand, wie er momentan besteht. Lediglich bei einem erheblichen Ansteigen der HIV-Prävalenzraten in aussagekräftigen Bevölkerungsgruppen erscheint es unter den jetzigen Gegebenheiten (Ungenauigkeit des HIV-Tests, keine Heilungsmöglichkeit, Diskriminierungsgefahr etc.) überlegenswert, einen Testzwang für die allgemeine Bevölkerung vorzusehen. Diese Situation hat offenbar der Gesetzgeber in *Texas* vor Augen, wenn er bei einer wissenschaftlich nachgewiesenen „plötzlichen sowie unmittelbar bevorstehenden Gefahr für die öffentliche Gesundheit" einen auf das notwendige Maß beschränkten Testzwang für größere Teile der Bevölkerung gestattet.[847]

d. *Konsequenzen*

In der *Bundesrepublik Deutschland* besteht ebensowenig wie in den Vereinigten Staaten eine HIV-Testpflicht der Allgemeinheit. Zwar wird sie auch hier vereinzelt von juristischer Seite gefordert.[848] Ihre Einführung wird jedoch zumeist aus denselben oder ähnlichen Gründen abgelehnt[849] wie in den USA. Die amerikanische Rechtslage gibt daher insoweit *keinen Anlaß zu* rechtspolitischen *Konsequenzen* für den deutschen Zustand. Vielmehr ist an der Praxis festzuhalten, jedermann, der sich über seinen HIV-Status vergewissern will, anonym einen Test auf freiwilliger Basis zu ermöglichen und darüber hinaus nur denjenigen einen Test nahezulegen, für die ein HIV-Infektionsrisiko bestand oder noch besteht.[850] Allerdings sollte wegen der Handhabung mancher Gesundheitsämter, HIV-Untersuchungen nur gegen eine Gebühr durchzuführen, die *Unentgeltlichkeit der*

---

847 Vgl. dazu näher oben unter a). – Ähnliches hat Texas für eine Testpflicht der Heiratswilligen vorgesehen, wenn die Prävalenzrate der „bestätigten positiven HIV-Infektionen" 0,83% übersteigt; siehe dazu näher oben sub 5. a) nach Fn. 433 sowie die Bewertung unter 5. c) nach Fn. 450.

848 Vgl. *von Hippel,* AIDS als rechtspolitische Herausforderung, ZRP 1987, 123, 127f.

849 Siehe *Bruns,* AIDS, MDR 1987, 353, 354, eingehend und dezidiert *Schenke,* AIDS, S. 103, 143–148 und *derselbe,* Rechtsfragen, DVBl. 1988, 165, 173f.; ebenfalls ausführlich, aber großzügiger *Schünemann,* AIDS-Eindämmung, S. 373, 443, 454–464 sowie die Zusammenfassung auf S. 533, 534 (unter f) und 535 (unter k), der die Einführung einer HIV-Reihenuntersuchung der Bevölkerung für zulässig hält, wenn der Staat Nichtdiskriminierung, Hilfe und Solidarität gegenüber den HIV-Infizierten gewährleistet sowie eine repräsentative Stichprobe der Bevölkerung ergibt, daß die bisherigen Maßnahmen zur AIDS-Eindämmung unzulänglich sind. Vgl. ferner *Costard,* AIDS, S. 206–209, der die Einführung einer Reihenuntersuchung für verfassungsrechtlich zulässig hält und dabei nicht berücksichtigt, daß die auch von ihm gesehene Gefahr der Ausgrenzung HIV-Infizierter nicht nur ein rechtspolitisches, sondern – wie die Ausführungen von *Schenke* und *Schünemann* zeigen – durchaus ein verfassungsrechtliches Problem darstellt, an der die Zulässigkeit der Tests scheitern kann.

850 Vgl. zu diesen Testempfehlungen näher den Zwischenbericht der Enquete-Kommission „Gefahren von AIDS und wirksame Wege zu ihrer Eindämmung", BT-Drucks. 11/2495, S. 84–86, 95–96, 99; ferner die Voten des Nationalen AIDS-Beirates, Bundesgesundheitsblatt 1988, 358f.

Tests - ebenso wie in den USA[851] - *gesetzlich festgelegt* werden. Der dies vorsehende bayerische Gesetzesantrag[852] verdient daher Zustimmung.

IV. Antidiskriminierung

Einleitend wird aufgezeigt, weshalb für Verbote, HIV-Infizierte zu diskriminieren, ein Bedürfnis bestehen kann (s. unter 1.). Dann werden zahlreiche Antidiskriminierungsvorschriften dargestellt, und zwar im Arbeitsrecht (s. unter 2.), Schulrecht (s. unter 3.), Miet- und Immobilienrecht (s. unter 4.), Versicherungsrecht (s. unter 5.) sowie in sonstigen Rechtsgebieten (s. unter 6.). Anschließend werden diese Regelungen einer Bewertung unterzogen (s. unter 7.), auf deren Grundlage schließlich Konsequenzen für den deutschen Rechtszustand erörtert werden (s. unter 8.).

1. Einführung

HIV-Infizierte (und solche, die dafür gehalten werden), sind z.B. als Arbeitnehmer, Schüler, Mieter, Versicherungsnehmer oder als Personen, die eine derartige Stellung anstreben, *vielfältigen Diskriminierungen ausgesetzt.* So wurde, wie schon erwähnt,[853] Personen allein wegen ihrer HIV-Infektion das Arbeits- oder Mietverhältnis gekündigt oder der Schulbesuch verwehrt, ohne daß die Maßnahmen zum Schutz von Nichtinfizierten sachlich erforderlich gewesen wären.[854] Vielmehr beruhen diese Handlungsweisen gegenüber den HIV-Infizierten meist auf Unkenntnis über den geringen Grad der Ansteckungsgefahr, erklären sich aus irrationalen Ängsten vor einer Infektion oder/und gehen zurück auf ohnehin bestehende Vorurteile gegenüber den hauptsächlich von dem HIV betroffenen Gruppen (Homosexuelle, Drogenabhängige).
Den genannten Diskriminierungen kann dadurch *begegnet werden,* daß ihre vorstehend aufgezeigten Ursachen bekämpft und möglichst beseitigt werden. Das ist das Ziel einer verantwortungsvollen *Aids-Aufklärung,* wie sie oben[855] näher beschrieben wurde, d.h. einer Bemühung, die bezweckt, die Öffentlichkeit sowie einzelne Bevölkerungsgruppen über das HIV und die von ihm ausgehenden Ge-

---

851 Siehe oben den Text unter b) mit Nachw. in Fn. 824.

852 Vgl. § 10 Abs. 2 des Entwurfs eines AIDS-Gesetzes, BR-Drucks. 293/87.

853 Siehe oben den Text unter A. (Einleitung) bei Fn. 34 und 35 mit umfangreichen Nachweisen dortselbst.

854 Vgl. zu Diskriminierungen speziell im Arbeitsleben, Schul-, Wohnungs- und Versicherungswegen die Nachweise unten in Fn. 856, 903, 942 und 961. Siehe auch Artikel 38 Sektion 3802 der Satzung Nr. 499-85 San Franziskos über „AIDS und damit zusammenhängende Diskriminierungsverbote“ aus dem Jahre 1985, wo u.a. festgestellt wird: „Diskriminierungen gegenüber AIDS- und ARC-Opfern kommen in der Stadt und im Kreis San Franzisko vor. Von AIDS oder ARC betroffene Personen sind im Arbeitsleben, Wohnungswesen, Geschäftsleben, in städtischen Einrichtungen ... und anderen öffentlichen Institutionen einer Diskriminierung ausgesetzt.“ Ähnlich die entsprechende Satzung Nr. 160289 Los Angeles' aus demselben Jahre in Artikel 5.8 Sektion 45.80.

855 Siehe sub II., insbesondere unter 1. sowie 9.

fahren umfassend zu informieren sowie die Gesunden zu verständnisvollem und solidarischem Verhalten gegenüber den Infizierten anzuhalten. Da die Aufklärung dieses Ziel selbst bei aller erdenklichen Anstrengung wegen der Ungelehrigkeit oder Uneinsichtigkeit mancher Adressaten nicht vollends erreichen kann, liegt es nahe zu versuchen, Diskriminierungen *ergänzend* durch *andere Maßnahmen* auszuschalten. Vor diesem Hintergrund könnte es sinnvoll sein, *staatliche Verbote* zu schaffen, die es untersagen, Personen allein wegen ihrer HIV-Infektion *zu benachteiligen*. Dieser Weg wird in den USA vielfach begangen.

2. *Arbeitsrecht*

Angesichts von mannigfachen Diskriminierungen, denen - wahre und vermeintliche - HIV-Infizierte gerade im Berufsleben ausgesetzt sind,[856] haben mehrere Gliedstaaten es im Bereich des Arbeitsrechts gesetzlich prinzipiell *verboten, HIV-Untersuchungen durchzuführen* und HIV-Testergebnisse *zu verwerten*. So darf in *Florida* grundsätzlich „niemand von einer Person verlangen, sich als Voraussetzung für eine Anstellung, Beförderung oder Weiterbeschäftigung auf das ‚Human Immunodeficiency Virus' testen zu lassen".[857] Auch ist es jedermann im allgemeinen untersagt, „auf Grund der Ergebnisse eines HIV-Tests irgendeine Person ... hinsichtlich der Bezahlung, Laufzeit, Vertragsbedingungen oder Vergünstigungen zu benachteiligen".[858] Einen besonderen Schutz gegen Diskriminierungen genießen Personen, die als lizensierte Angehörige des Gesundheitswesens HIV-Infizierte behandeln oder betreuen. Sie dürfen nicht irgendwelchen beruflichen Nachteilen (Entlassung, Nichteinstellung etc.), die sich auf ihren Umgang mit HIV-Infizierten gründen, ausgesetzt werden.[859]

Ähnliches wie in Florida hat der Gesetzgeber *Wisconsins* vorgeschrieben: Nach der einschlägigen Bestimmung darf regelmäßig „kein Arbeitgeber oder Bevollmächtigter eines Arbeitgebers von einem Arbeitnehmer oder voraussichtlichen Arbeitnehmer direkt oder indirekt einen HIV-Test oder HIV-Antikörpertest als Voraussetzung für eine Beschäftigung erbitten oder verlangen".[860] Ebensowenig ist es den Arbeitgebern und ihren Bevollmächtigten gestattet, „auf die Laufzeit, die Vertragsbedingungen oder Vergünstigungen einzuwirken oder die Beschäftigung eines Arbeitnehmers zu beenden, der sich einem HIV-Test oder HIV-Antikörpertest unterzieht".[861] Überdies ist prinzipiell „jede Vereinbarung" zwischen einem Arbeitgeber und einem Arbeitnehmer (oder voraussichtlichen Arbeitnehmer) verboten, die letzteren „als Gegenleistung für das Testen auf das HIV oder

---

[856] Vgl. dazu - ergänzend zu den Angaben in Fn. 34 und 35 (Abschnitt A) - besonders *Leonard,* AIDS and Employment Law Revisted, Hofstra Law Review Bd. 14 (1985), 11, 12f. und *Merritt,* Communicable Disease, New York University Law Review Bd. 61 (1986), 739, 766f. jeweils m.w.Nachw.

[857] So Sektion 45 (2) (a) des am 1. 7. 1988 in Kraft getretenen Aids-Gesetzes Floridas.

[858] So Sektion 45 (2) (b) des Aids-Gesetzes Floridas (Fn. 857).

[859] Vgl. Sektion 45 (d) des Aids-Gesetzes Floridas (Fn. 857).

[860] So Sektion 103.15 (2) (a) der Wisconsin Statutes (Fn. 36).

[861] So Sektion 103.15 (2) (b) der Wisconsin Statutes (Fn. 36).

HIV-Antikörper eine Beschäftigung oder irgendeine Entlohnung oder Vergünstigung anbietet".[862]
Vergleichbare Normen wie in Florida und Wisconsin hat die Legislative schließlich noch in *Texas*[863] und einigen *anderen Staaten*[864] eingeführt.[865]
Abgesehen von diesen gliedstaatlichen Regelungen, die seit 1987 oder 1988 in Kraft sind, finden sich gegen Aids-Diskriminierungen gerichtete Vorschriften entsprechenden, aber auch weitergehenden Inhalts auf *örtlicher Ebene.* Den Anfang machte 1985 *Los Angeles* mit einer allgemeinen Antidiskriminierungssatzung,[866] noch im selben Jahr gefolgt von einer ähnlichen Satzung *San Franziskos*[867] und späterer Satzungen anderer Gemeinden.[868] Beispielsweise ist es in San Franzisko[869] verboten, Arbeitnehmer deshalb in ihren Berufsmöglichkeiten einzuschränken, weil sie HIV-infiziert sind oder dafür gehalten werden;[870] ferner sind Stellenanzeigen untersagt, die eine Diskriminierung gegenüber HIV-Infizierten erkennen lassen.[871]
Demgegenüber gibt es auf der *Ebene des Bundes* bislang keine Aids-spezifischen Antidiskriminierungsvorschriften[872] im Bereich des Arbeitsrechts. Bedeutsam ist aber eine - für öffentliche und private Arbeitgeber geltende - *allgemeine Antidiskriminierungsnorm.* Es handelt sich dabei um *Sektion 504 des Rehabilitation Act von 1973.*[873] Danach darf eine „Person mit einem Handikap, die ansonsten qualifiziert ist, ... nicht allein wegen ihres Handikaps ... bei einem vom Bund finan-

---

862 So Sektion 103.15 (3) der Wisconsin Statutes (Fn. 36).

863 Vgl. Sektion 9.02 (a) des Communicable Disease Prevention and Control Act Texas' (Fn. 258).

864 Siehe näher *Rothstein,* Screening Workers, S. 126, 136.

865 Kalifornien beschränkt sich hingegen auf die Regelung, daß HIV-Testergebnisse „unter keinen Umständen für die Feststellung ... der Eignung für eine Beschäftigung verwendet werden dürfen", § 199.21 (f) des Health and Safety Code Kaliforniens (Fn. 23).

866 Satzung Nr. 160289 mit dem Titel „Prohibition against Discrimination Based on a Person Suffering from the Medical Condition AIDS, or Any Medical Signs or Symptoms Related thereto, or Any Perception that a Person is Suffering from the Medical Condition AIDS whether Real or Imaginary". Die Satzung ist auszugsweise wiedergegeben von *Roden,* Educating, UCLA Law Review Bd. 33 (1986), 1410, 1430ff.

867 Satzung Nr. 499-85 mit dem Titel „Prohibiting Discrimination on the Basis of AIDS and Associated Conditions".

868 Siehe dazu die Angaben von *Banta,* AIDS, S. 71, *Carey/Arthur,* The Developing Law on AIDS in the Workplace, Maryland Law Review Bd. 46 (1987), 284, 294; *Roden,* Educating, UCLA Law Review Bd. 33 (1986), 1410, 1411 in Fn. 8; *Rothstein,* Screening Workers, S. 126, 136.

869 Vgl. näher Sektion 3803 (a) (1) mit Sektion 3813 (a) und Sektion 3852 (a) (1) der Satzung (Fn. 867).

870 Ähnlich Sektion 45.82 (A) (1) der Satzung Los Angeles' (Fn. 866).

871 Siehe Sektion 3803 (a) (4) (ii) und Sektion 3852 (a) (4) (ii) der Satzung San Franziskos (Fn. 867); in der Sache ebenso Sektion 45.87 der Satzung Los Angeles' (Fn. 866).

872 Vgl. aber die für die Bundesbehörden bestimmten Richtlinien des Office of Personnel Management vom März 1988, abgedruckt im *Report of the Presidential HIV-Commission* (Fn. 2), S. 175 mit dem Titel „Guidelines for AIDS Information and Education and for Personnel Management", die u.a. festlegen, daß „HIV-infizierten Arbeitnehmern solange die Fortsetzung ihrer Arbeit erlaubt werden sollte, wie sie fähig sind, eine angemessene Arbeitsleistung zu erbringen und sie am Arbeitsplatz keine Sicherheits- oder Gesundheitsgefahr für sich oder andere darstellen" (a.a.O. unter „General Policy").

873 in der Fassung des § 794 des United States Code (West 1988), Abschnitt 29 (Arbeit).

ziell unterstützten Programm oder einer entsprechend geförderten Tätigkeit ... benachteiligt werden". Unter den genannten Voraussetzungen ist es mithin gewissen Empfängern von finanziellen Hilfen des Bundes untersagt, eine Person mit einem Handikap zu diskriminieren. Als „Person mit einem Handikap" betrachtet das Gesetz u.a. jeden, der körperlich oder geistig in seinen hauptsächlichen Lebensaktivitäten erheblich beeinträchtigt ist oder so eingeschätzt wird.[874] Nach anfänglichem Zögern werden darunter auch Personen mit Aids oder ARC[875] und neuerdings sogar Personen verstanden, die nur (vermeintlich) HIV-infiziert sind.[876]

Über Antidiskriminierungsvorschriften zugunsten von „Personen mit einem Handikap" verfügen auch die meisten *Gliedstaaten.*[877] Anders als im Bund ist Aids in vielen dieser Gliedstaaten nicht nur mittels Auslegung, sondern ausdrücklich vom Gesetzgeber oder auf andere Weise offiziell als Handikap anerkannt.[878]

Aufgrund der erörterten allgemeinen Antidiskriminierungsnormen des Bundes und der Gliedstaaten genießen somit an Aids oder ARC Erkrankte, u.U. sogar alle HIV-Infizierten,[879] einen Schutz vor Diskriminierungen und damit auch vor Benachteiligungen im Arbeitsleben.[880] So führte eine Berufung auf diese Bestimmungen verschiedentlich dazu, daß an Aids leidende Personen, die versetzt oder

---

[874] Vgl. näher § 706 (8) des United States Code, a.a.O. (Fn. 873).

[875] Siehe zu dieser Auslegung näher *Carey/Arthur,* AIDS in the Workplace, Maryland Law Review Bd. 46 (1987), 284, 288-294; *Closen/Connor/Kaufman/Wojcik,* AIDS, The John Marshall Law Review Bd. 19 (1986), 835, 880-885; *Curylo,* AIDS and Employment Discrimination: Should AIDS be Considered a Handicap? The Wayne Law Review Bd. 33 (1987), 1095, 1101-1108; *Henry,* AIDS, S. 31, 39-42; *Kushen,* Asymptomatic Infection with the AIDS Virus as a Handicap under the Rehabilitation Act of 1973, Columbia Law Review Bd. 88 (1988), 563, 564f. m. Nachw. aus der Rechtsprechung in Fn. 12; *Leonard,* Employment Discrimination against Persons with AIDS, Dayton Law Review Bd. 10 (1985), 681, 691 und 696; *derselbe,* AIDS in the Workplace, in: Dalton/Burris (Hrsg.), AIDS and the Law, 1987, S. 109, 111.

[876] Vgl. den *Report of the Presidential HIV-Commission* (Fn. 2), S. 122f. m. w. Nachw. aus der Rechtsprechung; außerdem *Kushen,* Asymptomatic Infection, Columbia Law Review Bd. 88 (1988), 563, 565ff.; *Leonard,* AIDS, S. 109, 112. - Die HIV-Kommission des amerikanischen Präsidenten verlangt in ihrem Report a.a.O. (Fn. 2), S. 120 überdies einen Erlaß des Präsidenten, der „klarstellt, daß alle HIV-infizierten Personen von Sektion 504 erfaßt werden"; eine ähnliche Empfehlung spricht sie gegenüber dem Justizministerium aus; vgl. a.a.O., S. 123. - Anderer Meinung *Cooper,* Discrimination against the Handicapped, in: Dornette (Hrsg.), AIDS and the Law, 1987, S. 141, 143.

[877] Siehe z.B. *Banta,* AIDS, S. 63f.; *Carey/Arthur,* AIDS in the Workplace, Maryland Bd. 46 (1987), 284, 294f.; *Closen/Connor/Kaufman/Wojcik,* AIDS, The John Marshall Law Review Bd. 19 (1986), 835, 886f.

[878] Zu diesen Staaten zählen z.B. Connecticut, Illinois, Maine, Massachusetts, Michigan, Wisconsin, New Jersey, New York, Oregon und Washington. Vgl. dazu u.a. *Banta,* AIDS, S. 64; *Carrey/Arthur,* AIDS in the Workplace, Maryland Law Review Bd. 46 (1987), 284, 294f.; *Curylo,* AIDS, The Wayne Law Review Bd. 33 (1987), 1095, 1105f.

[879] Siehe oben den Text bei Fn. 876 m. Nachw. dortselbst.

[880] Vgl. z.B. *Closen/Connor/Kaufman/Wojcik,* AIDS, The John Marshall Law Review Bd. 19 (1986), 835, 880, 885f.; *Matthews/Neslund,* AIDS, The Journal of the American Medical Association Bd. 257 (1987), 344, 348 und den *Report of the Presidential HIV-Commission* (Fn. 2), S. 119f.

denen gekündigt worden war, in ihrer alten Stellung belassen werden mußten.[881] Allerdings untersagen die fraglichen Vorschriften nicht jegliche Diskriminierung, die sich gegen Personen mit Aids oder HIV-Infizierte richtet. Vielmehr verbietet Sektion 504 des Rehabilitation Act des Bundes - wie erwähnt[882] - lediglich Diskriminierungen, die gerade „bei einem vom Bund finanziell unterstützten Programm oder einer entsprechend geförderten Tätigkeit“ auftreten.[883] Abgesehen von dieser tatbestandlichen Eingrenzung kommt der *Schutz* dieser Bestimmung *nur* einer *Person* mit einem Handikap zu, *„die ansonsten qualifiziert ist“.*[884] Diese Voraussetzung erfüllt eine Person dann *nicht, wenn* sie eine *erhebliche Gefahr für die Gesundheit oder Sicherheit* darstellt und dieser Gefahr nicht durch dem Arbeitgeber mögliche und zumutbare innerbetriebliche Maßnahmen (z. B. Umsetzung auf einen ungefährlichen Arbeitsplatz) begegnet werden kann.[885] Vergleichbare Ausnahmen sehen auch die Regelungen in den Gliedstaaten vor, die über Aids-spezifische arbeitsrechtliche Antidiskriminierungsvorschriften verfügen. So gelten die Antidiskriminierungsbestimmungen in Wisconsin (Verbot von HIV-Tests für Einstellungen, Irrelevanz von HIV-Testergebnissen auf das Arbeitsverhältnis usw.)[886] nicht für HIV-infizierte Personen, hinsichtlich derer der Epidemiologe des Staates feststellt und der Gesundheitsminister erklärt, daß sie „durch (ihre) Beschäftigung eine erhebliche Gefahr darstellen, auf andere Personen das HIV zu übertragen“.[887] Das Vorliegen einer solchen Gefahr wird im Arbeitsleben, auch in „sensiblen“ Bereichen wie der Speisenzubereitung als regelmäßig nicht gegeben oder als zumindest durch geeignete Vorkehrungen vermeidbar erachtet.[888]

Zu den bisherigen Resultaten *ähnlichen Ergebnissen* führt es, wenn man die im Arbeitsleben auftretenden Ungleichbehandlungen von HIV-Infizierten und

---

[881] Siehe als Beispiel die Entscheidung Chalk versus U. S. District Court Central District of California Orange County Superintendent of Schools, Federal Reporter (2. Serie) Bd. 840 (1988), 701ff., besonders 704ff.; vgl. weiter die von *Banta,* AIDS, S. 63f. und *Matthews/Neslund,* AIDS, The Journal of the American Medical Association Bd. 257 (1987), 344, 348 dargestellten Fälle.

[882] Vgl. oben den Wortlaut des Gesetzes nach Fn. 873.

[883] Siehe zu dieser Beschränkung z. B. *Henry,* AIDS, S. 31, 36.

[884] Vgl. erneut oben den Text nach Fn. 873 sowie allgemein zur Auslegung dieser Merkmale *Leonard,* Employment Discrimination, Dayton Law Review Bd. 10 (1985), 681, 693f.

[885] Siehe *Carey/Arthur,* AIDS in the Workplace, Maryland Law Review Bd. 46 (1987) 284, 297-300; *Curylo,* AIDS, The Wayne Law Review Bd. 33 (1987), 1095, 1108; *Kushen,* Asymptomatic Infection, Columbia Law Review Bd. 88 (1988), 563, 575 und 584; *Leonard,* AIDS, S. 109, 114f.; ähnlich auch die Richtlinien des Office of Personnel Management vom März 1988 (Fn. 872), S. 175 unter „General Policy“. - Vgl. allgemein zu diesen Merkmalen ferner *Henry,* AIDS, S. 31, 42f.

[886] Vgl. oben den Text nach Fn. 859.

[887] So Sektion 103.15 (2) Satz 1 der Wisconsin Statutes (Fn. 36) sowie Sektion 103.15 (3) der Wisconsin Statutes, die auf die vorgenannte Regelung verweist. - Siehe des weiteren die Ausnahmeregelungen in Florida - Sektion 45 (2) (a) und (b) des Aids-Gesetzes Floridas (Fn. 857) -, in Texas - Sektion 9.02 (a) (1) des Communicable Disease Prevention and Control Act Texas' (Fn. 258) -, in Los Angeles - Sektion 45.82 (B) und (C) der Antidiskriminierungssatzung (Fn. 866) - sowie in San Franzisko - Sektion 3813 (b) und Sektion 3852 (b) der Antidiskriminierungssatzung (Fn. 867). Vgl. zur Auslegung derartiger Bestimmungen *Leonard,* Employment Discrimination, Dayton Law Review Bd. 10 (1985), 681, 695f.

[888] Fußnote siehe S. 129.

Nichtinfizierten an dem im *14. Zusatzartikel* der amerikanischen Verfassung enthaltenen *Gleichheitssatz* mißt. Nach dieser Bestimmung darf - soweit hier von Interesse - „kein Staat in seinem Hoheitsbereich irgendjemand den gleichen Schutz durch das Gesetz versagen". Die Einhaltung dieser Verfassungsnorm kontrolliert der Supreme Court - abhängig vom Grad der Fragwürdigkeit der zu beurteilenden Ungleichbehandlung - anhand des „Strict Scrutiny" („strenge Überprüfung"), des „Intermediate Scrutiny" („mittlere Überprüfung") oder des „Rationality" („Rationalität")-Maßstabs.[889] Betrifft die fragliche Differenzierung ein „fundamentales Recht" („fundamental right") oder eine „suspekte Gruppe" („suspect class"), wird die Regelung einer *„strengen Überprüfung"* unterzogen. Eine derartige Ungleichbehandlung ist nur dann gerechtfertigt, wenn sie sich als notwendig erweist, um ein überragendes Gemeinschaftsinteresse zu erreichen und mildere Mittel für diesen Zweck nicht zur Verfügung stehen.[890] Bislang wird im Sinne dieser Doktrin weder das Recht auf Arbeit als „fundamentales Recht" betrachtet[891] noch werden die HIV-infizierten Arbeitnehmer oder gar die HIV-Infizierten generell als „suspekte Gruppe" anerkannt.[892] Auf einer HIV-Infektion beruhende Diskriminierungen von Arbeitnehmern im öffentlichen Dienst werden daher im Hinblick auf den 14. Zusatzartikel nicht einer „strengen Überprüfung" gemäß den vorstehenden Kriterien unterzogen. Hingegen wird in diesen Fällen teilweise eine *„mittlere Überprüfung"* befürwortet.[893] Sie wird auf Ungleichbehandlungen angewendet, die weniger bedeutsame Rechte oder „halb-suspekte Gruppen" tangiert. Derartige Differenzierungen sind mit dem 14. Zusatzartikel vereinbar, wenn sie einem wichtigen Gemeinschaftsinteresse dienen und sie fest darauf ausgerichtet sind, diesen Zweck zu

---

888 Vgl. vor allem die Empfehlungen der Centers for Disease Control, betitelt „Recommendations for Preventing Transmission of Infection with Human T-Lymphotropic Virus Type III/Lymphadenopathy - Associated Virus (HIV) in the Workplace", abgedruckt in Morbidity and Mortality Weekly Report Bd. 34 (1985), 681, 693-694, den *Report of the Presidential HIV-Commission* (Fn. 2), S. 119f. und die Richtlinie des Office of Personnel Management vom März 1988 (Fn. 872), S. 175 sowie S. 178. - Vgl. ferner *Curylo,* AIDS, The Wayne Law Review Bd. 33 (1987), 1095, 1108f. und *Kushen,* Asymptomatic Infection, Columbia Law Review Bd. 88 (1988), 563, 575 (m.w.Nachw. in Fn. 76) sowie 584.

889 Siehe hierzu allgemein z.B. die Darstellung von *Gunther,* Cases and Materials on Constitutional Law, 10. Aufl., 1980, S. 670-676 und *Tribe,* Constitutional Law, 2. Aufl., 1988, S. 1439ff., 1451ff. und 1588ff., jeweils m.w.Nachw. aus der Rechtsprechung.

890 Vgl. z.B. die Entscheidung des U.S. Supreme Court Plyler versus Doe, United States Reports Bd. 457 (1982), 202, 217, Regents of University of California versus Bakke, United States Reports Bd. 438 (1979), 265, 290f. und schon früher die Entscheidung desselben Gerichts San Antonio Independent School District versus Rodriguez, United States Reports Bd. 411 (1973), 1, 16f.

891 Siehe u.a. die Entscheidungen des U.S. Supreme Court Dandridge versus Williams, United States Reports Bd. 397 (1970), 471, 485 und Vance versus Bradley, United States Report Bd. 440 (1979), 93.

892 Ausdrückliche Stellungnahmen darüber fehlen, anders als bei HIV-infizierten Kindern (s. dazu unten den Text beginnend bei Fn. 930).

893 Vgl. *Note,* Constitutional Rights, Harvard Law Review Bd. 99 (1986), 1274, 1289f.; ferner - allgemein für Diskriminierungen behinderter Personen - *Tribe,* Constitutional Law, S. 1594ff. - Anderer Meinung aber *Merritt,* Communicable Disease, New York University Law Review Bd. 61 (1986), 739, 767f.

erfüllen.[894] Vereinzelt werden Personen mit Aids als eine „halb-suspekte Gruppe“ angesehen.[895] Der Ausschluß von HIV-Infizierten aus dem öffentlichen Dienst wird daher einer „mittleren Überprüfung“ unterzogen. Eine solche Maßnahme verfolgt zwar ein wichtiges Gemeinschaftsinteresse, die öffentliche Gesundheit; mangels einer von diesen Personen im Arbeitsleben ausgehenden Gefährdung Dritter erweist sie sich jedoch in aller Regel als verfassungswidrig.[896] Sofern man eine „mittlere Überprüfung“ nicht für anwendbar hält, bleibt nur eine Kontrolle anhand des *„Rationalitäts“-Maßstabs*. Danach müssen Ungleichbehandlungen eine rationale Beziehung zu einem legitimen staatlichen Interesse aufweisen,[897] dürfen nicht willkürlich sein,[898] um dem 14. Zusatzartikel zu entsprechen. HIV-bezogene Diskriminierungen von Arbeitnehmern, denen – z. B. weil sie auf unsubstantiierten Ängsten vor Aids beruhen – eine rationale Grundlage fehlt, werden daher für *verfassungswidrig* gehalten.[899] Umgekehrt werden Benachteiligungen von Arbeitnehmern, die der Abwehr einer tatsächlichen HIV-Infektionsgefahr dienen, als *verfassungsgemäß* erachtet.[900]

3. Schulrecht

Seit 1981 wurden mehrere hundert Kinder und Jugendliche ermittelt, die an Aids leiden.[901] Hinzu kommen noch solche, die lediglich HIV-infiziert sind oder die zwar nicht Aids, dafür aber ARC entwickelt haben.[902] Als Schüler erfahren alle diese Personen aufgrund ihres HIV-Status nicht selten Diskriminierungen (z. B.

---

894 Siehe z. B. die Entscheidung des U.S. Supreme Court, Mississippi Univ. for Women versus Hogan, United States Reports Bd. 458 (1982), 718, 724, Craig versus Boren, United States Reports Bd. 429 (1976), 190, 197 und Reed versus Reed, United States Reports Bd. 404 (1971), 71, 76.

895 Vgl. erneut *Note*, a. a. O. (Fn. 893), S. 1289.

896 So wiederum *Note*, a. a. O. (Fn. 893), S. 1289f.

897 Vgl. z. B. die Entscheidungen U.S. Supreme Court Dandridge versus Williams, United States Reports Bd. 397 (1970), 471, 485, New Orleans versus Dukes, United States Reports Bd. 427 (1976), 297, 303, Vance versus Bradley, United States Reports Bd. 440 (1979), 93 und McLaughlin versus Florida, United States Reports Bd. 379 (1969), 184, 191.

898 Siehe die Entscheidung des U.S. Supreme Court Royster Guano Co. versus Virginia, United States Reports Bd. 253 (1920), 412, 415.

899 Vgl. *Merritt*, Communicable Disease, New York University Law Review Bd. 61 (1986), 739, 772f.; im Ergebnis ebenso *Note*, Constitutional Rights, Harvard Law Review Bd. 99 (1986), 1274, 1289f. für den Fall, daß man statt einer „mittleren Überprüfung“ den „Rationalitäts“-Maßstab anlegt.

900 Siehe näher *Merritt*, a. a. O. (Fn. 899), S. 770–774.

901 Vgl. näher die Angaben oben in Fn. 126 und ergänzend *Kass*, Schoolchildren with AIDS, in: Dalton/Burris (Hrsg.) AIDS and the Law 1987, S. 66, 68f.

902 Personen mit ARC und „bloße“ HIV-Infizierte werden statistisch nicht erfaßt (siehe oben den Text in Abschnitt A, beginnend nach Fn. 17), so daß über ihre Zahl weder allgemein noch bezüglich der Schüler exakte Daten vorliegen; vgl. speziell zu HIV-positiven Kindern unter 18 Jahren auch die Angaben in den Empfehlungen der Centers for Disease Control über „Education and Foster Care of Children Infected with Human T-Lympotropic Virus Type III/Lympadenopathy-Associated Virus (HIV) vom 30. 8. 1985, abgedruckt in „Recommendations and Guidelines“ (November 1982 bis November 1986) der Centers for Disease Control, S. 55 und ferner die Darstellung über HIV-infizierte Kinder und Jugendliche im *Report of the Presidential HIV-Commission*, S. 11–13.

getrennter Schulunterricht oder Ausschluß vom Schulbesuch).[903] Ebenso wie im Arbeitsrecht,[904] gewährt auch im Schulrecht *Sektion 504 des Rehabilitation Act* des Bundes[905] - neben Antidiskriminierungsvorschriften auf örtlicher Ebene[906] - grundsätzlich Schutz gegen solche Benachteiligungen. Ein HIV-infizierter Schüler ist, jedenfalls wenn er (vermeintlich) Aids oder ARC entwickelt hat, als „Person mit einem Handikap" im Sinne der Sektion 504 anzusehen.[907] Voraussetzung für die Anwendung der in Rede stehenden Antidiskriminierungsnorm ist allerdings - abgesehen von der im Schulbereich fast ausnahmslos praktizierten finanziellen Unterstützung durch den Bund[908] - des weiteren, daß der HIV-infizierte Schüler „ansonsten qualifiziert" ist, d.h. daß er insbesondere keine erhebliche Gefahr für die Gesundheit seiner Mitschüler darstellt.[909] Davon gehen die Centers for Disease Control für HIV-infizierte Schüler durchweg, selbst wenn diese bereits Aids-Symptome zeigen, aus.[910] Infolgedessen darf ein HIV-infizierter Schüler in der Regel „nicht allein wegen ... (seines) Handikaps ... benachteiligt werden".[911] Daher ist es im allgemeinen *weder zulässig*, ihn von seinen nichtinfizierten Mitschülern *separat* zu halten *noch* ihn gänzlich vom Schulbesuch *auszuschließen*.[912]

---

[903] Siehe dazu außer den allgemeinen Nachweisen in Fn. 34 und 35 (Abschnitt A.) vor allem *Gregory*, Educating the Infected Child, in: Dornette (Hrsg.); AIDS and the Law, 1987, S. 47, 57-62; *Kass*, Schoolchildren, S. 66 und 72-78; *Merritt*, Communicable Disease, New York University Law Review Bd. 61 (1986), 739, 755-757; *O'Brien*, AIDS and the Family, in: Dornette (Hrsg.), AIDS and the Law, 1987, S. 85, 131f. - Als Beispiele aus der Rechtsprechung vgl. die Entscheidungen District 27 Community School Board versus Board of Education, New York Supplement (2. Serie) Bd. 502 (1987), 325ff., Ray versus School District of Desoto County, Federal Supplement Bd. 666 (1987), 1524 ff.

[904] Vgl. oben die Darstellung unter 2. nach Fn. 872.

[905] Vgl. zu dessen Wortlaut oben den Text nach Fn. 873.

[906] Siehe näher Sektion 45.86 (A) der Antidiskriminierungssatzung Los Angeles' (Fn. 866) und Sektion 3806 (a) der entsprechenden Satzung San Franziskos (Fn. 867), die eine Benachteiligung von Personen wegen ihrer HIV-Infektion bei der Zulassung etc. zu Ausbildungsstätten verbieten.

[907] Siehe z.B. *Gregory*, Infected Child, S. 48, 50; *Sotto*, Undoing a Lesson of Fear in the Classroom: The Legal Recourse of AIDS-Linked Children, University of Pennsylvania Law Review Bd. 135 (1986), 193, 201f.; die Entscheidung District 27 Community School Board versus Board of Education, New York Supplement (2. Serie) Bd. 502 (1987), 325, 336 m. w. Nachw. und die Entscheidung Thomas versus Atascadero Unified School District, Federal Supplement Bd. 662 (1987), 376, 381; den *Report of the Presidential HIV-Commission*, S. 119f. mit S. 122f. - Kritisch *Hammett*, Protecting Children with AIDS against Arbitrary Exclusion from School, California Law Review Bd. 74 (1986), 1373, 1390-1394.

[908] Vgl. zu dieser Voraussetzung der Sektion 504 des Rehabilitation Act den Text oben nach Fn. 873 und zu ihrem Vorliegen in allen Gliedstaaten - ausgenommen Neu Mexiko - *Sotto*, Classroom, University of Pennsylvania Law Review Bd. 135 (1986), 193, 200.

[909] Siehe zu dieser Interpretation oben den Text unter 2. bei Fn. 884 und 885 m. Nachw. dortselbst.

[910] Die Centers for Disease Control sprechen in ihren einschlägigen, Schüler betreffenden Empfehlungen vom 30. 8. 1985 (Fn. 902) von einer „offensichtlich nicht existierenden (HIV-)Übertragungsgefahr", die im Schulalltag von HIV-infizierten Schülern für ihre Mitschüler ausgeht (a.a.O., S. 55, 56f.); ebenso z.B. *Kass*, Schoolchildren, S. 66 und 69 sowie *Sotto*, Classroom, University of Pennsylvania Raw Review Bd. 135 (1986), 193, 198; siehe schließlich auch die Feststellung der HIV-Kommission des amerikansichen Präsidenten in ihrem Report (Fn. 2), S. 119.

[911] So die Formulierung der Sektion 504 des Rehabilitation Act (Fn. 873).

[912] So u.a. die Entscheidung District 27 Community School Board versus Board of Education, New York Supplement (2. Serie) Bd. 502 (1987), 325, 335-337.

Etwas anderes gilt *im Einzelfall* lediglich für HIV-infizierte Schüler, die z. B. unkontrollierbar nässen, beißen oder nicht abdeckbare offene Wunden haben. Sie können für ihre HIV-freien Mitschüler ein *Ansteckungsrisiko* bedeuten.[913] Daher sind die im Sinne der Sektion 504 des Rehabilitation Act nicht „ansonsten qualifiziert". Die Vorschrift steht deshalb Maßnahmen, die HIV-infizierte Schüler wegen dieser Besonderheit anders als die übrigen Schüler behandeln, nicht entgegen.[914] Folglich verstößt es nicht gegen Sektion 504 des Rehabilitation Act, wenn diese Schüler - wie die Centers for Disease Control raten[915] - gesondert unterrichtet werden.

Neben Sektion 504 des Rehabilitation Act kann sich noch ein anderes Gesetz des Bundes zugunsten einer Nichtdiskriminierung von HIV-infizierten Schülern auswirken. Es ist der *Education of the Handicapped Children Act* von 1975.[916] Dieses Gesetz wendet sich an Schulträger, die vom Bund finanziell unterstützt werden und verlangt von diesen u. a., daß „behinderte Kinder ... zusammen mit nicht behinderten Kindern erzogen werden und daß besondere Klassen, getrennte Unterrichtung oder andere Ausgliederungen behinderter Kinder nur vorkommen, wenn die Art oder die Stärke der Behinderung so geartet ist, daß eine Erziehung in normalen Klassen ... nicht zufriedenstellend erreicht werden kann".[917] Der für die Anwendung dieser Norm maßgebliche Begriff „behinderte Kinder" zielt auf Schüler, die wegen ihrer Behinderung in ihren Schulleistungen beeinträchtigt sind.[918] Er ist also enger definiert als der Terminus „Person mit einem Handikap",[919] den Sektion 504 des Rehabilitation Act gebraucht.[920] Daher kommt der Education of the Handicapped Children Act - wenn überhaupt[921] - nicht ohne weiteres für an Aids oder ARC leidende Kinder, geschweige denn für lediglich HIV-infizierte, zum Tragen.[922]

---

[913] Vgl. dazu die Empfehlungen der Centers for Disease Control vom 30. 8. 1985 (Fn. 902), S. 56 (unter „Risk of Transmission in the School, Day-Care or Foster-Care Setting") sowie S. 57 (sub 3.) und die Empfehlungen der American Academy of Pediatrics aus dem Jahre 1986 unter b., abgedruckt u. a. in der Entscheidung Ray versus School District of Desoto County, Federal Supplement Bd. 66 (1987), 1524, 1531.

[914] Siehe in diesem Sinne die Entscheidung Martinez versus School Board of Hillsborough County, Federal Supplement Bd. 675 (1988), 1574ff., besonders 1581-1583, die ein geistig behindertes, an ARC leidendes sechsjähriges Mädchen betraf, das keine Kontrolle über ihre Blase und ihren Darm hatte und die - im Wege der einstweiligen Verfügung - vergeblich gegen ihren Ausschluß von einer Sonderschule klagte.

[915] Vgl. erneut die Empfehlungen vom 30. 8. 1985 (Fn. 902), S. 57 (unter Nr. 3), desgleichen die Empfehlungen der American Academy of Pediatrics aus dem Jahre 1986 (Fn. 913), S. 1513 (unter b).

[916] §§ 1400ff. des United States Code, Abschnitt 20.

[917] So § 1412 (2) (A) (i).

[918] Vgl. näher § 1401 (A) (1) des Gesetzes und - in Ausführung dessen - § 300.5 (b) (7) des Code of Federal Regulations, Bd. 34; siehe ergänzend z. B. *Gregory,* Infected Child, S. 47, 49.

[919] Siehe zum Begriff „Person mit einem Handikap" vorstehend den Text unter 2. bei Fn. 874.

[920] Vgl. zu den Unterschieden der beiden Termini auch die Entscheidung District 27 Community School Board versus Board of Education, New York Supplement (2. Serie) Bd. 502 (1987), 325, 339.

[921] Siehe *Hammett,* Children with AIDS, California Law Review Bd. 74 (1986), 1373, 1383-1388.

[922] Fußnote siehe S. 133.

Außer Sektion 504 des Rehabilitation Act und abgesehen vom Education of the Handicapped Children Act kann bundesrechtlich auch die amerikanische Verfassung, und zwar der schon erwähnte *Gleichheitssatz* des *14. Zusatzartikels,*[923] Schutz gegen HIV-bezogene Diskriminierungen von Schülern bieten. Anders als im Bereich des Arbeitsrechts, wo diese Verfassungsnorm bislang nur beiläufig zur Beurteilung von HIV-relevanten Diskriminierungen von Arbeitnehmern herangezogen wurde,[924] sind entsprechende Diskriminierungen von Schülern ausführlich an dieser Bestimmung gemessen worden.[925] Dabei herrscht allerdings weder über das Ergebnis noch auch nur darüber Einigkeit, ob die fraglichen Benachteiligungen einer „strengen", „mittleren Überprüfung" oder lediglich einer „Rationalitäts"-Kontrolle unterworfen werden müssen.[926]
Eine *„strenge Überprüfung"* setzt voraus, daß ein „fundamentales Recht" oder eine „suspekte Gruppe" betroffen ist.[927] Das hier tangierte Recht auf eine schulische Ausbildung wird im Einklang mit dem Supreme Court der Vereinigten Staaten[928] überwiegend[929] nicht als ein fundamentales, von der Verfassung dem einzelnen garantiertes Recht angesehen. Auch werden die HIV-infizierten Kinder meist[930] nicht als eine „suspekte Gruppe" betrachtet. Darunter ist nach der Rechtsprechung[931] eine Minderheit zu verstehen, die z.B. wegen ihrer politischen Machtlosigkeit eines außergewöhnlichen Schutzes im politischen Prozeß

---

922 Anderer Meinung *Sotto,* Classroom, University of Pennsylvania Law Review Bd. 135 (1986), 193, 209–212. – Wie hier die Entscheidung District 27 Community School Board versus Board of Education, New York Supplement (2. Serie) Bd. 502 (1987), 325, 339; ebenso *Gregory,* Infected Child, S. 47, 49, auch 65; *Schwarz/Schaffer,* AIDS in the Classroom, Hofstra Law Review Bd. 14 (1985), 163, 187f.

923 Siehe oben den Text unter 2. nach Fn. 888.

924 Vgl. vorstehend die Darstellung sub 2. nach Fn. 890.

925 Siehe vor allem *Partida,* Do Chidren with AIDS Have a Right to Attend School? Pepperdine Law Review Bd. 13 (1986), 1041, 1049–1061 und *Sotto,* Classroom, University of Pennsylvania Law Review Bd. 135 (1986), 212–220; ferner *Hammett,* Children with AIDS, California Law Review Bd. 74 (1986), 1373, 1394–1398; *Note,* Constitutional Rights, Harvard Law Review Bd. 99 (1986), 1274, 1290–1292; District 27 Community School Board versus Board of Education, New York Supplement (2. Serie) Bd. 502 (1987), 325, 337f.

926 Vgl. zu diesen drei Maßstäben näher die Ausführungen sub. 2., beginnend bei Fn. 889.

927 Siehe erneut oben den Text unter 2. nach Fn. 889.

928 So seine Entscheidung San Antonio Independent School District versus Rodriguez, United States Reports Bd. 411 (1973) 1, 35; ferner die Entscheidung Plyler versus Doe, United States Reports Bd. 457 (1982), 202, 221, wo erneut die Qualität der Ausbildung als ein verfassungsrechtlich garantiertes „Recht" verneint, aber immerhin die „fundamentale Rolle" der Ausbildung anerkannt wird; siehe auch z.B. die Entscheidung des Supreme Court von Queens County, District 27 Community School Board versus Board of Education, New York Supplement (2. Serie) Bd. 502 (1987), 325, 337 und aus dem Schrifttum u.a. *Sotto,* Classroom, University of California Law Review Bd. 135 (1986), 193, 214.

929 Anderer Meinung aber die Entscheidung des California Supreme Court, Serrano versus Priest, California Reporter Bd. 96 (1971), 601 und *Partida,* Children with AIDS, Pepperdine Law Review Bd. 13 (1986), 1041, 1054f.

930 Anderer Meinung jedoch *Sotto,* Classroom, University of Pennsylvania Law Review Bd. 135 (1986), 193, 214, 216.

931 So der U.S. Supreme Court in seiner Entscheidung Independent School District versus Rodriguez, United States Reports Bd. 411 (1973), 1, 28; ferner der Richter *Stone* in der Entscheidung des U.S. Supreme Court, United States versus Carolene Products Co., United States Reports Bd. 304 (1938), 144.

bedarf. Das treffe auf HIV-infizierte Schüler nicht zu, wie sich schon aus den zahlreichen Antidiskriminierungsvorschriften zugunsten dieses Personenkreises, über die viele Gliedstaaten verfügen, ablesen lasse.[932] Diskriminierungen von HIV-infizierten Schülern, z. B. ihr Ausschluß vom allgemeinen Unterricht, werden deshalb mangels eines berührten „fundamentalen Rechtes" oder einer „suspekten Gruppe" überwiegend[933] nicht einer „strengen Überprüfung" unterworfen.

Praktiziert wird statt dessen in der Regel eine bloße *„Rationalitäts"-Kontrolle* und teilweise zugleich eine *„mittlere Überprüfung"*, ohne daß die Anlegung dieser verschiedenen Maßstäbe die Autoren zu einem differenzierten Ergebnis führt. So beurteilt ein Verfasser[934] den Ausschluß HIV-infizierter Kinder von der Schule nach diesen zwei Maßstäben als *verfassungsgemäß*, während eine Autorin[935] zum entgegengesetzten Resultat kommt.[936] Zu diesem Ergebnis - der *Verfassungswidrigkeit* - gelangt auch ein weiterer Autor,[937] der den Ausschluß von HIV-positiven Schülern lediglich einer „Rationalitäts"-Kontrolle, also der schwächsten Form einer Überprüfung, unterzieht.[938] Von diesem Maßstab ausgehend, läßt sich der Verstoß gegen den 14. Zusatzartikel damit begründen, daß HIV-infizierte Kinder für ihre Mitschüler regelmäßig keine Ansteckungsgefahr bedeuten[939] und daß es deshalb - sieht man von Sonderfällen ab[940] - „irrational" ist, sie in ihrer Gesamtheit anders zu behandeln als ihre nichtinfizierten Klassenkameraden.[941]

---

932 So die Argumentation von *Hammett*, Children with AIDS, California Law Review Bd. 74 (1986), 1373, 1395; ähnlich *Partida*, Children with AIDS, Pepperdine Law Review Bd. 13 (1986), 1041, 1053f.

933 Geschieht dies aber mit Rücksicht auf eine der oben in Fn. 929 und Fn. 930 angeführten Mindermeinungen, dann kommt *Sotto* (Classroom, University of Pennsylvania Law Review Bd. 135 [1986], 193, 214-216) zur Verfassungswidrigkeit HIV-bezogener Diskriminierungen von Schülern, während *Partida* (Children with AIDS, Pepperdine Law Review Bd. 13 [1986], 1041, 1055-1058) zum entgegengesetzten Ergebnis gelangt, und zwar u.a. aus der zu pauschalen Erwägung, derartige schulische Maßnahmen seien zum Schutz der Schüler zwingend.

934 Vgl. *Partida*, Children with AIDS, Pepperdine Law Review Bd. 13 (1986), 1041, 1059f. (für die „mittlere Überprüfung") und 1049-1052 (für die „Rationalitäts"-Kontrolle).

935 Siehe *Sotto*, Classroom, University of Pennsylvania Law Review Bd. 135 (1986), 193, 216-219 (für die „mittlere Überprüfung") und 219f. (für die „Rationalitäts"-Kontrolle).

936 Vgl. auch *Merritt* (Communicable Disease, New York University Law Review Bd. 61 [1986], 739, 755ff.), die sich nicht festlegt, die aber bei einer „mittleren Überprüfung" zur Verfassungswidrigkeit (a.a.O., S. 760-765) und bei einer „Rationalitäts"-Kontrolle zur Verfassungsmäßigkeit neigt (a.a.O., S. 759f.).

937 Siehe *Note*, Constitutional Rights, Harvard Law Review Bd. 99 (1986), 1274, 1290-1292.

938 Vgl. auch die Entscheidung District 27 Community School Board versus Board of Education, New York Supplement (2. Serie) Bd. 502 (1987), 325, 337 und *Hammett*, Children with AIDS, California Law Review Bd. 74 (1986), 1373, 1396.

939 Siehe oben die Nachweise in Fn. 910, insbesondere die einschlägigen Empfehlungen der Centers for Disease Control vom 30. 8. 1985.

940 Gemeint sind damit HIV-infizierte Schüler, die z.B. unkontrollierbar nässen, beißen oder nicht abdeckbare offene Wunden haben; vgl. dazu oben den Text nach Fn. 912.

941 In diesem Sinne *Note*, Constitutional Rights, Harvard Law Review Bd. 99 (1986), 1274, 1290-1292 und *Sotto*, Classroom, University of Pennsylvania Law Review Bd. 135 (1986) 193, 219f.

4. Miet- und Immobilienrecht

Den im Wohnungswesen auftretenden Diskriminierungen von HIV-Infizierten[942] versucht *Florida* - ähnlich wie gleichen Vorkommnissen im Arbeitsleben[943] - durch eine spezifische Antidiskriminierungsnorm zu begegnen. Danach ist es jedermann untersagt, „eine ansonsten qualifizierte Person im Wohnungswesen auf Grund des Umstandes zu benachteiligen, daß diese Person HIV-infiziert ist oder dafür gehalten wird".[944]

Wesentlich detaillierter sind die Antidiskriminierungsvorschriften in den erwähnten Satzungen Los Angeles' und San Franziskos.[945] So ist es in *Los Angeles* jedem Haus- und Wohnungseigentümer u.a. verboten, „Mieteinheiten" (insbesondere Wohnungen, aber auch z.B. Gästezimmer[946]) „auf Grund des Umstandes einer Person nicht zu vermieten ... oder ihr sonstwie vorzuenthalten, weil diese Person Aids oder einen damit (tatsächlich oder vermeintlich[947]) zusammenhängenden Zustand aufweist".[948] Ebensowenig ist es zulässig, „Mieteinheiten" mit Rücksicht auf den genannten Umstand an Personen zu „ungünstigeren Bedingen" zu vermieten oder Mieter bei den ihnen als Wohnungsinhaber zustehenden sonstigen Leistungen (z.B. Parkplatz- und Waschmaschinenbenutzung[949]) zu benachteiligen.[950] Auch ist es den Haus- und Wohnungseigentümern verwehrt, in einer Weise zu inserieren, die eine Aids-bezogene Diskriminierung erkennen läßt.[951] Über ähnliche Regelungen verfügt *San Franzisko.*[952]

Anders als diese kalifornischen Städte, aber auch abweichend von der einleitend[953] erörterten Antidiskriminierungsnorm Floridas, hat sich der Gesetzgeber *Kaliforniens* im Bereich des Miet- und Immobilienrechts lediglich auf einen speziellen Aspekt beschränkt. Nach dem Civil Code dieses Staates[954] erwächst gegen den Grundeigentümer ... kein Klagegrund, wenn dieser es unterläßt, dem Übernehmer (u.a. Mieter und Käufer[955]) zu offenbaren, daß ... ein Bewohner des Eigentums vom HTLV-III-Virus[956] betroffen war oder an ihm starb".[957] Sofern es um den Tod eines Bewohners geht, gilt diese Regelung allerdings dann

[942] Siehe dazu neben den Nachweisen in Fn. 34 und 35 (Abschnitt A) besonders *Mandelker,* Housing Issues, in: Dalton/Burris, AIDS and the Law, 1987, S. 142 und aus der Rechtsprechung als Beispielsfall die Entscheidung Seitzman versus Hudson River Associates, New York Supplement (2. Serie) Bd. 513, 1988, 148-150.

[943] Vgl. oben unter 2. den Text bei den Fn. 858 und 859.

[944] So Sektion 45 (3) (a) des Aids-Gesetzes Floridas (Fn. 857).

[945] Vgl. zu diesen Satzungen oben die Nachweise in Fn. 866 und 867.

[946] Siehe Sektion 45.81 G der Satzung Los Angeles' (Fn. 866).

[947] Vgl. Sektion 45.81 C der Satzung Los Angeles' (Fn. 866).

[948] So Sektion 45.83 A (1) der Satzung Los Angeles' (Fn. 866).

[949] Siehe Sektion 45.81 E der Satzung Los Angeles' (Fn. 866).

[950] Vgl. Sektion 45.83 A (2) der Satzung Los Angeles' (Fn. 866).

[951] Siehe näher Sektion 45.83 A (4) der Satzung Los Angeles' (Fn. 866).

[952] Vgl. Sektion 3804 (a) der Satzung San Franziskos (Fn. 867).

[953] Siehe den Text oben bei Fn. 943.

[954] Deering (1988).

[955] Vgl. Sektion 1710.2 (a) Satz 2 des Civil Code (Fn. 954).

[956] Siehe zu dieser Bezeichnung, die früher für das HIV-Virus verwendet wurde, den Text in Fn. 23 (Abschnitt A.).

[957] So Sektion 1710.2 (a) Satz 1 des Civil Code (Fn. 954).

nicht, wenn ein Übernehmer „direkt" danach fragt.[958] Diese Ausnahme ist in *Florida*, das ansonsten eine vergleichbare Vorschrift hat,[959] nicht vorgesehen.[960]

5. *Versicherungsrecht*

Im (privaten) Versicherungswesen erfahren insbesondere die (vermeintlichen) Angehörigen der von Aids hauptsächlich betroffenen Homosexuellen und anderen Gruppen, die sich versichern lassen wollen, Benachteiligungen. Das geschieht seitens der Versicherer durch das Ausforschen dieser Verdächtigen, z. B. mittels vielfältiger, auf die persönlichen Lebensumstände zielender Fragen, oder durch das Abverlangen eines HIV-Tests.[961] Diesen Erscheinungen treten einige Gliedstaaten und vor allem der District of Columbia durch Vorschriften mit dem Ziel entgegen, eine derartige Behandlung der fraglichen Gruppen zu unterbinden oder sie wenigstens in geordnete Bahnen zu lenken.

Am weitgehendsten sind die Regelungen, die der *District of Columbia* in dem „Prohibition of Discrimination in the Provision of Insurance Act of 1986"[962] getroffen hat. Danach ist es einem (Kranken-, Invaliden- oder Lebens-[963]) Versicherer bei seinen Entscheidungen über die Gewährung, Entziehung oder Verlängerung des Versicherungsschutzes untersagt, Merkmale wie „Alter, Familienstand, Wohnort, Beruf, Geschlecht, sexuelle Orientierung oder irgendeinen ähnlichen Umstand oder eine Kombination dieser Umstände zu gebrauchen, um herauszufinden, ob sich irgendjemand in Zukunft Aids oder ARC zuziehen wird".[964] Gleiches gilt für die Bemessung der Tarife und Versicherungsleistungen.[965] Ferner darf ein „Versicherer nicht deshalb den Versicherungsschutz ablehnen, entziehen oder nicht verlängern ..., weil jemand es abgelehnt hat, sich einem solchen Test zu unterziehen".[966] „Zusätzlich" ist es den Versicherern selbst, allerdings nur für fünf Jahre, „verboten, irgendjemand direkt oder indirekt zu zwingen oder zu bitten, sich einem Test zur Feststellung von Aids, ARC oder der HTLV-III (HIV)-Infektion zu unterziehen".[967] Nach Ablauf dieser Zeit (1991) darf ein Versicherer von jedermann einen derartigen Test verlangen sowie höhere Prämien von denjenigen erheben, die sich als HIV-positiv erweisen oder

---

958 Vgl. Sektion 1710.2 (d) des Civil Code (Fn. 954).

959 Siehe Sektion 46 (1) und (2) des Aids-Gesetzes Floridas (Fn. 857).

960 Vgl. zur Offenbarungspflicht im Miet- und Immobilienrecht bezüglich Aids auch *Lynch*, Housing the AIDS Victim, in: Dornette (Hrsg.), AIDS and the Law, 1987, S. 75, 81; *Mandelker*, Housing, S. 142, 144f.

961 Siehe dazu näher *Matthews/Neslund*, AIDS, The Journal of the American Medical Association Bd. 257 (1987), 344, 349; *O'Brien*, AIDS, S. 85, 96f.; *Schatz*, The AIDS Insurance Crisis: Underwriting or Overreaching, Harvard Law Review Bd. 100 (1987), 1782, 1787f., 1799f. and 1802; *Scherzer*, Insurance, in: Dalton/Burris, AIDS and the Law, 1987, S. 185, 197f.

962 Die Satzung ist in den §§ 35-221 bis 35-229 des District of Columbia Code (Michie 1987) kodifiziert.

963 Vgl. § 35-221 (7) der eben (Fn. 962) genannten Satzung.

964 So § 35-223 (b) (1) der vorstehend (Fn. 962) zitierten Satzung.

965 Siehe § 35-223 (b) (2) der Satzung (Fn. 962).

966 So § 35-223 (a) der in Fn. 962 erwähnten Satzung.

967 So § 35-224 (a) (1) der in Rede stehenden Satzung (Fn. 962).

die eine Untersuchung ablehnen.[968] Voraussetzung hierfür ist jedoch, daß dem Versicherer diese Maßnahmen von der Versicherungsaufsicht erlaubt worden sind,[969] was nur geschieht, wenn die gewünschten höheren Tarife insbesondere „fair, angemessen, nichtdiskriminierend" sind und der geplante Test „verläßlich und genau" ist.[970] Das um die verfassungsrechtliche Überprüfung dieser Regelungen angerufene Distriktgericht äußerte zwar Bedenken und bezweifelte die Zweckmäßigkeit der Satzung, erklärte sie aber letztlich für verfassungsgemäß.[971]

Wesentlich begrenzter sind die entsprechenden Vorschriften in *Wisconsin*. Zwar hatte dort der Gesetzgeber für Lebens- und Krankenversicherungen ursprünglich (1985) verboten, HIV-Tests zu verlangen oder nachzufragen, ob sich jemand auf das HIV hat testen lassen und wie ggfs. das Resultat war.[972] Von dieser Bestimmung wurden wenig später (1986) jedoch solche Tests oder Testserien ausgenommen, die der staatliche „Beauftragte für das Versicherungswesen" als „ausreichend verläßlich" erklärt.[973] Dies hat der Beauftragte bejaht, sofern zur Feststellung einer HIV-Infektion der ELISA-Test zweimal angewendet und das Ergebnis durch den Western Blot-Test bestätigt wird.[974] In Wisconsin ist es daher Versicherern gestattet, die Durchführung einer solchen Testserie für den Abschluß der genannten Versicherungen vorauszusetzen.[975]

In ähnliche Richtung gehen die Regelungen, die der Gesetzgeber *Floridas* 1988 einführte.[976] Danach darf ein (Lebens- oder Kranken-)Versicherer „nur medizinische Tests anwenden, die verläßlich" eine HIV-Infektion nachweisen.[977] Überdies soll ein solcher Test u.a. lediglich verlangt werden, wenn er sich auf Versicherungen beschränkt, die gewisse, für alle Personen einer Risikogruppe geltende Deckungssummen übersteigen.[978] „Die sexuelle Orientierung darf nicht für die Bestimmung gebraucht werden, welche Antragsteller auf eine HIV-Infektion getestet werden sollen."[979] Davon abgesehen dürfen HIV-Tests nur durchgeführt werden, wenn der Antragsteller insbesondere über den Test, seinen Zweck, seine Grenzen und die Bedeutung der Resultate aufgeklärt ist und

[968] Vgl. § 35-224 (b) (2) (D) der Satzung (Fn. 962).

[969] Siehe § 35-224 (b) (1) der fraglichen Satzung (Fn. 962).

[970] Vgl. § 35-224 (b) (2) (C) der oben (Fn. 962) angeführten Satzung. - Siehe ergänzend zur Rechtslage auch z.B. *Clifford/Iuculano*, AIDS and Insurance: The Rationale for AIDS-Related Testing, Harvard Law Review Bd. 100 (1987) 1806, 1815; *Iuculano*, D.C. Act 6-170: The Five-Year Ban on Risk-Based Pricing for AIDS, AIDS & Public Policy Journal Bd. 2 (1987), Nr. 1, S. 15-18.

[971] Siehe die Entscheidung American Council of Life Insurance versus District of Columbia, Federal Supplement Bd. 645 (1987), 84, 86-88.

[972] Vgl. Sektion 631-90 (2) (a) der Wisconsin Statutes (West 1985).

[973] Siehe Sektion 631.90 (3) (a) der Wisconsin Statutes (Fn. 36).

[974] Vgl. Sektion 3.53 (5) des Wisconsin Administrative Code (Insurance).

[975] Siehe zu Einzelheiten der Rechtslage in Wisconsin, z.B. zu abweichenden Regelungen für Gruppenversicherungen, auch den Bericht „Insurance and HIV-Antibody Testing", in: Wisconsin AIDS Update vom Juli 1988, S. 27-31.

[976] Vgl. näher Sektion 627.429 der Florida Statutes (Fn. 36).

[977] So Sektion 627.429 (4) (a) der Florida Statutes (Fn. 36).

[978] Vgl. Sektion 627.429 (4) (d) Satz 1 der Florida Statutes (Fn. 36).

[979] So Sektion 627.429 (4) (d) Satz 2 der Florida Statutes (Fn. 36).

schriftlich einwilligt.[980] Über ein positives Testergebnis muß der Antragsteller in einem persönlichen, eine Beratung einschließenden Gespräch mit einem Arzt unterrichtet werden.[981] Die Testresultate sind „streng vertraulich" zu halten; sie dürfen weder einem größeren Kreis von Personen innerhalb der Versicherung zugänglich sein noch an Dritte, auch nicht an Tochtergesellschaften oder Datenbanken der Versicherungen, zur Kenntnis gegeben werden.[982] Geht es um eine Gruppenversicherung, ist es einem Versicherer verwehrt, eine Person nur deshalb vom Versicherungsschutz auszunehmen, weil er HIV-infiziert ist.[983] Dies alles soll dem erklärten Zweck dienen, „die Möglichkeit zu verringern, daß eine Person beim Abschluß einer Lebens- und Krankenversicherung eine ungerechte Benachteiligung erfährt".[984]
Über weitgehend vergleichbare Regelungen verfügt neuerdings *Kalifornien*. Seit Anfang 1989 ist es dort zulässig, von Antragstellern für eine Lebens- oder eine Unfallversicherung einen HIV-Test zu verlangen, sofern gewissen Erfordernissen (schriftliche Einwilligung, Beratung, Vertraulichkeit etc.) genügt wird.[985] Damit ist Kalifornien für diese beiden Versicherungszweige von dem 1985 eingeführten Verbot abgerückt, das HIV-Tests generell für das Versicherungswesen untersagte.[986]

6. *Sonstige Rechtsgebiete*

Diskriminierungen von (vermeintlich) HIV-Infizierten sind nicht auf bestimmte Lebensbereiche beschränkt. Die bisher behandelten Antidiskriminierungsregelungen im Arbeits-, Schul-, Miet- und Immobilien- sowie Versicherungsrecht erfassen daher zwar die häufigsten, aber längst nicht alle vorkommenden Benachteiligungen, dem diese Gruppe ungerechtfertigt ausgesetzt ist. So wird z. B. davon berichtet, daß Personen wegen ihrer HIV-Infizierung ärztliche Hilfe verweigert wurde.[987] Es verwundert deshalb nicht, daß weitere Antidiskriminierungsvorschriften zugunsten HIV-Infizierter im Gesundheitswesen,[988] im Dienstlei-

---

[980] Siehe Sektion 627.429 (4) (b) der Florida Statutes (Fn. 36).

[981] Vgl. näher Sektion 627.429 (4) (c) der Florida Statutes (Fn. 36).

[982] Siehe Sektion 627.429 (4) (f) der Florida Statutes (Fn. 36).

[983] Vgl. Sektion 627. 429 (5) (a) der Florida Statutes (Fn. 36).

[984] So Sektion 627.429 (1) der Florida Statutes (Fn. 36).

[985] Siehe näher § 799.02 bis § 799.07 des Insurance Code Kaliforniens (Deering 1988).

[986] Vgl. § 199.21 (f) des Health and Safety Code Kaliforniens (Fn. 23), der heute vor allem noch für die Krankenversicherung bedeutsam ist. – Zugelassen waren und sind aber „T-cell" Tests, die allgemein, also nicht spezifisch auf HIV-Antikörper orientiert, messen, ob und in welchem Maße das Immunsystem des Untersuchten geschädigt ist. Siehe dazu ergänzend z. B. *Blaine*, AIDS: Regulatory Issues for Life and Health Insurers, AIDS & Public Policy Journal Bd. 2 (1987), Nr. 1, S. 2, 4.

[987] Siehe außer den Nachweisen oben in Fn. 34 und 35 (Abschnitt A.) noch *Matthews/Neslund*, AIDS, The Journal of the American Medical Association Bd. 257 (1987), 344, 349.

[988] Vgl. § 4133 (a) des Veterans Benefits and Services Act of 1988 des Bundes vom 20. 5. 1988, Public Law 100–322, Sektion 45.84 (A) der Aids-Antidiskriminierungssatzung Los Angeles' (Fn. 866).

stungssektor[989] und anderen Bereichen[990] bestehen, die versuchen, auch diese Diskriminierungen zu unterbinden.

7. Bewertung

Jede Diskriminierung, d.h. alle ungerechtfertigten Benachteiligungen von Personen gegenüber anderen, verletzt die Menschenwürde der Betroffenen und verstößt gegen die Prinzipien der Gerechtigkeit und Gleichheit.[991] Für HIV-Infizierte erwächst daraus die *Forderung*, diese Personen *nicht* wegen ihres Status *grundlos zu benachteiligen*. Für den Staat bedeutet dieses Postulat, daß er weder selbst HIV-Positive und -Negative unterschiedlich behandeln noch eine solche Ungleichbehandlung durch Dritte zulassen darf, es sei denn, eine Differenzierung ist zum Schutz der Gesundheit vor einer Ansteckung oder zur Wahrung sonstiger bedeutsamer Interessen Dritter geboten.

Abgesehen vom Versicherungswesen[992] werden HIV-Infizierte im Vergleich zu anderen benachteiligt, weil sie ansteckend sind. Die *Ungleichbehandlung* ist also *gesundheitlich motiviert*. Wie schon hervorgehoben, stellen HIV-Positive für Gesunde im Arbeits- und Schulleben[993] sowie in vergleichbaren Situationen (Wohnungswesen etc.) nach heutigem Erkenntnisstand allenfalls ein geringes und überdies vermeidbares Infektionsrisiko dar. Ungleichbehandlungen der HIV-Positiven sind also insoweit zum Schutz der Gesundheit nicht erforderlich. Sie erweisen sich folglich als *ungerechtfertigt* und damit als Diskriminierungen der HIV-Infizierten, die der Staat mit Rücksicht auf die eingangs genannten Werte (Menschenwürde usw.) zu unterbinden hat. Die darauf zielenden *Antidiskriminierungsvorschriften* im Arbeits-[994] und Schulrecht,[995] im Miet- und Immobilienrecht[996] sowie in sonstigen Rechtsgebieten[997] sind daher zumindest dem Grunde nach *gutzuheißen*.

Für diese Bewertung spricht nicht nur die Rückführbarkeit der fraglichen Normen auf höchste Werte. Zugunsten der Antidiskriminierungsbestimmungen läßt sich vielmehr auch anführen, daß sie der HIV-Ausbreitung selbst entgegenwirkten und damit neben den HIV-Positiven zugleich den Nichtinfizierten zugute kom-

---

989 Siehe erneut Sektion 45.84 (A) der Aids-Antidiskriminierungssatzung Los Angeles' (Fn. 866); außerdem Sektion 3805 der Antidiskriminierungssatzung San Franziskos (Fn. 867).

990 Vgl. z.B. für gemeindliche Einrichtungen Sektion 45.85 (A) der Aids-Antidiskriminierungssatzung Los Angeles' (Fn. 866) und Sektion 3807 (a) der entsprechenden Satzung San Franziskos (Fn. 867); ferner für Bildungseinrichtungen Sektion 45.86 (A) der Satzung Los Angeles' und Sektion 3806 (a) der Satzung San Franziskos.

991 Siehe in diesem Sinne auch den *Report of the Presidential HIV-Commission*, S. 120.

992 Vgl. dazu später den Text, beginnend nach Fn. 1008. Die ungleiche Behandlung der (vermeintlich) HIV-Positiven erklärt sich im Versicherungswesen aus dem Interesse der Versicherer und der Gesamtheit der Versicherungsnehmer, die mit einer HIV-Infektion verbundenen erhöhten finanziellen Risiken auszuschließen oder wenigstens angemessen zu beschränken.

993 Siehe die Nachweise oben in Fn. 888 und 910.

994 Siehe oben sub 2.

995 Vgl. supra unter 3.

996 Siehe oben sub 4.

997 Vgl. supra unter 6.

men. Dies erklärt sich aus dem Umstand, daß bei fehlender oder nicht ins Gewicht fallender Diskriminierung die Kooperationsbereitschaft und das Verantwortungsbewußtsein der HIV-Positiven zunimmt, sich infektionskonform zu verhalten,[998] z. B. potentiell gefährdete Dritte aufzuklären, um dadurch gezielte Vorkehrungen gegen eine Ansteckung zu ermöglichen. Überdies führt eine Entdiskriminierung der HIV-Infizierten zum Abbau der Hemmnisse, die nicht nur der Bereitschaft zu freiwilligen HIV-Tests, sondern auch der Einführung entsprechender Testpflichten in einigen Bereichen[999] maßgeblich entgegenstehen. Vor diesem Hintergrund nimmt es nicht wunder, daß sich die *HIV-Kommission des amerikanischen Präsidenten* für „strenge Antidiskriminierungsgesetze" ausspricht, die - ergänzt durch Aufklärung der Öffentlichkeit - „eine Gesellschaft hervorbringen (sollen) ..., in der eine Diskriminierung der HIV-Infizierten ... nicht akzeptabel ist".[1000] Diesem Anspruch genügen die erörterten Diskriminierungsbestimmungen nach Auffassung der Kommission nicht. Die bestehenden Normen auf nationaler, gliedstaatlicher und örtlicher Ebene seien „Stückwerk", das „verwirrend und letztlich ineffektiv (sei), eine Diskriminierung zu vermeiden".[1001] Es fehle eine „umfassende, nationale Gesetzgebung, die zweifelsfrei eine Diskriminierung HIV-infizierter Personen als Grund für eine Benachteiligung" untersage.[1002] In der Tat wird *Sektion 504 des Rehabilitation Act,*[1003] die am ehesten eine solche Funktion haben könnte, dieser Aufgabe nicht gerecht, weil sie Benachteiligungen wegen eines Handikaps für „ansonsten qualifizierte" Personen nur „bei einem vom Bund finanziell unterstützten Programm oder einer entsprechend geförderten Tätigkeit" verbietet.

Zustimmung verdient Sektion 504 des Rehabilitation Act aber hinsichtlich ihres *allgemeinen,* nicht auf Personen mit einem speziellen Handikap orientierten *Ansatzes.* Die Vorschrift schützt generell „Personen mit einem Handikap", also neben HIV-Infizierten[1004] auch andere Behinderte. Diese Fassung macht zutreffend deutlich, daß es viele Handikaps gibt, an denen Personen leiden und wegen derer sie benachteiligt werden. Folglich gebührt *HIV-Infizierten keine Sonderstellung,* wenn es gilt, sie gegen Diskriminierungen zu schützen. Die zahlreichen Aids-spezifischen Antidiskriminierungsbestimmungen in den Gliedstaaten[1005] und den Gemeinden[1006] begünstigen jedoch genau diese Sicht. Sie nähren - berechtigt oder nicht - den Verdacht der Öffentlichkeit, HIV-Infizierte würden im Vergleich zu anderen Personen mit einem Handikap bevorzugt. Das wiederum trägt zu neuen Vorbehalten gegenüber HIV-Positiven bei und bewirkt somit das

---

998 Siehe dazu auch den *Report of the Presidential HIV-Commission,* S. 119 und 120.

999 Vgl. für Soldaten die vorstehenden Ausführungen, beginnend bei Fn. 668, für Mitarbeiter des Auswärtigen Dienstes den Text supra nach Fn. 724 und für die allgemeine Bevölkerung die Darstellung oben nach Fn. 837.

1000 So der *Report of the Presidential HIV-Commission,* S. 121, ferner S. 3.

1001 So erneut der *Report of the Presidential HIV-Commission,* S. 120, auch S. 3. - Überdies verweist die Kommission darauf, daß der „Vollzug der vorhandenen Antidiskriminierungsgesetze langsam und nicht wirkungsvoll" sei (a. a. O., S. 120).

1002 So wiederum der *Report of the Presidential HIV-Commission,* S. 120.

1003 Vgl. zu dieser Vorschrift und ihrem Wortlaut den Text bei Fn. 873, ferner bei Fn. 905.

1004 Siehe dazu oben den Text nach Fn. 874.

1005 Vgl. z. B. die Darstellung, beginnend bei Fn. 857 und 943 supra.

1006 Siehe diesbezüglich die Ausführungen oben nach Fn. 865, 944, 988 und 989.

Gegenteil des Gewollten. Den Diskriminierungen, die HIV-Infizierte erfahren, sollte deshalb nur in Gestalt allgemeiner, sie miterfassender Schutzvorschriften begegnet werden. Daher ist der HIV-Kommission des amerikanischen Präsidenten beizupflichten, wenn sie sich für *Antidiskriminierungsnormen* im privaten und staatlichen Sektor *zugunsten aller Benachteiligten* ausspricht[1007] und explizit „die Ansicht verwirft, den Schutz vor Diskriminierung einzig für Personen mit HIV-Infektionen, außerhalb des Zusammenhanges mit anderen Behinderungen, vorzusehen". [1008]

Der eben geäußerte Einwand gegenüber Aids-spezifischen Antidiskriminierungsvorschriften gilt auch für entsprechende Bestimmungen im *Versicherungswesen,* [1009] die bislang von einer Erörterung ausgenommen wurden. [1010] Darüber hinaus könnte für sie - anders als für die sonstigen Antidiskriminierungsnormen[1011] - schon *fraglich* sein, *ob* sie dem Grunde nach *berechtigt* sind. Die in Rede stehenden Vorschriften beschränken sich nämlich nicht darauf, lediglich den Gebrauch zuverlässiger HIV-Tests zu erlauben[1012] und verfahrensrechtliche Sicherungen (Einwilligung, Vertraulichkeit etc.) festzulegen,[1013] was beides angezeigt und daher nicht problematisch ist. Vielmehr verbieten sie teilweise die Durchführung jeglicher HIV-Tests[1014] und die Ermittlung von Anhaltspunkten, die - wie z. B. die sexuelle Orientierung - Hinweise auf ein HIV-Infektionsrisiko geben können. [1015]

Auf diese Weise schneiden die Bestimmungen den Versicherern völlig die Möglichkeit ab, finanziell als beträchtlich einzuschätzende Risiken auszuschließen oder nur bei Zahlung eines angemessenen Zuschlages zu versichern. Das kann vor allem *Versicherer beeinträchtigen,* deren Wirkungsfeld sich auf Gebiete mit vergleichsweise hoher HIV-Prävalenz in der Bevölkerung beschränkt und die im Wettbewerb mit überregional tätigen Versicherern stehen. Letztere werden aufgrund ihrer Ausrichtung regelmäßig prozentual deutlich weniger HIV-Infizierte unter ihren Versicherten haben als ihre regional operierenden Konkurrenten. Dies ermöglicht den überregionalen Versicherern, ihre Beiträge trotz gleicher Leistung geringer zu halten als die der Wettbewerber vor Ort.

Die fraglichen Antidiskriminierungsvorschriften *benachteiligen* jedoch nicht nur Versicherer, sondern auch und gerade die nicht mit dem HIV angesteckten *Versicherten (Versicherungsnehmer).* Das durch diese Regelungen ausgesprochene Verbot, eine HIV-Infektion festzustellen oder auf eine Ansteckung hin-

---

[1007] Vgl. den *Report of the Presidential HIV-Commission,* S. 121 und 123.

[1008] So der *Report of the Presidential HIV-Commission,* S. 121.

[1009] Siehe vorstehend die Darstellung unter 5.

[1010] Vgl. oben den Text bei Fn. 992.

[1011] Siehe supra bei Fn. 994 bis Fn. 997.

[1012] So in Wisconsin (vgl. die Ausführungen oben nach Fn. 971) und in Florida (siehe oben bei Fn. 976).

[1013] So in Florida (vgl. näher die Wiedergabe der Regelungen oben nach Fn. 979).

[1014] So vor allem im District of Columbia (vgl. die Erörterungen nach Fn. 966), aber auch in Florida für Versicherungen unter einer gewissen Versicherungssumme (siehe dazu die Darstellung nach Fn. 977).

[1015] Vgl. zu dahingehenden Regelungen im District of Columbia oben den Text bei Fn. 963 und 964).

deutende Verdachtsmomente zu ermitteln,[1016] führt zwangsläufig und gewollt zur Aufnahme unerkannt bleibender HIV-Infizierter zu den für Nichtinfizierte geltenden Versicherungsbedingungen.[1017] Als Konsequenz dieser Nichtdifferenzierung treten alsbald in wachsendem Maße HIV-bedingte Versicherungsfälle auf. Die dadurch bei den Versicherern verursachten, nicht unbeträchtlichen Mehrkosten[1018] müssen diese durch allgemeine, d.h. auch von den Nichtinfizierten zu tragende Prämienerhöhungen, auffangen. Die durch die Antidiskriminierungsnormen bewirkte *Gleichstellung* erfolgt somit letztlich *einseitig auf Kosten der HIV-negativen Versicherten (Versicherungsnehmer)*. Das wird als ungerecht beurteilt.[1019]
Dem ist beizupflichten. Durch die besagten Antidiskriminierungsvorschriften wird die nicht homogene Gruppe der nicht angesteckten Versicherten (Versicherungsnehmer) *verdeckt* zur Erbringung einer *sozialstaatlichen Sonderabgabe* zugunsten der HIV-Infizierten herangezogen. Das ist nicht Sache eines Privatrechtsverhältnisses. Vielmehr ist dies Aufgabe des dem Prinzip der allgemeinen Lastengleichheit verpflichteten Steuergesetzgebers.[1020] Die Regelungen beinhalten somit eine sachwidrige Belastung der Nichtinfizierten. Von ihr profitieren die Infizierten in Gestalt niedriger, weil „privat" subventionierter Prämien. Bei Lichte besehen stellen die Vorschriften die HIV-Positiven daher nicht den HIV-Negativen gleich, sondern privilegieren sie unangemessen zu Lasten letzterer.[1021] Ganz abgesehen von ihrer verfassungsrechtlichen Fragwürdigkeit,[1022] verdienen sie deshalb *keine Zustimmung*.[1023]

[1016] Siehe oben bei Fn. 1014 und 1015.

[1017] Vgl. dazu auch die Angaben bei *Banta,* AIDS, S. 80f.; *Clifford/Iuculano,* AIDS and Insurance, Harvard Law Review Bd. 100 (1987), 1806, 1817; *Scherzer,* Insurance, S. 185, 191.

[1018] Siehe hierzu des näheren *Banta,* AIDS, S. 80f. und *O'Brien,* AIDS, S. 85, 96.

[1019] Vgl. *Clifford/Iuculano,* AIDS and Insurance, Harvard Law Review Bd. 100 (1987), 1806, 1811f., 1817 und 1824f.

[1020] Siehe auch *Scherzer,* Insurance, S. 185, 193: „Das Verbot der (HIV) Antikörpertests (im Versicherungswesen) könnte als eine versteckte Steuer charakterisiert werden, mittels derer die Ausgaben für Aids-Patienten auf die anderen Mitglieder der versicherten Gemeinschaft verteilt werden." - Vgl. ferner den Vorschlag *Scherzers,* a.a.O., S. 185, 196, einen vom Staat subventionierten Versicherungspool für HIV-Infizierte einzurichten.

[1021] Diese Bevorzugung der HIV-Infizierten tritt übrigens nicht nur im Verhältnis zu den Nichtinfizierten auf, sondern ist in ähnlicher Weise auch in bezug auf Personen festzustellen, die an Krankheiten wie Krebs leiden oder behindert sind und denen aufgrund dieser Umstände Versicherungen nicht oder nur unter Ausschluß dieser Risiken zugänglich sind. Siehe dazu auch *Iuculano,* Life Insurance, in: Dornette (Hrsg.), AIDS and the Law, 1987, S. 203, 204.

[1022] Vgl. dazu oben den Text unter 5. nach Fn. 970 und die in Fn. 971 zitierte Entscheidung des United States District Court, District of Columbia, in der das Gericht zwar Bedenken äußerte, die Regelungen im District of Columbia aber letztlich für verfassungsgemäß erklärte.

[1023] So im Ergebnis ebenso vor allem *Clifford/Iuculano,* AIDS and Insurance, Harvard Law Review Bd. 100 (1987), 1806ff., besonders 1811, 1814, 1817 und 1824f. - Anderer Meinung *Schatz,* Insurance, Harvard Law Review Bd. 100 (1987), 1782ff., namentlich 1788, 1794f. Dieser abweichenden Auffassung ist im Resultat nur in bezug auf solche Antidiskriminierungsnormen beizupflichten, die lediglich zu einer *angemessenen* Privilegierung führen. Das gilt z.B. für die Regelung in Florida, nach der ein HIV-Test allein verlangt werden darf, wenn er sich auf Verträge bezieht, die eine bestimmte Versicherungssumme überschreiten (siehe oben den Text bei Fn. 978).

Anders sind diejenigen Antidiskriminierungsbestimmungen im Versicherungswesen zu beurteilen, die es Versicherern untersagen, HIV-Infizierte wegen ihres Status nicht (weiter) zu versichern.[1024] Dieser *Kontrahierungszwang* neutralisiert die HIV-spezifischen Nachteile, denen sich Infizierte als Antragsteller oder Versicherte gegenübersehen. Billigenswert ist diese Regelung jedoch nur, wenn den Versicherern die Möglichkeit erhalten oder eingeräumt wird, diesen Personenkreis zu höheren, wenngleich *„fairen" Prämien* zu versichern.[1025] Andernfalls würde aus dem Kontrahierungszwang zugunsten der HIV-Infizierten erneut eine unangemessene Privilegierung dieser Gruppe gegenüber den sonstigen Versicherten erwachsen.

Der *Ausschluß von Prämienanpassungen* für HIV-infizierte Versicherer, wie er für die Zeit von 1986 bis 1991 im District of Columbia vorgesehen ist,[1026] erweist sich damit als *sachwidrig*.

8. Konsequenzen

Ähnlich wie in den USA[1027] wird in der *Bundesrepublik Deutschland* von *vielfältigen Diskriminierungen* berichtet, denen (tatsächliche oder vermeintliche) HIV-Infizierte ausgesetzt sind.[1028] Beispielsweise haben infizierte „Kinder, aber auch solche, bei denen aufgrund der Zugehörigkeit der Eltern oder nur eines Elternteils zu einer Hauptbetroffenengruppe die Infektion lediglich vermutet wird, ... häufig Schwierigkeiten, einen Kindergartenplatz zu bekommen, und zwar gelegentlich selbst dann, wenn ein negatives Testergebnis vorliegt".[1029] Finden solche Kinder doch Aufnahme, werden sie „gelegentlich mit herabsetzenden, da völlig überflüssigen Vorsichtsmaßnahmen behandelt: in einem Fall z. B., indem Spielsachen und Geschirr nach Berührung durch das betreffende Kind jedesmal demonstrativ mit Desinfektionslösung abgewaschen wurden".[1030] Ferner kann es etwa dazu kommen, daß ein HIV-Positiver „bei Bekanntwerden seiner Infektion ... seine Wohnung unter fadenscheinigen Vorwänden oder seinen Arbeitsplatz verliert".[1031]

Diese und andere Diskriminierungen haben die Aids-Enquete-Kommission des Deutschen Bundestages und vereinzelt das Schrifttum bewogen, ein *Aids-Antidis-*

[1024] So die Regelung im District of Columbia (siehe die Ausführungen oben nach Fn. 965).

[1025] Vgl. zu derartigen Prämienanpassungen für HIV-Infizierte die oben Fn. 967 folgenden Darlegungen zur Rechtslage im District of Columbia.

[1026] Siehe erneut die obigen Ausführungen nach Fn. 967.

[1027] Vgl. oben den Text sub A. (Einleitung) bei Fn. 34 und 35 sowie sub D. (Einzelheiten) bei Fn. 854, 856, 903, 942 und 961.

[1028] Siehe dazu näher den Zwischenbericht der Enquete-Kommission „Gefahren von AIDS und wirksame Wege zu ihrer Eindämmung", BT-Drucks. 11/2495, S. 30f. und 94, auch 97.

[1029] So die Erkenntnis der Enquete-Kommission in ihrem vorstehend (Fn. 1028) genannten Zwischenbericht, BT-Drucks. 11/2495, S. 30.

[1030] So erneut die Enquete-Kommission, a. a. O. (Fn. 1029).

[1031] So die Feststellung der Enquete-Kommission in ihrem Zwischenbericht (Fn. 1028), BT-Drucks. 11/2495, S. 31.

kriminierungsgesetz zu erwägen[1032] oder gar zu fordern.[1033] So verlangt *Bruns,*[1034] „den HIV-Antikörpertest im Rahmen von Eignungsuntersuchungen ... notfalls durch ein Antidiskriminierungsgesetz" zu verbieten, und *Schünemann*[1035] spricht sich dafür aus, daß „durch ein Antidiskriminierungsgesetz ... jede nicht durch Infektionsgefahren gerechtfertigte Benachteiligung von HIV-positiven Personen im Wirtschaftsleben untersagt werden (muß), indem beispielsweise die Ausübung indirekten Zwanges zur Vornahme oder Vorlage eines HIV-Tests vor der Einstellung als Arbeitnehmer außerhalb bestimmter Sicherheitsbereiche durch institutionelle Vorkehrungen oder durch Sanktionsdrohungen unterbunden wird".[1036]

Damit befürworten diese beiden Autoren Aids-spezifische Antidiskriminierungsbestimmungen, wie sie in einigen Gliedstaaten[1037] sowie Gemeinden[1038] der USA existieren. Solche Normen wurden oben[1039] als ungeeignet abgelehnt, Diskriminierungen (vermeintlich) HIV-Infizierter wirkungsvoll zu begegnen: Derartige *Sonderregelungen* erwecken den Anschein, dieser Personenkreis werde gegenüber „normalen" Behinderten oder Nichtinfizierten privilegiert. Sie werden dadurch zu einer Quelle neuer Vorurteile und - in deren Gefolge - neuer Diskriminierungen HIV-Infizierter. Von der Einführung allein auf *HIV-Infizierte* bezogener Antidiskriminierungsvorschriften sollte folglich *abgesehen werden, wenn* diese Gruppe durch - vorhandene oder einzuführende - *allgemeine Antidiskriminierungsnormen ausreichend* vor ungerechtfertigten Benachteiligungen geschützt ist.

Das geltende Recht kennt eine ganze Reihe von Normen, die Behinderte oder jedermann vor Diskriminierungen bewahren sollen. Sofern diese Regelungen ungerechtfertigte Benachteiligungen HIV-Infizierter erfassen und sie diese Personen hinlänglich schützen können, bedarf die genannte Gruppe keiner Änderung der Rechtslage zu ihren Gunsten.

1032 Vgl. den Zwischenbericht der Enquete-Kommission (Fn. 1028), BT-Drucks. 11/2495, S. 94 und *Schenke,* Rechtsfragen DVBl. 1988, 165, 172; ferner *Haesen,* Zur Aids-Problematik im Arbeitsrecht und öffentlichen Dienstrecht, RdA 1988, 158, 162.

1033 *Bruns,* AIDS, MDR 1987, 353, 358 und *Schünemann,* AIDS-Eindämmung, S. 373, 439f. und 464; wohl auch *von Hippel,* Aids, ZRP 1987, 123, 130.

1034 AIDS, MDR 1987, 353, 358.

1035 AIDS-Eindämmung, S. 373, 439f.

1036 Vgl. auch *von Hippel,*AIDS, ZRP 1987, 123, 130: „soweit wie möglich" Schutz vor Diskriminierungen, „die den AIDS-Betroffenen schon heute drohen (insbesondere in den Bereichen Ausbildung, Arbeit, Wohnen)"; ferner *Haesen,* Aids-Problematik, RdA 1988, 158, 162: „Ein Verbot von HIV-Tests im Rahmen von Einstellungsuntersuchungen durch ein Antidiskriminierungsgesetz ... könnte bei einer Verschärfung der Lage ins Auge gefaßt werden."

1037 Siehe dazu oben die Darstellung beginnend bei Fn. 857 und 944.

1038 Vgl. diesbezüglich die Ausführungen supra nach Fn. 865, 944, 988 und 989.

1039 Siehe des näheren die Darlegungen unter 7., insbesondere den Text nach Fn. 1004.

a. Arbeitsleben

Wie dargelegt,[1040] treten Diskriminierungen HIV-Positiver in den verschiedensten Lebensbereichen auf. Was zunächst den *Arbeitssektor* betrifft, haben HIV-Infizierte vor allem zu gewärtigen, nicht eingestellt oder gekündigt zu werden. Diese Gefahr besteht für sie - abgesehen von augenfälligen Krankheitssymptomen im fortgeschrittenen Aids-Stadium - insbesondere dann, wenn sie ihren HIV-Status offenlegen müssen. Das setzt eine entsprechende Mitteilungspflicht der HIV-Infizierten oder ein auf die HIV-Ansteckung zielendes Frage- bzw. Untersuchungsrecht des (angehenden oder gegenwärtigen) Arbeitgebers voraus. Ein um seinen Status wissender HIV-Positiver wird *nicht* für *verpflichtet* gehalten, von sich aus seine Infektion dem Arbeitgeber *zu offenbaren.*[1041] Demgegenüber wird ein Recht des Arbeitgebers, nach einer HIV-Infektion zu fragen oder einen HIV-Test zu verlangen, von mehreren Autoren bejaht. Eine solche Befugnis wird dem Arbeitgeber jedoch meist nicht generell zuerkannt. Sie wird vielmehr überwiegend sowohl für das *Fragerecht*[1042] als auch für das *Untersuchungsrecht*[1043] auf akute Aids-Erkrankungen, auf Einstellungen für Tätigkeiten in Risikobereichen oder ähnlich begrenzt. Diese Beschränkungen finden ihre Rechtfertigung in der Tatsache, daß HIV-Infizierte in der Regel arbeitsfähig sind und von ihnen im allgemeinen keine Ansteckungsgefahr für Arbeitskollegen, Kunden etc. ausgeht.[1044] Die Mindermeinung, die sich im Gegensatz hierzu für ein generelles Fragerecht des Arbeitgebers nach einer HIV-Infektion und ein weitergehendes Untersuchungsrecht ausspricht,[1045] verdient aus diesen und anderen Gründen[1046] daher keine Zustimmung. Sofern man ein Frage- und ein Untersu-

---

[1040] Vgl. oben den Text, beginnend bei Fn. 1027 (mit Rückverweisungen) und bei Fn. 1028 bis 1031.

[1041] Siehe näher *Eich,* Aids und Arbeitsrecht, Beilage Nr. 2/1987 zur Neuen Zeitschrift für Arbeits- und Sozialrecht, S. 10, 11 und 12; ferner *Bruns,* AIDS, MDR 1987, 353, 357 und 358; *Hinrichs,* Arbeitsrechtliche Aspekte von AIDS, Arbeitsrecht im Betrieb 1988, 8, 9 und 11f.; differenzierend *Richardi,* Arbeitsrechtliche Probleme bei Einstellung und Entlassung Aidsinfizierter Arbeitnehmer, NZA 1988, 73, 75.

[1042] Vgl. *Haesen,* Aids-Problematik, RdA 1988, 158, 161, *Hinrichs,* AIDS, Arbeitsrecht im Betrieb 1988, 8, 9f.; *Löwisch,* Probleme von AIDS, S. 307, 319–321, 323 und 330f.; *Putzo,* in: Bürgerliches Gesetzbuch, 48. Aufl. 1989, § 611 Anm. 1b) dd); *Richardi,* Arbeitsrechtliche Probleme, NZA 1988, 73, 74f.

[1043] Siehe *Haesen,* Aids-Problematik, RdA 1988, 158, 161; *Löwisch,* Probleme von AIDS, S. 307, 315f., 321-323; *Richardi,* Arbeitsrechtliche Probleme, NZA 1988, 73, 75f.

[1044] Der Nationale AIDS-Beirat stellte in seinem Votum 1 sogar fest: „Eine Gefährdung anderer durch eine HIV-infizierte Person in Ausübung ihrer Berufstätigkeit als Ansteckungsquelle sowie eine Gefährdung durch HIV-bedingte Komplikationen besteht nicht." Eine „obligatorische Antikörper-Testung" empfiehlt der Beirat daher nicht; auch eine „routinemäßige HIV-Testung des medizinischen Personals" hält er für „nicht erforderlich". Vgl. Bundesgesundheitsblatt 1988, 358.

[1045] Vgl. *Eich,* Aids, S. 10, 11–13 sowie *Klak,* AIDS und die Folgen für das Arbeitsrecht, BB 1987, 1382, 1383f. - Siehe auch VGH München NJW 1989, 790, 792, der öffentliche Dienstherren für berechtigt hält, „ihre Beamtenbewerber bei der allgemeinen ärztlichen Einstellungsuntersuchung auch nach einer evtl. Zugehörigkeit zu den (HIV-)Risikogruppen zu fragen".

[1046] Siehe *Löwisch,* Probleme von AIDS, S. 307, 320 Fn. 22: Verkennung des hohen Ranges, das dem vom Persönlichkeitsrecht des Bewerbers/Arbeitnehmers geschützten Interesse, unbefragt zu bleiben, zukommt.

chungsrecht des Arbeitgebers nicht gänzlich ablehnt - was auch vertreten wird -,[1047] hat der Bewerber/Arbeitnehmer demnach lediglich in sachlich veranlaßten Fällen die Offenlegung einer HIV-Infektion zu gewärtigen.
Das Frage- und das Untersuchungsrecht ermöglichen dem Arbeitgeber mithin normalerweise nicht, den HIV-Status der Bewerber/Arbeitnehmer zu ermitteln. Folglich können diese beiden Rechte - von den erwähnten Ausnahmen abgesehen - auch nicht den Boden bereiten für HIV-bezogene Diskriminierungen, z. B. die Nichteinstellung von Bewerbern oder die Kündigung von Arbeitnehmern wegen ihrer Testunwilligkeit[1048] oder HIV-Infektion. Das Frage- und das Untersuchungsrecht, wie es gegenwärtig verstanden wird, schützt somit mittelbar die HIV-Positiven im allgemeinen vor nicht gerechtfertigten Benachteiligungen. Es besteht daher für den *Gesetzgeber* diesbezüglich *kein Anlaß*, korrigierend zugunsten der mit dem HIV angesteckten Personen *einzugreifen.*
Ein *Antidiskriminierungsgesetz* könnte jedoch aus *anderen Gründen* vonnöten sein. Zum einen sind nach der vorstehenden Rechtslage weder die Frage nach einer HIV-Infektion noch das Verlangen eines HIV-Tests gänzlich ausgeschlossen.[1049] Zum anderen befinden sich Arbeitnehmer und vor allem Bewerber angesichts der *Gegebenheiten des Arbeitsmarktes* häufig in einer Situation, die es ihnen angeraten sein läßt, in das Begehren des Arbeitgebers, ihren HIV-Status zu ermitteln, einzuwilligen. Stellt sich auf diese Weise ein Bewerber/Arbeitnehmer als HIV-positiv heraus, ist er der Gefahr ausgesetzt, daß ihm aus diesem Grunde gekündigt oder er nicht eingestellt wird, obwohl er ansonsten - unter Umständen sogar besser als andere - qualifiziert und sachlich seine (Weiter-)Beschäftigung nicht ausgeschlossen ist.
Kommt es wegen der HIV-Infektion zur *Kündigung des Arbeitnehmers,* schützt § 1 des *Kündigungsgesetzes* (KSchG)[1050] ausreichend gegen Diskriminierungen. Nach dessen Absatz 1 ist die Kündigung des Arbeitsverhältnisses gegenüber einem Arbeitnehmer, dessen Arbeitsverhältnis länger als sechs Monate bestanden hat, „rechtsunwirksam, wenn sie sozial ungerechtfertigt ist". „Sozial gerechtfertigt" ist eine Kündigung nach § 1 Abs. 2 Satz 1 KSchG - soweit er hier einschlägig ist - wenn sie „durch Gründe, die in der Person ... des Arbeitnehmers liegen ..., bedingt ist". Das trifft auf einen HIV-infizierten Arbeitnehmer gemeinhin nicht zu, da er in der Regel arbeitsfähig ist und normalerweise auch keine Ansteckungsgefahr für Arbeitskollegen, Kunden etc. darstellt.[1051] Wirksam gekün-

---

[1047] Vgl. *Bruns,* AIDS, MDR 1987, 353, 357f.

[1048] Zu kurz greift es, wenn *Eich* (Aids, S. 10, 19) eine ordentliche Kündigung wegen der Weigerung des Arbeitnehmers, sich auf das HIV testen zu lassen, für gerechtfertigt hält und dafür lediglich anführt, der HIV-Test sei ein unproblematischer Bluttest, der mit keinerlei gesundheitlichen Gefahren für den Betreffenden verbunden sei. Gegen *Eich* auch *Haesen,* Aids-Problematik, RdA 1988, 158, 162.

[1049] Siehe oben den Text bei Fn. 1042 und 1043 m. Nachw. dortselbst.

[1050] in der Fassung vom 25. 8. 1969 (BGBl. I S. 1317), zuletzt geändert durch Gesetz vom 13. 7. 1988 (BGBl. I S. 1037).

[1051] Siehe dazu nochmals die Feststellungen des Nationalen AIDS-Beirates, a. a. O. (Fn. 1044). - Davon abgesehen kann einer ausnahmsweise von dem HIV-positiven Arbeitnehmer ausgehenden Infektionsgefahr meist durch eine Zuweisung einer anderweitigen Beschäftigung begegnet werden. Geschieht dies nicht, kann sich die Kündigung aus diesem Grunde als „sozial ungerechtfertigt" und damit „rechtsunwirksam" erweisen; vgl. dazu näher § 1 Abs. 2 Satz 2 und 3 KSchG.

digt werden kann einem HIV-positiven Arbeitnehmer daher im allgemeinen erst, wenn seine Infektion in Aids und damit das Stadium[1052] übergeht, in dem es ihm wegen der damit verbundenen Erkrankungen[1053] langfristig unmöglich wird, seine Arbeitsleistung zu erbringen. Darüber herrscht weitestgehend[1054] Einigkeit.[1055] An Aids leidende Arbeitnehmer werden mithin nicht anders behandelt als Arbeitnehmer, die wegen anderer Krankheiten nicht nur vorübergehend arbeitsunfähig und deshalb kündbar sind.[1056] Eine HIV-spezifische Benachteiligung der Aids-erkrankten Arbeitnehmer gegenüber anderen Arbeitnehmern ist demnach nicht erkennbar. Einer *Verbesserung* des *Kündigungsschutzes* bedarf es aus dem Gesichtspunkt der Antidiskriminierung daher *nicht.*[1057]

Das gilt auch insoweit, als § 1 KSchG wegen Nichterreichens der verlangten Beschäftigungszeit (sechs Monate, § 1 Abs. 1 KSchG) oder der erforderlichen Arbeitnehmerzahl (fünf Arbeitnehmer, § 23 Abs. 1 Satz 2 KSchG) nicht anwendbar ist, da insoweit die §§ 134, 138 und 242 BGB gegen Auswüchse hinreichenden Schutz bieten.[1058]

Davon abgesehen erfüllen Personen mit Aids-Symptomen die Erfordernisse, die das einschlägige *Schwerbehindertengesetz* (SchwbG)[1059] für die Anerkennung als Schwerbehinderte (vgl. § 1 SchwbG) oder ihnen Gleichgestellte (vgl. § 2

[1052] Vgl. zu den Stadien einer HIV-Infektion oben die Ausführungen unter A. (Einleitung), beginnend bei Fn. 13.

[1053] Das können z.B. sogenannte opportunistische Infektionen wie eine Lungenentzündung oder Tumore sein; siehe dazu den Text und die Angaben vorstehend sub A. (Einleitung) bei Fn. 11.

[1054] Anderer Meinung lediglich *Eich,* Aids, S. 10, 19, der – wenngleich nicht generell – eine Kündigung auch schon wegen bloßer HIV-Infektion für sozial gerechtfertigt hält.

[1055] Vgl. näher *Haesen,* Aids-Problematik, RdA 1988, 158, 162f.; *Hinrichs,* AIDS, Arbeitsrecht im Betrieb 1988, 8, 14f.; *Klak,* AIDS, BB 1987, 1382, 1386; *Lepke,* AIDS als arbeitsrechtlicher Kündigungsgrund, DB 1987, 1299, 1300f.; *Löwisch,* Probleme von AIDS, S. 307, 324–326; *Richardi,* Arbeitsrechtliche Probleme, NZA 1988, 73, 78f.; ebenso wohl auch *Bruns,* AIDS, MDR 1987, 353, 357. – Siehe zum Sonderfall der sogenannten Druckkündigung, d.h. dem unter Androhung von Nachteilen (z.B. Verweigerung der Zusammenarbeit, Abbruch der Geschäftsbeziehungen) geäußertem Verlangen von Arbeitskollegen, Kunden des Arbeitgebers etc., einen bestimmten Arbeitnehmer zu entlassen, die Entscheidung des Arbeitsgerichts Berlin NZA 1987, 637–639; ferner *Hinrichs,* AIDS, Arbeitsrecht im Betrieb 1988, 8, 14; vgl. allgemein zur Druckkündigung und ihrer grundsätzlichen Unzulässigkeit, wenn ein personenbedingter Kündigungsgrund fehlt, z.B. *Becker,* in: Becker/Etzel u.a., Gemeinschaftskommentar zum Kündigungsschutzgesetz und sonstigen kündigungsschutzrechtlichen Vorschriften, 2. Aufl., 1984, § 1 KSchG Anm. 270 m. w. Nachw. und Bundesarbeitsgericht DB 1986, 2498.

[1056] Siehe hierzu im einzelnen z.B. *Herschel/Löwisch,* Kommentar zum Kündigungsschutzgesetz, 6. Aufl., 1984, § 1 Anm. 140–147 und *Lepke,* AIDS, DB 1987, 1299, 1300, jeweils m. w. Nachw. in Fn. 22.

[1057] Vgl. auch die rechtspolitischen Forderung *Haesens,* Aids-Problematik, RdA 1988, 158, 163.

[1058] Siehe dazu die Entscheidung des Arbeitsgerichts Düsseldorf (NJW 1988, 1548f.), bestätigt durch das Landesarbeitsgericht Düsseldorf (NJW 1988, 2970–2972) als Berufungsinstanz und das Bundesarbeitsgericht (DB 1989, 435) als Revisionsinstanz, ferner allgemein z.B. *M. Wolf,* in: Becker/Etzel u.a., Gemeinschaftskommentar zum Kündigungsschutzgesetz und zu sonstigen kündigungsrechtlichen Vorschriften, 3. Aufl., 1989, Allgemeine Grundsätze S. 209f. (Rdnr. 339 und 340).

[1059] in der Fassung vom 26. 8. 1986 (BGBl. I S. 1421, berichtigt S. 1550), geändert durch Gesetz vom 14. 12. 1987 (BGBl I S. 2602).

SchwbG) voraussetzt (vgl. § 3 Abs. 1 SchwbG). An Aids erkrankte Arbeitnehmer können somit diesen Status erwerben.[1060] Die Eigenschaft als Schwerbehinderter gewährt ihnen einen über das Kündigungsschutzgesetz hinausgehenden *Sonderschutz* (vgl. die §§ 15ff. SchwbG).[1061] Vor allem führt sie dazu, daß eine Kündigung nur wirksam ausgesprochen werden kann, wenn die Hauptfürsorgestelle dieser Maßnahme des Arbeitgebers vorher zustimmt (vgl. § 15 SchwbG). Die Zustimmung ist in das pflichtgemäße Ermessen dieser Behörde gestellt.[1062] Das Ermessen ist zum einen durch § 19 SchwbG[1063] und zum anderen durch Art. I § 10 Nr. 2 des Sozialgesetzbuchs-Allgemeiner Teil (SGB I)[1064] - zugunsten des Schwerbehinderten eingeschränkt.[1065] Dies hat zur Folge, daß selbst ein an Aids leidender Arbeitnehmer äußerst schwer kündbar ist, sofern er sich als Schwerbehinderter oder ihm Gleichgestellter hat anerkennen lassen. Wollte man einen darüber hinausgehenden Kündigungsschutz für Aids-erkrankte Arbeitnehmer fordern, müßte dieser letztlich auf die Einführung der Unkündbarkeit hinauslaufen. Dies wäre ein unverhältnismäßiger Eingriff in die durch Art. 12 Abs. 1 GG geschützte arbeitsrechtliche Privatautonomie.[1066]

Wird ein *Bewerber,* dessen positiver HIV-Status dem in Aussicht genommenen Arbeitgeber bekannt geworden ist,[1067] wegen dieser Infektion *nicht eingestellt,* dann kann er nach der geltenden Rechtslage - ebenso wie andere, aus unsachlichen Gründen abgelehnte Kandidaten - von diesem Arbeitgeber nicht die Eingehung des Arbeitsverhältnisses verlangen. Selbst als anerkannter Schwerbehinderter (oder diesem Gleichgestellter) hat der Bewerber keinen dahingehenden Anspruch. Zwar trifft private Arbeitgeber und Arbeitgeber der öffentlichen Hand, die über mindestens 16 Arbeitsplätze verfügen, eine Pflicht, Schwerbehinderte (und ihnen Gleichgestellte) in bestimmter Zahl zu beschäftigen (vgl. § 5 Abs. 1 SchwbG). Auch kann sich der Arbeitgeber von dieser Pflicht nicht durch

---

1060 Vgl. zum Verfahren im einzelnen § 4 SchwbG, ferner § 2 Abs. 1 sowie § 3 Abs. 2 und 3 SchwbG.

1061 Der Kündigungsschutz durch das Schwerbehindertengesetz erfordert allerdings ebenso wie der nach dem Kündigungsschutzgesetz ein mindestens sechs Monate bestehendes Arbeitsverhältnis; vgl. § 20 Abs. 1 Nr. 1 SchwbG und § 1 Abs. 1 KSchG.

1062 Vgl. z.B. *Assmann,* Erläuterungen zu § 19 Abs. 1 des Schwerbehindertengesetzes, in: Das Deutsche Bundesrecht, Stand: Juni 1988; *Cramer,* Schwerbehindertengesetz, 3. Aufl., 1987, § 15 Anm. 12.

1063 Nach dessen Absatz 2 „soll" die Hauptfürsorgestelle „die Zustimmung erteilen, wenn dem Schwerbehinderten ein anderer angemessener und zumutbarer Arbeitsplatz gesichert ist". Dadurch wird mittelbar gewährleistet, daß der Schwerbehinderte trotz der Kündigung nicht arbeitslos wird.

1064 Vom 11. 12. 1975 (BGBl I S. 3015), zuletzt geändert durch Gesetz vom 29. 12. 1988 (BGBl I S. 2477).

1065 in Verbindung mit Art. I § 2 Abs. 2 SGB I und Art. II § 1 Nr. 3 SGB I. Danach ist bei der Ausübung von Ermessen nach dem Schwerbehindertengesetz zu beachten, daß ein Behinderter „unabhängig von der Ursache der Behinderung ein Recht auf Hilfe (hat), die notwendig ist, um ... ihm einen seinen Neigungen und Fähigkeiten entsprechenden Platz in der Gemeinschaft, insbesondere im Arbeitsleben, zu sichern".

1066 Siehe dazu allgemein *Scholz,* in: Maunz/Dürig/Herzog/Scholz, Grundgesetz, Stand: Januar 1987, Art. 12 Anm. 49 und 50 m. w. Nachw.: Ein Ausschluß des ordentlichen und außerordentlichen Kündigungsrechtes ist mit Art. 12 Abs. 1 GG unvereinbar.

1067 Vgl. dazu oben den Text bei Fn. 1049.

Zahlung einer in § 11 SchwbG vorgesehenen Ausgleichsabgabe befreien[1068] und macht er sich bei Nichterfüllung einer Ordnungswidrigkeit schuldig, die mit einer Geldbuße bis zu 5000,- DM geahndet werden kann.[1069] Die *Beschäftigungspflicht* besteht jedoch nicht gegenüber einzelnen Schwerbehinderten, sondern nur als öffentlich-rechtliche Pflicht gegenüber dem Staat.[1070] Der Arbeitgeber kann mithin unter den zur Verfügung stehenden *Schwerbehinderten* grundsätzlich *frei auswählen.*[1071] Angesichts der verbreiteten Ängste vor HIV-Infizierten wird sich ein Arbeitgeber durchweg nicht zur Einstellung eines schwerbehinderten HIV-Infizierten, sondern eines anderen Schwerbehinderten entschließen. Letztere verdrängen also die HIV-infizierten Schwerbehinderten bei der Arbeitsplatzsuche. Diese *Benachteiligung* ist, da alle Schwerbehinderten eine erhebliche, nicht vorübergehende Funktionsbeeinträchtigung aufweisen[1072] und HIV-Positive im Arbeitsleben regelmäßig kein Ansteckungsrisiko für andere darstellen, *nicht gerechtfertigt.*

Vor dieser Diskriminierung werden HIV-infizierte, einen Arbeitsplatz suchende Schwerbehinderte nach der *gegenwärtigen Rechtslage* nicht genügend bewahrt. § 6 Abs. 1 SchwbG, dem diese Aufgabe zugedacht werden könnte, bietet *keinen ausreichenden Schutz.* Zwar schränkt er die Freiheit der beschäftigungspflichtigen Arbeitgeber, unter den Schwerbehinderten auszuwählen, ein. Die Arbeitgeber haben nämlich gemäß Nr. 1 dieser Bestimmung u. a. „Schwerbehinderte, die nach Art oder Schwere ihrer Behinderung im Arbeits- und Berufsleben besonders betroffen sind", „im Rahmen der Erfüllung der Beschäftigungspflicht in angemessenem Umfang zu beschäftigen". Diese Pflicht dürfte sich jedoch für HIV-infizierte Schwerbehinderte als wirkungslos erweisen, weil sie nicht allein auf diese Personengruppe zielt. Der zu ihrer Erfüllung von § 10 Abs. 1 SchwbG gegebene Anreiz - Anrechnung derartiger Schwerbehinderter auf mehr als einen Pflichtplatz - kann folglich auch durch die Beschäftigung anderer „besonders betroffener" Schwerbehinderter erlangt werden.[1073] Davon abgesehen bleibt die Nichterfüllung der in § 6 Abs. 1 SchwbG ausgesprochenen Pflicht zur Beschäftigung „besonders betroffener" Schwerbehinderter - anders als bis zum Jahre

---

[1068] § 11 Abs. 1 Satz 2 SchwbG bestimmt ausdrücklich: „Die Zahlung der Ausgleichsabgabe hebt die Pflicht zur Beschäftigung Schwerbehinderter nicht auf." Sie ist also kein „Erfüllungssurrogat" für die Beschäftigungspflicht. Vgl. dazu *Assmann*, Schwerbehindertengesetz, Erläuterung zu § 11 Abs. 1 und *Cramer*, Schwerbehindertengesetz, § 11 Anm. 11.

[1069] Siehe § 68 Abs. 1 Nr. 1 und Abs. 2 SchwbG.

[1070] Vgl. dazu *Assmann*, Schwerbehindertengesetz, Erläuterung zu § 5 Abs. 1; *Cramer*, Schwerbehindertengesetz, § 5 Anm. 18; *Mrozynski*, Rehabilitationsrecht, 2. Aufl., 1986, S. 145.

[1071] Siehe erneut *Cramer*, Schwerbehindertengesetz, § 5 Anm. 19.

[1072] Vgl. § 3 Abs. 1 mit § 1 und § 2 Abs. 1 SchwbG.

[1073] Das gilt auch für die Geldleistungen nach § 31 Abs. 3 Nr. 2 lit. b SchwbG. - § 33 Abs. 2 Nr. 1 SchwbG, wonach die Bundesanstalt für Arbeit Arbeitgebern Geldleistungen gewähren kann, wenn diese „insbesondere ohne gesetzliche Verpflichtung nach § 5 hinaus ... in § 6 Abs. 1 genannte Schwerbehinderte ... einstellen", dürfte angesichts der Vorbehalte gegenüber HIV-Infizierten ebenfalls weitgehend wirkungslos sein. Daher dürften sich die in der Schwerbehinderten-Ausgleichsabgabeverordnung vom 28. 3. 1988 (BGBl. I S. 484) des näheren geregelten besonderen Förderleistungen für die Einstellung und Beschäftigung Schwerbehinderter, darunter an den Arbeitgeber auf Antrag zu zahlende Zuschüsse zum Arbeitsentgelt (vgl. insbesondere die §§ 1 bis 8 der Verordnung), für HIV-Positive als ineffektiv erweisen. Gleiches gilt für die in Fn. 1083 genannten Leistungen.

1974[1074] – sanktionslos, da die Vorschrift nicht unter die in § 68 SchwbG aufgezählten Ordnungswidrigkeitentatbestände fällt.
Diesem unbefriedigenden Zustand könnte durch die Aufnahme des § 6 SchwbG in den Katalog der in § 68 SchwbG genannten Ordnungswidrigkeitentatbestände und durch eine *Quotenregelung* zugunsten HIV-infizierter Schwerbehinderter begegnet werden. Soll die Quotenregelung nicht zu einer ungerechtfertigten Privilegierung HIV-Positiver gegenüber anderen, im Sinne des § 6 Abs. 1 Nr. 1 SchwbG „besonders betroffenen" Schwerbehinderten werden, müßte auch zugunsten letzterer eine Quotenregelung eingeführt werden. Das setzt allerdings voraus, daß man sie zu ähnlich feststehenden Gruppen zusammenfassen könnte, wie das für HIV-Infizierte denkbar ist. Eine derartige Typisierung erscheint aber nicht möglich. Deshalb sind einer Änderung des § 6 SchwbG, die diesen als eine effektive Antidiskriminierungsnorm für „besonders betroffene" Schwerbehinderte ausbildet, deutlich *gesetzestechnische Grenzen* gesetzt.
Auch andere Gesetze versprechen lediglich dann eine wirksame Abhilfe vor Diskriminierungen HIV-positiver Bewerber, wenn sie dem Arbeitgeber nicht nur eine Beschäftigungspflicht auferlegen, sonder ihm darüber hinaus gänzlich die Freiheit nehmen, ihre Arbeitnehmer auszuwählen. Auf diese Weise könnte ein *Recht auf Arbeit* für jedermann und damit auch die Einstellung HIV-Infizierter verwirklicht werden. Die Rechtsordnung kennt jedoch weder eine völlige Beschneidung der Auswahlfreiheit noch ein allgemeines Recht auf Arbeit.[1075] Eine dahingehende Fortbildung der Rechtsordnung *scheitert* angesichts der grundrechtlich garantierten arbeitsrechtlichen *Privatautonomie*[1076] von vornherein an Art. 12 Abs. 1 GG.[1077] Sie würde zwangsläufig den völligen Verlust dieser Freiheit herbeiführen. Das wäre selbst unter Berücksichtigung des Interesses des einzelnen, „den Erwerb des Lebensunterhalts durch eine frei gewählte Tätigkeit zu ermöglichen"[1078] oder sich durch einen Beruf zu verwirklichen, unverhältnismäßig, weil einseitig nur die Belange des Arbeitsuchenden berücksichtigend.
Nicht abgestellt, wohl aber *verringert* werden können *Diskriminierungen,* die HIV-Infizierte bei der Arbeitsplatzsuche und in Arbeitsverhältnissen erfahren, durch das *Rehabilitationsrecht.* Einschlägig sind in diesem Zusammenhang vor allem die §§ 1236, 1237a, 1237b, 1242 RVO,[1079] die §§ 13, 14a, 14b, 19 AVG[1080]

[1074] Bis dahin war der Arbeitsverwaltung eine Zwangseinstellung und die Verhängung einer Geldbuße möglich; vgl. § 10 sowie § 39 Abs. 1 lit. c in Verbindung mit § 4 Abs. 1 des Schwerbeschädigtengesetzes in der Fassung vom 14. 8. 1961 (BGBl. I S. 1234).

[1075] Vgl. auch Art. I § 3 Abs. 2 Nr. 3 in Verbindung mit Art. I § 2 Abs. 1 Satz 2 SGB I.

[1076] Siehe dazu oben den Nachweis in Fn. 1066.

[1077] Vgl. dazu nur *Scholz,* Grundgesetz, Art. 12 Anm. 44 und 53 bis 55 m. w. Nachw.; ferner auch BVerfGE 57, 139, 158f.

[1078] So die Formulierung des Art. I § 1 Abs. 1 Satz 2 SGB I.

[1079] Reichsversicherungsordnung vom 15. 12. 1924 (RGBl. I S. 779) in der im Bundesgesetzblatt Teil III, Gliederungsnummer 820-1, veröffentlichten bereinigten Fassung, zuletzt geändert durch Gesetz vom 20. 12. 1988 (BGBl. I S. 2477).

[1080] Angestelltenversicherungsgesetz vom 20. 12. 1911 (RGBl. I S. 989) in der im Bundesgesetzblatt Teil III, Gliederungsnummer 821-1, veröffentlichten bereinigten Fassung, zuletzt geändert durch Gesetz vom 20. 12. 1988 (BGBl. I S. 2477).

und die §§ 56 bis 58 sowie 53, 55 und 55a AFG,[1081] jeweils in Verbindung mit dem Gesetz über die Angleichung der Leistungen zur Rehabilitation (RehaAnglG),[1082] insbesondere den §§ 9, 11, 12 und 20.[1083] Danach können Behinderte und darüber hinaus Personen, denen eine Behinderung droht[1084] sowie ihre Arbeitgeber von den zuständigen Rehabilitationsträgern *berufsfördernde, ergänzende und sonstige Leistungen* erhalten.[1085] Im einzelnen handelt es sich dabei z.B. um „Hilfen zur Erhaltung oder Erlangung eines Arbeitsplatzes einschließlich Leistungen zur Förderung der Arbeitsaufnahme und Eingliederungshilfen an Arbeitgeber"[1086] sowie um „sonstige Hilfen der Arbeits- und Berufsförderung, um dem Betreuten eine angemessene und geeignete Erwerbs- oder Berufstätigkeit auf dem allgemeinen Arbeitsmarkt oder in einer Werkstatt für Behinderte zu ermöglichen".[1087]
Ähnlich ist die Rechtslage, wenn HIV-Infizierte Sozialhilfe nach dem *Bundessozailhilfegesetz*[1088] beanspruchen können[1089] und ihnen als Behinderten oder von einer Behinderung Bedrohten[1090] daher *Eingliederungshilfe* zu gewähren ist,[1091] darunter auch „Hilfe zur Erlangung eines geeigneten Platzes im Arbeitsleben".[1092] Unabhängig von einer Behinderung kommt für HIV-Positive nach dem Sozialhilferecht *„Hilfe zur Arbeit"* in Betracht, die vor allem darin besteht, Hilfesuchenden, die keine Arbeit finden können, „nach Möglichkeit Arbeitsgelegen-

---

1081 Arbeitsförderungsgesetz vom 25. 6. 1969 (BGBl. I S. 582), zuletzt geändert durch Gesetz vom 20. 12. 1988 (BGBl. I S. 2477).

1082 vom 7. 8. 1974 (BGBl. I S. 1881), zuletzt geändert durch Gesetz vom 20. 12. 1988 (BGBl. I S. 2477).

1083 Vgl. ferner auch die in den §§ 17ff. der Schwerbehinderten-Ausgleichsabgabenverordnung vom 28. 3. 1988 (BGBl. I S. 484) vorgesehenen „Leistungen zur begleitenden Hilfe im Arbeits- und Berufsleben", darunter an den Arbeitgeber ggfs. zu zahlende „Zuschüsse zur Abgeltung außergewöhnlicher Belastungen ..., die mit der Beschäftigung eines Schwerbehinderten verbunden sind, der nach Art oder Schwere seiner Behinderung im Arbeits- und Berufsleben besonders betroffen ist". Diese Leistungen scheiden allerdings aus, „soweit Leistungen für denselben Zweck ... von einem Rehabilitationsträger ... oder von anderer Seite zu erbringen sind oder, auch wenn auf sie ein Rechtsanspruch nicht besteht, erbracht werden".

1084 Siehe § 1 RehaAnglG.

1085 Vgl. auch Art. I § 29 SGB I sowie Art. II § 1 Nr. 2, 4, 5 und 17 SGB I in Verbindung mit Art. I §§ 2 Abs. 2, 3 Abs. 2. Nr. 3, 10 SGB I.

1086 So § 1237a Abs. 1 Satz 1 Nr. 1 RVO, § 14a Abs. 1 Satz 1 Nr. 1 AVG und § 11 Abs. 2 Satz 1 Nr. 1 RehaAnglG; im Ergebnis ebenso § 56 Abs. 2 und § 58 Abs. 1 AFG in Verbindung mit § 53 Abs. 1 Satz 1 Nr. 1 bis 6a AFG, außerdem § 58 Abs. 1b AFG.

1087 So § 1237a Abs. 1 Satz 1 Nr. 4 RVO, § 14a Abs. 1 Satz 1 Nr. 4 AVG und § 11 Abs. 2 Satz 1 Nr. 1 RehaAnglG; im Ergebnis ebenso § 56 Abs. 2 und § 58 Abs. 1 AFG in Verbindung mit § 53 Abs. 1 Satz 1 Nr. 7 AFG.

1088 in der Fassung vom 20. 1. 1987 (BGBl. I S. 401, berichtigt S. 494), zuletzt geändert durch Gesetz vom 20. 12. 1988 (BGBl. I S. 2477).

1089 Vgl. die §§ 2ff., 27ff. BSHG; ferner Art. I § 28 SGB I.

1090 Siehe § 39 Abs. 2 BSHG.

1091 Vgl. näher die §§ 27 Abs. 1 Nr. 6, 39 bis 47 BSHG und § 17 Abs. 1 der Verordnung nach § 47 des Bundessozialhilfegesetzes (Eingliederungshilfe-Verordnung) in der Fassung vom 1. 2. 1975 (BGBl. I S. 433). Siehe ferner Art. I § 28 Abs. 1 Nr. 2 lit. c SGB I sowie Art. II § 1 Nr. 15 SGB I in Verbindung mit Art. I § 2 Abs. 2 und §§ 9, 10, SGB I.

1092 § 40 Abs. 1 Nr. 6 BSHG.

heiten“ zu schaffen.[1093] Liegen die Voraussetzungen für die Gewährung der „Hilfe zur Arbeit“ nicht vor,[1094] dann ist für einen HIV-Infizierten immer noch an die *„Hilfe zur Überwindung besonderer Schwierigkeiten“*[1095] zu denken, wozu „auch die Hilfe zur Erlangung und Sicherung eines Platzes im Arbeitsleben“ gehört.[1096] Diese Hilfe ist für Personen bestimmt, „bei denen besondere soziale Schwierigkeiten der Teilnahme am Leben in der Gemeinschaft entgegenstehen“,[1097] eine Voraussetzung, die auf HIV-Positive angesichts der ihnen gegenüber bestehenden Vorbehalte zutrifft.[1098]
Nach alledem hat sich somit folgendes *ergeben:*
Die Rechtslage der HIV-Infizierten im Arbeitsleben ist entweder - wegen eines hinlänglichen allgemeinen Diskriminierungsschutzes - *nicht änderungsbedürftig* (so hinsichtlich des Frage- sowie Untersuchungsrechtes, des Kündigungsschutzes, des Rehabilitations-Sozialhilferechts) oder - aus gesetzestechnischen und verfassungsrechtlichen Gründen - *nicht änderungsfähig* (so bezüglich einer Beschäftigungspflicht).

b. Wohnungswesen

Was das Wohnungswesen angeht, werden HIV-Infizierte auf ähnliche Weise durch allgemeine Gesetze hinlänglich vor ungerechtfertigten Benachteiligungen geschützt wie im Arbeitsleben. So können sie nach dem *Sozialhilferecht,* wenn ihnen nicht gleiche Leistungen aufgrund anderer Bestimmungen des Bundessozialhilfegesetzes zustehen,[1099] in den Genuß von *„Maßnahmen bei der Beschaffung und Erhaltung einer Wohnung“* kommen.[1100] Diese stellen eine weitere Form der „Hilfe zur Überwindung besonderer sozialer Schwierigkeiten“[1101] dar. In Anbetracht ihrer Nachrangigkeit[1102] ist für HIV-Infizierte allerdings in erster

---

[1093] Vgl. § 19 Abs. 1 BSHG, ferner § 19 Abs. 2 BSHG; siehe außerdem Art. I § 28 Abs. 1 Nr. 1 SGB I sowie Art. II § 1 Nr. 15 SGB I in Verbindung mit Art. I § 2 Abs. 2 und § 9 SGB I. Vgl. zum Ganzen auch *Burdenski,* Die „Hilfe zur Arbeit“ nach den §§ 18-20, 25 I BSHG, 1987, besonders S. 37ff.; außerdem die einschlägigen Kommentierungen zu § 19 BSHG, z.B. *Gottschick/Giese,* Das Bundessozialhilfegesetz, 9. Aufl., 1985, § 19, insbesondere Anmerkung 1 bis 5, und *Schellhorn/Jirasek/Seipp,* Das Bundessozialhilfegesetz, 13. Aufl., 1988, § 19, vor allem Anm. 1 bis 6.

[1094] Siehe außer § 19 BSHG vor allem § 11 BSHG.

[1095] Vgl. §§ 27 Abs. 1 Nr. 11, 72 BSHG.

[1096] Siehe § 9 Satz 1 der aufgrund des § 72 Abs. 5 BSHG ergangenen Verordnung zur Durchführung des § 72 des Bundessozialhilfegesetzes vom 9. 6. 1976 (BGBl. I S. 1469); vgl. ergänzend auch § 9 Satz 2 Nr. 2 der genannten Verordnung.

[1097] So § 72 Abs. 1 Satz 1 BSHG.

[1098] Vgl. in diesem Zusammenhang auch § 1 Abs. 1 der in Fn. 1096 erwähnten Verordnung.

[1099] Siehe § 72 Abs. 1 Satz 2 BSHG und § 1 Abs. 2 Satz 2 der in Fn. 1096 zitierten Verordnung sowie z.B. die Kommentierung von *Gottschick/Giese,* Bundessozialhilfegesetz, § 72 Anm. 8.3 bis 8.6.

[1100] Vgl. § 72 Abs. 2 BSHG und § 8 der vorstehend (Fn. 1096) erwähnten Verordnung; ferner Art. I § 28 Abs. 1 Nr. 4 SGB I und Art. II § 1 Nr. 15 SGB I in Verbindung mit Art. I § 2 Abs. 2 und Art. I § 9 SGB I.

[1101] Siehe den Text bei Fn. 1095 m. Nachw. dortselbst.

[1102] Vgl. die Nachweise in Fn. 1099.

Linie die *„Eingliederungshilfe für Behinderte“*[1103] praktisch bedeutsam, da sie neben Behinderten auch den von einer Behinderung Bedrohten[1104] zu gewähren ist und sie deshalb für HIV-Infizierte regelmäßig in Frage kommt. Als Maßnahmen der Eingliederungshilfe nennt das Gesetz auch die „Hilfe bei der Beschaffung und Erhaltung einer Wohnung, die den besonderen Bedürfnissen des Behinderten entspricht“.[1105] Sie kann dem HIV-Infizierten in Gestalt persönlicher Hilfe oder in Form einer Geldleistung zugute kommen.[1106]

Die erörterten Hilfen mögen einen Vermieter zwar im Einzelfall dazu bewegen, ein Mietverhältnis mit einem HIV-Positiven fortzusetzen oder es gar zu begründen. Das Sozialhilferecht beschneidet dem Vermieter aber in keiner Weise sein Kündigungsrecht oder seine Abschlußfreiheit. Vor Diskriminierungen, die HIV-Infizierte in der Weise erfahren, daß ihnen unter fadenscheinigen Vorwänden gekündigt oder mit ihnen ein Mietverhältnis nicht eingegangen wird,[1107] können daher nur andere Gesetze schützen.

Was *Kündigungen* betrifft, vermag *§ 564b BGB* diese Funktion ausreichend zu erfüllen. Nach Absatz 1 dieser Bestimmung kann der Vermieter ein Mietverhältnis über Wohnraum grundsätzlich[1108] „nur kündigen, wenn er ein berechtigtes Interesse an der Beendigung des Mietverhältnisses hat“. Als ein berechtigtes Interesse des Vermieters nennt § 564b Abs. 2 BGB die schuldhafte, nicht unerhebliche Vertragspflichtverletzung des Mieters, den Eigenbedarf des Vermieters und die Verhinderung einer angemessenen wirtschaftlichen Verwertung des Grundstücks. Keine dieser Voraussetzungen trifft auf eine HIV-Infektion des Mieters zu. Allerdings handelt es sich bei den in § 564b Abs. 2 BGB angeführten „berechtigten Interessen“ – wie das in dieser Bestimmung verwendete Wort „insbesondere“ zeigt – lediglich um Beispiele. Eine HIV-Infektion des Mieters erscheint daher nicht von vornherein untauglich, für den Vermieter ein *„berechtigtes Interesse“* zur Kündigung zu begründen. Vergegenwärtigt man sich jedoch, daß § 564b BGB durch sein Abstellen gerade auf „berechtigte“ Interessen des Vermieters den Mieter vor willkürlichen Kündigungen schützen soll[1109] und damit Ausdruck der Sozialbindung des Eigentums (Art. 14 Abs. 2 GG) und der aus Art. 13 GG dem Gesetzgeber erwachsenden Pflichten ist,[1110] dann erhellt dies,

---

1103 Siehe dazu näher die §§ 27 Abs. 1 Nr. 6, 39 bis 47 BSHG und § 18 der Eingliederungshilfe-Verordnung (Fn. 1091), außerdem Art. I § 28 Abs. 1 Nr. 2 lit. c SGB I sowie Art. II § 1 Nr. 15 SGB I in Verbindung mit Art. I § 2 Abs. 2 und §§ 9, 10 SGB I.

1104 Vgl. § 39 Abs. 2 BSHG.

1105 § 40 Abs. 1 Nr. 6a BSHG.

1106 Siehe allgemein zu dieser Auslegung und zum Inhalt der Vorschrift generell z. B. die Kommentierung von *Gottschick/Giese,* Bundessozialhilfegesetz, § 40 Anm. 9.2 bis 9.4.

1107 Vgl. dazu oben den Text bei Fn. 1031.

1108 Etwas anderes gilt bei einem Mietverhältnis „über eine Wohnung in einem vom Vermieter selbst bewohnten Wohngebäude mit nicht mehr als zwei Wohnungen“; vgl. § 564b Abs. 4 BGB. Siehe auch die Ausnahme in § 564b Abs. 7 BGB (kein Kündigungsschutz für Wohnraum, der nur zu vorübergehendem Gebrauch vermietet ist).

1109 Vgl. BVerfGE 68, 361, 371 unter Hinweis auf die Entstehungsgeschichte; ferner etwa BGHZ 103, 91, 96 und *Kummer,* in: Soergel, Kommentar zum Bürgerlichen Gesetzbuch, Bd. 3, 1980, § 564b Anm. 3.

1110 Siehe BVerfGE 18, 121, 131 f. und BVerfGE 68, 361, 367–371.

das eine *HIV-Ansteckung* eines Mieters *kein Umstand* sein kann, der den Vermieter zur Kündigung „berechtigt".

Etwas anderes hätte nur dann zu gelten, wenn Wohnraum, der einem HIV-Positiven überlassen worden ist, durch dessen Infektion für Nachmieter oder andere Berechtigte nicht mehr gefahrlos nutzbar wäre. Das trifft nach allem, was über die Ansteckungswege des HIV bekannt ist, nicht zu. Ein Mieter ist daher wegen seiner HIV-Ansteckung *nicht kündbar.*[1111] Selbst wenn z. B. von Dritten (Nachbarn etc.) Druck auf den Vermieter ausgeübt wird, dem Infizierten zu kündigen, oder der Vermieter sich des HIV-positiven Mieters wegen wirtschaftlicher Nachteile entledigen will, die er bei der Vermietung von Wohnraum innerhalb desselben Hauses wahrscheinlich zu erwarten hat, verhält es sich grundsätzlich ebenso.[1112] Dies folgt insbesondere aus der Sozialbindung des Eigentums (Art. 14 Abs. 2 GG), die auf die Auslegung des § 564b BGB in dem genannten Sinne einwirkt.

Ist dennoch eine Kündigung eines Mieters wegen seiner HIV-Infektion gemäß § 564b BGB ausnahmsweise zulässig, kommen immer noch *„weitergehende Schutzrechte des Mieters"* in Betracht (vgl. § 564b Abs. 5 BGB). Praktisch bedeutsam ist in diesem Zusammenhang die durch *§ 556a Abs. 1 BGB* dem Mieter eingeräumte Möglichkeit, der Kündigung zu widersprechen und „vom Vermieter die Fortsetzung des Mietverhältnisses (zu) verlangen, wenn die vertragsmäßige Beendigung des Mietverhältnisses für den Mieter oder seine Familie eine Härte bedeuten würde, die auch unter Würdigung der berechtigten Interessen des Vermieters nicht zu rechtfertigen ist".[1113] Diese Regelung dürfte vor allem HIV-Infizierten zugute kommen, die bereits an ARC oder Aids leiden und die deshalb regelmäßig nur noch eine geringe Lebenserwartung haben.

Somit kann *festgestellt* werden, daß HIV-positive Mieter ausreichend vor Kündigungen wegen ihrer Infektion bewahrt werden können. Eines auf den Schutz vor ungerechtfertigten Benachteiligungen im Wohnungswesen zielenden Antidiskriminierungsgesetzes bedarf es daher insoweit nicht.

Weniger günstig scheint auf dem ersten Blick die *Rechtslage* für HIV-Infizierte zu sein, wenn es darum geht, überhaupt erst eine *Wohnung zu mieten*. Der Vermieter ist nämlich nach dem geltenden Recht in der Auswahl seiner Mieter grundsätzlich frei. Das gilt aber nicht ausnahmslos. Zwar besteht ein der Beschäftigungspflicht im Arbeitsrecht (§ 5 SchwbG)[1114] vergleichbarer *Zwang,* der z. B. Wohnungsunternehmen bestimmter Größe *zum Abschluß* von Mietverträgen

---

[1111] So auch *Bruns,* AIDS, MDR 1987, 353, 357.

[1112] Vgl. auch die Rechtsprechung zur sogenannten Druckkündigung im Arbeitsrecht (siehe oben in Fn. 1055), die wegen der Vergleichbarkeit der äußeren Umstände und der sozialen Gegebenheiten auf die vorstehende Situation mit der Folge übertragbar ist, daß der Vermieter nicht ohne weiteres dem Druck Dritter nachgeben darf, er sich vielmehr schützend vor den betroffenen Mieter stellen muß und eine Kündigung erst dann „berechtigt" ist, wenn dem Vermieter schwere wirtschaftliche Schäden drohen und die Kündigung das einzige Mittel der Schadensabwendung ist.

[1113] Siehe allgemein zur Relevanz des § 556a BGB neben § 564b BGB z. B. *Löwe,* Wichtige Neuregelungen im Zweiten Wohnraumkündigungsschutzgesetz, NJW 1975, 9, 12 (unter d); vgl. auch BVerfG (Urteil vom 14. 2. 1989) EuGRZ 1989, 125, 128 sowie BGHZ 103, 91, 96 und 101.

[1114] Vgl. dazu oben den Text nach Fn. 1067.

mit Schwerbehinderten verpflichtet, *nicht*. Jedoch unterliegt der Verfügungsberechtigte (Grundstückseigentümer, Wohnungseigentümer etc.)[1115] von Sozialwohnungen ähnlichen Bindungen. Diese ergeben sich aus dem Gesetz zur Sicherung von Sozialwohnungen (*Wohnungsbindungsgesetz* - WoBindG).[1116] Danach darf ein Verfügungsberechtigter Sozialwohnungen, d.h. neugeschaffene,[1117] öffentlich aus Mitteln des Bundes, der Länder, Gemeinden und Gemeindeverbände geförderte[1118] Wohnungen, zum Gebrauch nur an sogenannte Wohnberechtigte überlassen.[1119]

Als *Wohnberechtigte* kommen namentlich Wohnungsuchende in Betracht, deren Jahreseinkommen bestimmte Einkommensgrenzen nicht übersteigen.[1120] Diese Voraussetzungen werden HIV-Infizierte häufig erfüllen. Unabhängig vom Einkommen können als Wohnberechtigte aber auch Wohnungsuchende anerkannt werden, „wenn die Versagung der Bescheinigung für den Wohnungsuchenden aus sonstigen Gründen eine besondere Härte bedeuten würde".[1121] Dies kann auf HIV-Infizierte, die sich bislang über längere Zeit vergeblich bemüht haben, eine Wohnung zu mieten, ebenfalls zutreffen. Trotz dieser Gegebenheiten ist der Verfügungsberechtigte aber im allgemeinen nicht gehalten, einen Mietvertrag gerade mit einem HIV-positiven Wohnberechtigten einzugehen. Vielmehr kann er - ähnlich wie ein Arbeitgeber gegenüber Schwerbehinderten[1122] - grundsätzlich unter allen Wohnungsuchenden auswählen.[1123] Abgesehen von zwei für HIV-Infizierte nicht generell einschlägigen Ausnahmen[1124] *entfällt* die *Auswahlfreiheit also nicht*.

Möglich ist es jedoch, die *Auswahlfreiheit* des Verfügungsberechtigten auf „Angehörige eines bestimmten Personenkreises" zu *beschränken*. Dies kann durch einen entsprechenden „Vorbehalt" bei der Bewilligung der öffentlichen Mittel" geschehen.[1125] Ein solcher Vorbehalt wird z.B. zugunsten von Lastenausgleichsberechtigten,[1126] Schwerbehinderten, Räumungsbetroffenen, kinderreichen Fa-

---

[1115] Siehe näher *Schwender*, Erläuterungen zum Wohnungsbindungsgesetz, in: Das Deutsche Bundesrecht, Stand: Dezember 1988, Erläuterung zu § 4 (S. 32f.).

[1116] in der Fassung der Bekanntmachung vom 22. 7. 1982 (BGBl. I S. 972), zuletzt geändert durch Gesetz vom 11. 7. 1985 (BGBl. I S. 1277).

[1117] Vgl. § 1 Abs. 2 WoBindG.

[1118] Siehe näher § 1 Abs. 3, insbesondere lit. b) WoBindG in Verbindung mit vor allem § 6 Abs. 1 des Zweiten Wohnungsbaugesetzes (II. WoBauG) in der Fassung vom 11. 7. 1985 (BGBl. I S. 1284, berichtigt S. 1661), zuletzt geändert durch Gesetz vom 21. 2. 1989 (BGBl. I S. 242), ferner die Verwaltungsvereinbarung über die Förderung des sozialen Wohnungsbaues im Programmjahr 1989 zwischen der Bundesrepublik Deutschland und den Bundesländern, insbesondere deren Art. 1 und 1a.

[1119] Vgl. im einzelnen § 4 WoBindG.

[1120] Siehe des näheren § 5 Abs. 1 WoBindG in Verbindung mit § 25 II. WoBauG.

[1121] So § 5 Abs. 1 Satz 2 lit. c) WoBindG.

[1122] Vgl. dazu vorstehend den Text bei Fn. 1071.

[1123] Siehe ergänzend *Schwender*, Wohnungsbindungsgesetz, Erläuterung zu § 4 (S. 34).

[1124] Vgl. § 4 Abs. 4 WoBindG, ferner § 5a WoBindG in Verbindung mit der Verordnung z.B. Hamburgs zu § 5a des Wohnungsbindungsgesetzes 1965 vom 28. 7. 1970 (GVBl. S. 233) und der Hessens über die Überlassung von Sozialwohnungen in Gebieten mit erhöhtem Wohnbedarf vom 31. 5. 1974 (GVBl. S. 257), geändert durch Verordnung vom 4. 7. 1981 (GVBl. S. 226).

[1125] Siehe § 4 Abs. 3 Satz 1 WoBindG.

[1126] Vgl. § 50 Abs. 6 II. WoBauG.

milien und ähnlichen Gruppen für zulässig gehalten.[1127] Er kann daher auch zugunsten HIV-Infizierter ausgesprochen werden.[1128] Engt der Bewilligungsbescheid über die öffentlichen Mittel[1129] den Personenkreis der Wohnberechtigten dementsprechend auf HIV-Infizierte ein, dann darf der Verfügungsberechtigte die Wohnung „für die Dauer des Vorbehalts einem Wohnberechtigten nur zum Gebrauch überlassen, wenn sich aus der (Wohnberechtigungs-)Bescheinigung außerdem ergibt, daß er diesem Personenkreis angehört".[1130] Auf diese Weise können HIV-Infizierte eine Wohnung erhalten.

Dieses Verfahren setzt allerdings die Bereitschaft des Bauherren voraus, unter diesen Umständen überhaupt eine öffentliche Förderung des Baues von Wohnungen in Anspruch zu nehmen. Davon dürfte bei privaten Bauherren angesichts der Vorurteile gegenüber HIV-Positiven nicht, jedenfalls nicht im größeren Maße auszugehen sein. Als *Bauherren* kommen jedoch auch z.B. die *Gemeinden* und die *Gemeindeverbände* in Betracht. Zwar „sollen (sie) sich in der Regel eines geeigneten Wohnungsunternehmens oder Organs der staatlichen Wohnungspolitik bedienen".[1131] Das ändert aber nichts an der Möglichkeit, daß auf diese Weise gezielt Wohnungen für HIV-Infizierte gebaut werden könnten[1132] und - bei einer Notlage - von Verfassungs wegen (Sozialstaatsprinzip, Art. 20 Abs. 1 und 28 Abs. 1 Satz 1 GG) auch gebaut werden müßten.

Nach alledem kann für den Bereich der Wohnungssuche - ebenso wie schon für den des Kündigungsschutzes[1133] - *festgestellt* werden, daß HIV-Positive ausreichend vor ungerechtfertigten Benachteiligungen wegen ihrer Infektion bewahrt werden (können), es eines speziellen Antidiskriminierungsgesetzes also nicht bedarf.

Davon abgesehen dürfte es bei der Wohnungssuche nur selten zu Diskriminierungen wegen einer HIV-Infektion kommen, weil der Gesundheitszustand des Bewerbers dem Vermieter - anders als bei einem bestehenden Mietverhältnis -

---

1127 So *Schwender,* Wohnungsbindungsgesetz, Erläuterung zu § 4 Abs. 3 (S. 34); außerdem nennt er a.a.O. noch Aussiedler, Umsiedler und ältere Personen. Speziell zur Förderung des Sozialen Wohnungsbaues für Aussiedler vgl. Art. 1b der in Fn. 1118 genannten Verwaltungsvereinbarung.

1128 Siehe dazu auch § 36 Abs. 2 VwVfG (Nebenbestimmungen zu Verwaltungsakten) und § 33 Abs. 3 II. WoBauG (kein Rechtsanspruch auf die Bewilligung öffentlicher Wohnungsbaumittel). - Ein solcher Vorbehalt zugunsten HIV-Infizierter müßte sogar vorgesehen werden, wenn der Bund den sozialen Wohnungsbau für HIV-Infizierte ähnlich gezielt fördern würde, wie er dies nach Art. 1b der Verwaltungsvereinbarung (Fn. 1118) für Aussiedler tut.

1129 Vgl. vor allem § 33 Abs. 1 II. WoBauG.

1130 So § 4 Abs. 3 Satz 1 WoBindG.

1131 Vgl. § 33 Abs. 5 II. WoBauG.

1132 Die Vorschrift des § 5 Abs. 1 Satz 1 des Wohnungsgemeinnützigkeitsgesetzes in der Fassung vom 29. 2. 1940 (RGBl. I S. 437), zuletzt geändert durch das Gesetz vom 8. 12. 1986 (BGBl. I S. 2191), steht dem bei - gemeinnützigen - Wohnungsunternehmen nicht entgegen. Zwar darf nach dieser Bestimmung das Wohnungsunternehmen - will es seine Anerkennung als gemeinnützig nicht verlieren - „die Überlassung der Wohnungen ... nicht auf bestimmte Personen" beschränken. Darunter wird jedoch nur eine Begrenzung auf einen „jederzeit zahlenmäßig bestimmte(n) Kreis" verstanden, so daß eine Beschränkung z.B. auf Flüchtlinge, Beamte und dergleichen für zulässig erachtet wird; vgl. *Schwender,* Erläuterungen zum Wohnungsgemeinnützigkeitsgesetz, in: Das Deutsche Bundesrecht, Stand: 126. Lieferung, Erläuterung zu § 5 (S. 15).

1133 Vgl. dazu vorstehend den Text nach Fn. 1107.

regelmäßig unbekannt sein dürfte und - in Anlehnung an das Arbeitsrecht[1134] - mangels eines berechtigten Interesses des Vermieters weder eine dahingehende Offenbarungs-Pflicht der Wohnungsuchenden noch ein Fragerecht des Vermieters anzuerkennen ist.

c. Schulwesen

Gegen Diskriminierungen, die Kinder und Jugendliche im Schulwesen (einschließlich des Kindergarten- und Hochschulwesens) erfahren,[1135] hat die Rechtsordnung - ebenso wie im Arbeitsleben und Wohnungswesen[1136] - auf ähnlich allgemeine Weise ausreichend vorgesorgt. Das soll im folgenden am Beispiel des HIV-motivierten Ausschlusses von infizierten Kindern und Jugendlichen von Schulen, Hochschulen und Kindergärten dargelegt werden.
Was zunächst des *Schulbereich* betrifft, so ist nach den Schulgesetzen einiger Länder ein *Ausschluß vom Schulbesuch* nur zulässig, wenn der Verbleib eines Schülers „eine ernste (ernstliche) Gefahr für die Gesundheit der anderen Schüler bedeutet".[1137] Da HIV-positive Schüler für ihre Mitschüler in aller Regel keine Ansteckungsgefahr darstellen[1138] und die speziellen seuchenrechtlichen Verbote für Schüler (Verbot, die Schulräume zu betreten etc.) mangels ausdrücklicher Nennung der HIV-Infektion (vgl. § 45 Abs. 1 BSeuchenG) nicht erlassen werden können, bedeutet dies, daß ein Schüler wegen seiner HIV-Ansteckung nicht am

---

[1134] Siehe dazu oben die Darstellung bei Fn. 1041 bis 1047.

[1135] Vgl. dazu oben den Text bei Fn. 1029 und 1030.

[1136] Siehe hierzu die vorstehenden Ausführungen unter a) und b).

[1137] So § 39 Abs. 3 des Schulverwaltungsgesetzes Nordrhein-Westfalens in der Fassung vom 18. 1. 1985 (GVBl. S. 155, berichtigt S. 447), geändert durch Gesetz vom 19. 3. 1985 (GVBl. S. 288) und § 43 Abs. 3 des Schulgesetzes Rheinland-Pfalz' vom 6. 11. 1974 (GVBl. S. 487), zuletzt geändert durch Gesetz vom 27. 3. 1987 (GVBl. S. 57). - Die Schulgesetze anderer Bundesländer enthalten eine derartige Regelung nicht, z. B. nicht das Bayerische Gesetz über das Erziehungs- und Unterrichtswesen in der Fassung vom 29. 2. 1988 (GVBl. S. 61), desgleichen nicht das Schulordnungsgesetz des Saarlandes in der Fassung vom 22. 5. 1985 (Amtsblatt S. 577), zuletzt geändert durch Gesetz vom 22. 6. 1988 (Amtsblatt S. 541). Da der Ausschluß von der Schule einer gesetzlichen Grundlage bedarf (vgl. BVerfGE 41, 251, 259-266), ist ein Rückgriff auf nichtspezifische Rechtsgrundlagen problematisch, wenn nicht verfehlt; vgl. dazu auch *Bender,* Aids und Schule, NJW 1987, 2903, 2906 und *Costard,* AIDS, S. 239f. Ausreichend ist es aber, wenn - wie z. B. § 33 des Schulordnungsgesetzes des Saarlandes, a. a. O., den Kultusminister zum Erlaß von Schulordnungen in Gestalt von Rechtsverordnungen ermächtigt und das Schulordnungsgesetz deren Inhalt vorzeichnet, z. B. festlegt, daß in den Schulordnungen insbesondere „die zur Durchführung der Schulgesundheitspflege erforderlichen Maßnahmen" (so § 33 Abs. 2 Nr. 14 des Schulordnungsgesetzes) zu regeln sind. Von dieser Ermächtigung hat die Allgemeine Schulordnung vom 10. 11. 1975 (Amtsblatt S. 1239), geändert durch Verordnung vom 15. 6. 1977 (Amtsblatt S. 739), durch § 18 Gebrauch gemacht, der sich aber darauf beschränkt, lediglich Erkrankungen oder den Verdacht einer Erkrankung eines Schülers an einer nach § 3 BSeuchenG meldepflichtigen Krankheit zu erfassen und gegen den betroffenen Schüler u. a. ein Verbot zu ermöglichen, daß er die den Unterricht dienenden Räume nicht betritt.

[1138] Vgl. dazu speziell vor allem die Beschlüsse der Ständigen Konferenz der Kultusminister auf ihrer 225. Plenarsitzung am 17. und 18. 10. 1985, in denen u. a. festgestellt wird: „Das Risiko einer (HIV-)Ansteckung von Schülern besteht nach derzeitigem medizinischen Wissensstand bei in Schulen üblichen sozialen Kontakten nicht." Zitiert nach *Bender,* AIDS und Schule, NJW 1987, 2903, 2905.

Schulbesuch gehindert werden darf.[1139] Aufgrund dieser Rechtslage werden infolgedessen HIV-positive Schüler vor einem ungerechtfertigten Ausschluß - und damit mittelbar - vor einer entsprechenden Diskriminierung geschützt.
Ähnlich ist die Rechtslage nach dem *Hochschulrecht* der Länder hinsichtlich der HIV-bedingten *Exmatrikulation* von Studenten. Beispielsweise kann ein Student aufgrund des Bayerischen Hochschulgesetzes[1140] nur exmatrikuliert werden, wenn er „an einer Krankheit leidet, die die Gesundheit der anderen Studenten ernstlich gefährden" würde „und eine Beurlaubung nicht möglich ist". Vergleichbare Regelungen enthalten die Hochschulgesetze anderer Länder.[1141] Da diese tatbestandlichen Voraussetzungen bei einem HIV-positiven Studenten regelmäßig nicht gegeben sind,[1142] wird er insoweit vor HIV-bezogenen Diskriminierungen bewahrt.
Nicht so eindeutig, gleichwohl aber ausreichend ist der Antidiskriminierungsschutz für Kinder, die wegen ihrer HIV-Infektion vom *Kindergarten* ausgeschlossen werden sollen. Weder das für diesen Bereich einschlägige Gesetz für Jugendwohlfahrt (JWG)[1143] noch die in seiner Ausführung (vgl. § 5 Abs. 5 JWG) von mehreren Ländern erlassenen Kindergartengesetze[1144] enthalten den erörterten Vorschriften des Schul- und Hochschulrechts vergleichbare Bestimmungen. Das gilt auch für § 12 des Kindergartengesetzes Nordrhein-Westfalens.

[1139] Siehe hierzu näher *Bender,* Aids und Schule, NJW 1987, 2903, 2908; *Costard,* AIDS, S. 237f.; *Loschelder,* Gesundheitsrechtliche Aspekte, NJW 1987, 1467, 1470; *Rombey,* Die Allgemeine Schulordnung in Nordrhein-Westfalen, 1987, § 45 Anm. 3 mit § 44 Anm. 4 zu dem mit § 29 Abs. 3 des Schulverwaltungsgesetzes Nordrhein-Westfalens übereinstimmend § 45 der Allgemeinen Schulordnung.

[1140] So Art. 65 Abs. 4 Nr. 1 in Verbindung mit Art. 62 Abs. 1 Nr. 1 des Bayerischen Hochschulgesetzes in der Fassung vom 8. 12. 1988 (GVBl. S. 399).

[1141] Vgl. z.B. § 91 Abs. 3 Nr. 1 in Verbindung mit § 87 Abs. 2 Nr. 3 des Gesetzes über die Universitäten im Lande Baden-Württemberg in der Fassung vom 30. 10. 1987 (GBl. S. 545); § 40 Abs. 3 Nr. 1 in Verbindung mit § 37 Abs. 2 Nr. 2 des Hessischen Hochschulgesetzes vom 6. 6. 1978 (GVBl. S. 319), zuletzt geändert durch Gesetz vom 28. 10. 1987 (GVBl. S. 181); § 40 Abs. 3 Nr. 1 in Verbindung mit § 39 Abs. 1 Nr. 1 des Niedersächsischen Hochschulgesetzes in der Fassung vom 23. 10. 1981 (GVBl. S. 263), zuletzt geändert durch Gesetz vom 30. 6. 1985 (GVBl. S. 246); § 69 Abs. 3 lit. a) in Verbindung mit § 67 Abs. 2 lit. a) des Gesetzes über die wissenschaftlichen Hochschulen des Landes Nordrhein-Westfalen vom 20. 11. 1979 (GVBl. S. 926), zuletzt geändert durch Gesetz vom 15. 3. 1988 (GVBl. S. 144); § 65 Abs. 1 in Verbindung mit § 64 Abs. 1 Nr. 6 des Hochschulgesetzes Rheinland-Pfalz' in der Fassung vom 9. 9. 1987 (GVBl. S. 249).

[1142] Siehe auch *Wollenschläger/Kreßel,* Die Auswirkungen von Aids im Sozialversicherungsrecht, NZA 1988, 80, 82.

[1143] in der Fassung vom 25. 4. 1977 (BGBl. I S. 633, berichtigt S. 795), zuletzt geändert durch Gesetz vom 25. 7. 1986 (BGBl. I S. 1142). Relevant ist für Kindergärten insbesondere § 5 Abs. 1 Nr. 3 JWG und § 78 JWG; vgl. z.B. Hessicher VGH DVBl. 1977, 216, 218; *Künzel/Moskal,* Kindergartengesetz Nordrhein-Westfalen, 11. Aufl., 1984, Einführung unter II. 1. (S. 4), Erläuterung zu § 1 (S. 6) und zu § 12 (S. 71).

[1144] Vgl. das Kindergartengesetz Baden-Württembergs in der Fassung vom 17. 1. 1983 (GBl. S. 30), geändert durch Art. 22 der Verordnung des Innenministeriums vom 19. 3. 1985 (GBl. S. 71); das Bayerische Kindergartengesetz vom 25. 7. 1972 (GVBl. S. 297) in der Fassung der Bayerischen Rechtssammlung unter Gliederungsnummer 2231-1-K; das Kindergartengesetz Nordrhein-Westfalens vom 21. 12. 1971 (GVBl. S. 534), zuletzt geändert durch das Gesetz vom 21. 12. 1982 (GVBl. S. 800); das Kindergartengesetz Rheinland-Pfalz' vom 2. 7. 1980 (GVBl. S. 148), zuletzt geändert durch Gesetz vom 25. 3. 1988 (GVBl. S. 53).

Zwar sieht die genannte Norm in ihrem Absatz 1 vor, daß das Jugendamt „für die ärztliche ... Untersuchung der in den Kindergarten aufgenommenen Kinder zu sorgen“ hat; auch verpflichtet Absatz 2 Satz 2 zur jährlichen Durchführung von „ärztlichen Vorsorgeuntersuchungen“. Da die Vorschrift aber tatbestandlich nicht auf die Untersuchung gewisser Krankheiten beschränkt ist[1145] und somit in diesem Rahmen auch eine Untersuchung der Kinder auf eine HIV-Infektion nicht ausgeschlossen ist, kann die Regelung HIV-positive Kinder nicht (mittelbar) vor Diskriminierungen bewahren.

Mangels sonstiger einschlägiger Vorschriften des Kindergartenrechts könnten lediglich Bestimmungen, die allgemein für das Rechtsverhältnis zwischen dem Träger des Kindergartens und den Erziehungsberechtigten anwendbar sind, einen Diskriminierungsschutz entfalten. Eine solche Wirkung könnte von § 626 BGB (Kündigung aus wichtigem Grund) ausgehen. Das setzt voraus, daß es sich bei dem Kindergartenverhältnis um einen Vertrag handelt, dessen Beendigung sich nur nach dieser Vorschrift beurteilt. Wird ein Kindergarten von Trägern der freien Jugendhilfe,[1146] z.B. den Kirchen (vgl. § 5 Abs. 4 JWG), betrieben, dann stellt sich der Vertrag zwischen den Erziehungsberechtigten und dem Träger als ein Dienstvertrag dar,[1147] weil Gegenstand eines solchen Vertrages „Dienste jeder Art“ (§ 611 Abs. 2 BGB) und damit auch die Erziehung und Betreuung von Kindern[1148] sein können. Da es sich bei Kindergärten um Einrichtungen für Kinder „vom vollendeten dritten Lebensjahr bis zum Beginn der Schulpflicht“ handelt,[1149] wird die Dauer des Kindergartenvertrages regelmäßig entweder im Sinne des § 620 Abs. 2 BGB „bestimmt“ oder „dem Zweck der Dienste zu entnehmen“ sein. Das Vertragsverhältnis wird daher von den Parteien im allgemeinen bis zur Einschulung des begünstigten Kindes gewollt sein. Infolgedessen ist die ansonsten in Betracht kommende ordentliche Kündigung des Kindergartenvertrages „nach Maßgabe“ des § 621 BGB jedenfalls bezüglich der Laufzeit meist ausgeschlossen.[1150] Die Parteien können den Vertrag mithin allein nach § 626 BGB kündigen, d.h. wenn ein „wichtiger Grund“ vorliegt.[1151] Entsprechendes gilt, wenn Träger des Kindergartens der Staat (Gemeinde, Landkreis etc.)

[1145] Eine Begrenzung nimmt erst ein Runderlaß des Ministers für Arbeit, Gesundheit und Soziales vom 20. 8. 1973 vor; vgl. zu dessen Inhalt *Künzel/Moskal*, Kindergartengesetz, Erläuterung zu § 12 (S. 73).

[1146] Siehe § 1 des Kindergartengesetzes Baden-Württembergs, Art. 2 des Bayerischen Kindergartengesetzes, § 1 und § 8 Abs. 1 des Kindergartengesetzes Nordrhein-Westfalens sowie § 1 des Kindergartengesetzes Rheinland-Pfalz' (Fn. 1144).

[1147] Vgl. auch LG Mannheim NJW 1982, 1335f., das von einem Kindergartenvertrag spricht, auf welchen es § 626 BGB anwendet.

[1148] Siehe zu den Aufgaben der Kindergärten die einschlägigen Vorschriften der Kindergartengesetze (Fn. 1144), z.B. § 2 des Kindergartengesetzes Baden-Württembergs, Art. 2 des Bayerischen Kindergartengesetzes, § 2 des Kindergartengesetzes Nordrhein-Westfalens und § 2 des Kindergartengesetzes Rheinland-Pfalz'.

[1149] Vgl. § 1 des Kindergartengesetztes Baden-Württembergs, Art. 1 Abs. 1 des Bayerischen Kindergartengesetzes, § 1 des Kindergartengesetzes Nordrhein-Westfalens und § 1 des Kindergartengesetzes Rheinland-Pfalz' (Fn. 1144).

[1150] Siehe dazu auch – hinsichtlich eines Internatsschulvertrages – OLG Karlsruhe NJW-Rechtsprechungs-Report Zivilrecht 1987, 118f.

[1151] So offenbar auch das LG Mannheim (NJW 1982, 1335f.) hinsichtlich der Kündigung eines Kindergartenvertrages, der ein an Epilepsie leidendes Kind betraf.

ist[1152] und er die Benutzung dieser Einrichtung durch Vertrag regelt;[1153] auch in diesem Falle ist der Kindergartenvertrag nur aus einem „wichtigen Grund“ kündbar.[1154]

Ein solcher Grund ist gegeben, wenn der Vertrag sich auf ein HIV-infiziertes Kind bezieht, das sich gegenüber anderen Kindern agressiv verhält (z. B. sie beißt) oder sie auf andere Weise (z. B. unkontrolliertes Nässen) anzustecken droht. Geht von dem Kind jedoch – wie in der Regel – keine Infektionsgefahr aus, ist ein „wichtiger Grund“ für eine Kündigung des Vertrages zu verneinen. Dieses Ergebnis wird bestärkt, wenn man für die Beurteilung der Kündigung eines Kindergartenvertrages Art. 3 Abs. 1 GG – sei es mittelbar in seiner Ausstrahlungswirkung auf § 626 BGB[1155] oder sei es unmittelbar[1156] – heranzieht. Dieses Grundrecht verbietet es, Kinder wegen ihrer HIV-Infektion vom Kindergarten auszuschließen, wenn dafür – wie angesichts der gegenwärtig bekannten Übertragungswege meist – keine Rechtfertigung ersichtlich ist.[1157] Ebenso verhält es sich, wenn die Benutzung des Kindergartens nicht vertraglich, sondern aufgrund einer Satzung des Trägers (Gemeinde etc.) öffentlich-rechtlich erfolgt[1158] und Art. 3 Abs. 1 GG daher gleichfalls anwendbar ist.[1159]

[1152] Vgl. § 1 des Kindergartengesetzes Baden-Württembergs, Art. 2 Abs. 1 und Abs. 2 des Bayerischen Kindergartengesetzes, § 1 und § 8 Abs. 1 des Kindergartengesetzes Nordrhein-Westfalens; auch § 1 des Kindergartengesetzes Rheinland-Pfalz' (Fn. 1144).

[1153] Dabei macht es keinen Unterschied, ob man diesen Vertrag als privatrechtlichen oder öffentlich-rechtlichen (§§ 53ff. SGB X) qualifiziert, da auch in letzterem Falle (vgl. dazu auch OVG Berlin, in: Fürsorgerechtliche Entscheidungen der Verwaltungs- und Sozialgerichte Bd. 31, 323, 324) trotz der Sonderregelung des § 59 Abs. 1 SGB X das Kündigungsrecht nach § 626 BGB erhalten bleibt (so Kopp, Verwaltungsverfahrensgesetz, 4. Aufl., 1986, § 60 Anm. 4 m. w. Nachw. zu dem § 59 Abs. 1 SGB X entsprechenden § 60 Abs. 1 VwVfG).

[1154] So auch der Hessische VGH DÖV 1974, 715.

[1155] So, wenn der Träger des Kindergartens ein freier Träger ist; siehe zu einem vergleichbaren Fall (Kündigung eines Kindergartenvertrages zwischen einer Kirche und den Erziehungsberechtigten eines an Epilepsie leidenden Kindes) die Entscheidung des LG Mannheim NJW 1982, 1335f., in der das Gericht unter Hinweis auf *Scholler* (Die Störung des Urlaubsgenusses eines „empfindsamen Menschen“ durch einen Behinderten, JZ 1980, 672, 674–677) die gelegentlichen epileptischen Anfälle eines Kindes im Kindergarten wegen der Einwirkung des Verfassungsrechts (Art. 1, 20, 28 GG) auf § 626 BGB nicht als „wichtigen Grund“ im Sinne dieser Vorschrift anerkennt. – Vgl. allgemein zur sogenannten Drittwirkung der Grundrechte nur BVerfGE 73, 261, 269f.; *Hesse*, Grundzüge des Verfassungsrechts der Bundesrepublik Deutschland, 16. Aufl., 1988, S. 140–143 (besonders Rdnr. 355f.) und *Jarass/Pieroth*, Grundgesetz für die Bundesrepublik Deutschland, 1989, Art. 1 Anm. 16 mit Anm. 20–22, jeweils m. w. Nachw.

[1156] So, wenn der Träger des Kindergartens der Staat (die Gemeinde etc.) ist und man den Staat zutreffend jedenfalls auch dann als an die Grundrechte gebunden ansieht (Art. 1 Abs. 3 GG), wenn er eine öffentliche Aufgabe wie das Betreiben eines Kindergartens in den Formen des Privatrechts erfüllt; vgl. dazu allgemein nur BGHZ 91, 84, 96f.; *Hesse*, Grundzüge, S. 138 (Rdnr. 346f.) und *Jarass/Pieroth*, Grundgesetz, Art. 1 Anm. 18. m. w. Nachw.

[1157] Siehe näher und allgemein zur Auslegung des Art. 3 Abs. 1 die Rechtsprechung des Bundesverfassungsgerichts und seine sogenannte neue Formel, die das Gericht z. B. in BVerfGE 75, 382, 393 und BVerfGE 78, 232, 247 m. w. Nachw. verwendet.

[1158] Vgl. zur Freiheit einer Gemeinde, als Träger eines Kindergartens dessen Benutzung entweder vertraglich oder durch eine Satzung zu regeln, VG Wiesbaden, DVBl. 1974, 243, 244. – Siehe allgemein zu dieser Wahlfreiheit statt vieler *Stober*, Kommunalrecht, 1987, S. 109 und S. 113ff. m. w. Nachw.

[1159] Siehe nur *Jarass/Pieroth*, Grundgesetz, Art. 1 Anm. 15 m.w.Nachw.

Dies alles zeigt, daß HIV-positive Kinder bereits aufgrund der allgemeinen Rechtslage ausreichend vor einem nicht sachgerechten, HIV-motivierten Ausschluß aus dem Kindergarten bewahrt werden können. Eines besonderen, HIV-spezifischen Antidiskriminierungsschutzes bedarf es daher insoweit ebensowenig wie im Schul- und Hochschulbereich.[1160]
Dies gilt übrigens auch für die Diskriminierungen in Kindergärten, von denen die Enquete-Kommission berichtet (herabsetzende, völlig überflüssige Vorsichtsmaßnahmen gegenüber HIV-infizierten Kindern).[1161] Derlei Auswüchsen kann durch die vom Gesetz für Jugendwohlfahrt vorgesehene Aufsicht für Kindergärten begegnet werden. Diese in Händen des Landesjugendamtes liegende Aufsicht erstreckt sich nämlich auch darauf, „daß in den Einrichtungen das leibliche, geistige und seelische Wohl der Minderjährigen gewährleistet ist" (§ 78 Abs. 2 Satz 1 JWG). Werden Tatsachen festgestellt, die geeignet sind, dieses Wohl „zu gefährden und (ist) eine unverzügliche Beseitigung der Gefährdung nicht zu erwarten", kann der Betrieb des Kindergartens vorübergehend oder auf Dauer untersagt werden (vgl. § 78 Abs. 7 Satz 1 JWG).

d. Versicherungswesen

Die von den (privaten) Versicherern durch Befragung oder durch das Verlangen eines HIV-Tests[1162] erstrebte Klarheit über den HIV-Status der in Aussicht genommenen Versicherten soll eine Differenzierung zwischen HIV-Positiven und Nichtinfizierten zu dem Zweck ermöglichen, HIV-bedingte finanzielle Risiken auszuschließen. Dies kommt den Versicherern zugute. Ein solches Vorgehen begünstigt aber auch die - nichtinfizierten - Versicherungsnehmer; ihnen werden auf diese Weise Prämienerhöhungen erspart, die angesichts des Verlaufs von HIV-Infektionen und den daraus alsbald erwachsenden Versicherungsfällen unausweichlich erscheinen, wenn man von einer HIV-Ermittlung der Versicherten vor Neuabschlüssen absieht.[1163] Demgegenüber ist das besagte Vorgehen der Versicherer für HIV-Positive abträglich; ihnen wird - im Gegensatz zu Nichtinfizierten - ein Versicherungschutz vorenthalten oder nur mit einem erheblichen Risikozuschlag zu den normalen Prämien gewährt.
Diese Ungleichbehandlung ist dann keine Diskriminierung, wenn sie sachlich berechtigt ist. Das wurde vorstehend[1164] für das Versicherungswesen unter Hinweis darauf bejaht, daß die Untersagung einer Differenzierung zwischen HIV-Positiven und -Negativen (Verbot von HIV-Tests etc.) auf eine von den Nichtinfizierten „privat" zu erbringende Subventionierung der Versicherungsprämie für Infizierte und damit eine unangemessene finanzielle Belastung der Nichtinfizierten hinausliefe. Anders als die gesundheitlich motivierten Ungleichbehandlungen von HIV-Positiven und -Negativen im Arbeitsleben-, Wohnungs- und Schul-

---

[1160] Vgl. oben die Darstellung nach Fn. 1139 und Fn. 1142.
[1161] Siehe vorstehend den Text nach Fn. 1029.
[1162] Vgl. dazu oben die Darstellung unter 5. bei Fn. 961 m.w.Nachw.
[1163] Siehe dazu auch die Ausführungen vorstehend sub. 7., beginnend bei Fn. 1014.
[1164] Vgl. den Text oben unter 7., beginnend bei Fn. 1017.

wesen,[1165] die mangels einer meist zu verneinenden Ansteckungsgefahr regelmäßig sachwidrig sind, erweist sich somit eine auf einer HIV-Infektion beruhende Differenzierung im Versicherungswesen als dem Grunde nach berechtigt.[1166]
Dieses Ergebnis wird einfachrechtlich für den Abschluß einer Lebensversicherung durch § 160 des Versicherungsvertragsgesetzes[1167] bestätigt. Die fragliche Vorschrift geht von der Zulässigkeit einer „Vereinbarung (aus), daß derjenige, auf dessen Person eine Versicherung genommen werden soll, sich zuvor einer ärztlichen Untersuchung zu unterwerfen hat". Dementsprechend ist auch eine Vereinbarung über die Durchführung eines HIV-Tests möglich.[1168]
Auch die verfassungsrechtlich durch Art. 2 Abs. 1 GG garantierte Vertragsfreiheit[1169] spricht für die Zulässigkeit einer Differenzierung zwischen HIV-Infizierten und Nichtinfizierten im (privaten) Versicherungswesen. Wollte man den Versicherern nämlich - wie in den USA teilweise geschehen[1170] - eine Identifizierung von HIV-Positiven gesetzlich untersagen, würden sie bei der Auswahl der Versicherten insoweit zur „Blindheit" verurteilt. Die Versicherer würden dadurch - wollen sie nicht auf Neuabschlüsse verzichten - im Ergebnis gezwungen, Versicherungen unkontrollierbar zugunsten (äußerlich nicht erkennbar) HIV-infizierter Personen abzuschließen. Dies wäre in ihrer praktischen Auswirkung eine Maßnahme, die einem Kontrahierungszwang gleichkäme. Angesichts der weitreichenden finanziellen Auswirkungen für die Versicherer (und die - nichtinfizierten - Versicherungsnehmer), die eine HIV-Infektion wegen ihres häufig absehbaren tödlichen Verlaufs hat, wäre ein solcher Eingriff unverhältnismäßig. Das gilt selbst dann, wenn man berücksichtigt, daß ein gesetzliches Verbot von HIV-Tests etc. im Versicherungswesen dem naheliegenden Interesse der HIV-Infizierten dient, (privaten) Versicherungsschutz zu erhalten, denn das Recht der gesetzlichen Krankenversicherung[1171] und notfalls das Sozialhilferecht[1172] gewähren den HIV-Infizierten insgesamt einen angemessenen Schutz.[1173]

[1165] Siehe vorstehend die Ausführungen insbesondere unter 7. bei Fn. 993.

[1166] Ebenso der Sache nach *Löwisch,* Probleme von AIDS, S. 307, 327f.

[1167] Gesetz über den Versicherungsvertrag vom 30. 5. 1908 (RGBl. S. 263), zuletzt geändert durch Gesetz vom 30. 6. 1967 (BGBl. I S. 609).

[1168] So auch *Deutch,* Rechtsprobleme, Versicherungsrecht 1988, 533, 540.

[1169] Vgl. dazu statt aller BVerfGE 73, 261, 270 m. w. Nachw.

[1170] Siehe oben unter 5., beginnend bei Fn. 963.

[1171] Vgl. insbesondere die einschlägigen Vorschriften des Sozialgesetzbuches - Fünftes Buch (Gesetzliche Krankenversicherung) vom 20. 12. 1988 (BGBl. I S 2481), vor allem die §§ 2, 5, 9-11, 19, 27, 44, 53-55, 186 und 190-192; siehe ferner u.a. § 155 des Arbeitsförderungsgesetzes (Fn. 1081).

[1172] Siehe vor allem § 37 des Bundessozialhilfegesetzes (Fn. 1088), der die Krankenhilfe regelt. Nach dessen Absatz 2 umfaßt die Krankenhilfe „ärztliche und zahnärztliche Behandlung, Versorgung mit Arzneimitteln, Verbandmitteln und Zahnersatz, Krankenhausbehandlung, sowie sonstige zur Genesung, zur Besserung oder zur Linderung der Krankheitsfolgen erforderlichen Leistungen. Die Leistungen sollen in der Regel den Leistungen entsprechen, die nach den Vorschriften über die gesetzliche Krankenversicherung gewährt werden."

[1173] Vgl. auch *Wollenschläger/Kreßel,* Aids im Sozialversicherungsrecht, NZA 1988, 80f., die hinsichtlich des Rechts der gesetzlichen Krankenversicherung allerdings noch nicht von der neuen Rechtslage ausgehen konnten, sondern die nach der Reichsversicherungsordnung zugrunde legen mußten.

Somit besteht für den Gesetzgeber - anders als im Arbeitsleben, Wohnungs- und Schulwesen[1174] - kein Grund, auf das Versicherungsvertragsrecht z. B. durch das Verbot von HIV-Tests einzuwirken. Lediglich sofern es - wie teilweise in den USA[1175] - um die gesetzgeberische Festlegung von „Rahmenbedingungen“ (Wahrung der Vertraulichkeit etc.) geht, kann eine Regelung sinnvoll sein.[1176] Allerdings dürfte auch insoweit die Rechtsordnung ausreichend allgemein versorgt haben, beispielsweise durch § 203 Abs. 1 Nr. 1 StGB, der es Angehörigen eines Unternehmens der privaten Kranken-, Unfall- oder Lebensversicherung unter Strafe verbietet, unbefugt ein ihnen anvertrautes oder sonst beruflich bekanntgewordenes fremdes Geheimnis,[1177] namentlich ein zum persönlichen Lebensbereich gehörendes Geheimnis, zu offenbaren.

e. Sonstige Bereiche

Abgesehen von dem eben erwähnten § 203 StGB bietet das Strafrecht auch im übrigen einen allgemeinen Schutz gegen Diskriminierungen HIV-Infizierter und solcher, die vermeintlich HIV-positiv sind, und zwar durch § 185 StGB (Beleidigung), § 186 StGB (üble Nachrede) und § 187 StGB (Verleumdung).
Des weiteren gewährleistet die Anerkennung des allgemeinen Persönlichkeitsrechts als „sonstiges Recht“ im Sinne des § 823 Abs. 1 BGB[1178] einen weitreichenden Antidiskriminierungsschutz auch für HIV-Infizierte insoweit, als dadurch z. B. Verletzungen der Ehre[1179] oder das Offenbaren von Geheimnissen[1180] bei Widerrechtlichkeit und Verschulden schadensersatzpflichtig sind.

[1174] Siehe dazu den Text in den vorstehenden Abschnitten a) und b), beginnend bei Fn. 1040.

[1175] Vgl. die Ausführungen oben nach Fn. 972, bei Fn. 977 und nach Fn. 980.

[1176] Siehe dazu die Bewertung vorstehend unter 7. bei Fn. 1012 und 1013.

[1177] Als „Geheimnisse“ werden Tatsachen beliebiger Art angesehen, die nur einem beschränkten Personenkreis bekannt sind und an deren Geheimhaltung derjenige, den sie betreffen, ein von seinem Standpunkt aus sachlich begründetes Interesse hat oder bei eigener Kenntnis der Tatsache haben würde; so z. B. *Lenckner*, in: Schönke/Schröder, Strafgesetzbuch, 23. Aufl., 1988, § 203 Anm. 5.

[1178] Vgl. statt aller nur BGHZ 24, 72, 77 und BGHZ 99, 133, 136. - Siehe allgemein aus der Literatur u. a. *Zeuner*, in: Soergel, Bürgerliches Gesetzbuch, 11. Aufl., 1985, § 823 Anm. 65ff. m.w.Nachw. - Zu den Unterschieden zwischen dem privatrechtlichen und dem verfassungsrechtlichen allgemeinen Persönlichkeitsrecht vgl. *Jarass*, Das allgemeine Persönlichkeitsrecht im Grundgesetz, NJW 1989, 857, 858.

[1179] Siehe erneut *Zeuner*, a. a. O. (Fn. 1178), § 823 Anm. 67 und 78-80 m.w.Nachw. - Gegebenenfalls kann der Schadensersatzanspruch auch auf § 823 Abs. 1 in Verbindung mit den §§ 185-187 StGB gestützt werden; vgl. z. B. BGHZ 95, 212, 214 und BGHZ 99, 133, 136.

[1180] Vgl. nochmals *Zeuner*, a. a. O. (Fn. 1178), § 823 Anm. 74 m.w.Nachw.

Anhang: Beispiel für die Aids-Gesetzgebung in den USA

Nachstehend werden die wichtigsten „Sektionen" der *Florida Statutes* abgedruckt, die sich mit Aids befassen. Die Regelungen sind am 1. Juli 1988 in Kraft getreten.

Section 381.607 Findings; Intent

The Legislature finds that Acquired Immune Deficiency Syndrome, otherwise known as AIDS, constitutes a serious and unique danger to the public health and welfare. The Legislature finds that Acquired Immune Deficiency Syndrome is transmitted by sexual activity, by intravenous drug use, or from an infected mother to a fetus and that public fear of contagion from casual contact is not supported by any scientific evidence. The Legislature finds that Acquired Immune Deficiency Syndrome is transmitted by a retrovirus which makes the possibility of development of an immunization or cure highly unlikely in the near future. The Legislature finds that, once infected, there is a high probability that an individual will develop Acquired Immune Deficiency Syndrome or a related syndrome and die a premature death as a result, but may live productively for years in a communicable state without showing any signs or symptoms of illness. The Legislature finds the unique methods of transmission of this disease, and its inevitably fatal course, have raised public fears; changed the attitudes of employers, insurers, educators, law enforcement personnel, and health and medical providers about dealing with the disease; and unexpectedly raised the medical costs of this state. The Legislature intends to establish programs and requirements related to Acquired Immune Deficiency Syndrome which carefully balance medical necessity, the right to privacy, and protection of the public from harm and which establish public programs for the care and treatment of persons with Acquired Immune Deficiency Syndrome and related conditions.

Section 381.608 Education

The Department of Health and Rehabilitative Services shall establish a program to educate the public about the threat of Acquired Immune Deficiency Syndrome.

(1) The Acquired Immune Deficiency Syndrome Education Program shall:
(a) Be designed to reach all segments of Florida's population;

(b) Contain special components designed to reach non-English speaking and other minority groups within the state;
(c) Impart knowledge to the public about methods of transmission of Acquired Immune Deficiency Syndrome and methods of prevention;
(d) Educate the public about transmission risks in social, employment, and educational situations;
(e) Educate health care workers and health facilities' employees about methods of transmission and prevention in their unique workplace environments;
(f) Contain special components designed to reach persons who may frequently engage in behaviours placing them at a high risk for acquiring Acquired Immune Deficiency Syndrome;
(g) Provide information and consultation to state agencies to educate all state employees; and
(h) Provide information and consultation to state and local agencies to educate law enforcement and correctional personnel and inmates.
(i) Provide information and consultation to local governments to educate local government employees.
(j) Make information available to private employers and encourage them to distribute this information to their employees.
(k) Contain special components which emphasize appropriate behavior and attitude change.

(2) The program designed by the Department of Health and Rehabilitative Services shall utilize all forms of the media and shall place emphasis on the design of educational materials that can be used by businesses, schools, and health care providers in the regular course of their business.

(3) The department may contract with other persons in the design, development, and distribution of the components of the education program.

Section 110.1125 Information Requirements; Human Immunodeficiency Virus Infection and Acquired Immune Deficiency Syndrome

(1) Each agency shall provide to each new state employee, and to each state employee on an annual basis, an informational pamphlet about Human Immunodeficiency Virus (HIV) infection and Acquired Immune Deficiency Syndrome (AIDS). The pamphlet shall be written and printed by the Department of Health and Rehabilitative Services and shall contain information about the nature and extent of HIV and AIDS, methods of transmission and preventive measures, and referral services. ...

Section 945.35 Requirement for Education on Human Immunodeficiency Virus and Acquired Immune Deficiency Syndrome

(1) The Department of Corrections, in conjunction with the Department of Health and Rehabilitative Services, shall establish a mandatory introductory and

continuing education program on Human Immnodeficiency Virus and Acquired Immune Deficiency Syndrome for all inmates. Programs shall be specifically designed for inmates while incarcerated and in preparation for release into the community. Consideration shall be given to cultural and other relevant differences among inmates in the development of educational materials and shall include emphasis on behavior and attitude change. The education program shall be continuously updated to reflect the latest medical information available.

(2) The Department of Corrections, in conjunction with the Department of Health and Rehabilitative Services, shall establish a mandatory education program on Human Immunodeficiency Virus and Acquired Immune Deficiency Syndrome with an emphasis on appropriate behavior and attitude change to be offered on an annual basis to all staff in correctional facilities, including new staff.

(3) When there is evidence that an inmate, while in the custody of the department, has engaged in behavior which places the inmate at a high risk of transmitting or contracting a Human Immunodeficiency disorder, the department may begin a testing program which is consistent with guidelines of the Centers for Disease Control and recommendations of the Correctional Medical Authority. For purposes of this subsection, „high-risk behavior" includes:
1. Sexual contact with any person.
2. An altercation involving exposure to body fluids.
3. The use of intravenous drugs.
4. Tattooing.
5. Any other activity medically known to transmit the virus.

(4) The results of such tests shall become a part of that inmate's medical file, accessible only to persons designated by agency rule.

(5) The department shall establish policies consistent with guidelines of the Centers for Disease Control and recommendations of the Correctional Medical Authority on the housing, physical contact, dining, recreation, and exercise hours or locations for inmates with immunodeficiency disorders as are medically indicated and consistent with the proper operation of its facilities.

(6) The department shall report to the Legislature by March 1 each year as to the implementation of this program and the participation by inmates and staff.

Section 233.0672 Health Education; Instruction in Acquired Immune Deficiency Syndrome

(1) Each district school board may provide instruction in acquired immune deficiency syndrome education as a specific area of health education. Such unstruction may include, but not be limited to, the known modes of transmission, signs and symptoms, risk factors associated with acquired immune deficiency syn-

drome, and means used to control the spread of acquired immune deficiency syndrome. The instruction shall be appropriate for the grade and age of the student and shall reflect current theory, knowledge, and practice regarding acquired immune deficiency syndrome and its prevention. ...

Section 240.2097 Education Programs, Limited Access Status; Transfer Students; Student Handbook; Rules

The Board of Regents shall adopt rules to include the following provisions:

(2) Each university shall provide registration opportunities for transfer students that allow such students access to high demand courses comparable to that provided native students. Further, each university that provides an orientation program for freshman enrollees shall also provide orientation programs for transfer students. Each orientation program for freshmen or transfer students shall include education on the transmission and prevention of Human Immunodeficiency Virus with emphasis on behavior and attitude change.

Section 381.609 Testing for Human Immunodeficiency Virus

(1) Legislative Intent
The Legislature finds that the use of tests designed to reveal a condition indicative of Human Immunodeficiency Virus infection can be a valuable tool in protecting the public health. The Legislature finds that despite existing laws, regulations, and professional standards which require or promote the informed, voluntary, and confidential use of tests designed to reveal Human Immunodeficiency Virus infection, many members of the public are deterred from seeking such testing because they misunderstand the nature of the test or fear that test results will be disclosed without their consent. The Legislature finds that the public health will be served by facilitating informed, voluntary, and confidential use of tests designed to detect Human Immunodeficiency Virus infection.

(2) Human Immunodeficiency Virus Testing; Informed Consent; Results; Counseling; Confidentiality
(a) No person in this state shall perform a test designed to identify the Human Immunodeficiency Virus, or its antigen or antibody, without first obtaining the informed consent of the person upon whom the test is being performed, except as specified elsewhere in law. Informed consent shall be preceded by an explanation of the test, including its purpose, potential uses, and limitations and the meaning of its results. Consent need not be in writing provided there is documentation in the medical record that the test has been explained and the consent has been obtained.
(b) Informed consent must be obtained from a legal guardian or other person authorized by law when the person is not competent or is otherwise unable to make an informed judgment or has not reached the age of majority.

(c) No person shall order a test without making available to the person tested, prior to the test, information regarding measures for the prevention of, exposure to, and transmission of Human Immunodeficiency Virus.
(d) No test result shall be determined as positive, and no positive test result shall be revealed to any person, without corroborating or confirmatory tests being conducted.
(e) No test result shall be revealed to the person upon whom the test was performed without affording that person the immediate opportunity for individual, face-to-face counseling about:
1. The meaning of the test results;
2. The possible need for additional testing;
3. Measures for the prevention of the transmission of the Human Immunodeficiency Virus infection;
4. The availability in the geographic area of any appropriate health care services, including mental health care, and appropriate social and support services;
5. The benefits of locating and counseling any individual by whom the infected individual may have been exposed to the Human Immunodeficiency Virus infection and any individual whom the infected individual may have exposed to such Human Immunodeficiency Virus infection; and
6. The availability, if any, of the services of public health authorities with respect to locating and counseling any individual described in subparagraph 5;
(f) No person, who has obtained or has knowledge of a test result pursuant to this section, may disclose or be compelled to disclose the identitiy of any person upon whom a test is performed, or the results of such a test in a manner which permits identification of the subject of the test, except to the following persons:
1. The subject of the test or the subject's legally authorized representative.
2. Any person designated in a legally effective release of the test results executed prior to or after the test by the subject of the test or the subject's legally authorized representative.
3. An authorized agent or employee of a health facility or health care provider if the health facility or health care provider itself is authorized to obtain the test results, the agent or employee provides patient care or handles or processes specimens of body fluids or tissues, and the agent or employee has a need to know such information.
4. Health care prociders consulting between themselves or with health care facilities to determine diagnosis and treatment.
5. The department, in accordance with rules for reporting and controlling the spread of disease, as otherwise provided by state law.
6. A health facility or health care provider which procures, processes, distributes, or uses:
a. A human body part from a deceased person, with respect to medical information regarding that person; or
b. Semen provided prior to the effective date of this section for the purpose of artificial insemination.
7. Health facility staff committees, for the purposes of conducting program monitoring, program evaluation, or service reviews.

8. Authorized medical or epidemiological researchers who may not further disclose any identifying characteristics or information. ...

(3) Public Health Unit Network of Voluntary Human Immunodeficiency Virus Testing Programs

(a) The Department of Health and Rehabilitative Services shall establish a network of voluntary Human Immunodeficiency Virus testing programs in every county in the state. These programs shall be conducted in each public health unit established under the provisions of chapter 154, part I. Additional programs may be contracted to other private providers to the extent that finances permit and local circumstances dictate.

(b) Each public health unit shall have the ability to provide counseling and testing for Human Immunodeficiency Virus to each patient who receives services and shall offer such testing on a voluntary basis to each patient who presents himself for services in a public health program designated by the State Health Officer by rule.

(c) Each public health unit shall provide a program of counseling and testing for Human Immunodeficiency Virus infection, on an anonymous or confidential basis, dependent on the patient's desire. The Department of Health and Rehabilitative Services shall continue to provide for anonymous testing through an alternative testing site program.

(d) The result of a serologic test conducted under the auspices of the Department of Health and Rehabilitative Services shall not be used to determine if a person may be insured for disability, health, or life insurance or to screen or determine suitability for, or to discharge a person from, employment. Any person who violates the provisions of this subsection is guilty of a misdemeanor of the first degree, punishable as provided in s. 775.082, s. 775.083, or s. 775.084.

(4) Human Immunodeficiency Virus Testing Requirements; Registration with the Department of Health and Rehabilitative Services; Exemptions from Registration

No public health unit and no other person in this state shall conduct or hold themselves out to the public as conducting a testing program for Acquired Immune Deficiency Syndrome, Acquired Immune Deficiency Syndrome Related Complex, or Human Immunodeficiency Virus status without first registering with the Department of Health and Rehabilitative Services, complying with all other applicable provisions of state law, and meeting the following requirements:

(a) The program must be directed by a person with a minimum number of contact hours of experience in the counseling of persons with Acquired Immune Deficiency Syndrome, Acquired Immune Deficiency Syndrome Related Complex, or Human Immunodeficiency Virus infection, as established by the Department of Health and Rehabilitative Services by rule.

(b) The program must have all medical care supervised by a physician licensed under the provisions of chapter 458 or chapter 459.

(c) The program shall have all laboratory procedures performed in a laboratory licensed under the provisions of chapter 483.

(d) The program must meet all the informed consent criteria contained in subsection (1).
(e) The program must provide pretest counseling on the meaning of a test for Human Immunodeficiency Virus, including medical indications for the test, the possibility of false positive or false negative results, the potential need for confirmatory testing, the potential social, medical, and economic consequences of a positive test result and the need to eliminate high-risk behavior.
(f) The program must provide supplemental corroborative testing on all positive test results before the results of any positive test is provided to the patient.
(g) The program must provide face-to-face post-test counseling on the meaning of the test results, the possible need for additional testing, the social, medical, and economic consequences of a positive test result, and the need to eliminate behavior which might spread the disease to others.
(h) Each person providing post-test counseling to a patient with a positive test result shall receive specialized training, to be specified by rule of the department, about the special needs of persons with positive results, including recognition of possible suicidal behavior, and shall refer the patient for further health and social services as appropriate.
(i) When services are provided for a charge during pretest counseling, testing, supplemental testing, and post-test counseling, the program must provide a complete list of all such charges to the patient and the Department of Health and Rehabilitative Services. ...

(5) Penalties

(a) Any violation of this section by a licensed health care provider shall be a ground for disciplinary action contained in the professional's respective licensing chapter.
(b) Any person who intentionally violates the confidentiality provisions of this section and s. 951.27 is guilty of a misdemeanor of the second degree, punishable as provided in s. 775.082, s. 775.083, or s. 775.084.

(6) Exemptions

Except as provided in (3) (d) and ss. 627.429 and 641.3109, insurers and others participating in activities related to the insurance application and underwriting process shall be exempt from this section.

(7) Model Protocol for Counseling and Testing for Human Immunodeficiency Virus

The Department of Health and Rehabilitative Services shall develop a model protocol consistent with the provisions of this section for counseling and testing persons for the Human Immunodeficiency Virus.

(8) Rules

The Department of Health and Rehabilitative Services may adopt such rules as are necessary to implement this section.

Section 381.6105 Donation and Transfer of Human Tissue; Testing Requirements

(1) Every donation of blood, plasma, organs, skin, or other human tissue for transfusion or transplantation to another shall be tested prior to transfusion or other use for Human Immunodeficiency Virus infection and other communicable diseases specified by rule of the Department of Health and Rehabilitative Services. Tests for the Human Immunodeficiency Virus infection shall be performed only after obtaining written, informed consent from the potential donor or the donor's legal representative. Obtaining consent shall include a fair explanation of the procedures to be followed and the meaning and use of the test results. Such explanation shall include a description of the confidential nature of the test as described in s. 381.609 (2). If consent for testing is not given, then the person shall not be accepted as a donor.

(2) Notwithstanding the provisions of subsection (1), written, informed consent to perform testing shall not be required where the blood, plasma, organ, skin, or other human tissue is received for processing or testing from an out-of-state blood bank or where blood or tissue is received from a health care facility or health care provider for reference testing or processing and the results of such test are reported back to the facility or provider.

(3) No person shall collect any blood, organ, skin, or other human tissue from one human being and hold it for, or actually perform, any implantation, transplantation, transfusion, grafting, or any other method of transfer to another human being without first testing such tissue for the Human Immunodeficiency Virus and other communicable diseases specified by rule of the Department of Health and Rehabilitative Services, or without performing another process approved by rule of the Department of Health and Rehabilitative Services capable of killing the causative agent of those diseases specified by rule. Such testing shall not be required when there is insufficient time to perform testing because of a life-threatening emergency circumstance and the blood is transferred with the recipient's informed consent.

(4) All human blood, organs, skin, or other human tissue which is to be transfused or transplanted to another and is found positive for Human Immunodeficiency Virus or other communicable disease specified by rule of the Department of Health and Rehabilitative Services shall be rendered noncommunicable by the person holding the tissue or shall be destroyed, unless the human tissue is specifically labeled to identify the Human Immunodeficiency Virus and:
1. Is used for research purposes; or
2. Is used to save the life of another and is transferred with the recipient's informed consent.

(5) Each person who collects human blood, organs, skin, or other human tissue, who finds evidence after confirmatory testing of Human Immunodeficiency Virus in the donor, shall notify the donor of the presence of the virus. When no-

tifying the donor pursuant to this requirement, the donor shall be provided the following information:
(a) The Meaning of the test results;
(b) Measures for the prevention of the transmission of the Human Immunodeficiency Virus;
(c) The availability in the geographic area of any appropriate health care services, including mental health care, and appropriate social and support services;
(d) The benefits of locating and counseling any individual by whom the infected individual may have been exposed to Human Immunodeficiency Virus and any individual whom the infected individual may have exposed to the virus; and
(e) The availability, if any, of the services of public health authorities with respect to locating and counseling any individual described in paragraph (d).

(6) Any blood donor who tests positive for Human Immunodeficiency Virus based upon confirmatory testing shall be notified in the following manner:
(a) The donor shall be sent written notification by certified mail that abnormal test results exist with respect to his blood donation, and the blood bank shall offer the opportunity to discuss the nature and significance of the findings by telephone or in person.
(b) If the blood bank does not receive a response from the donor within 30 days, it shall send the actual test results and the information required by subsection (5) to the donor by certified mail.

(7) The Department of Health and Rehabilitative Services shall develop, in conjunction with persons who collect human tissue, a model protocol for providing the information required in subsection (5).

(8) All blood banks shall be governed by the confidentiality provisions of s. 381.609 (2).

(9) The Department of Health and Rehabilitative Services is authorized to adopt rules to implement this section. In adopting rules pertaining to this section, the department shall consider the rules of the United States Food and Drug Administration and shall conform to those rules to the extent feasible without jeopardizing the public health.

(10) (a) Any person who fails to test blood, plasma, organs, skin, or other human tissue which is to be transfused or transplanted, or violates the confidentiality provisions required by this section, is guilty of a misdemeanor of the first degree, punishable as provided in s. 775.082, s. 775.083, or s. 775.084.
(b) Any person who has Human Immunodeficiency Virus infection, who knows he is infected with Human Immunodeficiency Virus, and who has been informed that he may communicate this disease by donating blood, plasma, organs, skin, or other human tissue who donates blood, plasma, organs, skin, or other human tissue is guilty of a felony of the third degree, punishable as provided in s. 775.082, s. 775.083, or s. 775.084.

(11) Prior to the transplant of an organ or artificial insemination, the institution or physician responsible for overseeing the procedure must provide the prospective recipient a warning as to the risks of contracting Human Immunodeficiency Virus.

Section 381.614 Epidemiological Research

(1) The Department of Health and Rehabilitative Services may conduct studies concerning the epidemiology of Acquired Immune Deficiency Syndrome and other diseases in Florida. These studies shall not duplicate national studies, but shall be designed to provide special insight and understanding into Florida-specific problems, given this state's unique climate and geography, demographic mix, and high rate of immigration.

(2) Epidemiological studies designed by the Department of Health and Rehabilitative Services shall emphasize practical applications and utility in the control of communicable disease. These studies shall, to the maximum extent possible, use state and local public health workers as field teams, study design team members, reviewers, and coauthors. Epidemiological studies conducted pursuant to this section shall be directed by the State Health Officer or his designee; shall, as a first priority, investigate the rates and incidence of Human Immunodeficiency Virus infection in Florida and shall provide geographic and other displays of the data as appropriate. ...

Section 384.24 Unlawful Acts

It is unlawful for any person who has chancroid, gonorrhea, granuloma inguinale, lymphogranuloma venereum, genital herpes simplex, chlamydia, nongonococcal urethritis (NGU), pelvic inflammatory disease (PID)/Acute Salpingitis, syphilis, or Human Immune Deficiency T-lymphotropic-Virus type III (HTLV III) infection, when such person knows he is infected with one or more of these diseases and when such person has been informed that he may communicate this disease to another person through sexual intercourse, to have sexual intercourse with any other person, unless such other person has been informed of the presence of the sexually transmissible disease and has consented to the sexual intercourse.

Section 384.25 Reporting Required

(2) The department shall adopt rules specifying the information required in and a minimum time period for reporting a sexually transmissible disease. In adopting such rules, the department shall consider the need for information, protections for the privacy and confidentiality of the patient, and the practical ability of persons and laboratories to report in a reasonable fashion. The department Rules pursuant to reporting of HTLV III infection shall be limited to physician reporting and shall require reporting of include only physician diagnosed cases

of Acquired Immune Deficiency Syndrome (AIDS) and AIDS Related Complex based upon diagnostic criteria from the Centers for Disease Control of the United States Public Health Service. The department may require reporting of cases of Human Immunodeficiency Virus infection by July 1, 1989, but is prohibited from requiring the reporting of or collection of any information which would identify individual persons, including: name, address, identifying numbers or symbols, or any other identifying information.

Section 384.28 Hospitalization, Placement and Residential Quarantine-and Isolation

(1) Subject to the provisions of subsections subsection (2) and (3), the department may petition the circuit court to order a person to be isolated, hospitalized, placed in another health care or residential facility, or isolated from the general public in his own or another's residence, or a place to be quarantined-and made off limits to the public as a result of the probable spread of a sexually transmissible disease, until such time as the condition can be corrected or the threat to the public's health eliminated or reduced in such a manner that a substantial threat to the public's health no longer exists.

(2) No person may be ordered to be isolated, hospitalized, placed in another health care or residential facility, or isolated from the public in his own or another's residence, and no place may be ordered to be made off limits quarantined, except upon the order of a court of competent jurisdiction and upon proof:
(a) By the department by clear and convincing evidence that the public's health and welfare are significantly endangered by a person with a sexually transmissible disease or by a place where there is a significant amount of sexual activity likely to spread a sexually transmissible disease; and
(b) That the person with the sexually transmissible disease has been counseled about the disease, about the significant threat the disease poses to other members of the public, and about methods to minimize the risk to the public and despite such counseling indicates an intent to expose the public to infection from the sexually transmissible disease; and
(c) That all other reasonable means of correcting the problem have been exhausted and no less restrictive alternative exists.

(3) No person may be ordered to be hospitalized, placed in another health care or residential facility, or isolated in his own or another's residence by a court unless:
(a) A hearing has been held of which the person has received at least 72 hours prior written notification and unless the person has received a list of the proposed actions to be taken and the reasons for each one.
(b) The person has the right to attend the hearing, to cross-examine witnesses, and to present evidence.
(c) The person has a right to an attorney to represent him, and to have an attorney appointed on his behalf if he cannot afford one. ...

Section 384.286 Temporary Leave

Persons who have been hospitalized, placed in another health care or residential facility, or isolated in their residence may be granted a short term temporary leave at the discretion of the department or its authorized representatives provided the department determines that the emergency leave will be closely monitored and will not endanger the public health. Temporary leave may be granted for therapeutic purposes, in the event of death or critical illness in the person's family, or for another emergency.

Section 45. Discrimination

Discrimination on the basis of Acquired Immune Deficiency Syndrome, Acquired Immune Deficiency Syndrome Related Complex, and Human Immunodeficiency Virus prohibited.

(1) Any person with Acquired Immune Deficiency Syndrome, Acquired Immune Deficiency Syndrome Related Complex, or Human Immunodeficiency Virus shall have every protection made available to handicapped persons under sections 760.20–760.37, Florida Statutes, Fair Housing Act, and s. 504, Pub. L. No. 93–112, the Rehabilitation Act of 1973.

(2) (a) No person may require an individual to take a Human Immunodeficiency Virus related test as a condition of hiring, promotion, or continued employment, unless the absence of Human Immunodeficiency Virus infection is a bona fide occupational qualification for the job in question.
(b) No person may fail or refuse to hire or discharge any individual, segregate or classify any individual in any way which would deprive or tend to deprive that individual of employment opportunities or adversely affect his status as an employee, or otherwise discriminate against any individual with respect to compensation, terms, conditions, or privileges of employment on the basis of the results of a Human Immunodeficiency Virus-related test, unless the absence of Human Immunodeficiency Virus infection is a bona fide occupational qualification of the job in question.
(c) A person who asserts that a bona fide occupational qualification exists for Human Immunodeficiency Virus-related testing shall have the burden of proving that:
1. The Human Immonodeficiency Virus-related test is necessary to ascertain whether an employee is currently able to perform in a reasonable manner the duties of the particular job or whether an employee will present a significant risk of transmitting Human Immunodeficiency Virus infection to other persons in the course of normal work activities; and
2. There exists no means of reasonable accommodation short of requiring the test.

(3) (a) A person may not discriminate against an otherwise qualified individual in housing, public accomodations, or governmental services on the basis of the

fact that such individual is, or is regarded as being, infected with Human Immunodeficiency Virus.
(b) A person or other entity receiving or benefiting from state financial assistance may not discriminate against an otherwise qualified individual on the basis of the fact that such individual is, or is regarded as being, infected with Human Immonodeficiency Virus.
(c) A person who asserts that an individual who is infected with Human Immunodeficiency Virus is not otherwise qualified shall have the burden of proving that no reasonable accommodation can be made to prevent the likelihood that the individual will, under the circumstances involved, expose other individuals to a significant possibility of being infected with Human Immunodeficiency Virus.
(d) No person may fail or refuse to hire or discharge any individual, segregate or classify any individual in any way which would deprive or tend to deprive that individual of employment opportunities or adversely affect his or her status as an employee, or otherwise discriminate against any individual with respect to compensation, terms, conditions, or privileges of employment on the basis of the fact that the individual is a licensed health care professional who treats or provides patient care to persons infected with Human Immunodeficiency Virus.

(4) (a) Any person aggrieved by a violation of this section shall have a right of action in the circuit court and may recover for each violation:
1. Against any person who violates a provision of this section, liquidated damages of $ 1,000 or actual damages, whichever is greater.
2. Against any person who intentionally or recklessly violates a provision of this section, liquidated damages of $ 5,000 or actual damages, whichever is greater.
3. Reasonable attorney's fees.
4. Such other relief, including an injunction, as the court may deem appropriate.
(b) Nothing in this section limits the right of the person aggrieved by a violation of this section to recover damages or other relief under any other applicable law.

Section 627.429 Medical Tests for Human Immunodeficiency Virus Infection and Acquired Immune Deficiency Syndrome for Insurance Purposes

(1) Purpose

The purpose of this section is to prohibit unfair practices in the idemnity of life and health insurance with respect to exposure to the Human Immunodeficiency Virus infection and related matters, and thereby reduce the possibility that a person may suffer unfair discrimination when purchasing life and health insurance.

(2) Scope

(a) This section applies to all life and health insurance policies, and the underwriting thereof, which are issued in this state or are issued outside this state

pursuant to s. 627.5515 or s. 627.6515 covering residents of this state and to multiple employer welfare arrangements defined in s. 624.437. For purposes of this section, insurer shall include authorized multiple employer welfare arrangements.
(b) This section shall not prohibit an insurer from contesting a policy or claim to the extent allowed by law.

(3) Definitions
As used in this section:
(a) „AIDS“ means Acquired Immune Deficiency Syndrome.
(b) „ARC“ means AIDS-Related Complex.
(c) „HIV“ means the Human Immunodeficiency Virus identified as the causative agent of AIDS.

(4) Utilization of Medical Tests for Underwriting
(a) With respect to the issuance of or the underwriting of a policy regarding exposure to the HIV infection and sickness or medical conditions derived from such infection, the insurer shall only utilize medical tests which are reliable predictors of risk. A test which is recommended by the Centers for Disease Control or by the federal Food and Drug Administration is deemed to be reliable for the purposes of this section. A test which is rejected or not recommended by the Centers for Disease Control or the federal Food and Drug Administration is a test which is deemed to be not reliable for the purposes of this section. If a specific Centers for Disease Control or the federal Food and Drug Administration recommended test indicates the existence or potential existence of exposure to the HIV infection or a sickness or medical condition related to the HIV infection, before relying on a single test result to deny or limit coverage or to rate the coverage, the insurer shall follow the applicable Centers for Disease Control or federal Food and Drug Administration recommended test protocol and shall utilize any applicable Centers for Disease Control or federal Food and Drug Administration recommended follow-up tests or series of tests to confirm the indication.
(b) Prior to testing, the insurer shall disclose its intent to test the person for the HIV infection or for a specific sickness or medical condition derived therefrom and shall obtain the person's written informed consent to administer the test. Written informed consent shall include a fair explanation of the test, including its purpose, potential uses, and limitations, and the meaning of its results and the right to confidential treatment of information. Use of a form approved by the department shall raise a conclusive presumption of informed consent.
(c) An applicant shall be notified of a positive test result by a physician designated by the applicant or, in the absence of such designation, by the Department of Health and Rehabilitative Services. ...
(d) A medical test for exposure to the HIV infection, or for a sickness or medical condition derived from such infection, shall only be required of or given to a person if the test is based on the person's current medical condition or medical history or triggered by threshold coverage amounts which apply to all persons within the risk class. Sexual orientation shall not be used in the underwriting

process or in the determination of which applicants shall be tested for exposure to the HIV infection. Neither the marital status, the living arrangements, the occupation, the gender, the beneficiary designation, nor the zip code or other territorial classification of an applicant shall be used to establish the applicant's sexual orientation.

(e) An insurer may inquire whether a person has been tested positive for exposure to the HIV infection or been diagnosed as having ARC or AIDS caused by the HIV infection or other sickness or condition derived from such infection. An insurer shall not inquire whether the person has been tested for or has received a negative result from a specific test for exposure to the HIV infection or for a sickness or a medical condition derived from such infection.

(f) Insurers shall maintain strict confidentiality regarding medical test results with respect to exposure to the HIV infection or a specific sickness or medical condition derived from such exposure. Information regarding specific test results shall not be disclosed outside the insurance company or its employees, insurance affiliates, agents, or reinsurers, except to the person tested and to persons designated in writing by the person tested. Specific test results for exposure to the HIV infection shall not be furnished to an insurer industry data bank if a review of the information would identify the individual and the specific test results. ...

(5) Restrictions on Coverage Exclusions and Limitations

(a) An insurer of a group policy shall not exclude coverage of an eligible individual because of a positive test result for exposure to the HIV infection or a specific sickness or medical condition derived from such exposure, either as a condition for or subsequent to the issuance of the policy, provided that this prohibition shall not apply to individuals applying for coverage where individual underwriting is otherwise allowed by law.

(b) Subject to the total benefits limits in a health insurance policy, no health insurance policy shall contain an exclusion or limitation with repect to coverage for exposure to the HIV infection or a specific sickness or medical condition derived from such infection, except as provided in a preexisting condition clause, provided that nothing contained in this paragraph shall be construed to prohibit the issuance of accident only or specified disease health policies.

(c) Except for preexisting conditions specifically applying to a sickness or medical condition of the insured, benefits under a life insurance policy shall not be denied or limited based on the fact that the insured's death was caused, directly or indirectly, by exposure to the HIV infection or a specific sickness or medical condition derived from such infection, provided that nothing contained in this paragraph shall be construed to prohibit the issuance of accidental death only or specified disease policies.

(d) It shall be permissible for any major medical or comprehensive accident and health policy for which individual underwriting is authorized by law to contain a provision excluding coverage for expenses related to AIDS or ARC if, in the opinion of a legally qualified physician, the insured, prior to the first anniversary of the insured's coverage under the policy, first exhibited objective manifestations of AIDS or ARC, as defined by the Centers for Disease Control, which are attributable to no other cause or was diagnosed as having AIDS or ARC, provided that:

1. The applicant for the policy is not required to submit to any medical test for HIV infection;
2. The policy provision must:
a. Be set forth separately from the policy's other exclusion and limitation provisions;
b. Have an appropriate caption or heading;
c. Be disclosed and referenced in a conspicuous manner on the policy data page; and
d. Contain a statement that the exclusion will not apply to any person if the insurer does not assert the defense before the person has been insured under the policy for 2 years;
3. When the insurer first determines that an insured would be subject to the effect of the exclusion, the insurer must notify the insured in writing of this determination within 90 days, even if there are no claims for AIDS or ARC, and failure to provide timely written notice will bar the insurer from using the exclusion; and
4. Objective manifestations of AIDS or ARC first exhibited after the 12-month manifestation period must be covered the same as any other illness.

Literatur*

Aiken, Jane Harris: Education as Prevention, in: Harlon L. Dalton/Scott Burris (Hrsg.), AIDS and the Law, New Haven und London 1987, S. 90–105 (zit.: Education)

Altman, Dennis: AIDS in the Mind of America, Garden City 1986 (zit.: AIDS)

Assmann, Eckhard: Erläuterungen zum Schwerbehindertengesetz, in: Das Deutsche Bundesrecht, Stand: Juni 1988 (zit.: Schwerbehindertengesetz)

Bachmann, Walter: Seuchenrechtliche Aspekte der HIV-Infektion, AIDS-Forschung 1987, S. 100–104

Banks, Taunya Lovell: The Right to Medical Treatment, in: Harlon L. Dalton/Scott Burris (Hrsg.), AIDS and the Law, New Haven und London 1987, S. 175–184

Banta, William F.: AIDS in the Workplace, Lexington und Toronto 1987 (zit.: AIDS)

Becker, Friedrich: in: Friedrich Becker/Gerhard Etzel u. a., Gemeinschaftskommentar zum Kündigungsschutzgesetz und sonstigen kündigungsschutzrechtlichen Vorschriften, 2. Aufl., Neuwied und Darmstadt 1984

Bender, Reinhard: Rechtsfragen im Zusammenhang mit Aids und Schule, NJW 1987, S. 2903–2911 (zit.: Aids und Schule)

Blaine, Jack H.: AIDS: Regulatory Issues for Life and Health Insurers, AIDS & Public Policy Journal, Bd. 2 (1987), Nr. 1, S. 2–10

Blumenwitz, Dieter: Einführung in das anglo-amerikanische Recht, 3. Aufl., München 1987

Bottke, Wilfried: Die Immission infektiösen Ejakulats bei ungeschütztem Geschlechtsverkehr zwischen HIV-Infizierten und minderjährigen Jugendlichen, AIDS-Forschung 1988, S. 628–639

Bottke, Wilfried: Strafrechtliche Probleme von AIDS und der AIDS-Bekämpfung, in: Bernd Schünemann/Gerd Pfeiffer (Hrsg.), Die Rechtsprobleme von AIDS, Baden-Baden 1988, S. 171–247

Brandt, Allen M.: A Historical Perspective, in: Harlon L. Dalton/Scott Burris (Hrsg.), AIDS and the Law, New Haven und London 1987, S. 37–43

Breitbach, Barbara/*Breitbach,* Michael/*Rühl,* Ulli F. H.: AIDS-Bekämpfung und Bundesseuchengesetz, Kritische Justiz 1988, S. 62–81

Brook, Itzhak: Approval of Zidovudine (AZT) for Acquired Immunodeficiency Syndrome, The Journal of the American Medical Association, Bd. 258 (1987), S. 1517 (zit.: Approval of Zidovudine [AZT])

Bruns, Manfred: AIDS, Alltag und Recht, MDR 1987, S. 353–358 (zit.: AIDS)

Bruns, Manfred: AIDS und Strafvollzug, Strafverteidiger 1987, S. 504–507

Bruns, Manfred: Ein Rückschlag für die AIDS-Prävention, MDR 1989, S. 199–201

---

* Artikel aus Tageszeitungen sind nicht in das Verzeichnis aufgenommen worden, desgleichen im allgemeinen nicht Berichte und ähnliches der Centers for Disease Control und anderer Einrichtungen.

Burdenski, Wolfhart: Die „Hilfe zur Arbeit" nach den §§ 18-20, 25 I BSHG, Frankfurt a.M. 1987

Carey, Jane Howard/Arthur, Megan M.: The Developing Law on AIDS in the Workplace, Maryland Law Review Bd. 46 (1987), S. 284-319
(zit.: AIDS in the Workplace)

Charlottesville Report: Report of the Second Public Health Service AIDS Prevention and Control Conference, Public Health Reports Bd. 103 (1988), Supplement (Beilage) Nr. 1
(zit.: Charlottesville Report)

Cleary, Paul D./*Barry,* Michael J. u.a.: Compulsory Premarital Screening for the Human Immunodeficiency Virus, The Journal of the American Medical Association, Bd. 258 (1987), S. 1757-1762
(zit.: Compulsory Premarital Screening)

Cliffort, Karen A./*Iuculano,* Russel P.: AIDS and Insurance: The Rationale for AIDS-Related Testing, Harvard Law Review Bd. 100 (1987), S. 1806-1825
(zit.: AIDS and Insurance)

Closen, Michael L./*Connor,* Susan Marie/*Kaufman,* Howard L./*Wojcik,* Mark E.: AIDS: Testing Democracy - Irrational Responses to the Public Health Crisis and the Need for Privacy in Serologic Testing, The John Marshall Law Review Bd. 19 (1986), S. 835-928
(zit.: AIDS)

Coolfont Report: A Public Health Service Plan for Prevention and Control of AIDS and the AIDS Virus, Public Health Reports Bd. 101 (1986), S. 341-346
(zit.: Coolfont Report)

Cooper, Charles J.: Discrimination against the Handicapped, in: William H. L. Dornette (Hrsg.), AIDS and the Law, New York usw. 1987, S. 141-147

Costa, Donna: Reportability of Exposure to the AIDS Virus: An Equal Protection Analysis, Cardozo Law Reveiw Bd. 7 (1986), S. 1103-1139

Costard, Andreas: Öffentlich-rechtliche Probleme beim Auftreten einer neuen übertragbaren Krankheit am Beispiel AIDS, Dissertation (Maschinenschrift), Hamburg 1988
(zit.: AIDS)

Cramer, Horst H.: Schwerbehindertengesetz, 3. Aufl., München 1987

Curylo, Patricia A.: AIDS and Employment Discrimination: Should AIDS be Considered a Handicap? The Wayne Law Review Bd. 33 (1987), S. 1095-1110
(zit.: AIDS)

Dahs, Hans: in: Löwe/Rosenberg, Die Strafprozeßordnung und das Gerichtsverfassungsgesetz, 24. Aufl., Berlin und New York 1988
(zit.: Strafprozeßordnung)

Decker, John F.: Prostitution as a Public Health Issue, in: Harlon L. Dalton/Scott Burris (Hrsg.), AIDS and the Law, New Haven und London 1987, S. 82-89
(zit.: Prostitution)

Deutsch, Erwin: Rechtsprobleme von AIDS: HIV-Test - Infektion - Behandlung - Versicherung, Versicherungsrecht 1988, S. 533-540
(zit.: Rechtsprobleme)

Dolgin, Janet L.: AIDS: Social Meanings und Legal Ramifications, Hofstra Law Review Bd. 14 (1985), S. 193-209
(zit.: AIDS)

Dondero, Timothy J./*Pappaioanou,* Marguerite/*Curran,* James W.: Monitoring the Levels and Trends of HIV-Infection: the Public Health Service's HIV Surveillance Program, Public Health Reports Bd 103 (1988), S. 213-220
(zit.: Monitoring)

Dornette, William H. L.: Blood Products and Tissue Transplants, in: William H. L. Dornette (Hrsg.), AIDS and the Law, New York usw. 1987, S. 219-241
(zit.: Blood Products)

Dornette, William H. L.: Introduction to the Law, in: William H. L. Dornette (Hrsg.), AIDS and the Law, New York usw. 1987, S. 15-29

Duncan, Richard F.: Public Policy and the AIDS Epidemic, The Journal of Contemporary Health Law and Policy, Bd. 2 (1986), S. 169-171
(zit.: Public Policy)

Dürig, Günter: in: Theodor Maunz/Günter Dürig/Roman Herzog/Rupert Scholz, Grundgesetz, Stand: 26. Lieferung, München 1987
Eberbach, Wolfram: Rechtsprobleme der HTLV-III-Infektion (AIDS), Berlin usw. 1986 (zit.: Rechtsprobleme)
Eberbach, Wolfram H.: Aids - rechtliche Verantwortung und Vertrauen, ZRP 1987, S. 395-399
Eberbach, Wolfram H.: AIDS im Strafvollzug, in: Bernd Schünemann/Gerd Pfeiffer (Hrsg.), Die Rechtsprobleme von AIDS, Baden-Baden 1988, S. 249-270 (zit.: AIDS)
Eberbach, Wolfram H.: Rechtliche Rahmenbedingungen für die Krankheit AIDS in der Bundesrepublik Deutschland 1988, Das öffentliche Gesundheitswesen 1988, S. 456-464 (zit.: Rahmenbedingungen für AIDS)
Eberbach, Wolfram H.: Aktuelle Rechtsprobleme der HIV-Infektion, AIDS-Forschung 1988, S. 307-315 (zit.: Aktuelle Rechtsprobleme)
Eich, Rolf-Achim: Aids und Arbeitsrecht, Beilage Nr. 2/1987 zur Neuen Zeitschrift für Arbeits- und Sozialrecht, S. 10-20 (zit.: Aids)
Erichsen, Hans-Uwe: Das Verwaltungshandeln, in: Hans-Uwe Erichsen/Wolfgang Martens (Hrsg.), Allgemeines Verwaltungsrecht, 8. Aufl., Berlin und New York 1988, S. 137-372
Frankenberg, Günter: AIDS-Bekämpfung im Rechtsstaat, Baden-Baden 1988 (zit.: AIDS-Bekämpfung)
Gallwas, Hans-Ullrich: Gesundheitsrechtliche Aspekte der Bekämpfung von AIDS, AIDS-Forschung 1986, S. 31-38
Gauweiler, Peter: ‚Kasernierung' von Aids-kranken Prostituierten? ZRP 1989, S. 85-89
Gostin, Larry: Traditional Public Health Strategies, in: Harlon L. Dalton/Scott Burris (Hrsg.), AIDS and the Law, New Haven und London 1987, S. 47-65 (zit.: Public Health)
Gottlieb, Michael S./*Schroff,* Robert/*Schanker,* Howard M./*Weisman,* Joel D./*Fan,* Peng Thim/*Wolf,* Robert A./*Saxon,* Andrew: Pneumocystis Carinii Pneumonia and Mucosal Candidiasis in Previously Healthy Homosexual Men: Evidence of a New Acquired Cellular Immunodeficiency, The New England Journal of Medicine Bd. 305 (1981), S. 1425-1431
Gottschick, Hermann/*Giese,* Dieter: Das Bundessozialhilfegesetz, 9. Aufl., Köln usw. 1985 (zit.: Bundessozialhilfegesetz)
Goudsmit, J./*de Wolf,* F./*Paul,* D. A. u.a.: Expression of Human Immunodeficiency Virus Antigen (HIV-Ag) in Serum and Cerebrospinal Fluid During Acute and Chronic Infection, Lancet 1986, S. 177-180
Green, Richard: The Transmission of AIDS, in: Harlon L. Dalton/Scott Burris (Hrsg.), AIDS and the Law, New Haven und London 1987, S. 28-36 (zit.: Transmission of AIDS)
Gregory, Gwendolyn H.: Educating the Infected Child, in: William H. L. Dornette (Hrsg.), AIDS and the Law, New York usw. 1987, S. 47-73 (zit.: Infected Child)
Gunther, Gerald: Cases and Materials on Constitutional Law, 10. Aufl., Mineola 1980
Haesen, Wilfried: Zur Aids-Problematik im Arbeitsrecht und öffentlichen Dienstrecht, RdA 1988, S. 158-163
Haesen, Wilfried: HIV-Test bei Beamtenanwärtern? ZRP 1989, S. 15-16
Hailbronner, Kay: Erläuterungen zum Gesetz über Einreise und Aufenthalt von Staatsangehörigen der Mitgliedstaaten der Europäischen Wirtschaftsgemeinschaft, Stand: März 1984, in: Das Deutsche Bundesrecht
Hailbronner, Kai: Ausländerrecht, 2. Aufl., Heidelberg 1989 (zit.: Ausländerrecht)
Hammett, Leah: Protecting Children with AIDS against Arbitrary Exclusion from School, California Law Review Bd. 74 (1986), S. 1373-1407 (zit.: Children with AIDS)
Heaney, Gretta J.: The Constitutional Right of Informational Privacy: Does it Protect Children Suffering from AIDS?, Fordham Urban Law Journal Bd. 14 (1986), S. 927-969

Henry, James D.: AIDS in the Workplace, in: William H. L. Dornette (Hrsg.), AIDS and the Law, New York usw. 1987, S. 31-45
(zit.: AIDS)

Henschel, Volker: Bundeswehr und AIDS, Neue Zeitschrift für Wehrrecht 1987, S. 194-202

Hermann, Donald H. J.: AIDS: Malpractice and Transmission Liability, University of Colorado Law Review Bd. 58 (1986/87), S. 63-107
(zit.: AIDS: Malpractice)

Hermann, Donald H. J.: Torts: Private Lawsuits about AIDS, in: Harlon L. Dalton/Scott Burris (Hrsg.), AIDS and the Law, New Haven und London 1987, S. 153-172
(zit.: Private Lawsuits)

Hermann, Donald H. J./*Gorman,* Robert D.: Hospital Liability and AIDS Treatment: The Need for a National Standard of Care, University of California Davis Law Review Bd. 20 (1987), S. 441-479
(zit.: Hospital Liability)

Herschel, Wilhelm/*Löwisch,* Manfred: Kommentar zum Kündigungsschutzgesetz, 6. Aufl., Heidelberg 1984

Herzberg, Rolf Dietrich: Die Strafdrohung als Waffe im Kampf gegen Aids? NJW 1987, S. 1461-1466
(zit.: Stradrohung gegen Aids)

Hesse, Konrad: Grundzüge des Verfassungsrechts der Bundesrepublik Deutschland, 16. Aufl., 1988
(zit.: Grundzüge)

Hinrichs, Werner: Arbeitsrechtliche Aspekte von AIDS, Arbeitsrecht im Betrieb 1988, S. 8-16
(zit.: AIDS)

Hippel, Eike von: Aids als rechtspolitische Herausforderung, ZRP 1987, S. 123-131
(zit.: AIDS)

Hirsch, Günter: AIDS-Test bei Krankenhauspatienten, AIDS-Forschung 1988, S. 157-163

Hofmann, Jochen: Verfassungs- und verwaltungsrechtliche Probleme der Virus-Erkrankung AIDS unter besonderer Berücksichtigung des bayerischen Maßnahmenkatalogs, NJW 1988, S. 1486-1494

Iuculano, Russel P.: D. C. Act 6-170: The Five Year Ban on Risk-Based Pricing for AIDS & Public Policy Journal Bd. 2 (1987), Nr. 1, S. 15-18

Iuculano, Russel P.: Life Insurance, in: William H. L. Dornette (Hrsg.), AIDS and the Law, New York usw. 1987, S. 203-217

Janker, Helmut: Heimliche HIV-Antikörpertests - strafbare Körperverletzung? NJW 1987, S. 2897-2903

Jarass, Hans D.: Das allgemeine Persönlichkeitsrecht im Grundgesetz, NJW 1989, S. 857-862

Jarass, Hans D./*Pieroth,* Bodo: Grundgesetz für die Bundesrepublik Deutschland, München 1989
(zit.: Grundgesetz)

Kass, Frederic C.: Schoolchildren with AIDS, in: Harlon L. Dalton/Scott Burris (Hrsg.), AIDS and the Law, New Haven und London 1987, S. 66-80
(zit.: Schoolchildren)

Kelly, Kathryn: Negligence and Intentional Torts, in: William H. L. Dornette (Hrsg.), AIDS and the Law, New York usw. 1987, S. 149-163
(zit.: Overview)

Kelly, Kathryn: Overview of Health Care Issues, in: William H. L. Dornette (Hrsg.), AIDS and the Law, New York usw. 1987, S. 243-247

Klak, Alexander: AIDS und die Folgen für das Arbeitsrecht, BB 1987, S. 1382-1387
(zit.: AIDS)

Kleinknecht, Theodor/*Meyer,* Karlheinz: Strafprozeßordnung, 38. Aufl., München 1987

Koop, Everett C.: Surgeon General's Report on Acquired Deficiency Syndrome (ohne Jahr und Erscheinungsort) (1986)
(zit.: Surgeon General's Report)

Kopp, Ferdinand O.: Verwaltungsverfahrensgesetz, 4. Aufl., München 1986

Kummer, W.: in: Hs. Th. Soergel, Kommentar zum Bürgerlichen Gesetzbuch, Bd. 3, Stuttgart usw. 1980

Künzel, Gerd/*Moskal,* Erna: Kindergartengesetz Nordrhein-Westfalen, 11. Aufl., Köln usw. 1984
(zit.: Kindergartengesetz)

Kushen, Robert A.: Asymptomatic Infection with the AIDS Virus as a Handicap under the Rehabilitation Act of 1973, Columbia Law Review Bd. 88 (1988), S. 563-586
(zit.: Asymptomatic Infection)

Laufs, Rainer: Arztrecht, 4. Aufl., München 1988

Laufs, Rainer/*Laufs,* Adolf: AIDS und Arztrecht, NJW 1987, 2257-2265
(zit.: AIDS)

Lenckner, Theodor: in: Adolf Schönke/Horst Schröder, Strafgesetzbuch, 23. Aufl., München 1988

Leonard, Arthur S.: AIDS and Employment Law Revisted, Hofstra Law Review Bd. 14 (1985), S. 11-51

Leonard, Arthur S.: Employment Discrimination against Persons with AIDS, Dayton Law Review Bd. 10 (1985), S. 681-703
(zit.: Employment Discrimination)

Leonard, Arthur S.: AIDS in the Workplace, in: Harlon L. Dalton/Scott Burris (Hrsg.), AIDS and the Law, New Haven und London 1987, S. 109-125
(zit.: AIDS)

Lepke, Achim: AIDS als arbeitsrechtlicher Kündigungsgrund, DB 1987, S. 1299-1302
(zit.: AIDS)

Loschelder, Wolfgang: Gesundheitsrechtliche Aspekte des AIDS-Problems, NJW 1987, S. 1467-1470
(zit.: Gesundheitsrechtliche Aspekte)

Loschelder, Wolfgang: Die Bekämpfung von AIDS als gesundheitsrechtliches Problem, in: Bernd Schünemann/Gerd Pfeiffer (Hrsg.), Die Rechtsprobleme von AIDS, Baden-Baden 1988, S. 153-170
(zit.: AIDS)

Löwe, Walter: Wichtige Neuregelungen im Zweiten Wohnraumkündigungsschutzgesetz, NJW 1975, S. 9-15

Löwisch, Manfred: Arbeitsrechtliche und persönlichkeitsrechtliche Probleme von AIDS, in: Bernd Schünemann/Gerd Pfeiffer (Hrsg.), Die Rechtsprobleme von AIDS, Baden-Baden 1988, S. 307-331
(zit.: Probleme von AIDS)

Lynch, Thomas J.: Housing the AIDS Victim, in: William H. L. Dornette (Hrsg.), AIDS and the Law, New York usw. 1987, S. 75-84

Macher, Abe M.: The Medical Background, in: William H. L. Dornette (Hrsg.), AIDS and the Law, New York usw. 1987, S. 1-13
(zit.: Medical Background)

Mandelker, Daniel R.: Housing Issues, in: Harlon L. Dalton/Scott Burris (Hrsg.), AIDS and the Law, New Haven und London 1987, S. 142-152
(zit.: Housing)

Matthews, Gene W./*Neslund,* Verla A.: The Initial Impact of AIDS on Public Health Law in the United States - 1986, The Journal of the American Medical Association Bd. 257 (1987), S. 344-352
(zit.: AIDS)

Matthey, Ferdinand: in: Ingo von Münch (Hrsg.), Grundgesetz-Kommentar, 2. Aufl., München 1983

Mc Guirl, Marlene C./*Gee,* Robert N.: AIDS: An Overview of the British, Australian, and American Responses, Hofstra Law Review Bd. 14 (1985), S. 107-135

Mendicino, Thomas R.: Characterization and Disease: Homosexuals and the Threat of AIDS, North Carolina Law Review Bd. 66 (1987), S. 226-250
(zit.: Characterization and Disease)

Merritt, Deborah Jones: Communicable Disease and Constitutional Law: Controlling AIDS, New York University Law Review Bd. 61 (1986), S. 739-799
(zit.: Communicable Disease)

Merz, Beverly: HIV Vaccine Approved for Clinical Trials, The Journal of the American Medical Association Bd. 258 (1987), S. 1433–1434

Meyer, Klemens B./*Pauker*, Stephen G.: Screening for HIV: Can We Afford the False Positive Rate? The New England Journal of Medicine Bd. 317 (1987), S. 238–241
(zit.: Screening for HIV)

Morgan, Meade W./*Curran*, James W.: Acquired Immunodeficiency Syndrome: Current and Future Trends, Public Health Reports Bd. 101 (1986), S. 459–465

Morgenstern, Michael S.: The Role of the Federal Government in Protecting Citizens from Communicable Diseases, University of Cincinnati Law Review Bd. 47 (1978), S. 537–571
(zit.: Role of the Federal Government)

Mrozynski, Peter: Rehabilitationsrecht, 2. Aufl., München 1986

Note: The Constitutional Rights of AIDS Carriers, Harvard Law Review Bd. 99 (1986), S. 1274–1292
(zit.: Constitutional Rights)

O'Brien, Raymond C.: AIDS and the Family, in: William H. L. Dornette (Hrsg.), AIDS and the Law, New York usw. 1987, S. 85–139
(zit.: AIDS)

Orland, Leonard/*Wise*, Sue L.: The AIDS Epidemic: A Constitutional Conundrum, Hofstra Law Review Bd. 14 (1985), S. 137–162
(zit.: AIDS Epidemic)

Ou, Chin-Yih/*Kwok*, Shirley/*Mitchell*, Sheila u. a.: DNA Amplification for Direct Detection of HIV-1 in DNA of Peripheral Blood Mononuclear Cells, Science Bd. 239 (1988), S. 295–297
(zit.: DNA Amplification for Direct Detection of HIV-1)

Parmet, Wendy E.: AIDS and Quarantine: The Revival of an Archaic Doctrine, Hofstra Law Review Bd. 14 (1985), S. 53–90
(zit.: Quarantine)

Partida, Gilbert A.: AIDS: Do Children With AIDS Have a Right to Attend School? Pepperdine Law Review Bd. 13 (1986), S. 1041–1061
(zit.: Children with AIDS)

Pelchen, Georg: in: Gerd Pfeiffer (Hrsg.), Karlsruher Kommentar zur Strafprozeßordnung, 2. Aufl., München 1987

Penning, Randolph/*Spann*, Wolfgang: Der „AIDS-Test“ im Rahmen gerichtlicher Leichenöffnungen und bei körperlichen Untersuchungen nach §§ 81a, 81c StPO, Medizinrecht 1987, S. 171–176
(zit.: AIDS-Test)

Plog, Ernst/*Wiedow*, Alexander: Kommentar zum Bundesbeamtengesetz, Neuwied und Darmstadt, Stand: Oktober 1988

Potrykus, Gerhard: Jugendwohlfahrtsgesetz, 2. Aufl., München 1972

Putzo, Hans: in: Otto Palandt, Bürgerliches Gesetzbuch, 48. Aufl., München 1989

Randelzhofer, Albrecht: in: Eberhard Grabitz (Hrsg.), Kommentar zum EWG-Vertrag, München, Stand: September 1987

Report of the Presidential Commission on the Human Immunodeficiency Virus Epidemic, Juni 1988 (ohne Erscheinungsort)
(zit.: Report of the Presidential HIV-Commission)

Richardi, Reinhard: Arbeitsrechtliche Probleme bei Einstellung und Entlassung Aids-infizierter Arbeitnehmer, NZA 1988, S. 73–79
(zit.: Arbeitsrechtliche Probleme)

Rivera, Rhonda R.: The Military, in: Harlon L. Dalton/Scott Burris (Hrsg.), AIDS and the Law, New Haven und London 1987, S. 221–234
(zit.: Military)

Robinson, David: Criminal Sanctions and Quarantine, in: William H. L. Dornette (Hrsg.), AIDS and the Law, New York usw. 1987, S. 165–175

Roden, Robert: Education Through the Law: The Los Angeles AIDS Discrimination Ordinance, UCLA Law Review Bd. 33 (1986), S. 1410–1441
(zit.: Educating)

Rogers, Martha F./*Thomas*, Pauline A. u. a.: Acquired Immunodeficiency Syndrome in Children, Pediatrics Bd. 79 (1987), S. 1008–1014

Rombey, Wolfgang: Die Allgemeine Schulordnung in Nordrhein-Westfalen, Köln usw. 1987

Rothstein, Mark A.: Screening Workers for AIDS, in: Harlon L. Dalton/Scott Burris (Hrsg.), AIDS and the Law, New Haven und London 1987, S. 126–141
(zit.: Screening Workers)

Rowe, Mona J.: A Comparative Review of State-Only Expenditures for AIDS, Washington 1987
(zit.: Expenditures for AIDS)

Rübsaamen, Martina: Der Ansteckungsverdacht im Sinne des Bundes-Seuchengesetzes insbesondere im Zusammenhang mit AIDS, AIDS-Forschung 1987, S. 165–170, 207–217 und 276–281
(zit.: Ansteckungsverdacht)

Schatz, Benjamin: The AIDS Insurance Crisis: Underwriting or Overreaching? Harvard Law Review Bd. 100 (1987), S. 1782–1805
(zit.: Insurance)

Schellhorn, Walter/*Jirasek*, Hans/*Seipp*, Paul: Das Bundessozialhilfegesetz, 13. Aufl., Neuwied 1988

Schenke, Wolf-Rüdiger: Die Bekämpfung von AIDS als verfassungsrechtliches und polizeirechtliches Problem, in: Bernd Schünemann/Gerd Pfeiffer (Hrsg.), Die Rechtsprobleme von AIDS, Baden-Baden 1988, S. 103–152
(zit.: AIDS)

Schenke, Wolf-Rüdiger: Rechtsfragen der Bekämpfung von AIDS, DVBl. 1988, S. 165–175
(zit.: Rechtsfragen)

Scherzer, Mark: Insurance, in: Harlon L. Dalton/Scott Burris (Hrsg.), AIDS and the Law, New Haven und London 1987, S. 185–200
(zit.: Insurance)

Schmidt-Bleibtreu, Bruno/*Klein*, Franz: Kommentar zum Grundgesetz, 6. Aufl., Neuwied und Darmstadt 1983

Scholler, Heinrich: Die Störung des Urlaubsgenusses eines „empfindsamen Menschen“ durch einen Behinderten, JZ 1980, S. 672–677

Scholz, Rupert, in: Theodor Maunz/Günter Dürig/Roman Herzog/Rupert Scholz (Hrsg.), Grundgesetz, München, Stand: Januar 1987
(zit.: Grundgesetz)

Schumacher, Wolfgang/*Meyn*, Egon: Bundes-Seuchengesetz, 3. Aufl., Köln usw. 1987
(zit.: Bundes-Seuchengesetz)

Schünemann, Bernd: Die Rechtsprobleme der AIDS-Eindämmung, in: Bernd Schünemann/Gerd Pfeiffer (Hrsg.), Die Rechtsprobleme von AIDS, Baden-Baden 1988, S. 373–509
(zit.: AIDS-Eindämmung)

Schünemann, Bernd: Riskanter Geschlechtsverkehr eines HIV-Infizierten als Tötung, Körperverletzung oder Vergiftung?, JR 1989, S. 89–95

Schütz, Erwin: Beamtenrecht des Bundes und der Länder, Kommentar, 5. Aufl., Heidelberg, Stand: November 1988

Schwabe, Jürgen: Der „Lügendetektor“ vor dem Bundesverfassungsgericht, NJW 1982, S. 367–368

Schwarz, Frederick A. O./*Schaffer*, Frederick P.: AIDS in the Classroom, Hofstra Law Review Bd. 14 (1985), S. 163–191

Schwender, H. W.: Erläuterungen zum Gesetz zur Sicherung der Zweckbestimmung von Sozialwohnungen (Wohnungsbindungsgesetz - WoBindG), in: Das Deutsche Bundesrecht, Stand: Dezember 1988
(zit.: Wohnungsbindungsgesetz)

Schwender, H. W.: Erläuterungen zum Wohnungsgemeinnützigkeitsgesetz, in: Das Deutsche Bundesrecht, Stand: 126. Lieferung

Seewald, Otfried: Zur Verantwortlichkeit des Bürgers nach dem Bundes-Seuchengesetz, NJW 1987, S. 2265–2274

Seewald, Otfried: Zu den Voraussetzungen der Seuchenbekämpfung durch Blutuntersuchung und Zwangsinformation, NJW 1988, S. 2921–2929

Seifert, Karl-Heinz: in: Karl-Heinz Seifert/Dieter Hömig (Hrsg.), Grundgesetz, 2. Aufl., Baden-Baden 1985

Seume, Manfred: Der HIV-Antikörpertest bei Einstellungsuntersuchungen von Beamtenbewerbern, AIDS-Forschung 1987, S. 703-707
(zit.: HIV-Antikörpertest bei Beamtenbewerbern)

Seume, Manfred: Anmerkung zum Beschluß des Bayerischen Verwaltungsgerichts Ansbach vom 21. 1. 1988 (NJW 1988, 154), AIDS-Forschung 1988, S. 358-360

Sicklick, Marc J./*Rubinstein,* Arye: A Medical Review of AIDS, Hofstra Law Review Bd. 14 (1985), S. 5-10 (zit.: Medical Review)

Sotto, Lisa J.: Undoing a Lesson of Fear in the Classroom: The Legal Recourse of AIDS-Linked Children, University of Pennsylvania Law Review Bd. 135 (1986), S. 193-221
(zit.: Classroom)

Spath, Katherine Shaw: Revision of the Law of Marriage: One Baby Step Forward, Louisiana Law Review Bd. 48 (1988), S. 1131-1160

Statistisches Bundesamt (Hrsg.): Statistisches Jahrbuch 1988, Stuttgart und Mainz 1988
(zit.: Statistisches Jahrbuch 1988)

Stober, Rolf: Kommunalrecht, Heidelberg 1987

Thiel, Wolf R.: HIV-Test bei der Einstellung in den öffentlichen Dienst, Zeitschrift für Tarifrecht 1987, S. 264-269
(zit.: HIV-Test)

Tiedemann, Inge Karin: AIDS - Familienrechtliche Probleme, NJW 1988, S. 729-736

Tiedemann, Inge Karin: Familienrechtliche Probleme im Zusammenhang mit AIDS, in: Bernd Schünemann/Gerd Pfeiffer (Hrsg.), Die Rechtsprobleme von AIDS, Baden-Baden 1988, S. 333-371

Tribe, Laurence H.: American Constitutional Law, 2. Aufl., Mineola 1988
(zit.: Constitutional Law)

U. S. Bureau of Census: Statistical Abstract of the United States 1988, 108. Aufl., Washington D. C. 1987 (zit.: Statistical Abstract 1988)

Vaid, Urvashi: Prisons, in: Harlon L. Dalton/Scott Burris (Hrsg.), AIDS and the Law, New Haven und London 1987, S. 235-250
(zit.: Prisons)

Wagner, Patricia A.: AIDS and the Criminal Justice System, in: William H. L. Dornette (Hrsg.), AIDS and the Law, New York usw. 1987, S. 177-193 (zit.: AIDS)

Weisenhaus, Doreen: The Shaping of AIDS Law, The National Law Journal vom 1. August 1988, S. 30-33

Westfall, Pamela T.: Hepatitis, AIDS and the Blood Product Exemption from Strict Products Liability in California: A Reassessment, Hastings Law Journal Bd. 37 (1986), S. 1101-1132

Willens, Jonathan A.: Structure, Content and the Exigencies of War: American Prison Law After Twenty-Five Years 1962-1987, The American University Law Review Bd. 37 (1987), S. 41-156

Wilson, Barry P.: Health Insurance, in: William H. L. Dornette (Hrsg.), AIDS and the Law, New York usw. 1987, S. 195-201

Windom, Robert E.: AIDS Facts, Washington Juni 1988 (Maschinenschrift)
(zit.: AIDS)

Wolf, Manfred: in: Friedrich Becker/Gerhard Etzel u. a., Gemeinschaftskommentar zum Kündigungsschutzgesetz und zu sonstigen kündigungsschutzrechtlichen Vorschriften, 3. Aufl., Neuwied 1989

Wollenschläger, Michael/*Kreßel,* Eckhard: Die Auswirkungen von Aids im Sozialversicherungsrecht, NZA 1988, S. 80-86
(zit.: Aids im Sozialversicherungsrecht)

Word, John W./*Holmberg,* Scott O./*Allen,* James L. u. a.: Transmission of Human Immunodeficiency Virus (HIV) by Blood Transfusions Screened as Negative for HIV Antibody, The New England Journal of Medicine Bd. 318 (1988), S. 473-478

Zeuner, A.: in: Hs. Th. Soergel, Bürgerliches Gesetzbuch, 11. Aufl., Stuttgart usw. 1985

Zitzelsberger, Walter: Ausländerrechtliche Aspekte der AIDS-Problematik, AIDS-Forschung 1988, S. 49-53
(zit.: Ausländerrechtliche Aspekte)